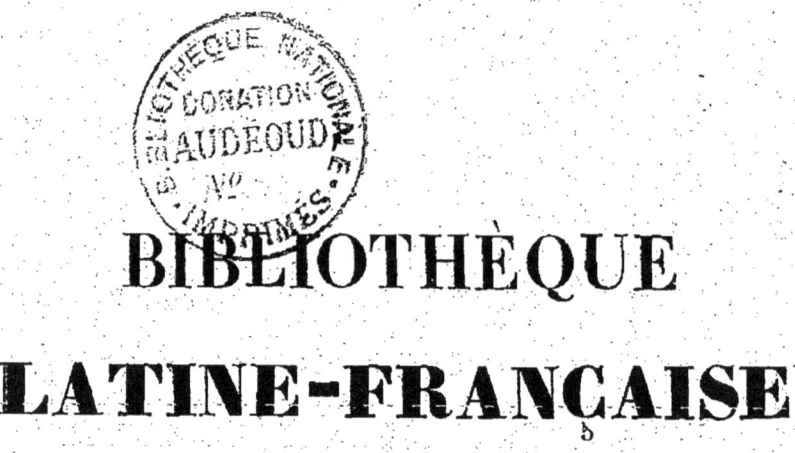

BIBLIOTHÈQUE
LATINE-FRANÇAISE

PUBLIÉE

PAR

C. L. F. PANCKOUCKE.

PARIS. — IMPRIMERIE DE C. L. F. PANCKOUCKE.
Rue des Poitevins, n. 14.

OEUVRES

COMPLÈTES

DE SÉNÈQUE

LE PHILOSOPHE

TRADUCTION NOUVELLE

PAR MM. AJASSON DE GRANDSAGNE, BAILLARD,
CHARPENTIER, CABARET-DUPATY, DU ROZOIR, HÉRON DE VILLEFOSSE,
NAUDET, C. L. F. PANCKOUCKE, ERNEST PANCKOUCKE,
DE VATIMESNIL, ALFRED DE WAILLY,
GUSTAVE DE WAILLY, ALPHONSE TROGNON.

PUBLIÉES

PAR M. CHARLES DU ROZOIR

PROFESSEUR D'HISTOIRE AU COLLÈGE ROYAL DE LOUIS-LE-GRAND

TOME SEPTIÈME.

PARIS

C. L. F. PANCKOUCKE

MEMBRE DE L'ORDRE ROYAL DE LA LÉGION D'HONNEUR
ÉDITEUR, RUE DES POITEVINS, N° 14.

M DCCC XXXIV.

LETTRES
DE SÉNÈQUE
A LUCILIUS

PUBLIÉES ET ANNOTÉES

PAR M. CH. DU ROZOIR

TOME TROISIÈME

TRADUIT

PAR MM. BAILLARD, CH. DU ROZOIR, C. L. F. PANCKOUCKE,
ET ERNEST PANCKOUCKE.

L. ANNÆI SENECÆ

AD LUCILIUM

EPISTOLÆ.

XCI.

De incendio Lugduni : inde de rerum humanarum inconstantia, nec non de morte cogitationes.

LIBERALIS noster nunc tristis est, nuntiato incendio, quo Lugdunensis colonia exusta est. Movere hic casus quemlibet posset, nedum hominem patriæ suæ amantissimum. Quæ res effecit, ut firmitatem animi sui quærat; quam videlicet ad ea, quæ timeri posse putabat, exercuit. Hoc vero tam inopinatum malum, et pæne inauditum, non miror si sine metu fuit, quum esset sine exemplo : multas enim civitates incendium vexavit, nullam abstulit.

Nam etiam ubi hostili manu in tecta ignis immissus est, multis locis defecit; et, quamvis subinde excitetur, raro tamen sic cuncta depascitur, ut nihil ferro relinquat. Terrarum quoque vix unquam tam gravis et perniciosus fuit motus, ut tota oppida everteret. Nunquam

LETTRES
DE SÉNÈQUE
A LUCILIUS.

XCI.

Sur l'incendie de Lyon : réflexions sur l'instabilité des choses humaines et sur la mort.

Notre ami Libéralis est bien triste aujourd'hui, il vient d'apprendre qu'un horrible incendie a consumé entièrement la colonie de Lyon. Cet évènement affligera tout le monde, mais il a fait une grande impression sur un homme si fort attaché à son pays; aussi, ne peut-il retrouver cette force d'âme, qu'il s'était appliqué à opposer aux malheurs qui peuvent nous frapper dans cette vie. Cette affreuse catastrophe est arrivée si inopinément, d'une manière si inouie, que je ne suis pas étonné qu'il fût sans appréhension, puisque le fait était sans exemple; car des incendies ont ravagé bien des villes, mais aucune n'a disparu entièrement.

Lorsqu'une main ennemie lance le feu sur nos habitations, la flamme s'éteint en beaucoup d'endroits, et, quoique souvent excitée, rarement elle dévore tout, au point de ne rien laisser au fer destructeur. Les tremblemens de terre n'ont presque jamais été assez violens, assez terribles, pour renverser des villes de fond

denique tam infestum ulli exarsit incendium, ut nihil alteri superesset incendio.

Tot pulcherrima opera, quæ singula illustrare urbes singulas possent, una nox stravit : et in tanta pace, quantum ne bello quidem timeri potest, accidit. Quis hoc credat? ubique armis quiescentibus, quum toto orbe terrarum diffusa securitas sit, Lugdunum, quod ostendebatur in Gallia, quæritur! Omnibus fortuna, quos publice afflixit, quod passuri erant timere permisit; nulla res magna non aliquod habuit ruinæ suæ spatium : in hac, una nox interfuit inter urbem maximam, et nullam. Denique diutius illam tibi perisse, quam periit, narro. Hæc omnia Liberalis nostri affectum inclinant, dum adversus sua firmum et erectum. Nec sine causa concussus est : inexspectata plus aggravant; novitas adjicit calamitatibus pondus : nec quisquam mortalium non magis, quod etiam miratus est, doluit.

Ideo nihil nobis improvisum esse debet. In omnia præmittendus est animus, cogitandumque, non quidquid solet, sed quidquid potest fieri. Quid enim est, quod non fortuna, quum voluit, ex florentissimo detrahat? quod non eo magis aggrediatur et quatiat, quo speciosius fulget? Quid illi arduum, quidve difficile est? Non una via semper, ne tota quidem, incurrit. Modo nostras in nos manus advocat; modo, suis contenta

en comble : enfin, jamais un incendie ne s'est propagé avec assez de fureur, pour qu'un nouvel incendie n'ait plus rien trouvé à dévorer.

Dans une seule nuit tant de magnifiques ouvrages qui auraient pu servir à orner tant de villes ont été réduits en cendres : et au sein d'une paix profonde, nous avons été témoins d'un désastre qu'au milieu de la guerre nos craintes n'auraient su prévoir. — Qui croira, que pendant le repos des armes, pendant la tranquillité dont jouit le monde entier, une ville que dans la Gaule on montrait avec admiration, a pu être anéantie tout à coup? Souvent la fortune nous avertit des maux qu'elle nous prépare; ordinairement il faut du temps pour détruire ce que le temps a élevé : mais ici, il n'y a eu qu'une nuit d'intervalle entre une ville immense et des ruines. Elle a péri en moins de temps que je n'en mets à vous raconter sa perte. — Voilà ce qui affecte notre cher Libéralis, pour lui-même inébranlable aux coups de la fortune : il a été frappé, et ce n'est pas sans motif; car un malheur inattendu est plus poignant, sa nouveauté nous accable, et la surprise, chez nous autres mortels, ajoute à la douleur.

C'est pourquoi rien ne doit être imprévu pour nous. Il faut que notre âme se prémunisse contre tous les maux; il faut qu'elle pressente ceux qui nous arrivent, comme ceux qui peuvent nous arriver. En effet, lorsque la fortune le veut, il n'est point de bonheur qui lui résiste; plus il jette d'éclat, plus elle s'y attache, et le renverse avec violence. Qu'y a-t-il de pénible, d'impossible à la fortune? Elle ne suit pas toujours la même route, elle ne nous montre pas toute sa puissance : tantôt ce sont nos mains qu'elle dirige contre

viribus, invenit pericula sine auctore. Nullum tempus exceptum est; in ipsis voluptatibus causæ doloris oriuntur. Bellum in media pace consurgit, et auxilia securitatis in metum transeunt; ex amico inimicus, hostis ex socio. In subitas tempestates, hibernisque majores, agitur æstiva tranquillitas. Sine hoste patimur hostilia; et cladis causas, si alia deficiunt, nimia sibi felicitas invenit.

Invadit temperantissimos morbus, validissimos phthisis, innocentissimos pœna, secretissimos tumultus. Eligit aliquid novi casus, per quod velut oblitis vires suas ingerat. Quidquid longa series multis laboribus, multa Deum indulgentia, struxit, id unus dies spargit ac dissipat. Longam moram dedit malis properantibus, qui diem dixit : hora, momentumque temporis, evertendis imperiis suffecere! Esset aliquod imbecillitatis nostræ solatium rerumque nostrarum, si tam tarde perirent cuncta, quam fiunt; nunc incrementa lente exeunt, festinatur in damnum.

Nihil privatim, nihil publice stabile est; tam hominum, quam urbium, fata volvuntur. Inter placidissima terror exsistit; nihilque extra tumultuantibus causis,

nous-mêmes : tantôt, contente de ses propres forces, elle invente des dangers où elle nous précipite ; tous les temps lui sont bons, et c'est souvent au sein des plaisirs que nos douleurs prennent naissance. Au milieu de la paix, nous voyons surgir la guerre, et les ressources sur lesquelles nous fondions notre sécurité se changent en sujets de crainte. Nos amis deviennent nos ennemis ; nos alliés, nos adversaires. C'est dans le calme de l'été qu'apparaissent soudainement des tempêtes plus terribles que celles de l'hiver. Sans guerre, nous souffrons tous les maux qu'elle entraîne ; et si les autres causes de destruction manquaient, trop de bonheur les appellerait bientôt sur nous.

La maladie se jette sur l'homme le plus tempérant, la phthisie sur l'homme le plus vigoureux ; le châtiment menace les plus innocens, et l'agitation de l'âme tourmente les hommes les plus retirés. La fortune choisit toujours quelque évènement nouveau, pour rappeler sa puissance aux malheureux qui pourraient l'avoir oubliée. Un seul jour suffit pour disperser, pour anéantir tout ce que bien des années, bien des travaux, avec l'aide de la divinité, ont pu amasser : c'est donner un terme trop long à la rapidité du mal, que de dire : il faut un jour pour voir détruire des empires ; il ne faut qu'une heure, qu'un moment ! Ce serait une grande consolation pour notre faiblesse, si tout ce qui existe mettait autant de temps à périr qu'à croître ; mais non, l'accroissement est lent, la destruction rapide.

Intérêts publics, intérêts particuliers, tous sont sujets aux caprices de la fortune : les hommes, les villes, ont la même destinée. La terreur existe au sein de la plus grande tranquillité, et si rien ne nous montre d'où doit

mala, unde minime exspectabantur, erumpunt. Quæ domesticis bellis steterant regna, quæ externis, impellente nullo ruunt. Quotaquæque felicitatem civitas pertulit?

Cogitanda ergo sunt omnia, et animus adversus ea, quæ possunt evenire, firmandus. Exsilia, tormenta, bella, morbos, naufragia meditare! Potest te patriæ, potest patriam tibi casus eripere; potest te in solitudinem abjicere; potest hoc ipsum, in quo turba suffocatur, fieri solitudo. Tota ante oculos sortis humanæ conditio ponatur; nec, quantum frequenter evenit, sed quantum plurimum potest evenire, præsumamus animo, si nolumus opprimi, nec ullis inusitatis velut novis obstupefieri. In plenum cogitanda fortuna est : quoties Asiæ, quoties Achaiæ urbes uno tremore ceciderunt? quot oppida in Syria? quot in Macedonia devorata sunt? Cyprum quoties vastavit hæc clades? quoties in se Paphus corruit? Frequenter nobis nuntiati sunt totarum urbium interitus; et nos, inter quos frequenter ista nuntiantur, quota pars omnium sumus?

Consurgamus itaque adversus fortuita; et, quidquid inciderit, sciamus non esse tam magnum, quam rumore jactetur. Civitas arsit opulenta, ornamentumque provinciarum, quibus et inserta erat, et excepta; uni tantum imposita, et huic non altissimo, monti. Om-

venir le mal, il apparaît là où on l'attendait le moins. Des états qui ont résisté aux guerres étrangères et intestines, sont détruits tout à coup. Quelle ville a su conserver sa prospérité?

Réfléchissons donc à tous les malheurs qui peuvent arriver, et travaillons à affermir notre âme. Pensons à l'exil, aux tortures, aux guerres, aux maladies, aux naufrages. Un évènement peut nous enlever à notre patrie, ou nous enlever notre patrie : nous jeter dans la retraite: et là, où nous voyons la foule se presser, peut-être, plus tard, ce ne sera qu'un désert. Parcourons des yeux toute la vie humaine; et pressentons, non-seulement ce qui arrive fréquemment, mais encore tout ce qui peut arriver, si nous voulons ne pas être frappés de stupeur et d'accablement, par des malheurs qui, quoique fort rares, n'ont pourtant rien d'extraordinaire! Il faut examiner la fortune sous toutes ses faces. Combien de villes d'Asie et d'Achaïe n'ont-elles pas été renversées par un seul tremblement de terre? combien de villes de la Syrie et de la Macédoine n'ont-elles pas été anéanties? combien de fois l'île de Chypre n'a-t-elle pas été ravagée par le même fléau. Combien de fois Paphos n'a-t-elle pas été bouleversée! On nous a annoncé la destruction de bien des villes, et nous, qui apprenons de pareilles calamités, que sommes-nous dans l'univers!

Raidissons-nous contre les coups du sort; et quelque malheur qui arrive, sachons bien que la renommée le grandit toujours. La flamme a détruit entièrement une ville opulente, placée au milieu de nos provinces, dont elle était l'ornement, mais séparée d'elles par ses privilèges : une ville située sur le sommet d'une montagne peu

nium istarum civitatum, quas nunc magnificas ac nobiles audis, vestigia quoque tempus eradet. Non vides, quemadmodum in Achaia clarissimarum urbium jam fundamenta consumpta sint, nec quidquam exstet, ex quo appareat illas saltem fuisse?

Non tantum manu facta labuntur; non tantum humana arte atque industria posita vertit dies : juga montium diffluunt; totæ desedere regiones; operta sunt fluctibus, quæ procul a conspectu maris stabant; vastavit ignis colles per quos relucebat, erosit et quondam altissimos vertices, solatia navigantium; ac speculas ad humile deduxit. Ipsius naturæ opera vexantur, et ideo æquo animo ferre debemus urbium excidia.

Casura exstant; omnes hic exitus manet : sive interna vis, flatusque præclusi violentia, pondus, sub quo tenentur, excusserint; sive torrentium in abdito vastior obstantia effregerit; sive flammarum violentia compaginem soli ruperit; sive vetustas, a qua nihil tutum est, expugnaverit minutatim; sive gravitas cæli ejecerit populos, et situs deserta corruperit. Enumerare omnes fatorum vias, longum est. Hoc unum scio : omnia mortalium opera mortalitate damnata sunt; inter peritura vivimus.

Hæc ergo atque ejusmodi solatia admoveo Liberali nostro, incredibili quodam patriæ suæ amore flagranti;

élevée. De même, le temps enlèvera jusqu'aux moindres traces de ces cités, dont on vante aujourd'hui la magnificence et la grandeur, Ne savons-nous pas que les villes les plus célèbres de l'Achaïe ont été entièrement consumées, et qu'il ne reste plus rien qui puisse attester qu'elles ont existé?

Non-seulement les ouvrages des hommes disparaissent, non-seulement le temps détruit les œuvres de l'industrie et de l'art, mais encore les sommets des montagnes s'affaissent, des contrées entières disparaissent: et maintenant les flots recouvrent des terres autrefois éloignées du rivage. Le feu a ravagé ces collines où naguère il brillait; il a dévoré ces montagnes, ces sommets élevés, consolation du matelot. Tous les ouvrages de la nature périssent : ainsi, nous devons supporter avec résignation la destruction d'une ville.

Oui, tout ce qui existe doit périr; le néant est réservé à tous les êtres : soit qu'une force intérieure, soit que le vent captif s'élance avec violence des abîmes où il était retenu, soit que des torrens cachés renversent tout ce qui s'oppose à leur rage, soit qu'un incendie furieux ravage une partie du sol, soit que le temps, à qui rien ne peut résister, mine lentement, soit enfin que la rigueur du climat chasse les peuples, ou que la contagion rende leurs demeures désertes. Il serait long d'énumérer les causes de destruction; ce que je sais, c'est que tous les ouvrages des mortels sont condamnés au néant, et que nous ne vivons qu'au milieu de choses qui doivent périr.

Voilà comment je cherche à consoler notre ami Libéralis qui porte à sa patrie un si ardent amour :

quæ fortasse consumpta est, ut in melius excitaretur. Sæpe majori fortunæ locum fecit injuria; multa ceciderunt, ut altius surgerent, et in majus. Timagenes, felicitati Urbis inimicus, aiebat, Romæ sibi incendia ob hoc unum dolori esse, quod sciret meliora resurrectura, quam arsissent. In hac quoque urbe verisimile est certaturos omnes esse, ut majora certioraque, quam amisere, restituant. Sint utinam diuturna, et melioribus auspiciis in ævum longius condita! Nam huic coloniæ ab origine sua centesimus annus est, ætas ne homini quidem extrema. A Planco deducta, in hanc frequentiam, loci opportunitate, convaluit; quæ tamen gravissimos casus intra spatium humanæ pertulit senectutis.

Itaque formetur animus ad intellectum patientiamque sortis suæ, et sciat nihil inausum esse fortunæ; adversus imperia illam idem habere juris, quod adversus imperantes; adversus urbes idem posse, quod adversus homines. Nihil horum indignandum est : in eum intravimus mundum, in quo his legibus vivitur. Placet? pare! non placet? quacumque vis, exi! Indignare, si quid in te iniqui proprie constitutum est : sed si hæc summos imosque necessitas alligat, in gratiam cum fato revertere, a quo omnia resolvuntur. Non est quod nos tumulis metiaris, et his monumentis, quæ viam disparia præ-

peut-être n'a-t-elle été consumée que pour surgir plus brillante de ses cendres. Souvent les outrages de la fortune ne sont que les préludes de sa faveur. Beaucoup de villes ont été détruites, et se sont relevées plus vastes et plus brillantes. Timagène, ennemi du bonheur de Rome, disait que ce qui l'affligeait lorsqu'il voyait Rome en proie à un incendie, c'était que les édifices allaient être rebâtis avec plus de somptuosité. Il est vrai de dire que dans l'état même où est notre ville aujourd'hui, s'il lui arrivait un malheur, tous les citoyens se disputeraient la gloire de réparer ses pertes. Plaise à Dieu que Lyon, rebâtie sous de meilleurs auspices, dure bien plus long-temps ! Cette colonie n'était qu'à la centième année de sa fondation, terme qui n'est pas même le plus long de la vie humaine. Elle avait été fondée par Plancus; l'avantage de sa situation l'avait rendue très-peuplée; et c'est au terme de la vieillesse humaine qu'elle subit le sort le plus affreux !

C'est pourquoi il faut que l'homme s'habitue à connaître et à supporter les coups du sort, et qu'il sache que le hasard peut tout faire; que la fortune a des droits sur les états, et sur ceux qui les gouvernent; sur les villes et sur ceux qui les habitent. Il ne faut pas nous récrier; nous sommes entrés dans un monde où l'on ne vit que sous de pareilles lois. Si cela te convient, obéis; si cela ne te convient pas, sors de cette vie comme tu voudras. Si cette loi avait été établie pour toi seul, tu aurais raison de t'en indigner; mais si cette même nécessité enchaîne grands et petits, si le destin veut que tout périsse, cesse tes plaintes. Il ne faut pas nous mesurer d'après ces tombeaux et ces monumens, élevés sur le bord de nos routes : ils ne se ressemblent point, mais nos corps

texunt; æquat omnes cinis : impares nascimur, pares morimur. Idem de urbibus, quod de urbium incolis dico; tam Ardea capta, quam Roma est. Conditor ille juris humani non natalibus nos, nec nominum claritate, distinxit, nisi dum sumus. Ubi vero ad finem mortalium ventum est : « Discede, inquit, ambitio ! omnium, quæ terram premunt, siremps lex esto. »

Ad omnia patienda pares sumus : nemo altero fragilior est, nemo in crastinum sui certior. Alexander Macedonum rex discere geometriam cœperat; infelix ! sciturus quam pusilla terra esset, ex qua minimum occupaverat : ita dico, *infelix*, ob hoc, quod intelligere debebat falsum se gerere cognomen; quis enim esse magnus in pusillo potest? Erant illa quæ tradebantur, subtilia, et diligenti intentione discenda : non quæ percipere posset vesanus homo, et trans oceanum cogitationes suas mittens. « Facilia, inquit, me doce ! » — Cui præceptor : « Ista, inquit, omnibus eadem sunt, æque difficilia. »

Hoc puta rerum naturam dicere : « Ista, de quibus quereris, omnibus eadem sunt; nulli dari faciliora possunt : sed, quisquis volet, sibi ipsi illa reddet faciliora. » — Quomodo? — Æquanimitate. Et doleas oportet, et sitias, et esurias, et senescas, si tibi longior contigerit

réduits en cendres se ressemblent tous, et si par notre naissance nous sommes inégaux, la mort nous rend égaux. Il en est de même des villes comme de leurs habitans : Rome, aussi bien qu'Ardée, a subi le joug d'un vainqueur. C'est seulement pendant notre vie que l'auteur des lois de la nature a permis cette distinction de naissance et de rang. Lorsque le mortel arrive au but : « Arrière, dit-il, arrière l'ambition; que tout ce qui existe subisse la même loi ! »

Nos souffrances sont les mêmes pour tous : il n'y a pas d'hommes plus périssables que d'autres ; il n'y en a pas qui soient plus sûrs du lendemain. Alexandre, roi de Macédoine, avait commencé par apprendre la géométrie : le malheureux! il aurait dû voir combien était petite cette terre, dont il avait conquis une si petite partie : je l'appelle malheureux, parce qu'il aurait dû comprendre combien son surnom de Grand était mensonger. Qui, en effet, sur cette terre peut être appelé Grand? Tout ce qu'on lui apprenait était trop abstrait, et demandait une trop grande tension d'esprit; c'était réellement incompréhensible pour cet homme plein d'un fol orgueil, et que son imagination transportait toujours au delà des bornes de l'Océan. « Enseignez-moi des choses plus faciles, disait-il à son précepteur. — Elles sont pour vous, comme pour tout le monde, également difficiles. »

C'est le langage que nous tient la nature : « Les difficultés dont on se plaint existent pour tout le monde. Il est impossible de les aplanir pour qui que ce soit : mais chacun, par la force de sa volonté, peut cependant se les rendre plus faciles. — Comment ? — Par l'égalité d'âme; il faut souffrir la faim, la soif, la vieillesse, et si tu restes

inter homines mora, et ægrotes, et perdas aliquid, et pereas.

Non est tamen quod istis, qui te circumstrepunt, credas; nihil horum malum est, nihil intolerabile, aut durum. Ex consensu istis metus est : sic mortem times, quomodo famam? Quid autem stultius homine verba metuente? Eleganter Demetrius noster solet dicere, « eodem loco sibi esse voces imperitorum, quo ventre redditos crepitus. Quid enim, inquit, mea refert, sursum isti an deorsum sonent? »

Quanta dementia est, vereri ne infameris ab infamibus? Quemadmodum famam extimuistis sine causa, sic et illa, quæ nunquam timeretis, nisi fama jussisset. Num quid detrimenti faceret vir bonus iniquis rumoribus sparsus? Ne morti quidem hoc apud nos noceat : et hæc malam auditionem habet. Nemo eorum, qui illam accusant, expertus est : interim temeritas est, damnare quod nescias. At illud scis, quam multis utilis sit, quam multos liberet tormentis, egestate, querelis, suppliciis, tædio.

Non sumus in ullius potestate, quum mors in nostra potestate sit.

long-temps sur cette terre, il faut souffrir les infirmités, la perte successive de tes facultés : enfin la mort.

Ne crois pas que tout soit comme le disent ceux qui t'entourent. De tous les maux, il n'y en a pas un qui soit intolérable ou trop cruel. Pour eux, la peur est dans les mots : tu crains la mort; mais quelle sensation peut produire ce mot? quel homme plus insensé, que celui qui craint une parole? Notre ami Demetrius disait avec esprit : Je regarde les discours des ignorans comme les vents qui s'échappent de leurs entrailles; et peu m'importe si le son vient d'en haut ou d'en bas.

Quelle folie de craindre d'être diffamé par des gens mal famés ! tu redoutes sans raison la renommée et des évènemens, que tu ne craindrais pas, si la renommée ne t'y eût forcé. Que peuvent faire à l'homme de bien des bruits répandus par la malveillance? ils ne nous frappent pas davantage au moment de la mort! la mort, on en parle mal aussi, mais pas un de ceux qui l'accusent n'en a fait l'épreuve : c'est une grande témérité, que de condamner ce qu'on ne connaît pas. Nous savons à combien de personnes elle est utile, combien elle en délivre des tourmens, de la pauvreté, des plaintes, des supplices, de l'ennui !

Nous ne sommes donc au pouvoir de personne, puisque la mort est en notre pouvoir.

Ernest Panckoucke.

XCII.

In Epicureos invehitur; nihil voluptatem ad beatitudinem conferre.

Puto, inter me teque conveniet, externa corpori acquiri, corpus in honorem animi coli; in animo esse partes ministras, per quas movemur alimurque, propter ipsum principale nobis datas. In hoc principali est aliquid irrationale, est et rationale. Illud huic servit; hoc unum est, quod alio non refertur, sed omnia ad se perfert. Nam illa quoque divina ratio omnibus præposita est, ipsa sub nullo est; et hæc autem nostra eadem est, quæ ex illa est.

Si de hoc inter nos convenit, sequitur ut de illo quoque conveniat, in hoc uno positam esse beatam vitam, ut in nobis ratio perfecta sit. Hæc enim sola non submittit animum; stat contra fortunam; in quolibet rerum habitu securos servat. Id autem unum bonum est, quod nunquam defringitur. Is est, inquam, beatus, quem nulla res minorem facit; tenet summa, et ne ulli quidem, nisi sibi, est innixus : nam qui aliquo auxilio sustinetur, potest cadere. Si aliter est, incipient multum in nobis valere non nostra. Quis autem vult

XCII.

Sénèque s'élève contre les Épicuriens; le souverain bien ne consiste pas dans la volupté.

Il me semble que vous et moi serons d'accord sur ce point, que les objets extérieurs s'acquièrent pour le corps; qu'on ne soigne le corps qu'en considération de l'âme; que dans l'âme sont des facultés subalternes par le moyen desquelles nous nous mouvons, nous prenons de la nourriture, et qui nous ont été données pour le service de la portion qui commande. En cette portion maîtresse, il est quelque chose d'irrationnel, et quelque chose de rationnel. La fraction irrationnelle est soumise à la fraction rationnelle, qui seule est indépendante, et fait dépendre de soi toutes choses. Car cette raison divine, qui commande à toute la nature, n'obéit à rien; la faculté rationnelle de l'homme participe au même avantage, parce qu'elle émane de la raison divine.

Si nous sommes tous deux d'accord sur ce point, vous devez tomber d'accord aussi que, par une conséquence nécessaire, le bonheur de la vie consiste uniquement dans la perfection de la raison : car seule elle ne laisse jamais fléchir son courage et fait tête à la fortune. Dans quelque situation que l'homme se trouve, elle lui conserve la sécurité de l'âme. Or, le seul bien est celui qui n'est jamais entamé. Il est donc heureux, dis-je, celui que rien ne peut abaisser; il est toujours au dessus des évènemens, et n'a d'autre soutien que lui-même : car celui qui s'appuie sur quelque support étranger, peut tomber. S'il en est autrement, ce qui n'est point de nous commencera à exercer sur nous un grand pouvoir. Or, qui voudrait faire fonds

constare fortuna, aut quis se prudens ob aliena miratur? Quid est beata vita? securitas et perpetua tranquillitas. Hanc dabit animi magnitudo; dabit constantia bene judicati tenax. Ad hæc quomodo pervenitur? si veritas tota perspecta est; si servatus est in rebus agendis ordo, modus, decor, innoxia voluntas ac benigna, intenta rationi, nec unquam ab illa recedens, amabilis simul, mirabilisque. Denique, ut breviter tibi formulam scribam, talis animus esse sapientis viri debet, qualis Deum deceat. Quid potest desiderare is, cui omnia honesta contingunt? Nam si possunt aliquid non honesta conferre ad optimum statum, in his erit beata vita sine quibus non est. Et quid stultius, turpiusve, quam bonum rationalis animi ex irrationalibus nectere!

Quidam tamen augeri summum bonum judicant, quia parum plenum sit, fortuitis repugnantibus. Antipater quoque, inter magnos sectæ hujus auctores, « aliquid se tribuere dixit externis, sed exiguum admodum. » Vides autem quale sit, die non esse contentum, nisi aliquis igniculus alluxerit? Quod potest in hac claritate solis habere scintilla momentum? Si non es sola honestate contentus, necesse est aut quietem adjici velis, quam ἀοχλησίαν vocant Græci, aut voluptatem. Horum alterum utcumque recipi potest; vacat enim animus mole-

sur la fortune, et quel homme sensé voudrait entrer en admiration de soi pour des objets étrangers? Qu'est-ce que la vie heureuse? C'est la sécurité; c'est un calme inaltérable. Qui nous donnera cet avantage? La grandeur d'âme et la persévérance à exécuter les décisions d'un jugement sain. Comment y parvient-on? En embrassant d'un coup d'œil la vérité tout entière; en conservant, dans les actions, l'ordre, la mesure, la convenance, une disposition inoffensive et bienveillante, conforme à la raison, qui ne s'en départ jamais, et qui est tout à la fois digne d'amour et d'admiration. Enfin, pour formuler ma pensée en peu de mots, l'âme du sage est comme celle de Dieu. Que peut désirer celui qui a toutes les vertus en partage? Car si des objets qui ne sont point la vertu pouvaient contribuer à l'état le plus heureux, le bonheur consisterait en choses sans lesquelles il ne saurait exister. Et quoi de plus insensé, quoi de plus honteux que d'attacher la félicité d'une âme douée de raison à des objets qui en sont dépourvus?

Il est cependant quelques philosophes qui pensent que le souverain bien peut être augmenté, comme n'étant pas complet, si la fortune ne le favorise. Antipater aussi, une des graves autorités de notre secte, dit « qu'il accorde quelque influence aux objets extérieurs, mais fort peu. » Que penseriez-vous, je vous prie, d'un homme qui trouverait le jour insuffisant, si l'on n'allumait en même temps quelques petites flammes? Auprès de la clarté du soleil, quel effet pourrait produire une étincelle? Si la vertu ne vous suffit pas seule, vous y voulez donc ajouter, ou ce calme que les Grecs appellent ἀοχλησία, ou le plaisir. Pour le calme encore passe; l'esprit exempt de trouble embrassera librement l'univers, et rien ne le détournera de la con-

stia, liber ad inspectum universi, nihilque illum avocat a contemplatione naturæ : alterum illud, voluptas, bonum pecoris est. Adjicimus rationali irrationale, honesto inhonestum. [Magnam voluptatem] facit titillatio corporis : quid ergo dubitatis dicere, bene esse homini, si palato bene est? Et hunc tu, non dico inter viros numeras, sed inter homines, cujus summum bonum saporibus, et coloribus, et sonis constat? Excedat ex hoc animalium numero pulcherrimo, ac diis secundo; mutis aggregetur, animal pabulo lætum!

Irrationalis pars animi duas habet partes : alteram animosam, ambitiosam, impotentem, positam in affectionibus; alteram humilem, languidam, voluptatibus deditam. Illam effrenatam, meliorem tamen, certe fortiorem ac digniorem viro, reliquerunt; hanc necessariam beatæ vitæ putaverunt, innervem et abjectam. Huic rationem servire jusserunt, et fecerunt animalis generosissimi bonum, demissum et ignobile; præterea mixtum, portentosumque, et ex diversis ac male congruentibus membris. Nam, ut ait Virgilius noster, in Scylla,

> Prima hominis facies, et pulchro pectore virgo
> Pube tenus; postrema immani corpore pistrix,
> Delphinum caudas utero commissa luporum.

Huic tamen Scyllæ fera animalia juncta sunt, horrenda, velocia : at isti sapientiam ex quibusnam composuere portentis? « Prima hominis pars est ipsa virtus : huic

templation de la nature. Quant au plaisir, c'est le bonheur de la brute. Nous voulons allier la déraison à la raison, le vice à la vertu. Le chatouillement procure à notre corps un grand plaisir : pourquoi ne pas dire aussi qu'un homme est heureux, parce qu'il a le palais bien organisé? Et vous rangerez, je ne dis pas au nombre des grands hommes, mais au nombre des hommes, celui dont le souverain bien consiste dans des goûts, dans des couleurs, dans des sons! Qu'il descende du rang élevé des êtres qui ne sont inférieurs qu'aux dieux ; qu'il aille grossir le troupeau des brutes, cet animal qui ne se plaît qu'à paître!

La portion irrationnelle de l'âme se subdivise en deux parties ; l'une, hardie, ambitieuse, effrénée, livrée à des sentimens tumultueux ; l'autre, basse, languissante et livrée aux plaisirs. La première, quoique sans frein, est cependant la meilleure, la plus énergique, la plus digne d'un homme : les épicuriens y ont renoncé; mais ils considèrent, comme nécessaire au bonheur, l'autre partie énervée et abjecte. C'est à celle-là qu'ils ont voulu assujétir la raison, en sorte qu'ils ont fait, pour la plus noble créature, un bonheur vil, ignoble; un mélange monstrueux, un composé de membres incohérens et mal unis. C'est ce qu'a exprimé notre Virgile, en parlant de Scylla :

« Sa partie supérieure offre la figure humaine, puis le beau corps d'une vierge jusqu'à la ceinture; sa partie inférieure est d'un monstre marin; ce sont des queues de dauphin sortant du corps d'un loup. »

A cette Scylla toutefois sont seulement accouplés des animaux féroces, horribles et agiles. Mais de quels monstrueux élémens ces philosophes ont-ils composé la sagesse? La partie supérieure de l'homme, c'est la vertu

committitur inutilis caro, et fluida, et receptandis tantum cibis habilis,» ut ait Posidonius. Virtus illa divina in lubricum desinit, et superioribus partibus venerandis atque coelestibus animal iners ac marcidum attexitur.

Illa, utcumque alta, quies nihil quidem ipsa praestabat animo, sed impedimenta removebat; voluptas ultro dissolvit, et omne robur emollit. Quae invenietur tam discors inter se junctura corporum? Fortissimae rei inertissima adstruitur; severissimae parum seria; sanctissimae intemperans usque ad incesta.

Quid ergo, inquit, si virtutem nihil impeditura sit bona valetudo, et quies, et dolorum vacatio; non petes illas? — Quidni petam? non quia bona sunt, sed quia secundum naturam sunt, et quia bono a me judicio sumentur. Quod erit tunc in illis bonum? hoc unum, bene eligi. Nam quum vestem, qualem decet, sumo, quum ambulo ut oportet, quum coeno quemadmodum debeo; non coena, aut ambulatio, aut vestis bona sunt, sed meum in his propositum, servantis in quaque re rationi convenientem modum. Etiam nunc adjiciam : mundae vestis electio appetenda est homini; natura enim homo mundum et elegans animal est. Itaque non est bonum per se munda vestis, sed mundae vestis electio; quia non in re bonum est, sed in electione, qua actiones

à laquelle se joint une chair vile et périssable, uniquement capable de recevoir des alimens, » comme dit Posidonius. Cette vertu divine se termine par une conformation monstrueuse; à ses parties supérieures, vénérables et célestes, est annexé un animal inerte et languissant.

Quant à ce repos dont parlent les Épicuriens, quelque profond qu'il puisse être, sans rien ajouter aux forces de l'âme, il écarte du moins les obstacles qui peuvent lui nuire, tandis que, par sa nature, le plaisir détruit, énerve toute vigueur. Où trouver le moyen d'unir l'un à l'autre des corps si mal assortis entre eux? A ce qu'il y a de plus énergique, on veut allier ce qu'il y a de plus inerte, marier la frivolité à ce qu'il y a de plus austère, mêler à ce qu'il y a de plus chaste l'intempérance et les plus honteux déréglemens.

Eh quoi! dit-on, si la vertu ne trouve aucun obstacle dans la bonne santé, dans le repos, dans l'absence de la douleur, ne rechercherez-vous pas ces biens? — Je les rechercherai, non qu'ils soient bons en eux-mêmes, mais parce qu'ils sont conformes à la nature, et parce que je les accepte avec discernement. Qu'y trouverai-je alors de bon? rien que la sagesse de mon choix. Car, lorsque je mets un vêtement convenable, lorsque je fais autant d'exercice qu'il m'en faut, lorsque je prends un repas suffisant, ce n'est ni le repos, ni la promenade, ni le vêtement qui sont des biens; mais seulement le discernement avec lequel je me conforme en toutes choses à la raison. Je poursuis : Le choix d'un vêtement propre est désirable pour l'homme; car l'homme est, de sa nature, une créature amie de la propreté et de l'élégance. Ainsi le vêtement propre n'est pas en lui-même un bien, c'est la préférence qu'on donne au vêtement propre, parce que

nostræ honestæ sunt, non ipsa quæ aguntur. Quod de veste dixi, idem me dicere de corpore existima. Nam hoc quoque natura, ut quamdam vestem, animo circumdedit; velamentum ejus est. Quis autem unquam vestimenti æstimavit arcula? Nec bonum, nec malum vagina gladium fecit.

Ergo de corpore quoque idem tibi respondeo; sumpturum quidem me, si detur electio, et sanitatem et vires; bonum autem futurum judicium de illis meum, non ipsa.

« Est quidem, inquit, sapiens beatus; summum tamen illud bonum non consequitur, nisi illi et naturalia instrumenta respondeant. Ita miser quidem esse, qui virtutem habet, non potest : beatissimus autem non est, qui naturalibus bonis destituitur, ut valetudine, ut membrorum integritate. » — Quod incredibilius videtur, id concedis, aliquem in maximis et continuis doloribus non esse miserum, esse etiam beatum; quod levius est, negas, beatissimum esse. Atqui, si potest virtus efficere, ne miser aliquis sit, facilius efficiet, ut beatissimus sit : minus enim intervalli a beato ad beatissimum restat, quam a misero ad beatum. An, quæ res tantum valet, ut ereptum calamitatibus inter beatos locet, non potest adjicere quod superest, ut beatissimum faciat? in summo deficit clivo? Commoda sunt in vita, et incommoda;

le bien n'est pas dans la chose, mais dans le choix, qui donne à nos actions la qualité vertueuse dont en elles-mêmes elles sont dépourvues. Ce que j'ai dit du vêtement, pensez que je le dis du corps, qui est comme une espèce de vêtement que la nature a mis autour de l'âme, et qui lui sert comme d'enveloppe. Qui s'est jamais avisé de fixer le prix des vêtemens d'après la valeur du coffre qui les contient? Le fourreau ne rend l'épée ni meilleure, ni plus mauvaise.

Je vous en dis autant du corps. Si l'on me donne le choix, je prendrai de préférence la force et la santé; mais le bien qui en résultera sera dans mon jugement, et non dans les choses mêmes.

« Il est vrai, me dira cet autre, le sage est heureux; mais il ne peut parvenir au bonheur parfait, si les organes et les facultés de la nature lui manquent. Ainsi l'homme vertueux ne saurait être misérable; mais il n'est point parfaitement heureux, s'il est dépourvu des avantages physiques, tels que la santé, et l'usage complet de ses membres. » — Vous accordez ce qui semble le plus incroyable, et vous dites qu'au milieu de douleurs extrêmes et continues, un homme n'est pas malheureux, que même il est heureux; et vous vous tenez à cette restriction légère qui suppose qu'il ne peut être parfaitement heureux. Or, si la vertu peut empêcher un homme d'être misérable, elle trouvera plus facile encore de le rendre parfaitement heureux : car l'intervalle est moindre entre le bonheur et le parfait bonheur, qu'entre le malheur et le bonheur. Quoi! ce qui est assez puissant pour soustraire un homme au malheur et pour le mettre au nombre des gens heureux, ne le serait pas assez pour achever le reste et pour le rendre parfaitement

utraque extra nos. Si non est miser vir bonus, quamvis omnibus prematur incommodis; quomodo non est beatissimus, si aliquibus commodis deficitur? Nam quemadmodum incommodorum onere usque ad miserum non deprimitur, sic commodorum inopia non deducitur a beatissimo; sed tam sine commodis beatissimus est, quam non est sub incommodis miser : aut potest illi eripi bonum suum, si potest minui.

Paullo ante dicebam, igniculum nihil conferre lumini solis; claritate enim ejus, quidquid sine illo luceret, absconditur. — « Sed quædam, inquit, soli quoque obstant. » — At solis vis et lux integra est, etiam inter opposita; et, quamvis aliquid interjacet, quod nos prohibeat ejus aspectu, in opere est, cursu suo fertur. Quoties inter nubila luxit, non est sereno minor, ne tardior quidem; quoniam multum interest, utrum aliquid obstet tantum, an impediat. Eodem modo virtuti opposita nihil detrahunt. Non est minor, sed minus fulget : nobis forsitan non æque apparet ac nitet; sibi eadem est, et, more solis obscuri, in occulto vim suam exercet. Hoc itaque adversus virtutem possunt calamitates, et damna, et injuriæ, quod adversus solem potest nebula.

Invenitur qui dicat, sapientem corpore parum prospero usum, nec miserum esse, nec beatum. Hic quoque

heureux? S'arrêtera-t-il au moment d'atteindre le sommet? Il est des maux et des biens dans la vie; les uns et les autres sont hors de nous. Si l'homme vertueux n'est point malheureux, encore qu'il soit tourmenté de toutes sortes de maux, comment ne sera-t-il pas parfaitement heureux, quoique privé de quelques avantages? Comme le poids des inconvéniens ne le rabaisse pas jusqu'au malheur, ainsi la privation de quelques avantages ne le fait pas descendre du comble du bonheur; mais il est aussi parfaitement heureux sans ces avantages, qu'il n'est pas malheureux en dépit des inconvéniens : enfin on peut lui ôter son bonheur, si l'on peut le diminuer.

Je disais tout-à-l'heure qu'une petite flamme n'ajoute rien à la lumière du soleil dont la clarté absorbe tout ce qui brille sans lui. — « Mais le soleil, dit-on, rencontre aussi des obstacles. » — J'en conviens, mais la force et la lumière du soleil n'en restent pas moins entières, en dépit de ces obstacles; et bien que quelque objet interposé nous empêche de le voir, le soleil n'en est pas moins à son œuvre et continue son cours. Toutes les fois qu'il brille entre les nuages, son éclat n'est pas moindre qu'avec un ciel serein; et sa vitesse est toujours la même. Il faut bien distinguer entre un obstacle et un empêchement. De même les obstacles n'enlèvent rien à la vertu : elle n'est pas moindre, mais elle brille moins : peut-être à nos yeux ne paraît-elle pas avoir autant d'éclat et de pureté, mais elle est la même en soi; et, comme le soleil caché, elle exerce en secret sa force. Ainsi les calamités, les pertes, les injustices peuvent contre la vertu ce que les nuages peuvent contre le soleil.

J'entends quelqu'un me dire : Le sage, avec un corps débile, n'est ni heureux, ni malheureux. C'est

fallitur : exæquat enim fortuita virtutibus, et tantumdem tribuit honestis, quantum honestate carentibus. Quid autem fœdius, quid indignius, quam comparari veneranda contemptis? Veneranda enim sunt, justitia, pietas, fides, fortitudo, prudentia : e contrario vilia sunt, quæ sæpe contingunt pleniora vilissimis, crus solidum, et lacertus, et dentes, et horum sanitas firmitasque. Deinde si sapiens, cui corpus molestum est, nec miser habebitur, nec beatus, sed medio relinquetur; vita quoque ejus nec appetenda erit, nec fugienda. Quid autem tam absurdum, quam sapientis vitam appetendam non esse? aut quid tam extra fidem, quam esse aliquam vitam nec appetendam, nec fugiendam?

Deinde, si damna corporis miserum non faciunt, beatum esse patiuntur. Nam quibus potentia non est in pejorem transferendi statum, ne interpellandi quidem optimum. — « Frigidum, inquit, aliquid, et calidum novimus; inter utrumque tepidum est : sic aliquis beatus est, aliquis miser; aliquis nec miser, nec beatus. » — Volo hanc contra nos positam imaginem excutere. Si tepido illi plus frigidi ingessero, fiet frigidum; si plus calidi affudero, fiet novissime calidum. At huic, nec misero nec beato, quantumcumque ad miserias adjecero, miser non erit, quemadmodum dicitis : ergo imago ista dissimilis est. Deinde trado tibi hominem nec miserum

encore une erreur; c'est mettre les objets qui viennent de la fortune au niveau de la vertu, et ne pas attribuer un pouvoir plus grand à ce qui est honnête qu'à ce qui ne l'est point. Or, quoi de plus honteux, quoi de plus indigne que d'assimiler des choses respectables à celles qui méritent le mépris? La vénération est due à la bonne foi, à la justice, à la piété, au courage, à la prudence. Au contraire, on doit mépriser des qualités qui souvent se trouvent avec le plus de perfection dans les êtres les plus vils, comme une jambe solide, un bras nerveux, des dents saines et fermes. Ensuite, si le sage, dont le corps est incommodé, n'est ni heureux, ni malheureux, mais se trouve dans un état mitoyen, il ne faudrait ni désirer, ni craindre sa façon d'être. Or, quoi de plus absurde que de dire : « L'existence du sage n'est point à désirer? » — Et que peut-on supposer de plus incroyable qu'une existence qu'il ne faut ni désirer, ni craindre?

Ajoutons que si les disgrâces corporelles ne rendent pas un homme malheureux, elles lui permettent d'être heureux : car des maux incapables de rendre sa situation pire, n'ont pas même le pouvoir de troubler son état de bonheur. — « Nous connaissons, dit-on encore, le froid et le chaud; entre les deux est le tiède. Ainsi, un homme est heureux, un autre est malheureux, un troisième n'est ni heureux, ni malheureux. » — Cette comparaison qu'on nous objecte, je veux en faire justice. Si j'ajoute du froid au tiède, je forme le froid parfait; si j'y ajoute du chaud, je fais enfin le chaud parfait. Mais à cet homme qui n'est ni heureux, ni malheureux, quelque degré de malheur que j'ajoute, il ne sera pas malheureux; vous en êtes convenu; donc votre comparaison n'est pas applicable. Enfin, je vous livre un homme qui n'est ni heureux, ni

nec beatum : huic adjicio cæcitatem, non fit miser ; adjicio debilitatem, non fit miser; adjicio dolores continuos et graves, miser non fit. Quem tam multa mala in miseram vitam non transferunt, ne ex beata quidem educunt. Si non potest, ut dicitis, sapiens ex beato in miserum decidere, non potest in non beatum. Quare enim, qui illa cœpit, alicubi subsistat? Quæ res illum non patitur ad imum devolvi, retinet in summo. Quidni non possit beata vita rescindi? ne remitti quidem potest : et ideo virtus ad illam per se ipsa satis est. — « Quid ergo? inquit, sapiens non est beatior, qui diutius vixit, quem nullus avocavit dolor, quam ille, qui cum mala fortuna semper luctatus est?» — Responde mihi : Numquid et melior est, et honestior? si hæc non sunt, ne beatior quidem est. Rectius vivat oportet, ut beatius vivat : si rectius non potest, ne beatius quidem. Non intenditur virtus; ergo ne beata quidem vita, quæ ex virtute est. Virtus enim tantum bonum est, ut istas accessiones minutas non sentiat, brevitatem ævi, et dolorem, et corporis varias offensiones. Nam voluptas non est digna, ad quam respiciat. Quid est in virtute præcipuum? futuro non indigere, nec dies suos computare : in quantulo libet tempore bona æterna consummat.

Incredibilia nobis hæc videntur, et supra humanam naturam excurrentia : majestatem enim ejus ex nostra

malheureux; je le rends aveugle, il ne devient pas malheureux; je le rends débile, il ne devient pas malheureux; je le soumets à des douleurs aiguës et continuelles, malheureux il ne devient pas. Celui que tant de maux ne peuvent rendre malheureux, ne peut pas même être par eux dépossédé de son bonheur. Si, comme vous le dites, le sage ne peut tomber du bonheur dans le malheur, il ne peut pas même cesser d'être heureux; car celui qui commence à déchoir, où s'arrêtera-t-il dans sa chute? La même cause, qui l'empêche de rouler jusqu'au fond, le retient au sommet. Mais le bonheur ne peut-il pas être détruit? il ne peut même pas être diminué; c'est pour cette raison que la vertu seule y suffit. — «Mais quoi, dit-on, ce sage, qui aura vécu plus long-temps, et sans qu'aucune peine l'ait jamais troublé dans son bonheur, n'est-il pas plus heureux que celui qui souvent a lutté contre la mauvaise fortune?» — Dites-moi, en est-il meilleur et plus vertueux? Non. Donc il n'est pas plus heureux; il faut qu'il vive plus sagement pour vivre plus heureux. S'il ne peut vivre plus sagement, il ne peut vivre plus heureux. La vertu n'est point susceptible de degrés; il en est donc ainsi du bonheur qui dépend de la vertu. La vertu est un si grand bien, que ces légères circonstances, telles que la brièveté de la vie, la douleur et les peines corporelles, n'ont aucune influence sur elle. Quant à la volupté, elle est indigne d'attirer un regard. Quel est le caractère essentiel de la vertu? C'est de n'avoir aucun besoin de l'avenir et de ne point calculer le nombre de ses jours. Quelque peu de temps qui lui soit donné, elle entre en jouissance complète des biens éternels.

Ces maximes nous paraissent paradoxales, exagérées, au dessus de l'humanité; c'est que nous mesurons sa di-

imbecillitate metimur, et vitiis nostris nomen virtutis imponimus. Quid porro, non æque incredibile videtur, aliquem in summis cruciatibus positum, dicere : Beatus sum ? Atqui hæc vox in ipsa officina voluptatis audita est. Beatissimum, inquit, hunc et ultimum diem ago, Epicurus, quum illum hinc urinæ difficultas torqueret, hinc insanabilis exulcerati dolor ventris. Quare ergo incredibilia ista sint apud eos, qui virtutem colunt; quum apud eos quoque reperiantur, apud quos voluptas imperavit? Hi quoque degeneres, et humillimæ mentis, aiunt, in summis doloribus, in summis calamitatibus, sapientem nec miserum futurum, nec beatum. Atqui hoc quoque incredibile est, immo incredibilius. Non video enim, quomodo non in infimum agatur e fastigio suo dejecta virtus. Aut beatum præstare debet; aut, si ab hoc depulsa est, non prohibebit fieri miserum. Stans non potest mitti : aut vincatur oportet, aut vincat. — « Diis, inquit, immortalibus solis et virtus, et beata vita contigit; nobis umbra quædam illorum bonorum et similitudo : accedimus ad illa, non pervenimus. » — Ratio vero diis hominibusque communis est : hæc in illis consummata est, in nobis consummabilis. Sed ad desperationem nos vitia nostra perducunt. Nam ille alter secundus est ut aliquis parum constans ad custodienda optima, cujus judicium labat etiamnunc et incertum est. Desiderat oculorum

gnité d'après notre faiblesse; c'est que nous donnons à nos vices le nom de vertus. Eh quoi! n'est-il donc pas également incroyable d'entendre un homme, livré aux plus cruels tourmens, dire: «Je suis heureux?» Cette parole cependant est sortie de l'école même de la volupté. « Je suis très-heureux en ce jour, le dernier de mes jours : » c'est ce que disait Épicure, tourmenté tout à la fois par une rétention d'urine et par un incurable ulcère aux entrailles. Pourquoi donc trouvera-t-on ces sentimens exagérés en nous, sectateurs de la vertu, puisqu'on les rencontre aussi chez ceux à qui la volupté commande en esclaves? Ces hommes dégradés, et dont l'âme est placée si bas, disent que dans les plus grandes peines, dans les plus grandes calamités, le sage ne sera ni heureux, ni malheureux. Et toutefois cette proposition ne laisse pas d'être incroyable : elle est même plus qu'incroyable ; car je ne vois pas comment la vertu, débusquée du sommet, ne sera pas poussée jusqu'au fond; elle doit rendre l'homme heureux, ou, chassée de cette position, elle ne l'empêchera pas de devenir malheureux : tant qu'elle tiendra bon, elle ne saurait être vaincue; il faut qu'elle soit vaincue ou qu'elle triomphe.—«Les dieux immortels, dit-on, possèdent seuls la vertu et le bonheur; nous n'avons de ces biens que l'ombre et l'image; nous en approchons sans y atteindre. »— La raison est commune aux hommes et aux dieux; seulement chez les dieux elle est parfaite; en nous, elle est susceptible de perfection. Mais nos vices nous font désespérer d'y parvenir. Quant à cet autre homme qui vient au second rang, comme n'ayant pas assez de fermeté pour se maintenir dans l'état de perfection, cet homme dont le jugement est encore peu sûr et sujet à faillir, désire avoir la vue et l'ouïe bonnes, la santé, un extérieur

atque aurium sensum, bonam valetudinem, et non fœdum aspectum corporis, et habitu manentem suo, ætatis præterea longius spatium; per hanc potest non pœnitenda agitare. Imperfecto viro huic malitiæ vis quædam inest: quia animum habet mobilem, ad prava illum agit hærens malitia, et ea agitata abest de bono. Non est adhuc bonus, sed in bonum fingitur; cuicumque autem deest aliquid ad bonum, malus est.

 Sed, si cui virtus animusque in corpore præsens,

hic deos æquat; illo tendit, originis suæ memor. Nemo improbe eo conatur ascendere, unde descenderat. Quid est autem, cur non existimes in eo divini aliquid exsistere, qui Dei pars est? Totum hoc, quo continemur, et unum est, et Deus: et socii sumus ejus, et membra. Capax est noster animus; perfertur illo, si vitia non deprimant. Quemadmodum corporum nostrorum habitus erigitur, et spectat in cœlum : ita animus, cui, in quantum vult, licet porrigi, in hoc a natura rerum formatus est, ut paria diis velit, et sic utatur suis viribus, ac se in spatium suum extendat. Non aliena via ad summa nititur; magnus erat labor, ire in cœlum : redit! in hoc iter natus est. Vadit audacter, contemptor omnium; nec ad pecuniam respicit : aurum argentumque, illis, in quibus jacuere, tenebris dignissima, non ab hoc æstimat splendore, quo imperitorum verberant oculos,

qui ne soit pas disgracieux, un corps sain; enfin, une longue vie, durant laquelle il puisse accomplir quelques actions dont il n'ait point à se repentir. Chez l'homme imparfait, il existe une certaine puissance de méchanceté; dans la mobilité de son âme, cette perversité prédominante le porte vers le mal; car cet état d'agitation éloigne l'âme de la vertu. Un tel homme n'est pas encore vertueux, mais il se forme à la vertu; et celui qui n'est pas complètement bon, est vicieux.

« Mais celui qui possède la vertu, et un cœur d'une constance inébranlable, »

voilà l'homme égal aux dieux; il tend là où le rappelle le souvenir de son origine. On ne peut trouver mauvais qu'il s'efforce de remonter au lieu d'où l'on est descendu. Et pourquoi ne pas supposer quelque chose de divin dans un être qui est une portion de la divinité? Cet univers, qui nous embrasse, n'est qu'une seule chose, et cette chose est Dieu. Nous en sommes les compagnons; nous en sommes les membres. Notre âme est susceptible de comprendre toutes choses; elle pourrait s'élever jusqu'au ciel, si les vices ne la rabaissaient point. La nature nous a donné une taille droite, une tête élevée vers le ciel : de même notre âme, qui peut s'étendre jusqu'où bon lui semble, a été formée par la nature de manière à vouloir comme les dieux, et à faire usage de ses forces pour remplir l'espace qui lui appartient. Ce n'est pas en s'aidant d'une force étrangère qu'elle prend un essor élevé, ce serait un grand travail que d'aller au ciel; elle y retourne; c'est pour cette route qu'elle a pris naissance. Elle marche hardiment, méprisant toutes choses, et ne daigne pas porter en arrière un regard sur les richesses.

sed a vetere cœno, ex quo illa secrevit cupiditas nostra et effodit. Scit, inquam, aliubi positas esse divitias, quam quo congeruntur; animum impleri debere, non arcam. Hunc imponere dominio rerum omnium licet, hunc in possessionem rerum naturæ inducere, ut sua Orientis Occidentisque terminis finiat, deorumque ritu cuncta possideat; quum opibus suis divites superne despiciat, quorum nemo, tam suo lætus est, quam tristis alieno. Quum se in hanc sublimitatem tulit, corporis quoque, velut oneris necessarii, non amator, sed procurator est; nec se illi, cui impositus est, subjicit. Nemo liber est, qui corpori servit. Nam, ut alios dominos, quos nimia pro illo sollicitudo invenit, transeas, ipsius morosum imperium delicatumque est. Ab hoc, modo æquo animo exit, modo magno prosilit; nec, quis deinde reliquiis ejus futurus sit exitus, quærit. Sed, ut ex barba capillos detonsos negligimus; ita ille divinus animus egressurus hominem, quo receptaculum suum conferatur, ignis illud exurat, an terra contegat, an feræ distrahant, non magis ad se judicat pertinere, quam secundas ad editum infantem. Utrum projectum aves differant, an consumatur

. . . . . Canibus data præda marinis,

L'or et l'argent, très-dignes de ces ténèbres au sein desquelles ils gisaient, elle ne les estime point d'après ce brillant qui frappe les yeux du vulgaire, mais d'après la fange primitive dont notre cupidité les a séparés, en les arrachant aux entrailles de la terre. Elle sait que les véritables richesses ne sont pas où on les entasse; que c'est son âme qu'il faut remplir, et non son coffre-fort. On peut donner à l'âme l'empire universel, et lui soumettre la nature, comme un domaine qui lui appartient. Que l'Orient et l'Occident soient ses limites; qu'elle possède l'univers à la manière des dieux; qu'elle regarde d'en haut l'opulence des riches, dont aucun n'est aussi joyeux de ses possessions qu'affligé de celles d'autrui. Élevée à cette hauteur, elle considère le corps comme un fardeau nécessaire; elle ne le chérit plus, elle en prend soin; destinée à commander, elle ne se soumet pas à lui obéir. Quiconque est esclave du corps, n'est pas libre; car, sans parler des autres maîtres que nous a trouvés notre trop grande sollicitude pour le corps, le corps est par lui-même un maître morose et difficile. L'âme tantôt sort paisiblement, tantôt s'échappe avec énergie du corps, et ne cherche point à savoir ce qu'en deviendront les restes. Mais, comme on ne prend point souci des poils coupés de sa barbe, ainsi cette âme divine, sur le point de quitter l'homme, ne s'inquiète pas de ce que deviendra son enveloppe; qu'elle soit consumée par le feu, ou couverte de terre, ou déchirée par les bêtes féroces, cela ne lui paraît pas la concerner plus que l'arrière-faix ne concerne le nouveau-né. Soit que les oiseaux déchirent le cadavre jeté au hasard, ou qu'il devienne

« La proie des chiens de mer, »

quid ad illum? Qui tunc quoque, quum inter homines est, nullas minas timet; ullasne timebit post mortem minas eorum, quibus usque ad mortem timeri parum est? Non conterret, inquit, me nec uncus, nec projecti ad contumeliam cadaveris laceratio, fœda visuris. Neminem de supremo officio rogo; nulli reliquias meas commendo : ne quis insepultus esset, rerum natura prospexit. Quem sævitia projecerit, dies condet. Diserte Mæcenas ait :

Nec tumulum curo ; sepelit natura relictos !

Alte cinctum putes dixisse : habuit enim ingenium et grande et virile, nisi illud secum discinxisset.

XCIII.

De Metronactis morte. Vitam non ex spatio, sed ex actu metiendam.

In epistola, qua de morte Metronactis philosophi querebaris, tanquam et potuisset diutius vivere, et debuisset, æquitatem tuam desideravi ; quæ tibi in omni persona, in omni negotio superest; in una re deest, in qua omnibus. Multos inveni æquos adversus homines; adversus deos neminem. Objurgamus quotidie fatum : Quare ille in medio cursu raptus est? quare ille non rapitur? quare senectutem et sibi et aliis gravem exten-

que lui importe? Elle qui, durant son séjour parmi les hommes, ne craint aucune menace, craindra-t-elle après la mort les menaces de ceux pour qui ce n'est point assez d'être craints jusqu'au trépas? Je ne m'épouvante, dit-elle, ni du harpon, ni du croc des gémonies, ni du hideux aspect d'un cadavre jeté à l'aventure, insulté et mis en lambeaux. Je ne demande à personne les derniers devoirs; je ne recommande mes dépouilles à personne. Nul ne reste sans sépulture; la nature y a pourvu. Le temps ensevelira celui que des mains cruelles ont jeté au hasard. Mécène dit éloquemment:

« Je ne m'embarrasse pas d'un tombeau, la nature prend soin d'inhumer ceux qu'on avait laissés sans sépulture. »

Vous croiriez entendre un homme d'une mâle énergie: Mécène avait effectivement un esprit grand et viril; mais il se complaisait dans la mollesse.

Ch. Du Rozoir.

XCIII.

Sur la mort de Métronax. La vie ne doit pas être mesurée par sa durée, mais par l'utile emploi qu'on en a fait.

Dans la lettre où vous vous plaigniez de la mort du philosophe Métronax, comme s'il avait pu ou dû vivre plus long-temps, je n'ai pas trouvé cet esprit de justice que vous déployez dans toutes vos fonctions et dans toutes les affaires. Cette droiture, au reste, vous fait faute en une chose où elle manque à tout le monde. J'ai connu maintes gens, équitables envers les autres; mais envers les dieux, personne. Chaque jour nous adressons ces reproches au destin : Pourquoi celui-ci a-t-il été enlevé au milieu de sa carrière? Pourquoi cet autre

dit? Utrum, obsecro te, æquius judicas, te naturæ, an tibi parere naturam? Quid autem interest, quam cito exeas, unde utique exeundum est? Non ut diu vivamus, curandum est, sed ut satis. Nam, ut diu vivas, fato opus est; ut satis, animo. Longa est vita, si plena est : impletur autem, quum animus sibi bonum suum reddidit, et ad se potestatem sui transtulit. Quid illum octoginta anni juvant per inertiam exacti? non vixit iste, sed in vita moratus est; nec sero mortuus est, sed diu. Octoginta annis vixit! Interest, mortem ejus ex quo die numeres. — At ille obiit viridis! — Sed officia boni civis, boni amici, boni filii, exsecutus est; in nulla parte cessavit. Licet ejus ætas imperfecta sit, vita perfecta est. Octoginta annis vixit! Immo octoginta annis *fuit!* nisi forte sic *vixisse* eum dicis, quomodo dicuntur arbores vivere.

Obsecro te, Lucili, hoc agamus, ut, quemadmodum pretiosa rerum, sic vita nostra non pateat multum, sed multum pendat. Actu illam metiamur, non tempore. Vis scire, quid inter hunc intersit vegetum contemptoremque fortunæ, functum omnibus vitæ humanæ stipendiis, atque in summum bonum ejus evectum; et illum, cui

est-il épargné? Pourquoi prolonge-t-il une vieillesse à charge aux autres, comme à lui-même? — Lequel des deux, je vous prie, trouvez-vous plus raisonnable d'obéir à la nature, ou que la nature vous obéisse? Que vous importe de sortir bientôt d'un lieu d'où il vous faudra toujours sortir? Le point essentiel n'est pas de vivre long-temps, mais assez. Or, pour vivre long-temps, vous avez besoin du destin; pour vivre assez, vous n'avez besoin que de vous-même. La vie est longue quand elle est bien remplie : or, elle est pleine, quand l'âme a su s'attribuer le seul bien qui lui soit propre, quand elle s'est assuré la domination et l'empire sur soi-même. Cet homme, qui a passé quatre-vingts ans à rien faire, en est-il plus avancé? Ce n'est pas avoir vécu, mais avoir fait une halte dans la vie. Il a vécu quatre-vingts ans! dites-moi seulement de quel jour vous datez sa mort. — Cet autre est mort dans la fleur de l'âge! — Sans doute, mais il a rempli tous les devoirs d'un bon citoyen, d'un bon ami, d'un bon fils; il n'a jamais cessé de s'occuper utilement : quoique son âge soit imparfait, sa vie n'en est pas moins pleine et entière. L'autre a vécu quatre-vingts ans : dites qu'il a été quatre-vingts ans sur la terre! à moins que par aventure vous appeliez vivre, ce que j'appelle végéter comme les arbres.

Je t'en conjure, mon cher Lucilius, faisons en sorte que, semblables aux diamans les plus précieux, notre vie soit d'une grande valeur sous un petit volume : mesurons son étendue par nos actions, et non par sa durée. Voulez-vous savoir la différence qui existe entre un homme plein d'énergie, qui méprise la fortune, qui, après avoir passé par toutes les épreuves de la vie, s'est élevé au souverain bien, et ce vieillard qui seulement a vu s'é-

multi anni transmissi sunt? Alter post mortem quoque est ; alter ante mortem periit. Laudemus itaque, et in numero felicium reponamus eum, cui, quantulumcumque temporis contigit, bene collocatum est. Vidit enim veram lucem, non fuit unus e multis : et vixit, et viguit : aliquando sereno usus est; aliquando, ut solet, validi sideris fulgor per nubila emicuit. Quid quæris, quamdiu vixerit? vixit : ad posteros usque transilivit et se in memoriam dedit.

Nec ideo mihi plures annos accedere recusaverim; nihil tamen mihi ad beatam vitam defuisse dicam, si spatium ejus inciditur. Non enim ad eum diem me aptavi, quem ultimum mihi spes avida promiserat; sed nullum non tanquam ultimum aspexi. Quid me interrogas, quanto natus sim? an inter juniores adhuc censear? Habeo meum. Quemadmodum in minore corporis habitu potest homo esse perfectus; sic et in minore temporis modo potest vita esse perfecta. Ætas inter externa est. Quamdiu sim, alienum est : quamdiu vero sum, vir bonus ut sim, meum est. Hoc a me exige, ne velut per tenebras ævum ignobile emetiar; ut agam vitam, non ut prætervehar.

Quæris, quod sit amplissimum vitæ spatium? Usque ad sapientiam vivere! Qui ad illam pervenit, attigit non longissimum finem, sed maximum. Ille vero glorietur

couler beaucoup d'années? L'un vit encore après sa mort; l'autre n'était plus, dès avant son décès. Louons donc, et comptons au nombre des hommes heureux celui qui a su mettre à profit le peu de temps qui était à sa disposition. Car il a vraiment vu la lumière; il n'a pas été confondu dans la foule; il a vécu; il a eu la plus belle existence : quelquefois il a eu des jours sereins; quelquefois, comme il est ordinaire, l'éclat de sa brillante étoile ne s'est montré qu'au travers des nuages. Ne me demandez pas le nombre de ses années; il a vécu; il a prolongé sa vie jusque dans la postérité, et s'est assuré une place dans la mémoire des hommes.

Ce n'est pas à dire que, pour ma part, je refuserais un surcroît d'années, sans toutefois prétendre qu'il eût rien manqué au bonheur de ma vie, si l'on eût retranché quelque chose à sa durée. Je n'ai jamais compté sur le plus long terme qu'une avide espérance pouvait me promettre; j'ai regardé au contraire chaque jour comme le dernier dont je devais jouir. Pourquoi m'interroger sur mon âge? Est-ce pour me compter encore au nombre des plus jeunes? J'ai mon compte. Une petite taille n'empêche pas un homme d'être bien constitué : ainsi, dans un court espace d'années, la vie peut être pleine et entière. L'âge est une condition tout-à-fait en dehors. La durée de ma vie ne dépend pas de moi : mais tant qu'elle dure, il m'appartient d'être homme de bien. Vous pouvez exiger de moi que je ne passe point ma vie dans une honteuse obscurité; je ne puis que régler ma vie, et non point en étendre les bornes.

Vous me demandez quelle est la vie la plus étendue? C'est celle qui s'élève jusqu'à la sagesse : l'homme qui en est là, a atteint, non pas le but le plus éloigné, mais le

audacter, et diis agat gratias; interque eos sibi et rerum naturae imputet, quod fuit. Merito enim imputabit: meliorem illi vitam reddidit, quam accepit. Exemplar boni viri posuit; qualis quantusque esset, ostendit : si quid adjecisset, fuisset simile praeterito. Et tamen, quousque vivimus? Omnium rerum cognitione fruiti sumus. Scimus, a quibus principalis natura se attollat; quemadmodum ordinet mundum; per quas vices annum revocet; quemadmodum omnia, quae usquam erant, cluserit, et seipsam finem sui fecerit. Scimus, sidera impetu suo vadere; praeter terram nihil stare, cetera continua velocitate decurrere. Scimus, quemadmodum solem luna praetereat; quare tardior velociorem post se relinquat; quomodo lumen accipiat, aut perdat; quae causa inducat noctem, quae reducat diem. Illuc eundum est, ubi ista propius aspicias. — Nec hac spe, inquit sapiens, illo fortius exeo, quod patere mihi ad deos meos iter judico. Merui quidem admitti, et jam inter illos fui; animumque illo meum misi, et ad me illi suum miserant. Sed tolli me de medio puta, et post mortem nihil ex homine restare; aeque magnum animum habeo, etiam si nusquam transiturus excedo.

but principal. Alors il peut se glorifier hardiment, rendre grâces aux dieux, et, confondu avec eux, s'attribuer à soi-même, aussi bien qu'à la nature, l'honneur de ce qu'il a été; et certes, on ne pourra l'accuser de présomption : il a rendu à la nature une vie meilleure qu'il ne l'avait reçue. Il a laissé après lui le modèle de l'homme de bien; il l'a montré dans toute sa perfection, dans toute sa grandeur; et s'il eût pu ajouter à ses années, ce surcroît aurait été semblable au passé. Toutefois, aussi long-temps que nous avons vécu, nous avons joui de la connaissance de toutes les choses de ce monde. Nous savons les principes constitutifs de la nature; l'ordre qu'elle a établi dans le monde; par quelle révolution elle renouvelle l'année; de quelle manière elle met fin à tout ce qui a existé, et comment elle a voulu être la fin d'elle-même. Nous savons que les astres sont emportés par un mouvement qui leur est propre; qu'il n'y a rien d'immobile que la terre, et que tout le reste du monde est soumis à l'entraînement d'une continuelle vitesse. Nous savons pourquoi la lune achève plutôt son cours que le soleil; pourquoi, avec une marche moins rapide, elle laisse derrière elle un corps qui se meut plus promptement; comment elle reçoit la lumière et comment elle la perd; enfin ce qui nous amène la nuit et ce qui nous ramène le jour. Il ne s'agit donc plus que d'aller en un lieu où de plus près vous verrez ce grand spectacle. — Et, dit le sage, ce n'est pas même cette espérance de voir s'ouvrir pour moi un chemin vers les dieux, qui me fait sortir du monde avec plus de constance. J'avais mérité d'être reçu en leur compagnie, et déjà j'ai conversé avec eux; j'ai fait monter mon âme jusqu'à eux, et ils ont fait descendre la leur jusqu'à moi. Supposons toutefois que je périsse entièrement, et,

Non tam multis vixit annis, quam potuit! — Et paucorum versuum liber est, et quidem laudandus, atque utilis. Annales Tanusii scis quam ponderosi sint, et quid vocentur. Hoc est vita quorumdam longa, quod Tanusii sequitur Annales. Numquid feliciorem judicas eum, qui summo die muneris, quam eum, qui medio occiditur? numquid aliquem tam stulte cupidum esse vitæ putas, ut jugulari in spoliario, quam in arena malit? Non majore spatio alter alterum præcedimus. Mors per omnes it : qui occidit, consequitur occisum. Minimum est, de quo sollicitissime agitur. Quid autem ad rem pertinet, quamdiu vites quod evitare non possis?

XCIV.

An utilia sint specialia de officiis præcepta?

EAM partem philosophiæ, quæ dat propria cuique personæ præcepta, nec in universum componit hominem, sed marito suadet, quomodo se gerat adversus uxorem; patri, quomodo educet liberos; domino, quo-

qu'après la mort, il ne reste plus rien de l'homme, je n'en ai pas moins de résolution pour entreprendre un voyage qui ne me conduira nulle part.

Il n'a pas vécu autant d'années qu'il pouvait. — Eh bien! ne se trouvera-t-il pas des livres fort courts qui n'en sont pas moins estimables et utiles. Vous savez combien les annales de Tanusius sont assommantes, et comment on les appelle. Il est des gens dont la vie est longue, et mérite d'être comparée aux annales de Tanusius. Estimez-vous plus heureux pour le gladiateur d'être tué le soir d'une fête publique, ou bien au milieu de la journée? Et croyez-vous que, parmi cette classe d'hommes, il y en ait d'assez follement amoureux de la vie, pour aimer mieux avoir la gorge coupée dans le spoliaire que dans l'arène? C'est à peu près à la même distance que nous nous devançons les uns les autres. La mort se jette indifféremment sur tous. Celui qui tue suit de près celui qu'il a tué. C'est bien peu de chose, que ce temps dont nous nous mettons si fort en peine; et après tout, que nous sert de fuir, pour quelques momens, ce qu'il nous est impossible d'éviter?

Ch. Du Rozoir.

XCIV.

De l'utilité des préceptes. De l'ambition.

Cette application spéciale de la philosophie, qui donne à chacun, selon son état, les préceptes convenables, et qui, sans s'occuper de former l'homme en général, enseigne au mari comment il doit se conduire envers sa femme; au père, comment il doit élever ses

modo servos regat; quidam solam receperunt, ceteras quasi extra utilitatem nostram vagantes reliquerunt: tanquam quis possit de parte suadere, nisi qui summam prius totius vitæ complexus est. Sed Aristo stoicus e contrario hanc partem levem existimat, et quæ non descendat in pectus usque. Ad illam habentem præcepta plurimum ait proficere ipsa decreta philosophiæ constitutionemque summi boni; quam qui bene intellexit ac didicit, quid in quaque re faciendum sit, sibi ipse præcepit. Quemadmodum, qui jaculari discit, destinatum locum captat, et manum format ad dirigenda quæ mittit; quum hanc vim ex disciplina et exercitatione percepit, quocumque vult, illa utitur (didicit enim non hoc aut illud ferire, sed quodcumque voluerit): sic, qui se ad totam vitam instruxit, non desiderat particulatim admoneri, doctus in totum; non enim quomodo cum uxore aut cum filio viveret, sed quomodo bene viveret: in hoc est et quomodo cum uxore ac liberis vivat.

Cleanthes utilem quidem judicat et hanc partem, sed imbecillam, nisi ab universo fluit, nisi decreta ipsa philosophiæ et capita cognovit.

In duas ergo quæstiones locus iste dividitur: Utrum utilis, an inutilis sit; et an solus virum bonum possit

enfans; au maître, comment il doit gouverner ses esclaves, a été seule admise par certains philosophes; les autres branches de la philosophie, ils les ont rejetées comme s'écartant de la sphère de ce qui nous est utile; or, serait-il possible de régler une partie de la vie sans en avoir embrassé d'abord l'ensemble? Mais, d'autre part, le stoïcien Ariston regarde cette application spéciale de la philosophie comme ayant trop peu de poids pour pouvoir pénétrer jusqu'au fond du cœur. Même pour cette philosophie de préceptes spéciaux, il voit une grande utilité dans les principes généraux de la philosophie, et dans ce qui constitue l'ensemble du souverain bien. Ces principes, quiconque les a une fois bien appris et retenus, est en état de se prescrire à lui-même comment il doit agir dans chaque circonstance de la vie. Celui qui apprend à lancer le javelot s'impose un but déterminé, et se forme la main à diriger le projectile; quand les instructions et l'exercice lui ont donné cette habileté, il s'en sert partout où bon lui semble; il n'a pas appris à frapper tel ou tel but, mais à frapper un but quelconque. De même, celui qui s'est formé à l'art de vivre en général, instruit sur l'ensemble, n'a pas besoin de préceptes pour chaque cas particulier. Ne lui dites pas comment il faut se conduire envers son épouse ou envers son fils, mais comment on se conduit bien; ceci comprend la conduite envers l'épouse et les enfans.

Cléanthe pense que cette philosophie spéciale n'est pas sans utilité, mais qu'elle est faible, si elle ne découle d'une théorie générale, si elle n'est fondée sur les principes généraux de la philosophie.

La question se réduit donc à ces deux points: d'abord, la philosophie spéciale est-elle utile ou non? En second

efficere; id est, utrum supervacuus sit, an omnes faciat supervacuos. Qui hanc partem videri volunt supervacuam, hoc aiunt : Si quid oculis oppositum moratur aciem, removendum est : illo quidem objecto operam perdidit, qui præcepit : « Sic ambulabis, illo manum porriges! » Eodem modo, ubi aliqua res obcæcat animum, et ad officiorum dispiciendum ordinem impedit, nihil agit, qui præcepit : « Sic vives cum patre, sic cum uxore. » Nihil enim proficient præcepta, quamdiu menti error offusus est : si ille discutitur, apparebit quid cuique debeatur officio. Alioquin doces illum, quid sano faciendum sit, non efficis sanum. Pauperi, ut agat divitem, monstras; hoc quomodo manente paupertate fieri potest? Ostendis esurienti, quid tanquam satur faciat; fixam potius medullis famem detrahe.

Idem tibi de omnibus vitiis dico : ipsa removenda sunt; non præcipiendum, quod fieri illis manentibus non potest. Nisi opiniones falsas, quibus laboramus, expuleris; nec avarus, quomodo pecunia utendum sit, exaudiet; nec timidus, quomodo periculosa contemnat. Efficias oportet, ut sciat, pecuniam nec bonum, nec malum esse; ostendas illi miserrimos divites : efficias, ut quidquid publice expavimus, sciat non esse tam timendum quam fama circumfert, nec dolere quoque, nec mori. Sæpe in morte, quam pati lex est, magnum esse solatium, quod

lieu, suffit-elle pour former l'homme de bien? en d'autres termes, est-elle superflue, ou rend-elle superflues toutes les autres branches de la philosophie? Voici le raisonnement de ceux qui la rejettent : Si quelque objet placé devant vos yeux empêche la vision, il faut d'abord l'écarter; autrement, on perdrait sa peine en vous disant : «Marchez ainsi, étendez par là votre main.» De même, si quelque objet aveugle l'esprit et l'empêche de discerner l'ordre des devoirs, on vous dira vainement: «Conduisez-vous ainsi avec votre père; vivez ainsi avec votre épouse.» Les préceptes ne sont d'aucune utilité tant que l'âme est enveloppée des brouillards de l'erreur; ce nuage dissipé, les formes de chaque devoir se montreront nettement. Si vous procédez autrement, vous enseignez au malade ce qu'il devrait faire étant bien portant; mais vous ne lui rendez pas la santé. Vous enseignez au pauvre à se conduire comme un riche. Comment le peut-il, tant que la pauvreté reste? Vous montrez à l'affamé ce qu'il doit faire étant repu : chassez d'abord la faim de son estomac.

Je vous en dis autant de tous les vices; il faut les écarter, et non donner des préceptes inexécutables tant que les vices demeurent. Si vous ne dissipez d'abord les préjugés qui nous travaillent, l'avare ne vous croira pas sur le bon usage qu'il doit faire de son argent, ni le poltron sur le mépris des dangers. Il faut faire comprendre à l'un que l'argent n'est en soi ni un bien ni un mal; il faut lui montrer des riches très-misérables. Vous prouverez à l'autre que ces maux, tant redoutés du vulgaire, ne sont pas si fort à craindre qu'on le dit communément; pas même la douleur, pas même la mort; que la mort, à laquelle nous soumet la loi de la nature, apporte souvent avec elle une grande consolation, c'est qu'elle ne revient

ad neminem redit; in dolore pro remedio futuram obstinationem animi, qui levius sibi facit quidquid contumaciter passus est. Optimam doloris esse naturam, quod non potest, nec, qui extenditur, magnus esse; nec, qui est magnus, extendi. Omnia fortiter excipienda, quæ nobis mundi necessitas imperat.

His decretis quum illum in conspectum suæ conditionis adduxeris, et cognoverit beatam esse vitam, non quæ secundum voluptatem est, sed secundum naturam; quum virtutem unicum bonum hominis adamaverit, turpitudinem solum malum fugerit; reliqua omnia, divitias, honores, bonam valetudinem, vires, imperia, scierit esse mediam partem, nec bonis annumerandam, nec malis : monitorem non desiderabit ad singula, qui dicat : « Sic incede, sic cœna! Hoc viro, hoc feminæ, hoc marito, hoc cælibi convenit! » Ista enim qui diligentissime monent, ipsi facere non possunt. Hæc pædagogus puero, hæc avia nepoti præcipit; et, irascendum non esse, magister iracundissimus disputat. Si ludum litterarium intraveris, scies ista, quæ ingenti supercilio philosophi jactant, in puerili esse præscripto.

Utrum deinde manifesta, an dubia præcipies? Non desiderant manifesta monitorem; præcipienti dubia non creditur : supervacuum est ergo præcipere. Id adeo sic disce. Si id mones, quod obscurum est et ambiguum,

jamais; qu'à la douleur peut remédier la fermeté de l'âme, qui rend plus léger tout ce qu'elle supporte avec énergie; que la douleur a cela de très-bon, qu'elle ne peut être violente quand elle dure, ni durer quand elle est violente; qu'enfin il faut recevoir courageusement tout ce qu'ordonnent les lois immuables de l'univers.

Quand, avec de tels principes, vous lui aurez fait envisager son état; quand il connaîtra que la vie heureuse n'est pas celle qui obéit à la volupté, mais à la nature; quand il aimera la vertu comme l'unique bien de l'homme; quand il fuira la honte comme l'unique mal; quand il saura que tout le reste, les richesses, les honneurs, la santé, la force, le pouvoir sont des objets indifférens qu'il ne faut compter ni parmi les biens, ni parmi les maux, il n'aura pas besoin d'un conseiller qui, dans chaque cas particulier, lui dise : « Marchez ainsi; soupez de cette façon : voilà ce qui convient à un homme, à une femme, à un mari, à un célibataire. » Les donneurs d'avis les plus empressés sont eux-mêmes hors d'état de les mettre en pratique. L'instituteur donne à son élève des préceptes de ce genre; la grand'mère en donne à son petit-fils, et le pédagogue le plus emporté moralise contre la colère. Entrez dans une école, et vous verrez ces maximes, débitées avec tant de jactance par les philosophes, servir de matière aux thèmes des enfans.

Enfin, répondez-moi, vos préceptes seront-ils évidens ou sujets à examen? Il n'est besoin d'avis pour les choses évidentes; on ne croit point celui qui donne des préceptes sujets à examen. Il est donc superflu de donner des préceptes. Entendez ainsi ma pensée : Si vous donnez un

probationibus adjuvandum erit : si probaturus es, illa per quæ probas plus valent, satisque per se sunt. « Sic amico utere, sic cive, sic socio ! — Quare? — quia justum est. » Omnia ista mihi *de Justitia* locus tradit. Illic invenio æquitatem per se expetendam, nec metu nos ad illam cogi, nec mercede conduci; non esse justum, cui quidquam in hac virtute placet, præter ipsam.

Hæc quum persuasi mihi et perbibi, quid ista præcepta proficiunt, quæ eruditum docent? Præcepta dare scienti, supervacuum est; nescienti, parum. Audire enim debet, non tantum quid sibi præcipiatur, sed etiam quare. Utrum, inquam, veras opiniones habenti de bonis malisque sunt necessaria, an non habenti? Qui non habet, nihil a te adjuvabitur ; aures ejus contraria monitionibus tuis fama possedit : qui habet exactum judicium de fugiendis petendisque, scit quid sibi faciendum sit, etiam te tacente. Tota ergo pars ista philosophiæ submoveri potest.

Duo sunt, propter quæ delinquimus : aut inest animo pravis opinionibus malitia contracta; aut, etiam si non est falsis occupatus, ad falsa proclivis est, et cito, specie quo non oportet trahente, corrumpitur. Itaque debemus aut percurare mentem ægram, et vitiis liberare; aut vacantem quidem, sed ad pejora pronam, præoccupare.

précepte obscur et douteux, il faudra le soutenir par une démonstration; si vous êtes obligé de le démontrer, vos preuves seront plus fortes que le précepte, et suffiront seules. « Voilà comme il faut agir avec son ami, avec un concitoyen, avec un allié. — Pourquoi? — Parce que c'est justice.» La théorie générale de la justice m'enseigne tout cela : j'y trouve qu'on doit rechercher l'équité pour elle-même, sans y être forcé par la crainte, ou invité par les récompenses; qu'on n'est pas juste quand on aime dans cette vertu tout autre chose qu'elle-même.

Lorsque je me suis imbu, persuadé de ces vérités, que me servent des préceptes qui m'enseignent ce que je sais? Pour celui qui sait, les préceptes sont superflus; pour celui qui ne sait pas, ils sont insuffisans; car il faut lui donner, non-seulement le précepte, mais le motif du précepte. Dites-moi, est-ce à celui qui a des idées justes du bien et du mal, ou à celui qui en a des idées fausses, que les préceptes seront nécessaires? Ce dernier ne recevra de vous aucune assistance; son oreille est obstruée par le préjugé contraire à vos avis. Celui qui juge sainement de ce qu'on doit fuir ou rechercher, sait ce qu'il doit faire sans que vous ayez besoin de parler. On peut donc écarter toute cette portion de la philosophie.

Il est pour nos fautes deux causes principales : ou l'esprit est perverti par des opinions fausses, ou, sans en être maîtrisé, il est prêt à s'y abandonner; et bientôt, cédant à l'apparence, il se laisse corrompre. Ainsi nous devons, ou guérir radicalement l'esprit malade et le débarrasser du vice, ou nous emparer de lui tandis que, tout en penchant vers le mal, il est encore libre. Les principes généraux de la philosophie attei-

Utrumque decreta philosophiæ faciunt : ergo tale præcipiendi genus nil agit.

Præterea, si præcepta singulis damus, incomprehensibile opus est. Alia enim dare debemus fœneranti, alia colenti agrum, alia negotianti; alia regum amicitias sequenti; alia pares, alia inferiores amaturo. In matrimonio præcipies, quomodo vivat cum uxore aliquis, quam virginem duxit; quomodo cum ea, quæ alicujus ante matrimonium experta est; quemadmodum cum locuplete; quemadmodum cum indotata. An non putas aliquid esse discriminis inter sterilem et fœcundam, inter provectiorem et puellam, inter matrem et novercam? Omnes species complecti non possumus : atqui singulæ propria exigunt. Leges autem philosophiæ breves sunt, et omnia alligant. Adjice nunc, quod sapientiæ præcepta finita esse debent, et certa : si qua finiri non possunt, extra sapientiam sunt; sapientia rerum terminos novit. Ergo ista præceptiva pars submovenda est : quia, quod paucis promittit, præstare omnibus non potest : sapientia autem omnes tenet. Inter insaniam publicam, et hanc, quæ medicis traditur, nihil interest; nisi quod hæc morbo laborat, illa opinionibus falsis. Altera causas furoris traxit ex valetudine; altera, animi mala valetudo est. Si quis furioso præcepta det, quomodo loqui debeat, quomodo procedere, quomodo in publico se

gnent l'un et l'autre but; vos préceptes spéciaux ne servent donc à rien.

De plus, si nous donnons des préceptes dans chaque cas particulier, c'est une affaire sans fin. Car il faudra des préceptes différens, et pour le prêteur sur gages, et pour l'agriculteur, et pour le marchand, et pour le courtisan, et pour celui qui doit aimer ses égaux, et pour celui qui doit aimer ses inférieurs. A un mari, vous direz comment il doit vivre avec une épouse qu'il a prise vierge, avec celle qu'il a prise veuve, avec une riche, avec une pauvre. Ne pensez-vous pas qu'il y a quelque différence entre une épouse stérile et une épouse féconde, entre une âgée et une jeune, entre une qui est mère et une qui est belle-mère? Nous ne pouvons embrasser tous les cas, et cependant chacun veut des préceptes à part. Or, les lois de la philosophie sont brèves et embrassent tout. Ajoutez maintenant que les préceptes du sage doivent être précis et positifs; ce qui ne peut se définir est en dehors de la philosophie, qui connaît les limites propres à chaque objet. Il faut donc écarter cette philosophie qui consiste en préceptes, parce qu'elle ne peut donner à tous ce qu'elle promet à quelques-uns; or, la sagesse s'adresse à tous les hommes. Entre la folie publique et cette aliénation mentale que l'on confie aux soins des médecins, il n'y a d'autre différence, sinon que cette dernière a pour principe la maladie, l'autre les préjugés. Dans le premier cas, la démence est causée par le dérangement des organes; dans le second, il y a maladie de l'esprit. Celui qui s'aviserait de donner à un homme en démence des préceptes sur la manière de parler, de marcher, de se conduire, soit en public soit en

gerere, quomodo in privato; erit ipso, quem monebit, insanior : scilicet bilis nigra curanda est, et ipsa furoris causa removenda. Idem in hoc alio animi furore faciendum est : ipse discuti debet; alioquin abibunt in vanum monentium verba.

Hæc ab Aristone dicuntur. — Cui respondebimus ad singula. Primum adversus illud, quod ait, « si quid obstat oculo, et impedit visum, debere removeri. » Fateor, huic non esse opus præceptis ad videndum, sed remedio quo purgetur acies, et officientem sibi moram effugiat. Natura enim videmus; cui usum sui reddit, qui removit obstantia. Quid autem cuique debeatur officio, natura non docet. Deinde cujus curata suffusio est, is non protinus, quum visum recepit, aliis quoque potest reddere : malitia liberatus et liberat. Non opus est exhortatione, ne consilio quidem, ut colorum proprietates oculus intelligat; a nigro album, etiam nullo monente, distinguet : multis contra præceptis eget animus, ut videat, quid agendum sit in vita. Quanquam oculis quoque ægros medicus non tantum curat; sed etiam monet. Non est, inquit, quod protinus imbecillam aciem committas improbo lumini; a tenebris primum ad umbrosa procede, deinde plus aude, et paullatim claram lucem pati assuesce : non est quod post cibum studeas; non est quod plenis oculis ac tumentibus imperes; af-

particulier, serait assurément plus fou que celui qu'il voudrait morigéner. C'est la bile noire qu'il faut guérir, c'est la cause de la folie qu'il faut chasser. Le même procédé doit être appliqué à cette autre folie de l'esprit, il faut commencer par la dissiper; autrement, vos avis ne seront qu'un vain son qui frappera l'air.

Voilà les objections que fait Ariston. — Nous lui répondrons article par article; et nous réfuterons d'abord son argument tiré de la comparaison d'un objet qui, placé devant l'œil et empêchant la vision, doit être écarté. J'avoue que l'homme dans ce cas n'a pas besoin de préceptes pour voir, mais d'un remède qui lui éclaircisse la vue et qui la dégage du corps étranger qui empêche son action. Voir est pour nous un avantage naturel : on nous en rend l'usage en écartant l'obstacle qui nous empêche de voir. Mais ce qui constitue chaque devoir, la nature ne l'enseigne point. En second lieu, l'homme que l'on vient de guérir d'une fluxion ne peut pas, aussitôt qu'il vient de recouvrer la vue, la rendre à d'autres. Celui qu'on a délivré du mal moral peut en délivrer autrui. Il n'est besoin d'exhortations ni même de conseils pour que l'œil juge des couleurs; sans qu'on l'avertisse, il saura distinguer le blanc du noir; mais l'esprit a besoin de beaucoup de préceptes pour discerner ce qu'il doit faire dans la vie. Pourtant le médecin ne se contente pas de guérir ceux qui ont mal aux yeux; il leur donne aussi des avis. N'allez pas, dit-il, exposer trop tôt un organe faible à une lumière trop vive; passez d'abord des ténèbres à un demi-jour; puis osez davantage et accoutumez-vous graduellement à supporter l'éclat de la lumière. Ne vous mettez pas à l'étude après avoir mangé;

flatum et vim frigoris in os occurrentis evita. Alia ejusmodi, quæ non minus quam medicamenta proficiunt, adjicit remediis medicina consilia.

« Error, inquit, est causa peccandi; hunc nobis præcepta non detrahunt, nec expugnant opiniones de bonis ac malis falsas. » Concedo, per se efficacia præcepta non esse ad evertendam pravam animi persuasionem; sed non ideo, ne aliis quidem adjecta, proficiunt? Primum memoriam renovant; deinde, quæ in universo confusius videbantur, in partes divisa diligentius considerantur. Aut tu isto modo licet et consolationes dicas supervacuas, et exhortationes : atqui non sunt supervacuæ; ergo ne monitiones quidem. — « Stultum est, inquit, præcipere ægro, quid facere tanquam sanus debeat; quum restituenda sanitas sit, sine qua irrita sunt præcepta. » Quid, quod habent ægri quædam sanique communia, de quibus admonendi sunt? tanquam, ne avide cibos appetant, ut lassitudinem vitent.

Habent quædam præcepta communia pauper et dives. — « Sana, inquit, avaritiam, et nihil habebis quod admoneas aut pauperem, aut divitem, si cupiditas utriusque considet. » Quid quod aliud est, non concupiscere pecuniam; aliud, uti pecunia scire? cujus avari modum igno-

ne forcez vos yeux à aucune application, quand ils sont encore gonflés et pleins d'humeurs; évitez un courant d'air et l'impression du froid sur le visage. Ces préceptes, et autres semblables, ne sont pas moins utiles que les médicamens. La médecine joint les avis aux remèdes.

« L'erreur, dit encore Ariston, est la cause de nos fautes : les préceptes ne nous ôtent pas l'erreur; ils ne déracinent pas les opinions fausses sur le bien et sur le mal. » J'avoue que les préceptes seuls ne sont point assez efficaces pour écarter les préjugés; mais il ne s'ensuit pas qu'ils soient inutiles, étant joints à d'autres secours. D'abord ils rafraîchissent la mémoire; puis ce qu'on ne voyait que confusément dans son ensemble, se montre plus distinctement, envisagé dans ses détails. D'après votre système, vous pourriez dire aussi que les consolations et les exhortations sont superflues; or, elles ne le sont pas; donc les avis ne le sont pas non plus. — « C'est folie, dit Ariston, de donner des préceptes à un malade sur ce qu'il doit faire étant bien portant, au lieu de lui rendre la santé sans laquelle vos préceptes sont inutiles. » — Quoi! pour les malades et pour les gens qui se portent bien, n'est-il pas quelques points de conformité sur lesquels il est à propos de leur donner des préceptes? Par exemple, de ne pas manger gloutonnement, d'éviter la fatigue.

Il est aussi des préceptes communs au pauvre et au riche. — « Guérissez, dit-il, l'avarice, et vous n'aurez plus besoin d'avertir le pauvre ou le riche, l'avidité de l'un et de l'autre étant domptée. » D'ailleurs n'y a-t-il pas de différence entre ne pas désirer l'argent et savoir en faire usage? Les avares ne savent pas plus se borner dans leur parcimonie que ceux qui ne sont point avares

rant, etiam non avari usum. — « Tolle, inquit, errores; supervacua præcepta sunt. » Falsum est! puta enim avaritiam relaxatam; puta adstrictam esse luxuriam, temeritati frenos injectos, ignaviæ subditum calcar : etiam remotis vitiis, quid, et quemadmodum, debeamus facere, discendum est. — « Nihil, inquit, efficient monitiones, admotæ gravibus vitiis. » Ne medicina quidem morbos insanabiles vincit; tamen adhibetur aliis in remedium, aliis in levamentum. Ne ipsa quidem universæ philosophiæ vis, licet tota in hoc vires suas advocet, duram jam et veterem animis extrahet pestem; sed non ideo nihil sanat, quia non omnia.

« Quid prodest, inquit, aperta monstrare? » Plurimum! interdum enim scimus, nec attendimus. Non docet admonitio, sed advertit, sed excitat, sed memoriam continet, nec patitur elabi. Pleraque ante oculos posita transimus; admonere, genus adhortandi est. Sæpe animus etiam aperta dissimulat; ingerenda est itaque illi notitia rerum notissimarum. Illa hoc loco in Vatinium Calvi repetenda sententia est : « Factum esse ambitum, scitis; et, hoc vos scire, omnes sciunt. » Scis, amicitias sancte colendas esse; sed non facis : scis, improbum esse qui ab uxore pudicitiam exigit, ipse alienarum corruptor uxorum : scis, ut illi nil cum adultero, sic tibi nil esse debere cum pellice; et non facis. Itaque subinde redu-

dans leurs dépenses. — « Bannissez les erreurs, continue Ariston, et les préceptes sont superflus. » — Assertion fausse. Car supposez que l'avarice soit devenue moins serrée, le luxe modéré, la témérité soumise au frein, la lâcheté docile à l'éperon ; même après avoir écarté ces vices, il nous faudra encore apprendre ce que nous devons faire et de quelle façon. — « Les préceptes, dit-il, ne feront rien, s'ils attaquent des vices dans toute leur force. » La médecine ne guérit pas non plus des maladies incurables. Elle ne laisse pas d'agir pour remédier à certains maux, pour en soulager d'autres. La philosophie entière, en rassemblant toutes ses forces, ne saurait extirper de l'âme un mal endurci, enraciné par l'âge ; mais de ce qu'elle ne guérit pas tout, il ne s'ensuit pas qu'elle ne guérisse rien.

« Que sert, dit Ariston, de nous montrer ce qui est évident ? » — Beaucoup ; car parfois nous savons, mais l'attention nous manque ; l'admonition ne nous instruit pas, mais elle avertit, elle éveille, elle entretient la mémoire ; elle ne permet point d'oublier. Mille objets placés sous nos yeux échappent à notre attention : avertir, c'est une manière d'exhorter : souvent même l'esprit se dissimule les choses les plus évidentes ; il est donc convenable de lui inculquer la connaissance des choses les plus connues. C'est ici le cas de rappeler ce mot de Calvus plaidant contre Vatinius : « Vous savez qu'il y a eu brigue, et tout le monde sait que vous le savez. » De même, vous savez qu'il faut cultiver religieusement l'amitié ; vous le savez, mais vous ne le faites pas. Vous savez qu'imposer la chasteté à votre épouse, tandis que vous séduisez la femme d'autrui, c'est être injuste ; vous savez que si la vôtre ne doit pas avoir d'amant, vous ne devez pas avoir

cendus es ad memoriam : non enim reposita illa esse oportet, sed in promptu. Quæcumque salutaria sunt, sæpe agitari debent, sæpe versari; ut non tantum nota sint nobis, sed etiam parata. Adjice nunc, quod aperta quoque apertiora fieri solent.

« Si dubia sunt, inquit, quæ præcipis, probationes adjicere debebis : ergo illæ, non præcepta, proficient. » — Quid quod, etiam sine probationibus, ipsa monentis auctoritas prodest? sic quomodo jurisconsultorum valent responsa, etiam si ratio non redditur. Præterea ipsa, quæ præcipiuntur, per se multum habent ponderis, utique si aut carmini intexta sunt, aut prosa oratione in sententiam coarctata; sicut illa Catoniana : «Emas, non quod opus est, sed quod necesse est. Quod non opus est, asse carum est.» Qualia sunt illa, aut reddita oraculo, aut similia : « Tempori parce! Te nosce! » Numquid rationem exiges, quum tibi aliquis hos dixerit versus?

> Injuriarum remedium est oblivio.
> Audentes fortuna juvat.
> Piger ipse sibi obstat.

Advocatum ista non quærunt; affectus ipsos tangunt, et natura vim suam exercente proficiunt. Omnium honestarum rerum semina animi gerunt, quæ admonitione

de maîtresse; vous le savez, mais vous n'agissez pas en conséquence. Il faut donc fréquemment vous rafraîchir la mémoire; car ces connaissances ne doivent pas être tenues en réserve; il faut les avoir sous la main. Toutes ces vérités salutaires doivent être souvent traitées, souvent présentées, afin que pour nous elles soient non-seulement connues, mais toujours disponibles. Ajoutez encore que, par cette méthode, les choses évidentes deviennent encore plus manifestes.

« Si vos préceptes sont douteux, dit Ariston, il faudra les démontrer; de sorte que l'amendement résultera, non des préceptes, mais de leur démonstration. » Et la personne du conseiller ne fait-elle pas autorité, quelquefois même sans preuves? C'est ainsi que les réponses des jurisconsultes nous sont utiles, même sans qu'ils en déduisent les motifs. En outre, les préceptes ont beaucoup de poids en eux-mêmes, s'ils sont contenus dans un vers, ou resserrés dans une phrase courte et sentencieuse. Telles sont ces maximes de Caton : « Achetez, non ce qui vous est utile, mais ce qui vous est nécessaire. Ce qui est inutile, ne coûtât-il qu'un as, est encore trop cher. » Tels sont encore ces oracles, et autres semblables : « Soyez avares du temps. Connaissez-vous! » Irez-vous demander des preuves quand on vous citera :

> L'oubli est le remède des injures;
> La fortune favorise l'audace;
> Le paresseux nuit à son propre bien.

Ces maximes n'ont pas besoin d'avocat pour les défendre; elles entrent dans nos sentimens, et nous profitent par leur force naturelle. Les âmes portent en elles les semences de tous les sentimens honnêtes; les admo-

excitantur; non aliter quam scintilla, flatu levi adjuta, ignem suum explicat. Erigitur virtus, quum tacta est et impulsa. Præterea quædam sunt quidem in animo, sed parum prompta; quæ incipiunt in expedito esse, quum dicta sunt. Quædam diversis locis jacent sparsa, quæ contrahere inexercitata mens non potest. Itaque in unum conferenda sunt, et jungenda, ut plus valeant, animumque magis allevent. Aut, si præcepta nihil adjuvant, omnis institutio tollenda est; ipsa natura contenti esse debemus. Hoc qui dicunt, non vident, alium ingenii esse mobilis et erecti, alium tardi et hebetis; utique alium alio ingeniosiorem. Ingenii vis præceptis alitur et crescit, novasque persuasiones adjicit innatis, et depravata corrigit.

«Si quis, inquit, non habet recta decreta, quid illum admonitiones juvabunt vitiis obligatum?» Hoc scilicet, ut illis liberetur. Non enim exstincta in illo indoles naturalis est, sed obscurata, et oppressa : sic quoque tentat resurgere, et contra prava nititur : nacta vero præsidium, et adjuta præceptis, convalescit; si tamen illam diutina pestis non infecit, nec enecuit; hanc enim ne disciplina quidem philosophiæ, toto impetu suo connisa, restituet. Quid enim interest inter decreta philosophiæ et præcepta, nisi quod illa generalia præcepta sunt, hæc specialia? Utraque res præcipit : sed altera in totum, particulatim altera.

nitions les développent, comme l'étincelle, réveillée par un léger souffle, laisse échapper le feu qu'elle contient. La vertu, pour se réveiller, n'a besoin que d'un signe, d'une impulsion donnée. De plus, certaines vérités, quoiqu'elles se trouvent dans l'âme, ne se présentent que lorsqu'elles sont formulées par des paroles. D'autres sont éparses et disséminées ; l'âme ne peut les rassembler sans se donner quelque exercice. Il faut donc les réunir, les classer, pour leur imprimer plus de force, et pour qu'elles servent mieux l'entendement. Autrement, si les préceptes sont inutiles, il faut supprimer toute éducation et s'en tenir à la nature. Ceux qui parlent ainsi ne considèrent pas que les uns ont l'esprit vif et pénétrant; les autres, lent et obtus; et qu'ainsi les uns ont plus de sagacité que les autres. L'énergie de l'esprit qui s'alimente et s'accroît par l'influence des préceptes, ajoute aussi de nouveaux motifs de conviction à ceux que l'on a déjà, et rectifie les idées fausses.

« Si vous n'avez avant tout de bons principes, dit Ariston, de quelle utilité les admonitions seront-elles pour votre âme esclave du vice? » Elles lui seront utiles, en l'en débarrassant; car le germe de son bon naturel n'est pas détruit, il n'est qu'enfoui et comprimé : il fait effort pour se relever, et veut résister au mal ; s'il trouve un secours et l'assistance des préceptes, il recouvre sa vigueur, pourvu toutefois que la contagion, malgré sa continuité, n'ait fait que l'infecter, sans le tuer tout-à-fait. Dans ce cas la philosophie, avec toutes ses règles, avec toutes ses forces, ne lui rendra pas la vie. Enfin, quelle différence y a-t-il entre les principes et les préceptes de la philosophie, sinon que les principes sont des préceptes généraux? Les principes et les préceptes commandent; mais les uns en général, les autres d'une manière spéciale.

« Si quis, inquit, recta habet et honesta decreta, hic ex supervacuo monetur. » Minime! nam hic quoque doctus quidem est facere, quæ debet; sed hæc non satis perspicit. Non enim tantum affectibus impedimur, quo minus probanda faciamus, sed imperitia inveniendi quid quæque res exigat. Habemus interdum compositum animum, sed residem, et inexercitatum ad inveniendam officiorum viam, quam admonitio demonstrat.

« Expelle, inquit, falsas opiniones de bonis et malis, in locum autem earum veras repone; et nihil habebit admonitio quod agat. » Ordinatur sine dubio ista ratione animus; sed non ista tantum. Nam quamvis argumentis collectum sit, quæ bona, quæ mala sint; nihilominus habent præcepta partes suas : et prudentia, et justitia officiis constant; officia præceptis disponuntur. Præterea ipsum de bonis malisque judicium confirmatur officiorum exsecutione, ad quam præcepta perducunt. Utraque enim inter se consentiunt : nec illa possunt præcedere, ut non hæc sequantur; et hæc ordinem sequuntur suum : unde apparet illa præcedere.

« Infinita, inquit, præcepta sunt. » Falsum est! Nam de maximis ac necessariis rebus non sunt infinita; tenues autem differentias habent, quas exigunt tempora, loca, personæ. Sed his quoque dantur præcepta generalia. — « Nemo, inquit, præceptis curat insaniam; ergo

« Quand un homme, dit-on encore, a des principes honnêtes et droits, les avertissemens sont pour lui superflus. » Nullement; car, encore bien qu'il ait appris à faire ce qu'il doit, il ne le discerne pas encore assez nettement. En effet, ce ne sont pas seulement nos passions qui nous empêchent de faire des actions dignes d'éloges, mais encore notre ignorance de ce qu'exige de nous chaque cas particulier. Nous avons quelquefois un esprit bien réglé, mais paresseux et encore trop peu exercé pour trouver la route des devoirs; le précepte nous l'enseigne.

« Chassez, dit Ariston, les idées fausses du bien et du mal; en leur place mettez des notions vraies, et les préceptes n'auront plus rien à faire. » Il n'est pas douteux que, par cette méthode, on ne puisse régler l'esprit; mais ce n'est pas la seule; car encore qu'on ait établi, par de bons argumens, en quoi consistent le bien et le mal, il reste encore la part des préceptes; la prudence et la justice consistent dans la pratique des devoirs, et c'est par les préceptes que sont réglés les devoirs. En outre nos jugemens même sur le bien et sur le mal se fortifient par la pratique des devoirs vers lesquels nous guident les préceptes; car les préceptes sont toujours d'accord avec les principes; on ne peut établir ceux-ci, sans que ceux-là n'en soient la conséquence : tel est leur ordre nécessaire, et le principe marche toujours avant le précepte.

« Les préceptes sont innombrables, dit Ariston. » C'est faux; car, en ce qui concerne les points principaux et nécessaires, ils ne sont point innombrables. — Ils ont entre eux de légères différences de temps, de lieux et de personnes; et même toutes ces nuances peuvent se trouver comprises dans des préceptes généraux. « Per-

ne malitiam quidem.» Dissimile est! Nam si insaniam sustuleris, sanitas reddita est : si falsas opiniones exclusimus, non statim sequitur dispectus rerum agendarum : ut sequatur, tamen admonitio corroborabit rectam de bonis malisque sententiam. Illud quoque falsum est, nihil apud insanos proficere præcepta : nam quemadmodum sola non prosunt, sic curationem adjuvant; et denuntiatio, et castigatio insanos coercuit. De illis insanis nunc loquor, quibus mens mota est, non erepta.

«Leges, inquit, ut faciamus quod oportet, non efficiunt : et quid aliud sunt, quam minis mixta præcepta?» — Primum omnium, ob hoc illæ non persuadent, quia minantur; at hæc non cogunt, sed exorant. Deinde leges a scelere deterrent; præcepta in officium adhortantur. His adjice, quod leges quoque proficiunt ad bonos mores; utique si non tantum imperant, sed docent. In hac re dissentio a Posidonio, qui : « Non probo quod Platonis legibus adjecta principia sunt : Legem enim brevem esse oportet, quo facilius ab imperitis teneatur. Velut emissa divinitus vox sit : jubeat, non disputet. Nihil videtur mihi frigidius, nihil ineptius, quam lex cum prologo. Mone, dic, quid me velis fecisse! non disco, sed pareo.» Proficiunt vero : itaque malis mori-

sonne, continue le même philosophe, ne guérit la folie par des préceptes; ils ne guériront donc pas davantage la méchanceté. » — C'est assimiler deux choses différentes. En guérissant la folie, nous rendons la santé; mais en délivrant un esprit des préjugés, on ne lui donne pas de suite le discernement pour bien agir; mais le lui donnerait-on, les avis n'en fortifieront pas moins le jugement qu'on doit porter sur ce qui est bien ou mal. Il est encore faux de dire que les préceptes ne servent point aux hommes en démence; ils ne servent point seuls, mais ils contribuent à la guérison. Souvent on a vu les menaces, les châtimens contenir les insensés; je ne parle que de ceux dont l'intelligence est ébranlée, sans être entièrement perdue.

« Les lois, dit-on, ne nous font pas faire ce que nous devons; et que sont les lois sinon des préceptes mêlés de menaces? » — D'abord, c'est précisément parce que les lois menacent, qu'elles ne persuadent pas; mais les préceptes ne contraignent pas, ils cherchent à persuader. Ensuite les lois nous détournent du crime, les préceptes nous exhortent au devoir. Ajoutez à cela que les lois aussi servent aux bonnes mœurs, surtout quand non-seulement elles commandent, mais encore qu'elles instruisent. En ce point je diffère de Posidonius, qui s'exprime ainsi : « Je n'approuve point les principes mis devant les lois de Platon. Il faut qu'une loi soit brève, pour que les ignorans la retiennent plus aisément, comme un oracle céleste. Elle doit ordonner, et non discuter. Je ne trouve rien de plus froid, rien de plus inepte qu'une loi avec un préambule. Avertissez-moi; dites-moi ce que vous voulez que je fasse. Je ne suis pas ici pour apprendre, mais pour obéir. » Je réponds : les lois influent sur les mœurs, et vous verrez

bus uti videbis civitates usas malis legibus. — « At non apud omnes proficiunt! » — Ne philosophia quidem : nec ideo inutilis, et formandis animis inefficax est : quid autem philosophia, nisi vitæ lex est? Sed, putemus non proficere leges; non ideo sequitur, ut ne monitiones quidem proficiant : aut sic et consolationes nega proficere, dissuasionesque, et adhortationes, et objurgationes, et laudationes. Omnia ista monitionum genera sunt; per ista ad perfectum animi statum pervenitur.

Nulla res magis animis honesta induit, dubiosque et in pravum inclinabiles revocat ad rectum, quam bonorum virorum conversatio. Paullatim enim descendit in pectora, et vim præcepti obtinet, frequenter aspici, frequenter audiri. Occursus mehercules ipse sapientium juvat; et est aliquid, quod ex magno viro vel tacente proficias. Nec tibi facile dixerim quemadmodum prosit, sicut illud intelligo, profuisse. « Minuta quædam, ut ait *Phædo*, animalia, quum mordent, non sentiuntur; adeo tenuis illis et fallens in periculum vis est : tumor indicat morsum, et in ipso tumore nullum vulnus apparet. Idem tibi in conversatione virorum sapientium eveniet : non deprehendes quemadmodum, aut quando tibi prosit; profuisse deprehendes. »

Quorsus, inquis, hoc pertinet? — Æque præcepta

toujours dans les états les mauvaises mœurs compagnes des mauvaises lois. « Mais les lois, reprend Ariston, n'améliorent pas également tous les hommes! » Il en est ainsi de la philosophie; mais il ne s'ensuit pas qu'elle soit inutile et sans efficacité pour former les mœurs. Or, qu'est-ce que la philosophie, sinon la loi de la vie? Mais supposons que les lois n'influent pas sur les mœurs; il n'en faut pas conclure que les avis n'influent pas non plus sur elles. Autrement il faudra dire également que les consolations sont inutiles, aussi bien que les remontrances, les exhortations, les réprimandes et les éloges. Ce sont autant d'espèces de préceptes, et par elles l'esprit parvient à l'état le plus parfait.

Rien n'insinue plus fortement la vertu dans les cœurs, rien ne ramène plus énergiquement au droit sentier ceux qui chancèlent et penchent vers le mal, que le commerce des hommes vertueux. Leur entretien pénètre insensiblement notre âme : les entendre souvent, les voir souvent, produit l'effet de préceptes. Oui, j'aime à le dire, la seule approche des sages nous fait du bien; et le silence même d'un grand homme n'est pas sans profit pour nous. Il ne m'est pas si facile de vous dire comment je profite que de sentir que j'ai profité. « Certains animalcules, est-il dit dans le *Phédon*, font une piqûre qui ne se sent pas, tant leur dard est délié et nous déguise le danger! La tumeur manifeste la piqûre, et dans la tumeur même la blessure est imperceptible. La même chose vous arrivera dans le commerce des sages. Vous n'apercevrez ni comment ni quand il vous fera du bien; vous sentirez qu'il vous en aura fait. »

A quoi tend ce discours? direz-vous. A ceci : les bons

bona, si sæpe tecum sint, profutura, quam bona exempla. Pythagoras ait, « alium animum fieri intrantibus templum, deorumque simulacra ex vicino cernentibus, et alicujus oraculi opperientibus vocem. »

Quis autem negaverit, feriri quibusdam præceptis efficaciter etiam imperitissimos? velut his brevissimis vocibus, sed multum habentibus ponderis :

. . . . . . Nihil nimis !
Avarus animus nullo satiatur lucro.
Ab alio exspectes, alteri quod feceris.

Hæc cum ictu quodam audimus, nec ulli licet dubitare, aut interrogare, *quare?* Adeo, etiam sine ratione, ipsa veritas ducit.

Si reverentia frenat animos ac vitia compescit, cur non et admonitio idem possit? Si imponit pudorem castigatio, cur admonitio non faciat, etiam si nudis præceptis utitur? Illa vero efficacior est, et altius penetrat, quæ adjuvat ratione quod præcipit; quæ adjicit, quare quidque faciendum sit, et quis facientem obedientemque præceptis fructus exspectet. Si imperio proficitur, et admonitione : atqui proficitur imperio; ergo et admonitione.

In duas partes virtus dividitur, in contemplationem veri, et actionem; contemplationem institutio tradit, actionem admonitio. Virtutem et exercet, et ostendit

préceptes, s'ils sont souvent présens à votre esprit, vous feront autant de bien que les bons exemples. Pythagore dit « que l'âme se modifie quand on entre dans les temples, quand on voit de près les images des dieux, et qu'on attend la réponse de quelque oracle. »

Et qui pourrait nier que certains préceptes frappent, d'une manière efficace, même les plus ignorans ? Par exemple ces maximes concises, mais d'un grand poids :

.......Rien de trop !
L'avare d'aucun gain n'est jamais rassasié.
Attends d'autrui ce que tu fais aux autres.

Ces maximes portent coup ; nul ne doute ni ne songe à demander *pourquoi?* tant la vérité nous entraîne, sans avoir besoin de donner de raisons.

Si le respect impose un frein aux passions ou réprime les vices, pourquoi les avis n'en feraient-ils pas autant ? Si le châtiment nous fait rougir, pourquoi les avis ne produiraient-ils pas le même effet, même lorsqu'on s'en tient à des préceptes tout nus ? Ils sont pourtant plus efficaces et pénètrent plus avant, quand les raisons arrivent à l'appui des préceptes, quand on fait voir pourquoi il faut agir de telle ou telle sorte, et quel avantage doit résulter pour celui qui dans la pratique se conforme aux préceptes et leur obéit. Si les commandemens sont utiles, les avis le seront aussi ; or les commandemens sont utiles ; donc il en est de même des avis.

La vertu se partage en deux branches distinctes, la contemplation du vrai et la pratique ; par l'étude on acquiert la partie contemplative ; la pratique résulte des avis. La vertu s'exerce et se manifeste par de bonnes

recta actio : acturo autem si prodest qui suadet, et, qui monet, proderit. Ergo si recta actio virtuti necessaria est, rectas autem actiones admonitio demonstrat; et admonitio necessaria est. Duæ res plurimum roboris animo dant, fides veri, et fiducia : utramque admonitio facit. Nam et creditur illi; et, quum creditum est, magnos animus spiritus concipit ac fiducia impletur : ergo admonitio non est supervacua.

M. Agrippa, vir ingentis animi, qui solus ex his, quos civilia bella claros potentesque fecerunt, felix in publicum fuit, dicere solebat, multum se huic debere sententiæ : « Nam concordia parvæ res crescunt, discordia maximæ dilabuntur. » Hac se, aiebat, et fratrem, et amicum optimum factum. Si ejusmodi sententiæ, familiariter in animum receptæ, formant eum; cur non hæc pars philosophiæ, quæ talibus sententiis constat, idem possit? Pars virtutis disciplina constat, pars exercitatione : et discas oportet, et, quod didicisti, agendo confirmes. Quod si ita est, non tantum scita sapientiæ prosunt, sed etiam præcepta; quæ affectus nostros velut edicto coercent, et alligant.

« Philosophia, inquit, dividitur in hæc, scientiam, et habitum animi. Illam qui didicit, et facienda ac vitanda percepit, nondum sapiens est, nisi in ea, quæ didicit, animus ejus transfiguratus est. Tertia ista pars

œuvres; or, si les conseils sont utiles à celui qui doit agir, les avertissemens lui serviront pareillement. Conséquemment, si les bonnes actions sont nécessaires à la vertu, et que les avis dirigent les bonnes œuvres, les avis sont nécessaires. Deux choses principalement donnent de la vigueur à l'âme, la conviction de la vérité et la confiance; les avis produisent l'une et l'autre. Car on y croit, et, cette conviction établie, l'âme conçoit de l'énergie et se remplit de confiance; les avis ne sont donc pas superflus.

M. Agrippa, homme d'un esprit vigoureux, et, entre tous ceux que les guerres civiles rendirent illustres et puissans, le seul qui eût pour lui l'opinion publique, disait souvent qu'il devait beaucoup à cette maxime : « Par la concorde, les plus petits établissemens s'augmentent; la discorde renverse les plus grands. » Cette maxime, disait-il, l'avait rendu excellent frère et excellent ami. Si des sentences de ce genre améliorent l'esprit qui se les rend familières, pourquoi cette portion de la philosophie, qui se compose de préceptes analogues, n'en ferait-elle pas autant? Une partie de la vertu consiste dans la théorie, une autre dans la pratique. Il faut d'abord apprendre, puis confirmer par des actes ce que vous avez appris. S'il en est ainsi, non-seulement les principes philosophiques sont utiles, mais aussi les préceptes, qui, semblables à des édits, répriment et enchaînent nos appétits.

« La philosophie, dit-on, comprend deux choses, la science et l'état de l'âme. Car celui qui s'est instruit de ce qu'il faut faire ou éviter, n'est pas encore sage, tant que son âme n'a pas pris la forme et la couleur de ce qu'il a appris. Cette troisième partie dont nous parlons, la-

præcipiendi, ex utroque est, et ex decretis, et ex habitu : itaque supervacua est ad implendam virtutem, quum duo illa sufficiant. » Isto ergo modo et consolatio supervacua est, nam hæc quoque ex utroque est; et adhortatio, et suasio, et ipsa argumentatio; nam et hæc ab habitu animi compositi validique proficiscitur. Sed quamvis ista ex optimo habitu animi veniant; optimus animi habitus et facit illa, et ex illis ipse fit. Deinde istud, quod dicis, jam perfecti viri est, ac summam consecuti felicitatis humanæ. Ad hæc autem tarde pervenitur; interim etiam imperfecto, sed proficienti, demonstranda est in rebus agendis via. Hanc forsitan etiam sine admonitione dabit sibi ipsa sapientia; quæ jam eo perduxit animum, ut moveri nequeat, nisi in rectum : imbecillioribus quidem ingeniis necessarium est aliquem præire : «Hoc vitabis, hoc facies.» Præterea, si exspectat tempus, quo per se sciat, quid optimum factu sit; interim errabit, et errando impedietur, quo minus ad illud perveniat, quo possit se esse contentus : regi ergo debet, dum incipit posse se regere. Pueri ad præscriptum discunt; digiti illorum tenentur, et aliena manu per litterarum simulacra ducuntur; deinde imitari jubentur proposita, et ad illa reformare chirographum : sic animus noster, dum eruditur ad præscriptum, juvatur.

quelle consiste en préceptes, procède des deux premières, des principes généraux et de l'état de l'âme; donc elle est superflue pour guider à la vertu parfaite, puisque les deux autres suffisent. » Ainsi l'on pourra dire que la consolation est superflue; car elle a la même origine : on en pourra dire autant de l'exhortation, du conseil, et même de l'argumentation; car l'argumentation procède aussi de l'état vigoureux d'une âme bien réglée. Mais quoique les divers moyens, dont je viens de faire mention, proviennent de l'état de l'âme, le meilleur état de l'âme procède des principes et des préceptes. Ensuite ce que vous dites est le propre de l'homme déjà parfait et parvenu au sommet de la félicité humaine. Or, on y parvient lentement. En attendant, il faut à l'homme, encore imparfait, mais en progrès, montrer le chemin qu'il doit suivre et comment il doit agir. Peut-être ce chemin sera-t-il, sans le secours des avertissemens, découvert par la seule sagesse qui a déjà conduit l'âme au point de ne pouvoir faire un pas sans aller droit. Cependant les esprits les plus faibles ont besoin d'un guide qui les précède, et qui leur dise : « Évitez ceci, faites cela. » De plus, l'homme qui attend le moment où par lui-même il saura ce qu'il y a de mieux à faire, s'égarera avant de l'apprendre, et son erreur l'empêchera d'arriver à pouvoir se suffire. Il faut donc le diriger encore, même lorsqu'il commence à pouvoir se diriger. Les enfans apprennent à écrire d'après un modèle; une main étrangère tient leurs doigts, et les guide sur des lettres déjà tracées; ensuite on leur enjoint d'imiter le modèle placé devant leurs yeux, et de corriger leur copie d'après cet exemple. C'est ainsi que notre âme, instruite d'après un modèle, trouve la leçon plus facile.

Hæc sunt per quæ probatur, hanc philosophiæ partem supervacuam non esse.

Quæritur deinde, an ad faciendum sapientem sola sufficiat. Huic quæstioni suum diem dabimus : interim, omissis argumentis, nonne apparet opus esse nobis aliquo advocato, qui contra populi præcepta præcipiat? Nulla ad aures nostras vox impune perfertur : nocent, qui optant; nocent, qui exsecrantur : nam et horum imprecatio falsos nobis metus inserit, et illorum amor male docet bene optando. Mittit enim nos ad longinqua bona, et incerta et errantia, quum possimus felicitatem domo promere. Non licet, inquam, ire recta via : trahunt in pravum parentes, trahunt servi; nemo errat uni sibi, sed dementiam spargit in proximos, accipitque invicem. Et ideo in singulis vitia populorum sunt, quia illa populus dedit. Dum facit quisque pejorem, factus est : didicit deteriora, deinde docuit; effectaque est ingens illa nequitia, congesto in unum, quod cuique pessimum scitur. Sit ergo aliquis custos, et aurem subinde pervellat, abigatque rumores, et reclamet populis laudantibus. Erras enim, si existimas nobiscum vitia nasci : supervenerunt, ingesta sunt. Itaque monitionibus crebris convicia, quæ nos circumsonant, repellantur. Nulli nos vitio natura conciliat; integros ac liberos genuit. Nihil, quo avaritiam nostram irritaret, posuit in aperto;

Voilà par quels argumens on prouve que cette partie de la philosophie n'est pas superflue.

On demande ensuite, si elle suffit seule pour former le sage. Nous traiterons cette question un autre jour. En attendant, sans argumenter davantage, n'est-il pas clair qu'il nous faut un tuteur qui nous donne des préceptes contraires à ceux du peuple? Nulle parole n'arrive impunément à nos oreilles. Ceux qui, pour nous, font des vœux, nous nuisent; ceux qui en font contre nous, nous nuisent pareillement : car la malédiction des uns nous inspire des terreurs mal fondées, et l'affection des autres, tout en nous souhaitant du bien, égare notre esprit. Elle porte notre attention sur des biens éloignés, incertains, errans, quand nous pouvons tirer le bonheur de notre propre fonds. On ne nous laisse vraiment pas la liberté de marcher droit. Nous sommes détournés de la bonne route par nos parens, nous le sommes par nos esclaves; nul ne se trompe à son seul détriment; sa démence est une contagion qu'il répand sur ses voisins, et ils lui rendent la pareille. C'est pour cela qu'on voit dans les particuliers les vices du peuple entier, parce que c'est le peuple qui les a donnés; en rendant chacun pire, il est devenu pire lui-même; puis, delà cet amas énorme de méchanceté composé de ce que dans chacun l'on connaît de plus mauvais. Ayons donc un gardien qui, de temps en temps, nous tire par l'oreille, qui fasse justice des vains préjugés, et proteste contre ce que loue le vulgaire. C'est se tromper que de croire que les vices naissent avec nous : ils nous sont survenus, ils nous ont été inculqués. Réprimons donc, par de fréquens avis, les préjugés qu'on proclame autour de nous. La nature ne nous a pré-

pedibus aurum argentumque subjecit; calcandumque ac premendum dedit quidquid est, propter quod calcamur ac premimur. Illa vultus nostros erexit ad cœlum, et, quidquid magnificum mirumque fecerat, videri a suspicientibus voluit; ortus occasusque, et properantis mundi volubilem cursum, interdiu terrena aperientem, noctu cœlestia; tardos siderum incessus, si compares toti; citatissimos, si cogites quanta spatia nunquam intermissa velocitate circumeant; defectus solis ac lunæ, invicem obstantium; alia deinceps digna miratu, sive per ordinem subeunt, sive subitis causis mota prosiliunt, ut nocturni ignium tractus, et sine ullo ictu sonituque fulgores cœli fatiscentis, columnæque ac trabes, et varia simulacra flammarum.

Hæc supra nos itura disponit: aurum quidem et argentum, et propter ista nunquam pacem agens ferrum, quasi male nobis committerentur, abscondit. Nos in lucem, propter quæ pugnaremus, extulimus; nos et causas periculorum nostrorum, et instrumenta, disjecto terrarum pondere, eruimus; nos fortunæ mala nostra tradidimus, nec erubescimus summa apud nos haberi, quæ fuerant ima terrarum. Vis scire, quam falsus oculos tuos deceperit fulgor? nihil est istis, quamdiu mersa et involuta cœno suo jacent, fœdius, nihil obscurius.

disposés à aucun vice ; nous sommes sortis de ses mains vertueux et libres ; elle n'a placé en évidence rien qui pût exciter notre avarice ; elle a mis sous nos pieds l'or et l'argent ; elle nous a fait écraser et fouler tous ces métaux pour lesquels on nous foule et l'on nous écrase. Elle nous a tourné la face vers le ciel, afin qu'en levant la tête nous puissions voir tout ce qu'elle a fait de magnifique et d'admirable : le lever, le coucher des astres, la rotation rapide du monde qui, pendant le jour, nous donne le spectacle de la terre, pendant la nuit, celui du ciel ; la marche des étoiles, lente, si l'on envisage la totalité de la sphère, très-rapide, si l'on considère les espaces immenses qu'elles parcourent avec une vitesse constante ; les éclipses du soleil et de la lune en opposition réciproque ; enfin d'autres phénomènes, non moins dignes d'admiration, soit qu'ils se manifestent suivant un ordre régulier, soit qu'ils apparaissent produits par des causes cachées, comme les traînées de feu pendant la nuit, les éclairs qui, sans coup et sans bruit, entr'ouvrent la voûte céleste, les gerbes, les colonnes et autres météores ignés.

Voilà le grand spectacle que la nature a mis au dessus de nos têtes : mais l'or et l'argent, puis le fer que l'or et l'argent ne laissent jamais en paix, elle les a cachés comme des objets funestes qu'on ne pouvait nous confier sans inconvénient. C'est nous qui avons exhumé et produit à la lumière ces causes de nos combats. Nous avons creusé la terre, nous en avons soulevé les masses, pour nous procurer les motifs et les instrumens de nos dangers ; nous avons fait la fortune arbitre de nos maux ; et nous ne rougissons pas de mettre, au plus haut rang, des choses qui étaient enfouies au plus profond de la terre. Voulez-vous savoir combien vos yeux sont déçus par un

Quidni? quando per longissimorum cuniculorum tenebras extrahuntur, nihil est illis, dum fiunt et a fæce sua separantur, informius. Denique ipsos opifices intuere, per quorum manus sterile terræ genus et informe perpurgatur; videbis, quanta fuligine oblinantur. Atqui ista magis inquinant animos, quam corpora; et in possessore eorum, quam in artifice, plus sordium est.

Necessarium itaque est admoneri, et habere aliquem advocatum bonæ mentis, et in tanto fremitu tumultuque falsorum unam denique audire vocem. Quæ erit illa vox? ea scilicet, quæ tibi tantis clamoribus ambitiosis exsurdato, salubria insusurret verba; quæ dicat: Non est, quod invideas istis, quos magnos felicesque populus vocat; non est, quod tibi compositæ mentis habitum et sanitatem plausus excutiat; non est, quod tibi tranquillitatis tuæ fastidium faciat ille, sub illis fascibus, purpura cultus; non est, quod feliciorem eum judices cui submovetur, quam te, quem lictor semita dejicit. Si vis exercere tibi utile, nulli autem grave imperium, submove vitia. Multi inveniuntur, qui ignem inferant urbibus; qui inexpugnabilia sæculis, et per aliquot ætates tuta, prosternant; qui æquum arcibus aggerem attollant, et muros in miram altitudinem eductos arietibus ac machinis quassent; multi sunt, qui ante se agant

faux éclat? Rien de plus sale, rien de plus obscur que ces métaux, tant qu'ils gissent plongés et enveloppés dans leur fange. Comment ne le seraient-ils pas, quand on les extrait à travers les ténèbres d'interminables souterrains? Rien de plus hideux, tandis qu'on les fabrique et qu'on les sépare de leur lie. Enfin considérez les ouvriers dont les mains purgent d'impuretés cette espèce de terre informe et stérile, vous verrez de quelle suie ils sont souillés. Mais ces métaux eux-mêmes souillent encore plus les âmes que les corps; le possesseur en est plus sali que l'ouvrier.

Il est donc nécessaire d'être averti, et d'appeler au secours de nos bonnes intentions quelque sage conseiller qui, parmi tout ce bruit tumultueux de fausses opinions, fasse au moins entendre sa voix. Et quelle sera cette voix? celle qui, à vos oreilles assourdies de vaines clameurs, viendra doucement murmurer des avis salutaires, et vous dira: Vous n'avez pas lieu de porter envie à ceux que le peuple appelle grands et heureux; il ne faut pas que ces applaudissemens troublent l'état normal et calme de votre âme; il ne faut pas prendre en dégoût votre position tranquille à l'aspect de cet homme entouré de faisceaux et orné de la pourpre; ne croyez pas celui pour qui on écarte la foule, plus heureux que vous, qu'un licteur repousse du chemin. Si vous voulez exercer un empire utile à vous-même et qui ne soit incommode à personne, écartez vos vices. On voit beaucoup d'hommes porter la flamme dans les villes, renverser des remparts qu'avaient trouvés inexpugnables l'action de plusieurs siècles et les bras des guerriers pendant maintes générations; élever des montagnes de terre au niveau des citadelles, et, à l'aide du bélier et d'autres machines de guerre

agmina, et tergis hostium graves instent, et ad mare magnum perfusi cæde gentium veniant : sed hi quoque, ut vincerent hostem, cupiditate victi sunt. Nemo illis venientibus restitit; sed nec ipsi ambitioni crudelitatique restiterant : tunc, quum agere visi sunt alios, agebantur.

Agebat infelicem Alexandrum furor aliena vastandi, et ad ignota mittebat. An tu putas sanum, qui a Græciæ primum cladibus, in qua eruditus est, incipit? qui, quod cuique optimum est, eripit; Lacedæmona servire jubet, Athenas tacere; non contentus tot civitatum strage, quas aut vicerat Philippus, aut emerat, alias alio loco projicit, et toto orbe arma circumfert; nec subsistit usquam lassa crudelitas, immanium ferarum modo, quæ plus, quam exigit fames, mordent? Jam in unum regnum multa regna conjecit; jam Græci Persæque eumdem timent; jam etiam a Dario liberæ nationes jugum accipiunt : it tamen ultra Oceanum solemque; indignatur ab Herculis Liberique vestigiis victoriam flectere; ipsi naturæ vim parat. Non ille ire vult, sed non potest stare; non aliter, quam in præceps dejecta pondera, quibus eundi finis est, jacuisse.

ébranler des murs merveilleux par leur hauteur; chasser devant eux des armées, presser vigoureusement des ennemis en fuite, et, tout couverts du sang des peuples, arriver jusqu'à l'Océan. Mais ces mêmes hommes, avant de vaincre l'ennemi, avaient été vaincus par une passion. Nul n'a pu résister à leur attaque; mais eux-mêmes n'avaient résisté ni à l'ambition ni à la cruauté; et alors qu'ils semblaient chasser les populations devant eux, ces passions les chassaient devant elles.

Il cédait, le malheureux Alexandre, à la fureur dont il était possédé, lorsqu'il dévastait des contrées étrangères, et cherchait des terres inconnues. Pensez-vous qu'il fut sain de tête, lui qui commença par ravager la Grèce, sa nourrice? qui à chaque cité enleva ce qu'elle avait de plus précieux? qui voulut que Lacédémone cessât d'être libre, et Athènes d'élever la voix? Non content des ruines de tant de cités que Philippe avait ou vaincues ou achetées, il va renversant çà et là d'autres villes; il porte ses armes dans tout l'univers, et nulle part sa cruauté ne s'arrête de lassitude, à l'exemple des bêtes féroces qui mordent et déchirent plus que n'exige la faim. Déjà il a englouti plusieurs royaumes en un seul; déjà les Perses et les Grecs redoutent le même homme; déjà même des nations, que Darius n'avait point comptées sous ses lois, reçoivent de lui le joug. Il veut aller au delà de l'Océan et du soleil; il s'indigne de quitter les traces d'Hercule et de Bacchus, et de faire rebrousser chemin à ses armes victorieuses; il va faire violence à la nature. Ce n'est pas qu'il veuille avancer; mais il ne peut s'arrêter, semblable aux corps graves qui, une fois lancés, ne cessent d'aller que lorsqu'ils gissent sur la terre.

Ne Cn. quidem Pompeio externa bella ac domestica virtus aut ratio suadebat, sed insanus amor magnitudinis falsæ. Modo in Hispaniam et Sertoriana arma, modo ad colligendos piratas ac maria pacanda vadebat : hæ prætexebantur causæ ad continuandam potentiam. Quid illum in Africam, quid in Septemtrionem, quid in Mithridatem, et Armeniam, et omnes Asiæ angulos traxit, infinita scilicet cupido crescendi, quum sibi uni parum magnus videretur. Quid C. Cæsarem in sua fata, pariter ac publica, immisit? gloria et ambitio, et nullus supra ceteros eminendi modus. Unum ante se ferre non potuit, quum respublica supra se duos ferret. Quid, tu C. Marium semel consulem (unum enim consulatum accepit, ceteros rapuit), quum Teutonos Cimbrosque concideret, quum Jugurtham per Africæ deserta sequeretur, tot pericula putas appetisse virtutis instinctu? Marius exercitum, Marium ambitio ducebat. Isti, quum omnia concuterent, concutiebantur; turbinum more, qui rapta convolvunt, sed ipsi ante volvuntur, et ob hoc majore impetu incurrunt, quia nullum illis sui regimen est. Ideoque, quum multis fuerunt malo, pestiferam illam vim, qua plerisque nocuerunt, ipsi quoque sentiunt. Non est, quod credas, quemquam fieri aliena infelicitate felicem.

Omnia ista exempla, quæ oculis atque auribus nostris ingeruntur, retexenda sunt, et plenum malis sermoni-

Et Pompée lui-même, ce n'était ni le courage, ni la raison qui lui conseillait les guerres étrangères ou civiles ; c'était l'amour insensé d'une fausse grandeur. C'est cette passion qui l'envoyait tantôt en Espagne attaquer Sertorius, tantôt acculer, traquer les pirates et pacifier les mers ; et tels étaient les prétextes dont il se servait pour prolonger sa puissance. Quel motif l'entraîna, et en Afrique, et au septentrion, et contre Mithridate, et dans l'Arménie et dans tous les recoins de l'Asie ? L'insatiable désir de s'agrandir, Pompée étant le seul auquel Pompée ne parût pas assez grand. Qui poussa César à sa perte, et en même temps à celle de la république ? La vaine gloire, l'ambition, le désir immodéré de monter au plus haut rang. Il ne pouvait supporter qu'un seul homme fût au dessus de lui, tandis que la république en avait deux au dessus d'elle. Et C. Marius, qui fut une fois consul (car on ne lui déféra qu'un consulat ; il extorqua les autres), quand il taillait en pièces les Teutons et les Cimbres ; quand il poursuivait, à travers les déserts de l'Afrique, Jugurtha fugitif, pensez-vous que ce fût par un instinct de valeur qu'il cherchât tous ces dangers ? Marius guidait son armée ; l'ambition guidait Marius. Ces hommes, tandis qu'ils bouleversaient le monde, étaient bouleversés tout les premiers, semblables à ces tourbillons qui, faisant tourner ce qu'ils enlèvent, obéissent eux-mêmes à une force de rotation ; en sorte que leur choc est d'autant plus violent, qu'ils ne peuvent se maîtriser. Aussi, après avoir semé partout les désastres, ils subissent à leur tour la même influence qui a fait tout ce mal. Ne croyez pas que personne trouve sa félicité dans le malheur d'autrui.

Tous ces exemples qu'on accumule sous nos yeux, dont on rebat nos oreilles, il faut les considérer sous

bus pectus exhauriendum. Inducenda in occupatum locum virtus; quæ mendacia et contra verum placentia exstirpet, quæ nos a populo, cui nimis credimus, separet, ac sinceris opinionibus reddat. Hoc est enim sapientia, in naturam converti et eo restitui, unde publicus error expulerit. Magna pars sanitatis est, hortatores insaniæ reliquisse, et ex isto cœtu invicem noxio procul abiisse. Hoc ut esse verum scias, aspice, quanto aliter unusquisque populo vivat, aliter sibi. Non est per se magistra innocentiæ solitudo, nec frugalitatem docent rura; sed, ubi testis ac spectator abscessit, vitia subsidunt, quorum monstrari et conspici fructus est. Quis eam, quam nulli ostenderet, induit purpuram? quis posuit secretam in auro dapem? quis, sub alicujus arboris rusticæ projectus umbra, luxuriæ suæ pompam solus explicuit? Nemo oculis suis lautus est, ne paucorum quidem et familiarium; sed apparatum vitiorum suorum pro modo turbæ spectantis expandit. Ita est : irritamentum est omnium in quæ insanimus, admirator et conscius. Ne concupiscamus efficies, si, ne ostendamus, effeceris. Ambitio, et luxuria, et impotentia, scenam desiderant; sanabis ista, si absconderis.

Itaque, si in medio urbium fremitu collocati sumus, stet ad latus monitor, et contra laudatores ingentium

un nouveau point de vue, et dégager notre esprit des mauvais propos dont il est imbu. A leur place, il faut introduire la vertu, pour qu'elle extirpe les mensonges flatteurs qui nous font haïr le vrai, pour qu'elle nous sépare du peuple auquel nous croyons trop, et pour qu'elle nous rende à des opinions saines. Car la vraie sagesse consiste à suivre la nature, et à ressaisir la position d'où l'erreur publique nous avait écartés. On a fait beaucoup pour la sagesse, quand on a quitté ceux qui conseillent la folie, et quand on est sorti de ces assemblées où se contracte et se propage à l'envi la contagion. Pour prouver cette vérité, voyez quelle différence entre la manière dont on vit pour le peuple et celle dont on vit pour soi. Ce n'est pas que d'elle-même la solitude enseigne l'innocence, ni que la campagne soit une école de frugalité; mais dès que les témoins et les spectateurs s'éloignent, on voit se modérer les vices dont la jouissance consiste dans l'ostentation. Se revêt-on de pourpre, pour ne se montrer à personne? Se fait-on servir dans des plats d'or un repas solitaire? Quel homme, étendu sous l'ombrage d'un arbre champêtre, a déployé pour lui seul son luxe et sa pompe? Nul n'est magnifique pour ses propres yeux, ni même pour le petit nombre de ses familiers; mais on étale l'attirail des vices en proportion de la foule des spectateurs. Ainsi le principal aiguillon de nos folies, c'est la foule des admirateurs et des témoins. Voulez-vous ôter à l'homme l'aliment de ses passions, ôtez lui les moyens d'en faire montre. L'ambition, le luxe, le dérèglement ont besoin d'un théâtre; on les guérit en les reléguant dans l'ombre.

Lors donc que nous nous trouvons placés au milieu du fracas des villes, ayons à nos côtés un sage conseiller

patrimoniorum laudet parvo divitem, et usu opes metientem. Contra illos, qui gratiam ac potentiam attollunt, otium ipse suspiciat traditum litteris, et animum ab externis ad sua reversum. Ostendat ex constitutione vulgi beatos, in isto invidioso fastigio suo trementes et attonitos, longeque aliam de se opinionem habentes, quam ab aliis habetur. Nam, quæ aliis excelsa videntur, ipsis prærupta sunt. Itaque exanimantur, et trepidant, quoties despexerunt in illud magnitudinis suæ præceps. Cogitant enim varios casus, et in sublimi maxime lubricos : tunc appetita formidant, et, quæ illos graves aliis reddit, gravior ipsis felicitas incubat : tunc laudant otium lene et sui juris; odio est fulgor, et fuga a rebus adhuc stantibus quæritur : tunc demum videas philosophantes metu, et ægræ fortunæ sana consilia. Nam, quasi ista inter se contraria sint, bona fortuna, et mens bona; ita melius in malis sapimus; secunda rectum auferunt.

XCV.

Solis præceptis virtutem non gigni posse : necessaria esse decreta.

PETIS a me, ut id, quod in diem suum dixeram debere differri, repræsentem, et scribam tibi, « an hæc

qui, en opposition à ceux qui font l'éloge des grands patrimoines, loue celui qui est riche de peu, et qui n'évalue les biens que par leur usage. Lorsqu'on exalte en sa présence le crédit et la puissance, lui, préfère un loisir studieux, et vante le sage qui a quitté les objets étrangers pour converser avec soi-même. Il nous montre ceux dont le vulgaire fait des heureux, tremblans de peur et de surprise sur ce même pinacle qui les expose à l'envie, et pensant d'eux-mêmes bien autrement que n'en pensent les autres hommes. Car ce que ceux-ci trouvent haut, leur paraît escarpé; aussi frémissent-ils d'effroi toutes les fois qu'ils plongent leurs regards dans le précipice ouvert sous leur grandeur. Ils songent aux revers du sort, à leur position d'autant plus glissante qu'elle est plus élevée. Ils redoutent alors ce qu'ils ont désiré, et cette félicité même qui les fait peser sur autrui, pèse sur eux plus lourdement encore. C'est alors qu'ils font l'éloge d'un doux et indépendant loisir; ils détestent l'éclat, et, au milieu de leurs prospérités, déjà pensent à la retraite. C'est alors que vous voyez des hommes philosopher par peur, et les dégoûts de la fortune dicter des conseils de sagesse. Car, comme s'il y avait incompatibilité entre la bonne fortune et le bon sens, nous sommes toujours plus sages dans le malheur, nous valons toujours moins dans la prospérité.

Ch. Du Rozoir.

XCV.

La philosophie des préceptes ne suffit pas pour faire naître la vertu : il faut encore des principes généraux.

Vous me priez de traiter sans plus attendre la question que j'avais remise à un autre jour, et de vous dire « si

pars philosophiæ, quam Græci παραινετικὴν vocant, nos præceptivam dicimus, satis sit ad consummandam sapientiam. » — Scio te in bonam partem accepturum, si negavero. Eo magis promitto, et verbum publicum perire non patior : « Postea noli rogare, quod impetrare nolueris. » Interdum enim obnixe petimus id, quod recusaremus, si quis offerret. Hæc sive levitas est, sive vernilitas, punienda est promittendi facilitate. Multa videri volumus velle, sed nolumus. Recitator historiam ingentem attulit, minutissime scriptam, arctissime plicatam, et, magna parte perlecta : « Desinam, inquit, si vultis. » Acclamatur : « Recita, recita! » ab his, qui illum obmutescere illico cupiunt. Sæpe aliud volumus, aliud optamus, et verum ne diis quidem dicimus : sed dii aut non exaudiunt, aut miserentur.

Ego me, omissa misericordia, vindicabo, et tibi ingentem epistolam impingam; quam tu si invitus leges, dicito : Ego mihi hoc contraxi! teque inter illos numera, quos uxor, magno ducta ambitu, torquet; inter illos, quos divitiæ, per summum acquisitæ sudorem, male habent; inter illos, quos honores, nulla non arte atque opera petiti, discruciant; et cæteros malorum suorum compotes.

Sed ut, omisso principio, rem ipsam aggrediar : « Beata, inquiunt, vita constat ex actionibus rectis; ad

cette branche de la philosophie, que les Grecs nomment philosophie *parénétique*, et nous philosophie de préceptes, suffit pour mener la sagesse à sa perfection. » — Je sais que vous prendriez un refus en bonne part. C'est précisément ce qui me fait mettre plus d'empressement à tenir ma parole et à maintenir le proverbe : « Une autre fois ne demandez pas ce que vous ne voudriez pas obtenir. » Il nous arrive en effet quelquefois de solliciter instamment ce que nous refuserions, si on nous l'offrait. Que cette faute provienne de légèreté ou d'une basse flatterie, une facile promesse doit en être le châtiment. Nous faisons semblant de vouloir beaucoup de choses que nous ne voulons pas. Un auteur apporte une longue histoire, écrite fort menu, et très-étroitement pliée; il en lit une grande partie, puis il nous dit : — « Je cesserai, si bon vous semble. » — « Continuez, continuez, » s'écrient ceux qui voudraient le voir devenir soudainement muet. Souvent les vœux que nous manifestons sont contraires à notre volonté; nous mentons même aux dieux; mais ils ne nous exaucent pas, ou bien ils ont pitié de nous.

Pour moi je veux me venger sans pitié; je vous assommerai d'une épître énorme. Si vous la lisez à regret, dites-vous : C'est ma faute; puis comparez-vous à ces maris que tourmente une épouse qu'ils ont tout fait pour obtenir, ou à ces avares que rendent malheureux des richesses acquises par les plus pénibles travaux, ou à ces ambitieux pour qui des honneurs achetés au prix de tant d'intrigues et de vils moyens sont devenus un supplice; en un mot, à tout homme qui a obtenu les maux qu'il désirait.

Mais laissons cet exorde pour entrer en matière : — « Le bonheur, dit-on, se fonde sur des actions vertueuses;

actiones rectas præcepta perducunt : ergo ad beatam vitam præcepta sufficiunt.» — Non semper ad actiones rectas præcepta perducunt, sed quum obsequens ingenium est : aliquando frustra admoventur, si animum opiniones obsident pravæ. Deinde, etiam si recte faciunt, nesciunt facere se recte. Non potest enim quisquam, nisi ab initio formatus et tota ratione compositus, omnes exsequi numeros, ut sciat, quando oporteat, et in quantum, et cum quo, et quemadmodum. Quare non potest toto animo ad honesta conari, ne constanter quidem, aut libenter ; sed respiciet, sed hæsitabit. — « Si honesta, inquit, actio ex præceptis venit, ad beatam vitam præcepta abunde sunt : atqui est illud : ergo et hoc.» — His respondemus : actiones honestas et præceptis fieri ; non, tantum præceptis.

« Si aliæ, inquit, artes contentæ sunt præceptis, contenta erit et sapientia ; nam et hæc ars vitæ est. Atqui gubernatorem facit ille, qui præcipit : Sic move gubernaculum, sic vela submitte, sic secundo vento utere, sic adverso resiste, sic dubium communemque tibi vindica. Alios quoque artifices præcepta confirmant : ergo in hoc idem poterunt artifices vivendi.» — Omnes istæ artes circa instrumenta vitæ occupatæ sunt, non circa totam vitam. Itaque multa illas inhibent extrinsecus, et impediunt : spes, cupiditas, timor. At hæc, quæ artem vitæ professa est, nulla re, quo minus se exerceat, vetari potest : discutit enim impedimenta, et tractat ob-

les préceptes conduisent aux actions vertueuses : donc les préceptes suffisent au bonheur. »— Pourtant les préceptes ne conduisent pas toujours aux actions vertueuses, si l'esprit ne s'y montre docile : quand il est assiégé d'opinions erronées, l'effet des préceptes est nul. De plus, même en agissant bien, on l'ignore. Car à moins d'être formé par les principes généraux, et bien instruit de leurs conséquences, on ne peut remplir toutes les conditions, ni savoir quand, jusqu'où, avec qui, ni comment il faut agir. On ne peut donc pas tendre de toute son âme à la vertu; on ne peut le faire ni avec constance ni de bon cœur. On regarde en arrière; on s'arrête. — « Si, dit-on, la conduite vertueuse provient des préceptes, les préceptes suffisent au bonheur. Or, l'un est vrai; donc l'autre l'est aussi. » — A cela nous répondons que les actions vertueuses proviennent aussi des préceptes; mais non des préceptes seuls.

« Si les préceptes, ajoute-t-on, suffisent aux autres arts, ils suffiront à la sagesse, qui est l'art de la vie. On forme un pilote en lui disant : Voilà comment il faut mouvoir le gouvernail, comment il faut disposer les voiles, profiter du vent favorable, lutter contre le vent contraire, se rendre utile un vent incertain et sans direction déterminée. Ceux qui cultivent les autres arts se forment aussi par les préceptes : ceux qui étudient l'art de vivre peuvent donc en faire autant. » — Tous les autres arts s'occupent d'objets qui servent à la vie, et non de la vie entière. Aussi rencontrent-ils beaucoup d'obstacles, d'embarras extérieurs : l'espérance, la cupidité, le découragement. Mais la sagesse, qui enseigne l'art de vivre, ne trouve rien qui puisse arrêter son action; elle triomphe des empêchemens et soulève les obstacles. Voulez-vous

stantia. Vis scire quam dissimilis sit aliarum artium conditio, et hujus? In illis excusatius est, voluntate peccare, quam casu; in hac, maxima culpa est, sponte delinquere. Quod dico, tale est. Grammaticus non erubescet solœcismo, si sciens fecit; erubescet, si nesciens. Medicus, si deficere aegrum non intelligit, quantum ad artem magis peccat, quam si se intelligere dissimulat. At in hac arte vivendi, turpior volentium culpa est. Adjice nunc, quod artes quoque pleraeque, immo ex omnibus liberalissimae, habent decreta sua, non tantum praecepta, sicut medicina. Itaque alia est Hippocratis secta, alia Asclepiadis, alia Themisonis. Praeterea nulla ars contemplativa sine decretis suis est, quae Graeci vocant δόγματα, nobis vel decreta licet appellare, vel scita, vel placita; quae in geometria et in astronomia invenies. Philosophia autem et contemplativa est, et activa; spectat simul, agitque. Erras enim, si illam putas tantum terrestres operas promittere; altius spirat. Totum, inquit, mundum scrutor, nec me intra contubernium mortale contineo, suadere vobis, ac dissuadere contenta; magna me vocant, supraque vos posita:

> Nam tibi de summa cœli ratione, deumque,
> Disserere incipiam, et rerum primordia pandam;
> Unde omnis natura creet res, auctet, alatque,
> Quoque eadem rursus natura perempta resolvat,

savoir la différence entre les autres arts et l'art de vivre? Dans les premiers, une erreur volontaire est plus excusable qu'une faute accidentelle; dans le dernier, la plus grande faute est d'errer volontairement. Je vais expliquer ma pensée. Un grammairien ne rougira point de faire un solécisme, s'il le fait sciemment; il en rougira, s'il l'a fait sans le savoir. Le médecin, qui ne s'aperçoit pas de l'affaiblissement de son malade, est plus fautif, sous le rapport de l'art, que s'il feignait de ne pas s'en apercevoir. Mais, dans l'art de vivre, la faute volontaire est la plus honteuse. Ajoutez à cela que presque tous les autres arts, et surtout les arts libéraux, comme la médecine, ont non-seulement leurs préceptes, mais leurs principes généraux. Ainsi nous voyons l'école d'Hippocrate, celle d'Asclépiade, celle de Thémison, professer des principes différens. En outre, aucun des arts contemplatifs n'est sans avoir ses principes généraux, nommés par les Grecs δόγματα, et que nous sommes dans l'usage d'appeler ou *decreta*, ou règles, ou maximes, comme vous le verrez dans la géométrie et dans l'astronomie. Or, la philosophie est un art tout à la fois spéculatif et actif: elle contemple, et en même temps elle agit. Car c'est une erreur de penser que ses promesses sont toutes relatives à la terre; elle aspire plus haut. Mes recherches, dit-elle, embrassent le monde entier; je ne me borne pas toujours au commerce des mortels, je ne m'occupe pas uniquement de persuader ou de dissuader; de grands objets m'appellent, des objets élevés au dessus de vos têtes : »

« Je vais vous développer le système du ciel et la nature des dieux; je vais dévoiler à vos yeux l'origine des choses; d'où la nature tire tous les êtres; comment elle les fait croître, les alimente, et où la même nature les résout après leur dissolution. »

ut ait Lucretius. Sequitur ergo, ut, quum contemplativa sit, habeat decreta sua. Quid? quod facienda quoque nemo rite obibit, nisi is, cui ratio erit tradita, qua in quaque re omnes officiorum numeros exsequi possit; quos non servabit, qui in rem præcepta acceperit, non in omne. Imbecilla sunt per se, et, ut ita dicam, sine radice, quæ partibus dantur. Decreta sunt, quæ muniant, quæ securitatem nostram tranquillitatemque tueantur, quæ totam vitam, totamque rerum naturam simul contineant. Hoc interest inter decreta philosophiæ et præcepta, quod inter elementa, et membra : hæc ex illis dependent; illa et horum causæ sunt et omnium.

« Antiqua, inquit, sapientia nihil aliud, quam facienda ac vitanda, præcepit; et tunc longe meliores erant viri : postquam docti prodierunt, boni desunt. Simplex enim illa et aperta virtus in obscuram et solertem scientiam versa est, docemurque disputare, non vivere. » — Fuit sine dubio, ut dicitis, vetus illa sapientia, quum maxime nascens, rudis; non minus, quam ceteræ artes, quarum in processu subtilitas crevit. Sed ne opus quidem adhuc erat remediis diligentibus. Nondum in tantum nequitia surrexerat, nec tam late se sparserat : poterant vitiis simplicibus obstare remedia simplicia. Nunc

Ainsi parle Lucrèce. D'où il suit que la philosophie étant un art spéculatif, il faut qu'elle ait ses principes généraux. Observez aussi que nul ne fera convenablement ce qui doit être fait, hors celui qui possède cet ensemble de doctrine à l'aide duquel on puisse en toute circonstance et en tout point accomplir ses devoirs. Celui qui n'a de préceptes que pour des cas particuliers, et non des principes généraux, ne remplira pas toujours toutes les conditions. Les préceptes partiels sont faibles, et pour ainsi dire sans racine. Les principes généraux sont pour nous comme un rempart; ils assurent notre tranquillité, ils embrassent à la fois l'ensemble de notre vie et tout le système de la nature. Il y a la même différence entre les principes généraux et les préceptes de la philosophie, qu'entre les élémens et les membres; ceux-ci dépendent des premiers. Les élémens sont les causes premières des membres et de tout ce qui existe.

« L'ancienne sagesse, dit-on, se bornait à donner des préceptes sur ce qu'il faut faire et sur ce qu'il faut éviter; alors pourtant les hommes étaient bien meilleurs: depuis que les savans sont venus, les bons s'en sont allés. Cette vertu, simple et accessible à tous, s'est changée en une science obscure et subtile; on nous enseigne à discuter, et non à vivre. » — Sans doute, comme vous le dites, cette ancienne sagesse était grossière à sa naissance, ainsi que tous les autres arts qui se sont perfectionnés avec le temps. Mais c'est qu'aussi il ne fallait pas alors des remèdes bien recherchés. La méchanceté n'avait pas levé si haut sa tête; elle ne s'était pas étendue si loin; des remèdes simples pouvaient résister à des vices simples. Maintenant il faut s'entourer de remparts plus solides et proportionnés aux attaques que nous avons à craindre.

necesse est tanto operosiora esse munimenta, quanto valentiora sunt quibus petimur.

Medicina quondam paucarum fuit scientia herbarum, quibus sisteretur fluens sanguis, vulnera coirent : paullatim deinde in hanc pervenit tam multiplicem varietatem. Nec est mirum, tunc illam minus negotii habuisse, firmis adhuc solidisque corporibus, et facili cibo, nec per artem voluptatemque corrupto : qui postquam cœpit non ad tollendam, sed ad irritandam famem quæri, et inventæ sunt mille conditæ, quibus aviditas excitaretur; quæ desiderantibus alimenta erant, onera sunt plenis. Inde pallor, et nervorum vino madentium tremor, et miserabilior ex cruditatibus, quam ex fame, macies; inde incerti labantium pedes, et semper, qualis in ipsa ebrietate, titubatio; inde in totam cutem humor admissus, distentusque venter, dum male assuescit plus capere, quam poterat; inde suffusio luridæ bilis, et decolor vultus, tabesque in se putrescentium, et retorridi digiti articulis obrigescentibus, nervorumque sine sensu jacentium torpor, aut palpitatio [corporum] sine intermissione vibrantium. Quid capitis vertigines dicam? quid oculorum auriumque tormenta, et cerebri exæstuantis verminationes; et omnia, per quæ exoneramur, internis ulceribus affecta ? innumerabilia præterea febrium genera, aliarum impetu sævientium, aliarum tenui peste

Autrefois la médecine consistait dans la connaissance de quelques plantes propres à étancher le sang, à cicatriser les blessures : depuis, elle s'est insensiblement élevée à cette variété infinie de remèdes dont elle s'occupe aujourd'hui. Il n'est pas étonnant qu'elle eût moins à faire, quand les corps étaient fermes et vigoureux, quand la nourriture était simple, et n'avait pas encore été corrompue par l'art et la délicatesse. Depuis que les alimens ont été préparés, non pour apaiser la faim, mais pour l'irriter; depuis qu'on a inventé mille assaisonnemens afin d'exciter la gourmandise, ce qui était un aliment pour l'appétit, est devenu un fardeau pour l'estomac surchargé. De là vient la pâleur, le tremblement des muscles imbibés de vin; puis la maigreur causée par l'indigestion, et pire que celle de la faim : de là cette démarche incertaine et toujours chancelante, comme dans l'ivresse : de là cette hydropisie qui gonfle toute la peau, et cette tension d'un ventre qui veut follement s'accoutumer à prendre plus qu'il ne pouvait contenir : de là cette expansion d'une bile jaunâtre, ce visage décoloré, ce corps qui se dessèche comme s'il était en proie à la dissolution, ces doigts qui se tordent et se retirent, cette raideur d'articulations, ces muscles insensibles, détendus et torpides, ou palpitans et vibrans sans repos. Que dirai-je de ces vertiges, de ces migraines, de ces douleurs d'yeux et d'oreilles, et de ces picotemens qui tourmentent un cerveau enflammé ? Parlerai-je de ces ulcères internes qui dévorent tous les conduits de nos sécrétions ? Faut-il y ajouter les innombrables espèces de fièvres, qui tantôt nous terrassent par leur violence,

repentium, aliarum cum horrore et multa membrorum quassatione venientium? Quid alios referam innumerabiles morbos, supplicia luxuriæ?

Immunes erant ab istis malis, qui nondum se deliciis solverant, qui sibi imperabant, sibi ministrabant. Corpora opere ac vero labore durabant, aut cursu defatigati, aut venatu, aut tellure versata. Excipiebat illos cibus, qui, nisi esurientibus, placere non posset. Itaque nihil opus erat tam magna medicorum supellectile, nec tot ferramentis, atque pyxidibus. Simplex erat ex causa simplici valetudo; multos morbos multa fercula fecerunt. Vide, quantum rerum per unam gulam transiturarum permisceat luxuria, terrarum marisque vastatrix! Necesse est itaque inter se tam diversa dissideant, et hausta male digerantur, aliis alio nitentibus. Nec mirum, quod inconstans variusque ex discordi cibo morbus est, et illa ex contrariis naturæ partibus in eumdem compulsa redundant. Inde tam nullo ægrotamus genere, quam vivimus.

Maximus ille medicorum, et hujus scientiæ conditor, «feminis nec capillos defluere, dixit, nec pedes laborare.» Atqui et capillis destituuntur, et pedibus ægræ sunt. Non mutata feminarum natura, sed vita est: nam quum virorum licentiam æquaverint, corporum quoque

tantôt nous minent de leur poison lent; tandis que d'autres encore jettent l'horreur dans l'âme en agitant nos membres? Est-il besoin d'énumérer cette multitude de maladies diverses, qui sont les châtimens de notre luxe?

Ils étaient exempts de tous ces maux, les hommes qui ne s'étaient pas encore abandonnés aux délices, qui étaient à la fois maîtres d'eux-mêmes, et leurs propres serviteurs. Ils fortifiaient leur corps par le travail et l'exercice; ils se fatiguaient à la course, à la chasse ou au labourage; puis ils prenaient des alimens qui ne pouvaient plaire qu'à des gens affamés. Aussi ne fallait-il pas tant d'apprêts médicinaux, tant d'instrumens, tant de boîtes. La maladie était simple comme sa cause : la multiplicité des mets a produit la multiplicité des maladies. Voyez combien de choses mêle et fait passer, dans un seul gosier, ce luxe dévastateur des terres et des mers! De toute nécessité, des substances si diverses, englouties, entassées ensemble, doivent se combattre et causer une mauvaise digestion. L'on ne doit donc pas s'étonner de voir des maladies capricieuses et variées naître de cette discorde entre les divers alimens qui, rassemblés des différentes régions de la nature, causent un engorgement nuisible. Voilà pourquoi nos maladies sont aussi diversifiées que nos alimens.

Le plus grand des médecins, le fondateur de la médecine, a dit « que les femmes ne deviennent point chauves, et qu'elles ne sont pas sujettes à la goutte. » Or, nous les voyons chauves et goutteuses. Les femmes n'ont point changé de nature, mais de vie. En affichant la même licence que les hommes, elles se sont procuré les mêmes infirmités. Comme eux, elles veillent; comme eux, elles font

virilium incommoda æquarunt. Non minus pervigilant, non minus potant, et oleo et mero viros provocant; æque invitis ingesta visceribus per os reddunt, et vinum omne vomitu remetiuntur; æque nivem rodunt, solatium stomachi æstuantis. Libidine vero ne maribus quidem cedunt : pati natæ (dii illas deæque male perdant!) adeo perversum commentæ genus impudicitiæ, viros ineunt.

Quid ergo mirandum est, maximum medicorum, ac naturæ peritissimum, in mendacio prendi, quum tot feminæ podagricæ calvæque sint? Beneficium sexus suis vitiis perdiderunt; et, quia feminam exuerunt, damnatæ sunt morbis virilibus.

Antiqui medici nesciebant dare cibum sæpius, et vino fulcire venas cadentes; nesciebant sanguinem mittere, et diutinam ægrotationem balneo sudoribusque laxare; nesciebant, crurum vinculo brachiorumque, latentem vim, et in medio sedentem, ad extrema revocare. Non erat necesse, circumspicere multa auxiliorum genera, quum essent periculorum paucissima. Nunc vero quam longe processerunt mala valetudinis? Has usuras voluptatum pendimus, ultra modum fasque concupitarum.

Innumerabiles esse morbos non miraberis; coquos numera. Cessat omne studium; et liberalia professi,

orgie, et les provoquent à la lutte et à l'ivrognerie ; comme eux, elles rendent par la bouche les alimens empilés dans un estomac qui les repoussait, et rejettent, jusqu'à la dernière goutte, tout le vin qu'elles ont bu : comme les hommes, elles mâchent de la neige pour soulager leurs entrailles brûlantes. Même dans les emportemens de la luxure, quoique destinées par la nature à un rôle passif, elles se portent à l'attaque comme les hommes. Que le ciel les extermine ! elles ont si loin poussé leur ingénieuse lubricité, qu'elles font l'homme avec les hommes !

Faut-il donc s'étonner de ce que le plus grand des médecins, le plus habile des physiologistes, ait commis une erreur, tant de femmes étant et chauves et goutteuses ? Leurs vices leur ont ôté les avantages de leur sexe ; elles ont dépouillé leur nature de femmes ; elles ont été condamnées aux maladies des hommes.

Les médecins d'autrefois ne savaient pas recourir à la fréquence des alimens, ni, par le secours du vin, ranimer le pouls éteint ; ils ne savaient pas expulser un sang corrompu, ni tempérer par les bains et par les sueurs une maladie chronique ; ils ne savaient pas, à l'aide de ligatures faites aux jambes et aux bras, rappeler aux extrémités un principe de maladie caché dans l'intérieur du corps. Il n'était pas nécessaire de rechercher beaucoup de secours de toute espèce, quand les dangers étaient si peu nombreux. Mais à présent, combien nos maladies se sont aggravées ! C'est le prix des plaisirs auxquels nous nous sommes abandonnés outre mesure et sans frein.

Vous étonnez-vous de voir des maladies innombrables ? comptez nos cuisiniers. Plus d'études littéraires ; les pro-

sine ulla frequentia, desertis angulis praesident. In rhetorum ac philosophorum scholis solitudo est; at quam celebres culinae sunt, quanta circa nepotum focos juventus premit! Transeo puerorum infelicium greges, quos, post transacta convivia, aliae cubiculi contumeliae exspectant. Transeo agmina exoletorum, per nationes coloresque descripta, ut eadem omnibus laevitas sit, eadem primae mensura lanuginis, eadem species capillorum; ne quis, cui rectior est coma, crispulis misceatur.

Transeo pistorum turbam, transeo ministratorum, per quos, signo dato, ad inferendam coenam discurritur. Dii boni, quantum hominum unus venter exercet! Quid? tu illos boletos, voluptarium venenum, nihil occulti operis judicas facere, etiam si praesentanei non fuerunt? Quid tu illam aestivam nivem non putas callum jecinoribus obducere? Quid? illa ostrea, inertissimam carnem coeno saginatam, nihil existimas limosae gravitatis inferre? Quid? illud Sociorum garum, pretiosam malorum piscium saniem, non credis urere salsa tabe praecordia? Quid illa purulenta, et quae tantum non ex ipso igne in os transferuntur, judicas sine noxa in ipsis visceribus extingui? Quam foedi itaque pestilentesque ructus sunt! quantum fastidium sui, exhalantibus crapulam veterem! Scias putrescere sumpta, non concoqui.

fesseurs négligés se morfondent dans leurs écoles désertes ; chez les rhéteurs, chez les philosophes, solitude complète. Mais quelle affluence dans les cuisines ! quelle nombreuse jeunesse assiège les fourneaux des dissipateurs ! Je passe sous silence ces bandes de malheureux enfans, réservés, après le repas, à de nouveaux outrages dans la chambre à coucher. Je passe sous silence ces troupes de mignons, rangés selon leur pays et leur couleur, de sorte que ceux d'une même file aient tous la taille aussi grâcieuse, le poil follet de la même longueur, la même qualité de cheveux, et qu'une chevelure lisse ne vienne pas faire contraste avec des cheveux frisés.

Je ne dis rien de la foule des pâtissiers, ni de ces nombreux valets qui, au signal donné, accourent pour couvrir la table. Grands dieux ! combien d'hommes emploie un seul estomac ! Mais pensez-vous que ces champignons, poison voluptueux, ne minent pas sourdement vos entrailles, quoique leur funeste effet ne soit pas immédiat ? Et cette neige, au cœur de l'été, ne croyez-vous pas qu'elle donne des obstructions au foie ? Et ces huîtres, à la chair très-lourde et engraissée de vase, ne jugez-vous pas qu'elles doivent communiquer à l'estomac leur pesanteur limoneuse ? Et cette *sauce de la Compagnie*, précieuse pourriture tirée de mauvais poissons, ne croyez-vous pas que son âcreté saumâtre brûle les intestins ? Tous ces mets purulens, et qui passent presque immédiatement de la flamme à la bouche, pensez-vous qu'ils s'éteignent sans lésion dans les entrailles ? Quels hoquets impurs et empestés ! quelles exhalaisons dégoûtantes pour soi-même, provenant d'une intempérance invétérée ! Il est aisé de concevoir que ces alimens se putréfient, au lieu de se digérer.

Memini fuisse quondam in sermone nobilem patinam, in quam, quidquid apud lautos solet diem ducere, properans in damnum suum popina congesserat : veneriæ spondylique, et ostrea eatenus circumcisa, qua eduntur, intervenientibus distinguebantur echinis; totam districti sine ullis ossibus mulli constraverant. Piget jam esse singula; coguntur in unum sapores; in cœna fit, quod fieri debet saturo in ventre : exspecto jam ut manducata ponantur. Quantulo autem hoc minus est, testas excerpere atque ossa, et dentium opera coquum fungi? Grave est luxuriari per singula : omnia semel, et in eumdem saporem versa, ponantur. Quare ego ad unam rem manum porrigam? plura veniant simul; multorum ferculorum ornamenta coeant et cohæreant. Sciant protinus hi, qui jactationem ex istis peti et gloriam aiebant, non ostendi ista, sed conscientiæ dari. Pariter sint, quæ disponi solent, uno jure perfusa : nihil intersit : ostrea, echini, spondyli, mulli, perturbati concoctique ponantur. — Non esset confusior vomentium cibus. Quomodo ista perplexa sunt, sic ex istis non singulares morbi nascuntur, sed inexplicabiles, diversi, multiformes : adversus quos et medicina armare se cœpit multigeneribus observationibus.

Idem tibi de philosophia dico. Fuit aliquando sim-

Je me souviens d'avoir entendu parler jadis d'un plat fameux dans lequel un glouton, pressé de se ruiner, avait jeté pêle-mêle tout ce qui sert aux gens les plus fastueux pour tout un jour : on y voyait des conques de Vénus, des spondyles, des huîtres dont on avait retranché le bord qui ne se mange pas. Des oursins de mer séparaient ces divers coquillages les uns des autres; des surmulets, hachés menu et sans arêtes, formaient sous ce ragoût une sorte de plancher. Désormais on est las de manger les mets un à un ; on rassemble toutes les saveurs en une seule. La table fait l'office de l'estomac rassasié. Je m'attends à voir bientôt servir des mets tout mâchés. Fait-on beaucoup moins en ôtant les os et les coquilles, et en chargeant le cuisinier du travail de nos dents? La gourmandise trouve trop pénible de s'arrêter à chaque mets séparément; il faut les servir tous ensemble, et, de mille saveurs, faire une saveur unique. Étendrai-je la main pour atteindre un seul objet? J'en veux plusieurs à la fois; je veux que les qualités d'un grand nombre de mets s'unissent et se combinent; je veux faire voir, à ceux qui m'accusaient de donner dans une vaine ostentation, que ceci est moins un festin, qu'une énigme à deviner. Confondons dans un même assaisonnement les mets que l'on servait séparément; plus de distinction ; les huîtres, les oursins de mer, les spondyles, les surmulets, que tout cela se mêle, cuise et se serve ensemble. — Le résultat d'un vomissement ne serait pas plus confus. Ce mélange de mets produit des maladies non pas seulement singulières, mais inexplicables, diverses, compliquées, contre lesquelles la médecine s'est armée d'un grand nombre de remèdes et d'observations.

Je vous en dis autant de la philosophie. Elle était plus

plicior inter minora peccantes, et levi quoque cura remediabiles : adversus tantam morum eversionem omnia conanda sunt. Et utinam sic denique lues ista vindicetur! Non privatim solum, sed publice furimus. Homicidia compescimus et singulas cædes : quid bella, et occisarum gentium gloriosum scelus? Non avaritia, non crudelitas modum novit. Et ista, quamdiu furtim et a singulis fiunt, minus noxia minusque monstrosa sunt : ex senatusconsultis plebisque scitis sæva exercentur, et publice jubentur vetita privatim. Quæ clam commissa capite luerent, jam, quia paludati fecere, laudamus. Non pudet homines, mitissimum genus, gaudere sanguine alterno, et bella gerere, gerendaque liberis tradere, quum inter se etiam mutis ac feris pax sit. Adversus tam potentem explicitumque late furorem operosior philosophia facta est, et tantum sibi virium sumpsit, quantum his, adversus quæ parabatur, accesserat. Expeditum erat, objurgare indulgentes mero, et petentes delicatiorem cibum; non erat animus ad frugalitatem magna vi reducendus, a qua paululum discesserat.

Nunc manibus rapidis *opus est,* nunc arte magistra.

simple quand les hommes étaient moins vicieux et pouvaient être guéris par des soins légers. Contre un si complet renversement de mœurs, il lui faut essayer tous ses moyens; et plût au ciel qu'elle pût enfin triompher ainsi de ce fléau! Ce n'est pas seulement en particulier, c'est en public que nous donnons carrière à notre folie furieuse. Nous réprimons l'homicide, et le meurtre individuel; mais qu'est-ce que la guerre, et ce crime glorieux qui consiste à égorger des nations entières? L'avarice et la cruauté ne connaissent point de bornes; et cependant, quand elles s'exercent en secret et par quelques personnes isolées, elles sont moins nuisibles et moins monstrueuses. Des cruautés se commettent en vertu de sénatus-consultes et de plébiscites; l'autorité publique commande ce qui est défendu aux particuliers. Les mêmes actions que, s'il les faisait à la dérobée, un homme paierait de la vie, nous les louons quand elles se font sous le costume militaire. Les hommes, que la nature a créés de l'espèce la plus douce entre les animaux, n'ont pas honte de se baigner dans le sang les uns des autres, de se faire des guerres, de les transmettre par héritage à leurs enfans, tandis que les bêtes sauvages, privées de la parole, vivent entre elles en paix? Contre une frénésie si violente et si générale, la philosophie a trouvé une tâche plus pénible; elle a dû proportionner l'accroissement de ses forces à l'augmentation des obstacles qu'elle avait à combattre. Il était aisé de gourmander des buveurs et des gloutons; il ne fallait pas de grands efforts pour ramener l'esprit à la tempérance dont il s'était quelque peu écarté;

« Mais c'est maintenant qu'il faut et des mains alertes, et une profonde habileté. »

Voluptas ex omni parte quæritur; nullum intra se manet vitium. In avaritiam luxuria præceps est : honesti oblivio invasit; nihil turpe est, cujus placet pretium. Homo, sacra res homini, jam per lusum et jocum occiditur; et, quem erudiri ad inferenda accipiendaque vulnera nefas erat, is jam nudus inermisque producitur; satisque spectaculi ex homine, mors est.

In hac ergo morum perversitate desideratur solito vehementius aliquid, quod mala inveterata discutiat : decretis agendum est, ut revellatur penitus falsorum recepta persuasio. His si adjunxerimus præcepta, consolationes, adhortationes, poterunt valere; per se inefficaces sunt. Si volumus habere obligatos, et malis, quibus jam tenentur, avellere; discant, quid malum, quid bonum sit; sciant, omnia, præter virtutem, mutare nomen, modo mala fieri, modo bona. Quemadmodum primum militiæ vinculum est religio, et signorum amor, et deserendi nefas; tunc deinde facile cetera exiguntur mandanturque jusjurandum adactis : ita in his, quos velis ad beatam vitam perducere, prima fundamenta jacienda sunt, et insinuanda virtus. Hujus quadam superstitione teneantur; hanc ament; cum hac vivere velint, sine hac nolint.

« Quid ergo? non quidam sine institutione subtili evaserunt probi, magnosque profectus assecuti sunt, dum

De toutes parts on court après le plaisir : nul vice ne se tient dans ses propres limites. Le luxe se précipite dans l'avarice; l'honnête est partout oublié; rien n'est honteux quand on s'en promet quelque plaisir. L'homme, cet être sacré pour son semblable, est mis à mort par forme de jeu et de passe-temps : oui, l'homme, que les lois divines défendent d'instruire à donner ou à recevoir des blessures, on le fait paraître nu et sans armes; le seul spectacle qu'on attende de lui, c'est sa mort.

Dans cette dépravation de mœurs, il faut donc quelque instrument plus fort que les instrumens ordinaires pour déraciner un mal invétéré; il faut donc employer les principes généraux pour extirper les préjugés. Si nous joignons à ces principes les préceptes, les consolations, les exhortations, ces moyens seront utiles; seuls, ils seraient sans effet. Si nous voulons délier les hommes et les arracher aux vices dont ils sont esclaves, enseignons-leur la différence entre le bien et le mal; qu'ils sachent que tout, hors la vertu, change de nom, et devient tantôt mal tantôt bien. Comme le premier lien de la discipline militaire est la religion, le dévoûment au drapeau, l'horreur de la désertion; de sorte qu'ensuite il est facile de commander, et de faire exécuter tout le reste à des soldats liés par le serment; de même dans les hommes qu'on veut guider au bonheur, il faut jeter les premiers fondemens et leur faire aimer la vertu. Qu'ils aient pour elle une sorte de vénération religieuse; qu'ils la chérissent; qu'ils veuillent vivre avec elle; que, sans elle, ils ne veuillent pas vivre.

« Mais quoi! dira-t-on, n'a-t-on pas vu des gens faire de grands progrès dans la vertu, sans une doctrine sub-

nudis tantum præceptis obsequuntur?» — Fateor : sed felix illis ingenium fuit, et salutaria in transitu rapuit. Nam, ut dii immortales nullam didicere virtutem, cum omni editi, et pars naturæ eorum est, bonos esse; ita quidam ex hominibus, egregiam sortiti indolem, in ea, quæ tradi solent, perveniunt sine longo magisterio; et honesta complexi sunt, quum primum audiere : unde ista tam rapacia virtutis ingenia, vel ex se fertilia. At illis aut hebetibus et obtusis, aut mala consuetudine obsessis, diu rubigo animorum effricanda est. Ceterum, ut illos in bonum pronos citius educit ad summa, et hos imbecilliores adjuvabit, malisque opinionibus extrahet, qui illis philosophiæ placita tradiderit; quæ quam sint necessaria, scilicet videas. Quædam insident nobis, quæ nos ad alia pigros, ad alia temerarios faciunt. Nec hæc audacia reprimi potest, nec illa inertia suscitari, nisi causæ eorum eximantur, falsa admiratio, et falsa formido. Hæc nos quamdiu possident, dicas licet : «Hoc patri præstare debes, hoc liberis, hoc amicis, hoc hospitibus.» Tentantem avaritia retinebit : sciet pro patria pugnandum esse; dissuadebit timor : sciet pro amicis desudandum esse ad extremum usque sudorem; sed deliciæ vetabunt : sciet in uxorem gravissimum esse genus injuriæ pellicem; sed illum libido in contraria impingit. Nihil ergo proderit dare præcepta, nisi prius amo-

tile, et guidés seulement par des préceptes tout nus? » — Je l'avoue; mais c'étaient d'heureux naturels qui ont enlevé à la course ce qui leur était salutaire. Les dieux immortels sont nés avec toutes les vertus, et n'en ont appris aucune, la bonté faisant partie de leur essence : ainsi l'on voit des hommes si heureusement doués par la nature, qu'ils n'ont pas besoin de longues instructions, et qu'ils embrassent la vertu dès qu'ils en entendent parler. Ces âmes, qui reçoivent si avidement la vertu, la produiraient d'elles-mêmes. Mais ces esprits pesans, obtus, assiégés d'habitudes vicieuses, il faut du temps pour en fourbir la rouille. Au reste, par le moyen des principes généraux de la philosophie, on mènera plus vite à la perfection les esprits qui naturellement penchent vers la vertu; de même qu'on facilitera la route aux esprits plus faibles, et qu'on les délivrera des opinions erronées. Et voyez jusqu'à quel point ces principes généraux sont nécessaires. Il est dans nos âmes des dispositions qui nous rendent lents pour certaines actions; pour d'autres, téméraires. Nous ne pouvons ni modérer cette audace, ni secouer cette indolence, sans détruire d'abord leurs causes, l'admiration mal fondée et la frayeur déraisonnable. Tant que nous serons en proie à ces préoccupations, vous nous direz en vain : « Tels sont vos devoirs à l'égard de votre père, de vos enfans, de vos amis, de vos hôtes. » L'avarice viendra paralyser nos efforts : on saura bien qu'il faut combattre pour sa patrie; mais la crainte dira non : on saura bien qu'il faut se fatiguer, s'exténuer pour ses amis; mais les plaisirs en empêcheront : on saura bien qu'avoir une maîtresse est la plus sensible offense qu'on puisse faire à une épouse; mais l'incontinence poussera à faire le contraire. Il ne servira

veris obstantia præceptis; non magis, quam proderit arma in conspectu posuisse propiusque admovisse, nisi usuræ manus expediuntur. Ut ad præcepta, quæ damus, possit animus ire, solvendus est. Putemus aliquem facere, quod oportet; non faciet assidue, non faciet æqualiter : nesciet enim quare faciat. Aliqua vel casu, vel exercitatione, exibunt recta; sed non erit in manu regula, ad quam exigantur, cui credat, recta esse quæ fecit. Non promittet se talem in perpetuum, qui casu bonus est.

Deinde, præstabunt tibi fortasse præcepta, ut quod oportet facias; non præstabunt, ut, quemadmodum oportet : et, si hoc non præstant, ad virtutem non perducunt. Faciet quod oportet monitus; concedo : sed id parum est, quoniam quidem non in facto laus est, sed in eo, quemadmodum fiat. Quid est cœna sumptuosa flagitiosius, et equestrem censum consumente? quid tam dignum censoria nota, si quis, ut isti ganeones loquuntur, sibi hoc et genio suo præstet? et toties tamen sestertio aditiales cœnæ frugalissimis viris constiterunt. Eadem res, si gulæ datur, turpis est; si honori, reprehensionem effugit. Non enim luxuria, sed impensa solemnis est.

Mullum ingentis formæ (quare autem non pondus

donc à rien de donner des préceptes, si vous n'écartez d'abord les obstacles qui leur résistent; pas plus qu'il ne servirait de mettre des armes sous nos yeux et à notre portée, si l'on ne commençait par donner aux mains la liberté de s'en servir. Pour que l'esprit puisse aller aux préceptes que nous donnons, il faut d'abord le délivrer de ses chaînes. Supposez qu'un homme fasse ce qu'il doit, il ne le fera pas constamment, ni d'une manière égale; car il ignore pourquoi il agit ainsi. Le hasard ou l'habitude produira chez lui quelques actions vertueuses; mais n'ayant pas la règle en main, cet homme ne pourra vérifier et constater si ce qu'il fait est juste. Quiconque est vertueux une fois par hasard, ne prend aucun engagement de l'être toujours.

En outre, les préceptes vous indiqueront peut-être ce que vous avez à faire; ils ne vous diront pas comment vous y prendre : or, sans ce dernier point, ils ne peuvent guider à la vertu. D'après un avis spécial, on fera ce qu'on doit faire. — D'accord, mais ce n'est pas assez. Car le mérite n'est pas dans l'action elle-même, mais dans la manière dont elle est faite. Quoi de plus scandaleux qu'un somptueux festin qui dévore les revenus d'un chevalier? Qu'est-ce qui mérite mieux la note d'un censeur, quand on le donne uniquement pour son plaisir et pour faire bombance, comme disent les débauchés? Et cependant des personnes très-frugales ont donné des repas de cérémonie qui leur ont coûté jusqu'à trois cent mille sesterces. La même action qui, faite par un motif de gourmandise, est honteuse, ne mérite aucun blâme quand elle est accordée à la représentation; alors, ce n'est plus de la sensualité, c'est une honorable magnificence.

L'empereur Tibère reçut en présent un surmulet

adjicio, et aliquorum gulam irrito? quatuor pondo et ad selibram fuisse aiebant) Tiberius Cæsar, missum sibi, quum in macellum deferri et venire jussisset : « Amici, inquit, omnia me fallunt, nisi istum mullum aut Apicius emerit, aut P. Octavius. » Ultra spem illi conjectura processit : licitati sunt; vicit Octavius, et ingentem consecutus est inter suos gloriam, quum quinque sestertiis emisset piscem, quem Cæsar vendiderat, ne Apicius quidem emerat. Numerare tantum Octavio fuit turpe : nam ille, qui emerat, ut Tiberio mitteret (quanquam illum quoque reprehenderim), admiratus est rem, qua putavit Cæsarem dignum.

Amico ægro aliquis assidet; probamus : at, hoc si hereditatis causa facit, vultur est, cadaver exspectat.

Eadem aut turpia sunt, aut honesta : refert, quare, aut quemadmodum fiant. Omnia autem honeste fient, si honesto nos addixerimus, idque unum in rebus humanis bonum judicaverimus, quæque ex eo sunt. Cetera, in diem bona sunt. Ergo infigi debet persuasio ad totam pertinens vitam; hoc est, quod decretum voco. Qualis hæc persuasio fuerit, talia erunt, quæ agentur, quæ cogitabuntur : qualia autem hæc fuerint, talis vita erit. In particulas suasisse, totum ordinanti parum est. M. Brutus in eo libro, quem περὶ Καθήκοντος inscripsit, dat multa præcepta et parentibus et liberis et fratribus : hæc

d'une grosseur énorme. Pourquoi n'en dirai-je pas aussi le poids, ne fût-ce que pour faire venir l'appétit à quelques gourmands? Ce poisson pesait, dit-on, quatre livres et demie. L'empereur ordonna qu'on allât le vendre au marché. « Mes amis, dit-il, je me trompe fort, si ce surmulet n'est acheté par Apicius ou par P. Octavius. » Il devina plus juste encore qu'il n'avait espéré : Apicius et Octavius enchérirent l'un sur l'autre; Octavius l'emporta; et, parmi ses amis, il obtint une gloire insigne pour avoir acheté cinq mille sesterces un poisson vendu par l'empereur, et qu'Apicius lui-même n'avait pas acheté. Une si grosse dépense était honteuse pour Octavius. Quant à celui qui avait acheté le poisson pour l'envoyer à Tibère, je le blâmerais aussi : il avait assez admiré un poisson pour le juger digne de l'empereur.

Un ami se tient auprès du lit de son ami malade; c'est fort bien; mais s'il le fait dans l'attente d'un héritage, c'est un vautour qui attend un cadavre.

Ainsi les mêmes choses sont indifféremment honteuses ou honorables; c'est l'intention et la manière qui importent. Or toutes nos actions seront honorables, si nous nous sommes une fois attachés à l'honnête, si nous sommes en possession de considérer comme l'unique bien sur la terre l'honnête et ce qui en porte l'empreinte. Les autres biens ne le sont que par circonstance. Il faut donc se graver dans l'esprit une conviction applicable à la vie entière; c'est ce que j'appelle principe fondamental. Cette conviction règlera les actions et les pensées qui composent notre vie. Donner des préceptes particuliers et négliger l'ensemble, c'est trop peu. M. Brutus, dans son traité *Du Devoir*, donne beaucoup de préceptes aux parens, aux enfans, aux frères : nul n'appliquera

nemo faciet, quemadmodum debet, nisi habuerit, quo referat. Proponamus oportet finem summi boni, ad quem nitamur, ad quem omne factum nostrum dictumque respiciat; veluti navigantibus ad aliquod sidus dirigendus est cursus. Vita sine proposito vaga est. Quod si utique proponendum est, incipiunt necessaria esse decreta. Illud, ut puto, concedes, nihil esse turpius dubio et incerto ac timido, pedem modo referente, modo producente. Hoc in omnibus rebus accidet nobis, nisi eximantur, quæ reprehendunt animos ac detinent, perconarique totos vetant.

Quomodo sint dii colendi, solet præcipi. Accendere aliquem lucernas sabbatis prohibeamus; quoniam nec lumine dii egent, et ne homines quidem delectantur fuligine. Vetemus salutationibus matutinis fungi, et foribus assidere templorum : humana ambitio istis officiis capitur; deum colit, qui novit. Vetemus lintea et strigiles Jovi ferre, et speculum tenere Junoni : non quærit ministros deus; quidni? ipse humano generi ministrat; ubique et omnibus præsto est. Audiat licet quem modum servare in sacrificiis debeat, quam procul resilire a molestis superstitionibus : nunquam satis profectum erit, nisi, qualem debet, deum mente conceperit, omnia habentem, omnia tribuentem, beneficium gratis dantem. Quæ causa est diis benefaciendi? Natura. Errat,

ces préceptes convenablement sans un point fixe de comparaison. Il faut que nous nous proposions pour but un souverain bien, objet de nos efforts, et vers lequel tendent sans cesse nos actions et nos paroles. C'est l'étoile qui sert de guide aux matelots. Sans un but, la vie marche à l'aventure. Or, s'il faut avoir un but, les principes généraux sont nécessaires. Vous accorderez, je pense, que rien n'est honteux comme le doute, l'incertitude, la timidité, qui tantôt recule, et tantôt avance. C'est ce qui nous arrivera perpétuellement, si nous ne détruisons les causes qui enchaînent et retiennent nos résolutions, et qui paralysent tous nos efforts.

On donne des préceptes sur le culte à rendre aux dieux. Défendons d'allumer des lampes le jour du sabbat, parce que les dieux n'ont pas besoin de lumière, et que les hommes n'aiment pas la fumée. Empêchons les gens d'aller le matin faire leurs salutations aux dieux, et s'asseoir aux portes des temples. C'est la vanité humaine que l'on gagne par de pareils hommages; adorer dieu, c'est le connaître. Ne permettons pas qu'on apporte à Jupiter du linge et des brosses, ni qu'on aille présenter un miroir à Junon : un dieu n'a pas besoin de serviteurs; c'est au contraire lui qui sert le genre humain; il est partout prêt, et pour tous. Enseignez aux hommes, je le veux, dans quel esprit ils doivent offrir des sacrifices, combien il leur faut se tenir à l'abri de superstitions incommodes, vous n'aurez point fait assez, si vous ne leur faites en même temps concevoir une idée juste d'un dieu maître de tout, qui donne tout, et dont les bienfaits sont gratuits. Quelle cause porte les dieux à faire le bien? Leur

si quis putat illos nocere nolle : non possunt; nec accipere injuriam queunt, nec facere. Lædere etenim lædique, conjunctum est. Summa illa ac pulcherrima omnium natura, quos periculo exemit, ne periculosos quidem fecit. Primus est deorum cultus, deos credere; deinde, reddere illis majestatem suam, reddere bonitatem, sine qua nulla majestas est; scire, illos esse qui præsident mundo, qui universa vi sua temperant, qui humani generis tutelam gerunt, interdum curiosi singulorum. Hi nec dant malum, nec habent : ceterum castigant quosdam, et coercent, et irrogant pœnas, et aliquando specie boni puniunt. Vis deos propitiare? bonus esto! Satis illos coluit, quisquis imitatus est.

Ecce altera quæstio : Quomodo hominibus sit utendum. Quid agimus? quæ damus præcepta? Ut parcamus sanguini humano? quantulum est, ei non nocere, cui debeas prodesse! Magna scilicet laus est, si homo mansuetus homini est! Præcipiemus ut naufrago manum porrigat, erranti viam monstret, cum esuriente panem suum dividat? Quando omnia, quæ præstanda sunt ac vitanda, dicam? quum possim breviter hanc illi formulam humani officii tradere : « Omne hoc, quod vides, quo divina atque humana conclusa sunt, unum est : membra sumus corporis magni. Natura nos cognatos

nature. C'est se tromper, que de croire les dieux portés
à nuire. Ils ne le peuvent pas; ils ne sauraient ni éprouver
du mal, ni en faire; car offenser et être offensé sont
deux facultés qui vont ensemble. Cette nature suprême
et admirable n'a pas voulu rendre dangereux des êtres
qu'elle a mis à l'abri du danger. Le premier acte de culte
envers les dieux, c'est de croire à leur existence; ensuite
de reconnaître leur majesté, de reconnaître leur bonté
sans laquelle point de majesté; c'est de savoir qu'ils sont
les maîtres du monde, qu'ils régissent l'univers, qu'ils
prennent soin du genre humain, qu'ils s'occupent même
quelquefois des individus d'une manière plus marquée.
De tels êtres ne font aucun mal, comme ils n'en éprouvent aucun. Du reste, ils châtient et répriment quelques
hommes; ils infligent parfois des punitions cachées sous
une apparence de faveur. Voulez-vous vous rendre les
dieux favorables? Soyez bon! Le meilleur culte consiste
à les imiter.

Voici une autre question : Comment faut-il agir envers
les hommes? Qu'entendons-nous par là? quels sont les préceptes que nous donnons? D'épargner le sang humain?
N'est-ce pas bien peu que de ne pas vous rendre nuisible,
quand vous devriez être utile? La belle gloire pour un
homme d'être humain envers un autre homme! Ordonnons
de tendre la main au naufragé, de montrer le chemin au
voyageur égaré, de partager son pain avec celui qui a
faim. Mais pourquoi m'arrêterais-je au détail de tout ce
qu'il faut faire ou éviter, quand je puis rédiger, en peu
de mots, la formule générale des devoirs de l'humanité?
« Cet univers que vous voyez, et dans lequel sont renfermées la nature divine et la nature humaine, cet
univers est un : nous sommes les membres d'un grand

edidit, quum ex iisdem et in eadem gigneret. Hæc nobis amorem indidit mutuum, et sociabiles fecit; illa æquum justumque composuit : ex illius constitutione miserius est nocere, quam lædi; ex illius imperio paratæ sunt juvantis manus. Iste versus et in pectore, et in ore sit :

Homo sum, humani nihil a me alienum puto! »

Habeamus! In commune nati sumus. Societas nostra lapidum fornicationi simillima est; quæ casura, nisi invicem obstarent, hoc ipso sustinetur.

Post deos hominesque, dispiciamus, quomodo rebus sit utendum. In supervacuum præcepta jactavimus, nisi illud præcesserit, qualem de quacumque re habere debeamus opinionem, de paupertate, de divitiis, de gloria, de ignominia, de patria, de exsilio. Æstimemus singula, fama remota; et quæramus, quid sint, non quid vocentur.

Ad virtutes transeamus. Præcipiet aliquis, ut prudentiam magni æstimemus, ut fortitudinem complectamur; temperantiam amemus; justitiam, si fieri potest, propius etiam, quam ceteras, nobis applicemus. Sed nihil agetur, si ignoramus, quid sit virtus; una sit, an plures; separatæ, an innexæ; an, qui unam habet, et

corps. La nature, en nous formant des mêmes élémens et pour les mêmes fins, nous a créés parens; elle nous a liés les uns aux autres par un attachement mutuel, et nous a faits sociables; elle a établi la justice et l'équité. D'après cette constitution de notre être, il est plus fâcheux de faire que de recevoir du mal; d'après l'ordre de la nature, nos mains doivent être toujours prêtes à secourir nos semblables. Ayons toujours, dans le cœur et à la bouche, cette maxime :

« Homme, je ne puis regarder comme étranger rien de ce qui touche les hommes. »

Pénétrons-nous-en; nous sommes certainement nés pour vivre en commun. Notre société ressemble à une voûte qui tomberait, si ses diverses parties ne se prêtaient un support mutuel.

Après les dieux et les hommes, apprenons comme il faut user des choses. C'est bien inutilement que nous aurons jeté nos préceptes, si préalablement nous n'avons pas su inspirer des opinions justes sur chaque objet particulier, sur la pauvreté, les richesses, la gloire, l'ignominie, la patrie et l'exil. Pesons chacun de ces objets sans préjugé; examinons-les en eux-mêmes, sans nous occuper des noms qu'on a pu leur donner.

Passons aux vertus. Quelqu'un viendra nous dire : « Estimez beaucoup la prudence, embrassez la constance, aimez la tempérance; attachez-vous à la justice plus encore, s'il est possible, qu'aux autres vertus. » Mais nous n'aurons rien fait, si nous ignorons ce que c'est que la vertu; s'il n'y en a qu'une seule, ou s'il en existe plusieurs; si elles sont distinctes ou unies entre elles; si, quand on

ceteras habeat; quo inter se differant. Non est necesse fabro de fabrica quærere, quod ejus initium, quis usus sit; non magis quam pantomimo, de arte saltandi. Omnes istæ artes se sciunt, nihil deest; non enim ad totam pertinent vitam. Virtus et aliorum scientia est, et sui. Discendum de ipsa est, ut ipsa discatur. Actio recta non erit, nisi recta fuerit voluntas : ab hac enim est actio. Rursus, voluntas non erit recta, nisi habitus animi rectus fuerit : ab hoc enim est voluntas. Habitus porro animi non erit in optimo, nisi totius vitæ leges perceperit, et, quid de quoque judicandum sit, exegerit; nisi res ad verum redegerit. Non contingit tranquillitas, nisi immutabile certumque judicium adeptis : ceteri decidunt subinde, et reponuntur, et inter missa appetitaque alternis fluctuantur. Causa usque jactationis est, quod nihil liquet incertissimo regimine utentibus, fama. Si vis eadem semper velle, vera oportet velis.

Ad verum sine decretis non pervenitur; continent vitam. Bona et mala, honesta et turpia, justa et injusta, pia et impia, virtutes ususque virtutum, rerum commodarum possessio, existimatio ac dignitas, valetudo, vires, forma, sagacitas sensuum; hæc omnia æstimatorem desiderant. Scire liceat, quanti quidque in censum deferendum sit. Falleris enim, et pluris quædam, quam

en possède une, on les a toutes; puis, en quoi elles diffèrent les unes des autres. L'artisan n'a pas besoin de faire des recherches sur l'origine ou sur l'usage de son métier. Il est inutile au danseur d'étudier la théorie de la danse: ces arts-là s'apprennent d'eux-mêmes; ils sont complets, parce qu'ils n'embrassent pas l'ensemble de la vie. La vertu est la science et d'elle-même et de toutes les autres sciences. Il faut déjà qu'elle vous inspire pour que vous puissiez l'apprendre : une action ne sera point droite, si la volonté ne l'est pas; car l'action procède de la volonté. Remontons : la volonté ne sera pas droite, si l'entendement ne l'est pas; car de l'entendement procède la volonté. Or, l'entendement ne sera point arrivé à la perfection, s'il n'embrasse les lois qui régissent la vie entière; s'il n'a fixé ses jugemens sur chaque point particulier, et ramené tout à la vérité. La tranquillité n'appartient qu'à ceux qui se sont formé un jugement immuable et certain. Les autres tour-à-tour tombent et se relèvent; et dans ce conflit de résolutions formées et abandonnées, ils demeurent toujours flottans. La cause de cet état d'irrésolution, c'est qu'il n'y a rien d'évident pour les hommes qui suivent le plus incertain des guides, l'opinion. Si vous désirez toujours persister dans le même vouloir, il faut vouloir le vrai.

On n'arrive point au vrai sans les principes fondamentaux qui embrassent l'ensemble de la vie. Le bien et le mal, l'honnête et le honteux, le juste et l'injuste, la piété, l'impiété; les vertus, leurs applications, la possession des avantages extérieurs, l'estime, la dignité, la santé, la force, la beauté, la vivacité des sens, tout cela veut un juge qui sache les apprécier, et qui vous enseigne le vrai prix qu'il faut y mettre. Car vous êtes dans l'erreur,

sunt, putas : adeoque falleris, ut, quæ maxima inter nos habentur, divitiæ, gratia, potentia, sestertio nummo æstimanda sint. Hoc nescies, nisi constitutionem ipsam, qua ista inter se æstimantur, inspexeris. Quemadmodum folia virere per se non possunt; ramum desiderant, cui inhæreant, ex quo trahant succum : sic ista præcepta, si sola sunt, marcent; infigi volunt sectæ.

Præterea, non intelligunt hi, qui decreta tollunt, eo ipso confirmari illa, quo tolluntur. Quid enim dicunt? præceptis vitam satis explicari; superflua esse decreta sapientiæ, id est, dogmata. Atqui hoc ipsum, quod dicunt, decretum est : tam, hercules, quam, si nunc ego dicerem, recedendum esse a præceptis velut supervacuis, utendum esse decretis, in hæc sola studium conferendum; hoc ipso, quo negarem curanda esse præcepta, præciperem. Quædam admonitionem in philosophia desiderant, quædam probationem, et quidem multa; quia involuta sunt, vixque summa diligentia ac summa subtilitate aperiuntur. Si probationes necessariæ sunt, necessaria sunt decreta, quæ veritatem argumentis colligunt. Quædam aperta sunt, quædam obscura. Aperta, quæ sensu comprehenduntur, quæ memoria; obscura, quæ extra hæc sunt. Ratio autem non impletur manifestis; major ejus pars pulchriorque in occultis est. Occulta probationem exigunt, probatio non sine decretis

et vous estimez certaines choses beaucoup plus qu'elles ne valent : vous vous trompez si bien, que ce qui passe pour très-précieux parmi vous, les richesses, la faveur, la puissance, ne valent pas un sesterce. Voilà ce que vous ignorerez, si vous n'examinez les conditions essentielles qui déterminent le prix relatif de ces divers objets. Comme les feuilles ne peuvent verdoyer, si elles ne sont attachées à un rameau qui leur transmet la sève; ainsi les préceptes isolés se flétrissent; il faut les greffer sur une théorie.

En outre, ceux qui suppriment les principes généraux ne s'aperçoivent pas que le raisonnement même qu'ils emploient pour les combattre les confirme. En effet, que disent-ils? « Les préceptes développent suffisamment la science de la vie; les principes généraux, c'est-à-dire les axiômes de la sagesse, sont superflus. » Eh bien! ces paroles mêmes sont un axiôme. De même, si je disais : « Il faut renoncer aux préceptes comme inutiles, puis employer les principes généraux et en faire son unique étude; » je donnerais un précepte tout en disant qu'il faut négliger les préceptes. En philosophie, quelquefois les avis sont utiles, d'autres fois les démonstrations. Ce dernier cas est même très-fréquent: car il existe beaucoup de points si compliqués, qu'ils exigent toute l'étude d'un esprit soigneux et subtil. Si les démonstrations sont nécessaires, les axiômes le sont aussi; car, dans l'argumentation, les axiômes résument les vérités : certains sujets sont clairs; d'autres sont obscurs. Les sens et la mémoire suffisent pour les sujets clairs; ils ne suffisent point pour les objets obscurs. Mais la raison ne peut employer toute sa force sur des points évidens; c'est au contraire sur des points obscurs qu'elle brille avec plus d'éclat. Or, les points obscurs exigent une démonstration; nulle démonstration

est; necessaria ergo decreta sunt. Quæ res communem sensum facit, eadem perfectum, certa rerum persuasio, sine qua si omnia in animo natant, necessaria sunt decreta, quæ dant animis inflexibile judicium. Denique quum monemus aliquem, ut amicum eodem habeat loco, quo se; ut ex inimico cogitet fieri posse amicum; in illo amorem incitet, in hoc moderetur odium; adjicimus : « Justum est et honestum. » Justum autem honestumque decretorum nostrorum continet ratio; ergo hæc necessaria est, sine qua nec illa sunt.

Sed utraque jungamus : namque et sine radice inutiles rami sunt; et ipsæ radices his, quæ genuere, adjuvantur. Quantum utilitatis manus habeant, nescire nulli licet; aperte juvant : cor, illud quo manus vivunt, ex quo impetum sumunt, quo moventur, latet. Idem dicere de præceptis possum : aperta sunt; decreta vero sapientiæ in abdito. Sicut sanctiora sacrorum tantum initiati sciunt; ita in philosophia, arcana illa admissis receptisque in sacra ostenduntur; at præcepta, et alia ejusmodi, profanis quoque nota sunt.

Posidonius non tantum *præceptionem* (nihil enim nos hoc verbo uti prohibet), sed etiam *suasionem*, et consolationem, et exhortationem necessariam judicat. His adjicit causarum inquisitionem, *ætiologiam;* quam quare dicere nos non audeamus, quum grammatici,

sans axiômes ; donc les axiômes sont nécessaires. La même cause, qui produit le sens commun, ou mode commun de sentir, le porte à sa perfection ; c'est une opinion fixe sur des objets déterminés : sans cette opinion fixe, tout reste flottant dans l'esprit : les axiômes sont donc nécessaires, puisqu'ils fixent le jugement. Enfin, quand nous exhortons un homme à considérer son ami comme un autre lui-même ; à penser que son ennemi peut devenir son ami, et conséquemment à redoubler d'affection pour l'un, à modérer sa haine pour l'autre, nous ajoutons qu'une pareille conduite est juste et honnête. Or, le juste et l'honnête sont définis par nos axiômes ; donc les axiômes sont nécessaires, puisque nous ne pouvons sans eux connaître le juste et l'honnête.

Mais réunissons les axiômes et les préceptes ; car sans la racine, les rameaux deviennent inutiles, et la racine elle-même est fortifiée par les rameaux qu'elle a produits. Personne ne peut ignorer l'utilité des mains ; leur service est manifeste. Mais le cœur est caché, le cœur, dont les mains reçoivent la vie, l'activité, le mouvement. Je puis en dire autant des préceptes ; ils sont évidens ; mais les axiômes de la sagesse sont cachés. Comme la plus sainte partie de la religion n'est connue que des initiés, ainsi la philosophie a des mystères que l'on ne communique qu'aux adeptes admis dans le sanctuaire. Les préceptes et les autres enseignemens du même genre, sont connus, même des profanes.

Posidonius regarde comme nécessaire, non-seulement la *préception* (car rien ne nous défend l'usage de ce mot), mais aussi la persuasion, la consolation et l'exhortation. Il y ajoute encore la recherche des causes, que nous oserons appeler l'*œtiologie*, puisque les grammairiens, gardiens de la langue latine, ont adopté ce mot. Posido-

custodes latini sermonis, suo jure ita appellent, non video. Ait utilem futuram et descriptionem cujusque virtutis : hanc Posidonius *ethologiam* vocat; quidam *characterismon* appellant, signa cujusque virtutis ac vitii et notas reddentem, quibus inter se similia discriminentur. Hæc res eamdem vim habet, quam præcipere. Nam, qui præcipit, dicit : « Illa facies, si voles temperans esse.» Qui describit, ait : «Temperans est, qui illa facit, qui illis abstinet.» Quæris, quid intersit? alter præcepta virtutis dat, alter exemplar. Descriptiones has, et (ut publicanorum utar verbo) *iconismos*, ex usu esse confiteor. Proponamus laudanda : invenietur imitator. Putas utile, dari tibi argumenta, per quæ intelligas nobilem equum, ne fallaris empturus, ne operam perdas in ignavo? Quanto hoc utilius est, excellentis animi notas nosse, quas ex alio in se transferre permittitur?

> Continuo pecoris generosi pullus in arvis
> Altius ingreditur, et mollia crura reponit :
> Primus et ire viam, et fluvios tentare minantes
> Audet, et ignoto sese committere ponti,
> Nec vanos horret strepitus : illi ardua cervix,
> Argutumque caput, brevis alvus, obesaque terga,
> Luxuriatque toris animosum pectus......
> .....Tum, si qua sonum procul arma dedere,
> Stare loco nescit, micat auribus, et tremit artus,
> Collectumque premens volvit sub naribus ignem.

nius prétend qu'une description de chaque vertu serait utile, c'est ce qu'il appelle l'*éthologie;* d'autres l'appellent *caractère*. C'est le tracé caractéristique de chaque vice et de chaque vertu ; à l'aide de ce tracé, on peut apercevoir en quoi diffèrent des objets qui se ressemblent. Ceci revient à donner des préceptes. Car celui qui donne des préceptes dit : « Voilà ce qu'il faut faire pour être tempérant. » Celui qui décrit, dit : « L'homme tempérant fait ceci, évite cela. » Vous demandez la différence entre ces deux méthodes? l'une donne les préceptes de la vertu; l'autre en donne le modèle. Je conviens que ces descriptions, que ces signalemens, pour employer un terme de douane, ont de l'utilité. Exposons de beaux modèles; il se trouvera des imitateurs. Trouvez-vous à propos qu'on vous donne des marques certaines auxquelles vous puissiez reconnaître un noble coursier, pour ne pas vous tromper dans un achat, pour ne pas perdre votre peine à dresser une rosse ? Combien plus il nous est utile d'étudier les marques d'un esprit supérieur dont nous pouvons nous approprier les caractères !

> L'étalon généreux a le port plein d'audace,
> Sur ses jarrets plians se balance avec grâce :
> Aucun bruit ne l'émeut; le premier du troupeau,
> Il fend l'onde écumante, affronte un pont nouveau.
> Il a le ventre court, l'encolure hardie,
> Une tête effilée, une croupe arrondie :
> On voit sur son poitrail ses muscles se gonfler,
> Et ses nerfs tressaillir, et ses veines s'enfler.
> Que du clairon bruyant le son guerrier l'éveille,
> Je le vois s'agiter, trembler, dresser l'oreille :
> Son épine se double et frémit sur son dos;
> D'une épaisse crinière il fait bondir les flots;
> De ses naseaux brûlans il respire la guerre,
> Ses yeux roulent du feu, son pied creuse la terre.

Dum aliud agit Virgilius noster, descripsit virum fortem : ego certe non aliam imaginem magno viro dederim. Sit mihi Cato exprimendus, inter fragores bellorum civilium impavidus, et primus incessens admotos jam exercitus Alpibus, civilique se bello ferens obvium; non alium illi assignaverim vultum, non alium habitum. Altius certe nemo ingredi potuit, quam qui simul contra Cæsarem Pompeiumque se sustulit, et, aliis Cæsarianas opes, aliis Pompeianas sibi foventibus, utrumque provocavit, ostenditque aliquas esse et reipublicæ partes. Nam parum est in Catone, dicere :

Nec vanos horret strepitus ......

Quidni? quum veros vicinosque non horreat; quum contra decem legiones, et gallica auxilia, et mixta barbarica arma civilibus, vocem liberam mittat, et rempublicam hortetur, ne pro libertate decidat, sed omnia experiatur; honestius in servitutem casura, quam itura? Quantum in illo vigoris ac spiritus, quantum in publica trepidatione fiduciæ est! Scit se unum esse, de cujus statu non agatur; non enim quæri, an liber Cato, sed an inter liberos sit. Inde periculorum gladiorumque contemptus. Libet admirantem invictam constantiam viri, inter publicas ruinas non labantis, dicere :

Luxuriatque toris animosum pectus.....

Proderit non tantum, quales esse soleant boni viri,

Notre Virgile, sans y penser, a fait la description de l'homme vertueux. Je ne représenterais pas autrement un grand homme. Si j'avais à peindre Caton intrépide au milieu du fracas des armes, gourmandant le premier les armées déjà parvenues aux Alpes, et marchant à la rencontre de la guerre civile, je ne lui donnerais pas un autre aspect, ni une autre démarche. Car certainement nul homme n'a levé plus fièrement la tête que celui qui brava en même temps César et Pompée; qui, tandis qu'on se partageait entre ces deux généraux, provoqua l'un et l'autre et fit voir que la république avait aussi ses partisans. C'est peu de dire en parlant de Caton :

> Il ne s'effraie point de vaines rumeurs. . . . .

Et comment ne les braverait-il pas, lui que n'émeuvent pas même des périls imminens et des alarmes fondées; lui qui ose, contre dix légions, contre les auxiliaires gaulois, contre les armes barbares mêlées aux armes romaines, élever une voix indépendante, exhorter la république à ne point désespérer de la liberté, mais à tout tenter, parce qu'il est moins honteux de tomber sous le joug, que d'aller au devant? Quelle vigueur dans cet homme! quelle énergie! quelle assurance, quand tout tremble autour de lui! Il sait qu'il est le seul dont l'existence ne soit pas en cause; qu'il ne s'agit pas de savoir si Caton sera libre, mais s'il vivra parmi des hommes libres. De là ce mépris des glaives et des dangers. En admirant l'invincible constance de cet homme, debout sur les ruines de la patrie, on peut dire :

> On voit sur son poitrail ses muscles se gonfler.

Il sera très-utile, non-seulement de dépeindre les

dicere, formamque eorum et lineamenta deducere; sed, quales fuerint, narrare, et exponere Catonis illud ultimum ac fortissimum vulnus, per quod libertas emisit animam; Lælii sapientiam, et cum suo Scipione concordiam; alterius Catonis domi forisque egregia facta; Tuberonis ligneos lectulos, quum in publicum sternerent, hædinasque pro stragulis pelles, et ante ipsius Jovis cellam apposita convivis vasa fictilia. Quid aliud est, paupertatem in Capitolio consecrare? Ut nullum aliud factum ejus habeam, quo illum Catonibus inseram, hoc parum credimus? Censura fuit illa, non cœna. O quam ignorant homines cupidi gloriæ, quid illa sit, aut quemadmodum petenda! Illo die populus romanus multorum supellectilem spectavit, unius miratus est. Omnium illorum aurum argentumque fractum est, et millies conflatum; at omnibus sæculis Tuberonis fictilia durabunt.

XCVI.

Omnia patienter ferenda.

TAMEN tu indignaris aliquid, aut quereris; et non intelligis, nihil esse in istis mali, nisi hoc unum, quod indignaris, et quereris? — Si me interrogas, nihil puto viro miserum, nisi aliquid esse in rerum natura quod

hommes vertueux dans leur attitude habituelle et de reproduire leurs traits, mais encore de raconter ce qu'ils ont été dans quelques cas particuliers ; de mettre, par exemple, sous les yeux cette dernière, cette héroïque blessure de Caton, blessure par laquelle la liberté rendit l'âme ; de montrer la sagesse de Lélius et son union inaltérable avec son cher Scipion ; les belles actions civiles et militaires de l'autre Caton ; les lits de bois de Tubéron, exposés en public, avec des peaux de bouc servant de couvertures, et ses vases d'argile offerts aux convives devant le temple même de Jupiter. N'était-ce pas là consacrer la pauvreté jusque dans le Capitole ? Quand même je n'aurais pas d'autre trait pour le mettre au rang des Catons, celui-là ne suffirait-il pas ? C'était une censure, et non pas un festin. O qu'ils entendent peu la gloire, et comment il faut la chercher, ces gens qui en sont si avides ! Ce jour-là le peuple romain vit la vaisselle d'un grand nombre de citoyens ; il n'admira que celle d'un seul : l'or et l'argent de tous les autres ont été brisés et mille fois refondus ; mais les vases d'argile de Tubéron dureront à jamais.

Ch. Du Rozoir.

XCVI.

Il faut tout supporter avec résignation.

Eh quoi ! vous êtes encore à vous courroucer, à vous plaindre ! et vous en êtes à comprendre que dans tous ces évènemens qui vous touchent il n'y a d'autre mal que votre courroux et vos plaintes ! — Si vous me le demandez, je vous dirai que je ne vois pour l'homme qu'un seul

putet miserum. Non feram me, quo die aliquid ferre non potero. Male valeo? pars fati est. Familia decubuit? fœnus offendit? domus crepuit? damna, vulnera, labores, metus incurrerunt? Solet fieri. Hoc parum est; debuit fieri. Decernuntur ista, non accidunt.

Si quid credis mihi, intimos affectus meos tibi quum maxime detego : in omnibus, quæ adversa videntur et dura, sic formatus sum : non pareo deo, sed assentior; ex animo illum, non quia necesse est, sequor. Nihil unquam mihi incidet, quod tristis excipiam, quod malo vultu : nullum tributum invitus conferam. Omnia autem, ad quæ gemimus, quæ expavescimus, tributa vitæ sunt. Horum, mi Lucili, nec speraveris immunitatem, nec petieris. Vesicæ te dolor inquietavit; epulæ fuerunt parum dulces; detrimenta continua; propius accedam : de capite timuisti. Quid tu, nesciebas hæc te optare, quum optares senectutem? Omnia ista in longa vita sunt, quomodo in longa via et pulvis et lutum et pluvia. — Sed volebam vivere, carere tamen incommodis omnibus! — Tam effeminata vox virum dedecet. Videris, quemadmodum hoc votum meum excipias; ego illud magno animo, non tantum bono facio : neque dii, neque deæ faciant, ut te fortuna in deliciis habeat! Ipse

malheur : c'est de penser qu'il puisse y avoir dans le monde quelque malheur pour lui. Je me rendrai insupportable à moi-même du jour que je ne pourrai supporter quelque accident. Ai-je une mauvaise santé? c'est une des suites de ma destinée. La mortalité m'a enlevé mes esclaves; les intérêts usuraires me dévorent; je suis en butte à des dommages, à des blessures, à des fatigues, à des alarmes. C'est le sort commun des hommes; bien plus, c'est leur sort inévitable. Tous ces évènemens sont les arrêts du destin, et non l'effet du hasard.

Veuillez m'en croire, moi qui dévoile sans réserve à vos yeux mes sentimens les plus intimes : dans tous les évènemens qui pourraient me paraître contraires et fâcheux, voici la règle de conduite que je me suis faite : je n'obéis point à Dieu, je donne mon assentiment à ses décrets : c'est de mon plein gré et non par nécessité que je lui obéis. Jamais il ne m'arrivera aucun évènement que je reçoive avec un visage triste ou mécontent. Jamais on ne me verra payer le tribut malgré moi. Or, tout ce qui excite nos gémissemens et nos craintes est le tribut de notre vie. Vous n'avez pu, mon cher Lucilius, ni espérer ni demander d'en être exempt. Vous êtes tourmenté par la pierre; vous avez perdu l'appétit; des pertes continuelles vous accablent; je vais plus loin, vous avez craint pour votre existence. Eh quoi! ignoriez-vous que vous souhaitiez toutes ces tribulations en souhaitant la vieillesse? Tout cela se rencontre dans une longue vie; comme dans une longue route, la boue, la poussière et la pluie. — Mais je voulais vivre, et vivre exempt de toutes ces misères. — Un langage si lâche n'est pas digne d'un homme de cœur. Prenez comme vous voudrez le souhait que je vais faire pour vous;

te interroga, si quis potestatem tibi deus faciat, utrum velis vivere in macello, an in castris. Atqui, vivere, Lucili, militare est. Itaque hi, qui jactantur, et per operosa atque ardua sursum ac deorsum eunt, et expeditiones periculosissimas obeunt, fortes viri sunt, primoresque castrorum; isti, quos putida quies, aliis laborantibus, molliter habet, turturillæ sunt, tuti contumeliæ causa.

XCVII.

Et nunc et olim fuisse malos. De judicio Clodiano. De vi conscientiæ.

ERRAS, mi Lucili, si existimas nostri sæculi esse vitium luxuriam et negligentiam boni moris, et alia, quæ objecit suis quisque temporibus. Hominum sunt ista, non temporum; nulla ætas vacavit a culpa. Et, si æstimare licentiam cujusque sæculi incipias, pudet dicere, nunquam apertius, quam coram Catone, peccatum est. Credat aliquis pecuniam esse versatam in eo judicio, in quo reus erat Clodius ob id adulterium, quod cum Cæsaris uxore in aperto commiserat, violatis religioni-

mais c'est tout à la fois le vœu d'une âme élevée et d'un cœur bienveillant : fassent les dieux et les déesses que jamais vous ne soyez l'enfant gâté de la fortune! Interrogez-vous vous-même, et demandez-vous: « Préférerais-je, si Dieu m'en donnait l'option, ou de vivre dans un marché, ou de vivre dans un camp? » Or, mon cher Lucilius, la vie est un état de guerre. Ainsi, les hommes qui sont sans cesse en mouvement, qui montent et descendent toujours à travers des chemins difficiles et escarpés, qui accomplissent les expéditions les plus périlleuses, voilà les guerriers courageux, voilà les premiers du camp. Mais ceux qui se livrent à un honteux repos, tandis que les autres travaillent, sont de lâches fainéans, qui végètent en sûreté à l'abri du mépris qu'ils inspirent.

Ch. Du Rozoir.

XCVII.

Il y a toujours eu des méchans. Du procès de Clodius. De la force de la conscience.

C'est une erreur, mon cher Lucilius, de regarder comme un vice particulier à notre siècle le luxe, l'oubli des bonnes pratiques, et tous ces déréglemens dont chacun se plaît à accuser le temps présent. Ce sont les vices des hommes et non des temps : aucune époque n'a été exempte de fautes. Et si vous vouliez comparer la licence de chaque siècle, je le dis à regret, mais jamais le vice ne s'est montré plus à découvert que sous les yeux de Caton. Croira-t-on que l'argent ait été pour quelque chose dans le jugement de ce procès où Clodius était accusé d'avoir ostensiblement commis un adultère avec l'épouse de

bus ejus sacrificii, quod pro populo fieri dicitur, sic submotis extra conspectum omnibus viris, ut picturæ quoque masculorum animalium contegantur? Atqui dati judicibus nummi sunt; et, quod hac etiamnunc pactione turpius est, stupra insuper matronarum et adolescentulorum nobilium stillarii loco exacta sunt. Minus crimine, quam absolutione, peccatum est. Adulterii reus adulteria divisit, nec ante fuit de salute securus, quam similes sui judices suos reddidit. Hæc in eo judicio facta sunt, in quo, si nihil aliud, Cato testimonium dixerat. Ipsa ponam verba Ciceronis, quia res fidem excedit : « Arcessivit ad se, promisit, intercessit, dedit. Jam vero, o dii boni, rem perditam! etiam noctes certarum mulierum, atque adolescentulorum nobilium introductiones, nonnullis judicibus pro mercedis cumulo fuerunt. » — Non vacat de pretio queri, plus in accessionibus fuit. Vis severi illius uxorem? dabo illam. Vis divitis? hujus quoque tibi præstabo concubitum. Adulterium nisi feceris, damna. Illa formosa, quam desideras, veniet; illius tibi noctem promitto, nec differo : intra comperendinationem fides promissi mei exstabit.

Plus est distribuere adulteria, quam facere : illud est,

César, en profanation des rites de ce sacrifice qui se célèbre, dit-on, pour le salut du peuple romain; de ce sacrifice d'où tous les hommes sont si rigoureusement exclus, qu'on voile jusqu'aux images des animaux mâles? Et pourtant de l'argent fut compté aux juges; et ce qui dans ce pacte fut plus honteux encore, ils exigèrent par dessus le marché les faveurs des dames et des jeunes gens les plus distingués de la ville. Certes le délit ne fut pas si coupable que l'absolution. Accusé d'adultère, Clodius fit commettre des adultères à ses juges, et il ne se crut à l'abri de toute condamnation que lorsqu'il eut rendu ses juges aussi criminels que lui. Voilà comment se passa ce procès dans lequel, quand il n'y aurait eu d'autre frein que celui-là, Caton fut appelé en témoignage. Je citerai les paroles mêmes de Cicéron, parce que la chose surpasse toute croyance. « Il fit venir ses juges, leur fit des promesses, des sollicitations, leur donna de l'argent. Mais voici encore, ô dieux immortels! une chose plus épouvantable : des nuits à passer entre les bras de femmes qu'ils désignèrent, la jouissance de jeunes gens de la première distinction, qu'on dut leur amener; tel a été pour quelques juges, comme le pot-de-vin du marché. » — A quoi bon se plaindre du prix? l'accessoire était bien davantage. Tu veux la femme de ce jaloux? je te la procurerai. Tu veux celle de ce richard? je la ferai coucher avec toi. Ne veux-tu pas commettre d'adultère? alors condamne-moi, j'y consens. Cette belle qui excite tes désirs, elle viendra dans tes bras; je te promets une nuit de cette autre, et tu n'attendras pas; avant les vingt-quatre heures, tu verras l'exécution de ma promesse.

Il est plus criminel de distribuer ainsi les adultères

matribus familiæ denuntiare; hoc, illudere. Hi judices Clodiani a senatu petierant præsidium, quod non erat, nisi damnaturis, necessarium; et impetraverant. Itaque eleganter illis Catulus, absoluto reo : « Quid vos, inquit, præsidium a nobis petebatis? an, ne nummi vobis eriperentur? »

Inter hos tamen jocos, impune tulit ante judicium adulter, in judicio leno; qui damnationem pejus effugit, quam meruit. Quidquam fuisse corruptius illis moribus credis, quibus libido non sacris inhiberi, non judiciis poterat; quibus in ea ipsa quæstione, quæ extra ordinem senatusconsulto exercebatur, plus, quam quærebatur, admissum est? Quærebatur, an post adulterium aliquis posset tutus esse; apparuit, sine adulterio tutum esse non posse. Hoc inter Pompeium et Cæsarem, inter Ciceronem Catonemque commissum est; Catonem, inquam, illum, quo sedente populus negatur permisisse sibi postulare Florales jocos nudandarum meretricum. Credis spectasse tunc severius homines, quam judicasse?

Et fient, et facta ista sunt : et licentia urbium, aliquando disciplina metuque, nunquam sponte, considet. Non est itaque quod credas, nunc plurimum libidini permissum esse, legibus minimum. Longe enim frugalior hæc juventus, quam illa, est, quum reus adulte-

que d'en commettre : c'est exposer les nobles dames à l'encan, au lieu d'employer la séduction. Ces juges de Clodius avaient demandé au sénat, pour leur sûreté, une garde, qui ne leur eût été nullement nécessaire s'ils avaient été dans l'intention de condamner; et elle leur fut accordée. Aussi, après l'acquittement de l'accusé, Catulus leur dit avec esprit : « Pourquoi nous avoir demandé une garde? Était-ce pour protéger votre argent? »

Nonobstant toutes ces plaisanteries, il n'en fut pas moins impuni celui qui avait été adultère avant son procès, puis entremetteur après; celui qui, pour se soustraire à la condamnation, avait fait pis que pour la mériter? Pouvez-vous imaginer une corruption plus profonde que celle de ce temps-là, où la débauche ne put trouver de répression ni dans les mystères de la religion, ni dans les tribunaux; où durant l'information qui se faisait extraordinairement en vertu d'un décret du sénat, on enchérit encore sur le crime qui était l'objet de cette enquête? Et la chose a eu lieu sous les yeux de Pompée et de César, sous les yeux de Cicéron et de Caton; de Caton, dis-je, en présence duquel le peuple romain témoigna qu'il ne lui était pas permis de réclamer cette partie des jeux Floraux, où des courtisanes paraissaient nues sur le théâtre. En conclurez-vous que les hommes d'alors étaient plus chastes dans leurs regards que dans leurs arrêts judiciaires?

Mais ces excès se sont commis, et se commettront toujours; et ce ne sera jamais spontanément, mais par obéissance et par crainte que la corruption des villes pourra se modérer. Ne croyez donc pas que la débauche soit, de notre temps, plus autorisée, et les lois moins puissantes; car notre jeunesse est bien plus réservée que ne l'était celle

rium apud judices negaret, judices apud reum confiterentur; quum stuprum committeretur rei judicandæ causa ; quum Clodius iisdem vitiis gratiosus, quibus nocens, conciliaturas exerceret in ipsa causæ dictione. Credat hoc quisquam? qui damnabatur uno adulterio, absolutus est multis!

Omne tempus Clodios, non omne Catones feret. Ad deteriora faciles sumus, quia nec dux potest, nec comes deesse : et res etiam ipsa sine duce, sine comite, procedit; non pronum [iter] est tantum ad vitia, sed præceps. Et, quod plerosque inemendabiles facit, omnium aliarum artium peccata artificibus pudori sunt, offenduntque deerrantem; vitæ peccata delectant. Non gaudet navigio gubernator everso; non gaudet ægro medicus elato; non gaudet orator, si patroni culpa reus cecidit : at, contra, omnibus crimen suum voluptati est. Lætatur ille adulterio, in quod irritatus est ipsa difficultate; lætatur ille circumscriptione furtoque; nec ante illi culpa, quam culpæ fortuna, displicuit. Id prava consuetudine evenit. Alioquin, ut scias subesse animis, etiam in pessima abductis, boni sensum, nec ignorari turpe, sed negligi; omnes peccata dissimulant, et, quamvis feliciter cesserint, fructu illorum utuntur, ipsa subducunt. At bona conscientia prodire vult et conspici; ipsas nequitia

de ce temps-là, alors qu'un accusé niait l'adultère devant ses juges, et où les juges le confessaient devant l'accusé; alors qu'on stipulait un adultère à commettre pour prix d'un acquittement sur ce chef; alors que Clodius tirait ses moyens d'influence du même vice qui l'avait conduit sur le banc des accusés, trouvant dans le métier d'entremetteur ses seuls moyens de défense. Qui le croirait? un seul adultère le faisait condamner; plusieurs adultères le firent absoudre!

Tout siècle produira des Clodius; mais tout siècle n'aura point des Catons. On se laisse facilement aller aux vices, parce que l'on ne manque ni de guide ni de compagnon; et la chose d'ailleurs va d'elle-même sans qu'il soit besoin de l'un ni de l'autre : la route du vice ne va pas seulement en pente, c'est un précipice. Et ce qui rend la plupart des hommes incorrigibles, c'est que dans tous les autres métiers, une faute commise fait rougir ceux qui les exercent; l'ouvrier qui fait une erreur en est choqué tout le premier. Dans le métier de la vie, l'on se complaît dans ses fautes. Le pilote ne s'applaudit pas de la submersion de son navire; le médecin, de la mort de son malade; l'avocat, de la condamnation de son client par sa faute; mais, au contraire, tout homme vicieux se complaît dans ses écarts. L'un triomphe d'un adultère, dans la difficulté duquel il en a trouvé le principal attrait; l'autre s'applaudit d'une intrigue et d'une friponnerie; et c'est seulement quand la fortune cesse de le favoriser que son crime commence à lui donner des regrets. Tel est le résultat d'une mauvaise habitude. Toutefois, pour que vous sachiez qu'il y a, dans les âmes les plus abandonnées au mal, quelque sentiment du bien, et que, n'ignorant pas ce qui est déshonnête, elles s'y livrent

tenebras timet. Eleganter itaque ab Epicuro dictum puto : « Potest nocenti contingere ut lateat, latendi fides non potest : » aut, si hoc modo melius hunc explicari posse judicas sensum : « Ideo non prodest latere peccantibus, quia latendi etiam si felicitatem habent, fiduciam non habent. » Ita est! tuta scelera esse possunt, secura non possunt.

Hoc ego repugnare sectæ nostræ, si sic expediatur, non judico. Quare? quia prima illa et maxima peccantium est pœna, peccasse; nec ullum scelus, licet illud fortuna exornet muneribus suis, licet tueatur ac vindicet, impunitum est, quoniam sceleris in scelere supplicium est. Sed nihilominus et hæ illam secundæ pœnæ premunt ac sequuntur, timere semper, et expavescere, et securitati diffidere. Quare ego hoc supplicio nequitiam liberem? quare non semper illam in suspenso relinquam?

Illic dissentiamus cum Epicuro, ubi dicit : « Nihil justum esse natura, et crimina vitanda esse, quia vitari metus non possit. » Hic consentiamus, mala facinora conscientia flagellari, et plurimum illi tormentorum esse, eo, quod perpetua illam sollicitudo urget ac verberat, quod sponsoribus securitatis suæ non potest cre-

par négligence; remarquez que tous les hommes cachent leurs méfaits, et quoique le succès les ait couronnés, ils jouissent des fruits en cachant les moyens. Mais la bonne conscience aime à se montrer, elle appelle les regards : la méchanceté craint jusqu'aux ténèbres. C'est donc fort heureusement qu'Épicure a dit : « Il peut advenir au méchant d'être bien caché, mais non point d'être rassuré. » Ou si vous trouvez la pensée mieux développée de cette autre manière : « Rien ne sert aux coupables de se cacher, parce que, quand bien même ils y réussiraient, jamais ils n'en auront l'assurance. » Oui, en effet, le crime peut être à l'abri du châtiment, mais jamais de la crainte.

Cette pensée, ainsi développée, est-elle opposée aux principes de notre secte? Je ne le pense pas. Pourquoi? parce que le premier et le plus grand châtiment du crime est de l'avoir commis. De quelques honneurs que la fortune décore le crime, quelque protection, quelque impunité, qu'elle lui assure, jamais il n'est impuni, parce que le supplice du crime est le crime lui-même. Et encore ce premier châtiment est accompagné d'un second qui n'est pas moins terrible, c'est d'être toujours en crainte, en épouvante, en défiance de sa sûreté. Pourquoi voudrais-je délivrer le crime de ce supplice? Pourquoi ne le laisserais-je pas en proie à de perpétuelles appréhensions?

Il ne faut point être de l'avis d'Épicure quand il dit : « Que rien n'est juste de sa nature; mais qu'on doit éviter les mauvaises actions, parce qu'on ne peut éviter la crainte qui les suit. » Mais soyons de son avis, lorsqu'il dit, que la conscience est le bourreau des mauvaises actions, alors qu'une perpétuelle inquiétude la ronge et la mine incessamment, et l'empêche même de se fier

dere. Hoc enim ipsum argumentum est, Epicure, natura nos a scelere abhorrere; quod nulli non etiam inter tuta timor est. Multos fortuna liberat pœna, metu neminem. Quare? nisi quia infixa nobis ejus rei aversatio est, quam natura damnavit? Ideo nunquam fides latendi fit etiam latentibus, quia coarguit illos conscientia, et ipsos sibi ostendit. Proprium autem est nocentium, trepidare. Male de nobis actum erat, quod multa scelera legem et judicem effugiunt et scripta supplicia, nisi illa naturalia et gravia de præsentibus solverent, et in locum patientiæ timor cederet.

XCVIII.

Bonis externis non confidendum.

Nunquam credideris felicem quemquam ex felicitate suspensum! Fragilibus innititur, qui adventitio lætus est : exibit gaudium, quod intravit. At illud ex se ortum fidele firmumque est, et crescit, et ad extremum usque prosequitur : cetera, quorum admiratio est vulgo, in diem bona sunt. — Quid ergo? non usui ac voluptati esse possunt? — Quis negat? sed ita, si illa ex nobis pendent, non ex illis nos. Omnia quæ fortunam intuentur, ita fructifera ac jucunda fiunt, si qui habet

aux garans de sa sécurité. Cela même est la preuve, ô Épicure! que l'horreur du crime nous est naturelle; puisqu'il n'est personne qu'il ne glace de crainte au sein même de l'impunité. La fortune en a garanti plus d'un du châtiment, mais pas un de la crainte. Pourquoi? parce que nous avons profondément gravée en nous l'horreur de toute chose que la nature condamne. Aussi le coupable qui se cache ne se croit jamais assez bien caché, parce que sa conscience l'accuse et le dénonce à lui-même. Le symptôme du crime est de trembler toujours. C'eût été pour l'humanité un grand malheur, si, avec l'insuffisance des lois, des juges et des châtimens, prévus dans nos codes, les méchans n'avaient, tout d'abord, à subir ces supplices naturels et rigoureux; et si pour eux la crainte ne tenait lieu du repentir.

Ch. Du Rozoir.

XCVIII.

Qu'il ne faut pas se fier aux biens extérieurs.

Gardez-vous de croire heureux celui qui dépend de la fortune! Il se repose sur un appui bien fragile celui qui fonde sa joie sur des biens extérieurs : son contentement pourra s'en aller comme il est venu. Mais le contentement qui naît de soi-même, est constant et durable; il s'accroît et se conserve jusqu'au bout de notre carrière. Les autres biens qui excitent l'admiration du vulgaire, ne sont que des biens éphémères. — Mais quoi, ne peut-on pas user de ces biens, ne peut-on y trouver quelque plaisir? — Qui le nie? mais seulement dans le cas où ils dépendent de nous, et non pas lorsque nous

illa, se quoque habet, nec in rerum suarum potestate est.

Errant enim, Lucili, qui aut boni aliquid nobis, aut mali judicant tribuere fortunam : materiam dat bonorum ac malorum, et initia rerum apud nos in malum bonumve exiturarum. Valentior enim omni fortuna animus est; in utramque partem ipse res suas ducit, beatæque ac miseræ vitæ sibi causa est. Malus omnia in malum vertit, etiam quæ cum specie optimi venerant : rectus atque integer corrigit prava fortunæ, et dura atque aspera ferendi scientia mollit; idemque et secunda grate excipit modesteque, et adversa constanter ac fortiter. Qui licet prudens sit, licet exacto faciat cuncta judicio, licet nihil supra vires suas tentet; non continget illi bonum illud integrum, et extra minas positum, nisi certus adversus incerta est.

Sive alios observare volueris (liberius enim inter aliena judicium est), sive te ipsum, favore seposito; et senties hoc, et confiteberis, nihil ex his optabilibus et caris utile esse, nisi te contra levitatem casus, rerumque casum sequentium, instruxeris; nisi illud frequenter, et sine querela, inter singula damna dixeris : « Diis

dépendons d'eux. Tous les biens qui sont du domaine de la fortune peuvent apporter profit et contentement, si celui qui les possède se possède lui-même, et ne se rend pas l'esclave de ce qui lui appartient.

C'est se tromper, mon cher Lucilius, que de croire que la fortune nous impose des biens ou des maux; elle nous fournit seulement l'occasion des biens ou des maux, et le commencement de ce qui tournera à notre bien et à notre mal. L'âme est plus forte que la fortune, quelle qu'elle soit : dans la bonne comme dans la mauvaise chance, elle conserve sa manière d'être, et ne doit qu'à soi-même son bonheur et son malheur. Une âme corrompue change en mal tout ce qui s'était présenté à elle sous l'apparence la plus heureuse; une âme droite et vertueuse corrige les torts de la fortune, et en adoucit les rigueurs en s'apprenant à les supporter. Elle sait à la fois accueillir la prospérité avec gratitude et modération, et l'adversité avec constance et fermeté. Un homme a beau être doué de prudence, il a beau porter dans toutes choses un esprit de justice et d'équité, il a beau ne rien tenter au delà de ses forces, il ne se verra possesseur de ce bien inaltérable qui est au dessus des alarmes, que quand il se sera d'avance affermi contre les incertitudes du sort.

Soit que vous veuillez porter vos regards sur les autres (car nous jugeons plus librement de ce qui ne nous est point personnel), soit que vous vous examiniez vous-même sans partialité, vous reconnaîtrez, et vous avouerez, qu'entre tous ces objets que nous désirons, que nous chérissons tant, il n'en est aucun qui puisse vous être avantageux, si vous n'êtes prémuni contre l'inconstance de la fortune, et des accidens qui la suivent, si

aliter visum est. » Immo, mehercules, ut carmen fortius ac justius repetam, quo animum tuum magis fulcias, hoc dicito, quoties aliquid aliter, quam cogitabas, evenerit : « Dii melius. » Sic composito nihil accidet. Sic autem componetur, si, quid humanarum rerum varietas possit, cogitaverit, antequam senserit; si et liberos, et conjugem, atque patrimonium sic habuerit, tanquam non utique semper habiturus, et tanquam non futurus ob hoc miserior, si habere desierit. Calamitosus est animus futuri anxius, et ante miserias miser; qui sollicitus est, ut ea, quibus delectatur, ad extremum usque permaneant. Nullo enim tempore conquiescet; et exspectatione venturi præsentia, quibus frui poterat, amittet. In æquo est autem amissio rei, et timor amittendæ.

Nec ideo præcipio tibi negligentiam. Tu vero metuenda declina; quidquid consilio prospici potest, prospice; quodcumque læsurum est, multo ante, quam accidat, speculare et averte. In hoc ipsum tibi plurimum conferet fiducia, et ad tolerandum omnino obfirmata mens. Potest fortunam cavere, qui potest ferre; certe in tranquillo non tumultuatur. Nihil est nec miserius nec stultius, quam prætimere. Quæ ista dementia est, malum suum antecedere? Denique, ut breviter includam quod sentio, et istos satagios, ac sibi mo-

toutes les fois qu'il vous adviendra quelque dommage, vous ne répétez souvent et sans vous plaindre : « Les dieux en ont ordonné autrement. » Et pour vous citer une maxime plus énergique et plus forte, qui soutienne encore plus puissamment votre âme, dites-vous toutes les fois qu'un évènement sera contraire à votre attente : « Les dieux en ont ordonné pour le mieux. » Pour un homme ainsi disposé, il n'est point d'accident possible. Voulez-vous arriver à cette manière d'être? Pénétrez-vous de toute l'instabilité des choses humaines avant d'en avoir fait l'épreuve : possédez vos enfans, votre épouse et votre patrimoine, comme si vous ne deviez pas les posséder toujours, et de manière à ne pas vous trouver plus malheureux, si vous veniez à les perdre. Combien est à plaindre l'esprit inquiet de l'avenir, dont l'affliction anticipe sur le malheur, et qui se met en peine s'il aura toute sa vie la jouissance des objets qui lui plaisent! Jamais de calme pour lui, et l'attente de l'avenir lui fera perdre les biens présens dont il pourrait jouir. Point de différence entre la perte d'un objet et la crainte de le perdre.

Ce n'est point que je vous conseille l'insouciance. Loin de là, évitez ce que l'on doit craindre, et que votre prévoyance embrasse tout ce que la sagesse humaine sait prévoir. Enfin tout ce qui peut vous porter préjudice, sachez, avant qu'il n'arrive, le découvrir et le détourner. Mais pour arriver même à ce but, rien ne sert comme la confiance, comme une âme préparée à tout souffrir. On peut se mettre en garde contre la fortune, quand on sait la supporter : et jamais, au sein du calme, elle n'a le pouvoir d'exciter la tempête. Rien de plus misérable et de plus inepte que d'être toujours en crainte. Quelle démence que d'anticiper sur son malheur! Enfin, pour vous

lestos describam tibi : tam intemperantes in ipsis miseriis sunt, quam sunt ante illas. Plus dolet quam necesse est, qui ante dolet quam necesse sit. Eadem enim infirmitate dolorem non æstimat, qua non exspectat. Eadem intemperantia fingit sibi perpetuam felicitatem suam, fingit sibi crescere debere quæcumque contigerunt, non tantum durare; et, oblitus hujus petauri, quo humana jactantur, sibi uni fortuitorum constantiam spondet. Egregie itaque videtur mihi Metrodorus dixisse in ea *Epistola*, qua sororem, amisso optimæ indolis filio, alloquitur : « Mortale est omne mortalium bonum! » De his loquitur bonis, ad quæ concurritur : nam illud verum bonum non moritur, certum est sempiternumque, sapientia et virtus : hoc unum contingit immortale mortalibus.

Ceterum tam improbi sunt, tamque obliti quo eant, quo illos singuli dies turbent, ut mirentur aliquid ipsos amittere, amissuri uno die omnia. Quidquid est, cui dominus inscriberis, apud te est, tuum non est; nihil firmum infirmo, nihil fragili æternum et invictum est. Tam necesse est perire quam perdere; et hoc ipsum, si intelligimus, solatium est, æquo animo perdere, quod periturum est.

Quid ergo adversus has amissiones auxilii inveni-

dire en peu de mots ma pensée et vous peindre ces hommes toujours perplexes, et si incommodes à eux-mêmes, ils sont aussi peu modérés sous le coup que dans l'attente du malheur. C'est se désoler plus qu'il n'est besoin, que de se désoler avant qu'il en soit besoin. La même faiblesse, qui ne sait point attendre l'infortune, empêche de l'apprécier à sa juste valeur. Le même défaut de modération qui nous porte à rêver une éternelle félicité, nous fait croire que tout le bien qui nous est advenu doit, non-seulement durer, mais croître; ou ferme les yeux sur le tourbillon dans lequel roulent les choses humaines, et l'on se promet pour soi seul une fortune exempte de caprices. Aussi c'est avec grande raison, selon moi, que, dans une lettre adressée à sa sœur pour la consoler de la perte d'un fils de très-belle espérance, Métrodore a dit : « Tous les biens des mortels sont mortels. » Il parle de ces biens après lesquels tout le monde court; car, quant au véritable bien, la vertu et la sagesse, il ne meurt point, il est éternel et durable : c'est le seul bien immortel qui advienne aux mortels.

Au reste, ils sont si dépravés, si oublieux du lieu où ils vont et de celui où chaque jour vient les pousser après l'autre, qu'ils s'étonnent de perdre quelque chose, eux qui, en un jour, doivent tout perdre. Toutes ces choses dont tu te prétends le maître sont chez toi, mais non pas à toi; il n'y a rien de fort pour un être faible, rien d'éternel et d'indestructible pour un être périssable. Il est aussi nécessaire de périr que de perdre, et si nous pouvions nous pénétrer de cette vérité, ce serait une consolation de perdre avec constance ce qui doit infailliblement périr.

De quel secours faut-il donc s'armer contre ces per-

mus? — Hoc, ut memoria teneamus amissa, nec cum ipsis fructum excidere patiamur, quem ex illis percepimus. Habere eripitur; habuisse nunquam. Peringratus est, qui, quum amisit, pro accepto nihil debet. Rem nobis eripit casus; usum fructumque apud nos reliquit, quem nos iniquitate desiderii perdidimus. Dic tibi : « Ex istis, quæ terribilia videntur, nihil est invictum. Singula vicere jam multi : ignem Mucius; crucem Regulus; venenum Socrates; exsilium Rutilius; mortem ferro adactam Cato : et nos vincamus aliquid!

« Rursus ista, quæ, ut speciosa et felicia, trahunt vulgum, a multis et sæpe contempta sunt. Fabricius divitias imperator rejecit, censor notavit; Tubero paupertatem et se dignam et Capitolio judicavit, quum, fictilibus in publica cœna usus, ostendit, debere his hominem esse contentum, quibus dii etiamnunc uterentur. Honores repulit pater Sextius, qui, ita natus, ut rempublicam deberet capessere, latum clavum, divo Julio dante, non recepit : intelligebat enim, quod dari posset, et eripi posse.

« Nos quoque aliquid ipsi faciamus animose! simus inter exempla! Quare deficimus? quare desperamus? Quidquid fieri potuit, potest. Nos modo purgemus ani-

tes? — Il faut garder le souvenir des choses perdues pour ne pas laisser échapper avec elles les fruits que nous en avons recueillis. Ce que nous avons, on peut nous le ravir, mais jamais l'avantage de l'avoir eu. C'est le comble de l'ingratitude de croire que quand on a perdu on ne doit plus rien pour ce qu'on avait reçu. Le sort peut nous enlever un bien, mais non l'usufruit que nous en avons eu ; et nous le perdons par l'injustice de nos regrets. Dites-vous que de tous ces maux qui paraissent si terribles, il n'en est aucun qui soit insurmontable ; il n'en est pas un seul dont plusieurs grands hommes n'aient triomphé. Mucius triompha du feu, Regulus de la croix, Socrate du poison, Rutilius de l'exil, Caton de la mort par le fer enfoncé dans son sein : et nous, sachons aussi triompher de quelque chose!

D'un autre côté, ces objets qui charment le vulgaire par de si belles apparences de félicités ont été mainte, fois dédaignés de plusieurs. Général, Fabricius refusa les richesses, que, censeur, il nota d'infamie ; Tubéron estima que sa pauvreté était digne de lui et du Capitole, lorsque, faisant servir des vases de terre en un festin public, il donna à connaître que l'homme doit se contenter de ce dont, même alors, les dieux s'étaient servis. Sextius le père refusa les honneurs. Appelé par la naissance à prendre part aux affaires publiques, il n'accepta point le laticlave que lui offrait le divin Jules, parcequ'il était persuadé que ce qui pouvait être donné pouvait de même être ôté.

Et nous aussi essayons de faire quelque chose de semblable : devenons modèles à notre tour! Pourquoi perdre courage? Pourquoi désespérer? Tout ce qui a pu être fait, peut encore se faire. Commençons d'abord

mum, sequamurque naturam; a qua aberranti cupiendum timendumque est, et fortuitis serviendum. Licet reverti in viam, licet in integrum restitui. Restituamur, ut possimus dolores, quocumque modo corpus invaserint, perferre, et fortunæ dicere : « Cum viro tibi negotium est; quære quem vincas! »

His sermonibus, et his similibus, lenitur illa vis ulceris : quam opto mehercules mitigari, et aut sanari, aut stare et cum ipso senescere. Sed securus de illo sum : de nostro damno agitur, quibus senex egregius eripitur. Nam ipse vitæ plenus est, cui adjici nihil desiderat sua causa, sed eorum quibus utilis est. Liberaliter facit, quod vivit. Alius jam hos cruciatus finisset : hic tam turpe putat mortem fugere, quam ad mortem confugere. — Quid ergo? non, si suadebit res, exibit? — Quidni exeat, si nemo jam uti eo poterit? si nihil aliud, quam dolori operam dabit?

Hoc est, mi Lucili, philosophiam in opere discere, et ad verum exerceri : videre quid homo prudens animi habeat contra mortem, contra dolorem; quum illa accedat, hic premat. Quid faciendum sit, a faciente discendum est. Adhuc argumentis actum est, an posset aliquis dolori resistere, an mors magnos quoque animos admota

par purger notre âme, et suivons la nature : s'en éloigner, c'est se condamner à désirer, à craindre, à être esclave des évènemens. Il nous est encore permis de rentrer dans le droit chemin ; il est permis de revenir à l'état primitif de notre âme. Revenons-y, et nous pourrons supporter les douleurs corporelles, sous quelque forme qu'elles se présentent, et dire à la fortune : « Tu as affaire à un homme de cœur : cherche ailleurs un ennemi que tu puisses vaincre. »

C'est par ces discours, et par d'autres semblables, que notre ami calme les douleurs d'un ulcère, qu'assurément je voudrais voir soulagé ou guéri ; ou du moins demeurer dans le même état et vieillir avec lui. Mais, pour lui, je suis parfaitement tranquille ; ce qui m'occupe, c'est la perte que nous ferions, si ce vertueux vieillard nous était enlevé. Car il est rassasié de la vie : et s'il désire qu'elle se prolonge encore, ce n'est pas pour lui, mais pour ceux à qui elle peut être utile. C'est pure libéralité de sa part, s'il consent encore à vivre. Un autre aurait déjà mis fin à ses horribles souffrances ; mais il pense qu'il n'est pas moins honteux de fuir la mort que de chercher dans la mort un refuge. — Quoi, dira-t-on, si tout l'y engage, ne quittera-t-il pas la vie ? — Eh ! pourquoi non, s'il vient à ne plus être utile à personne ? et s'il ne trouve plus autre chose à faire que de souffrir ?

Voulez-vous savoir, mon cher Lucilius, ce que c'est que d'apprendre la philosophie par la pratique, et de s'exercer en présence des faits : c'est de considérer quelle fermeté l'homme sage déployera contre la mort, contre la douleur, alors que la première est proche et que la seconde le presse. Ce qu'il faut faire, apprenons-le de celui qui est à l'œuvre. Jusqu'ici nous n'avons cherché que par des

submitteret. Quid opus est verbis? In rem præsentem eamus! nec mors illum contra dolorem facit fortiorem, nec dolor contra mortem : contra utrumque sibi fidit; nec spe mortis patienter dolet, nec tædio doloris libenter moritur : hunc fert, illam exspectat.

XCIX.

Consolatoria in morte filii ; non indulgendum dolori.

Epistolam, quam scripsi Marullo, quum filium parvulum amisisset, et diceretur molliter ferre, misi tibi. In qua non sum solitum morem secutus, nec putavi leniter illum debere tractari, quum objurgatione esset quam solatio dignior. Afflicto enim, et magnum vulnus male ferenti, paullisper cedendum est : exsatiet se, aut certe primum impetum effundat. Hi, qui sibi lugere sumpserunt, protinus castigentur, et discant, quasdam etiam lacrymarum ineptias esse.

« Solatia exspectas? convicia accipe. Tam molliter tu fers mortem filii? quid faceres, si amicum perdidisses? Decessit filius incertæ spei, parvulus : pusillum tem-

raisonnemens, s'il est possible de résister à la douleur, et si la présence de la mort peut dompter une âme courageuse. Qu'est-il besoin de paroles? Plaçons-nous en présence des objets, et nous verrons un homme que la mort ne rend pas plus fort contre la douleur, ni la douleur contre la mort : contre l'une et l'autre il n'a d'autre appui que lui-même ; ce n'est pas l'espoir de la mort qui lui fait prendre son mal en patience, ni l'ennui de son mal qui le fait mourir volontiers : les souffrances, il les supporte ; la mort, il sait l'attendre.

Ch. Du Rozoir.

XCIX.

Lettre de consolation sur la mort d'un fils. Il ne faut pas s'abandonner à la douleur.

Je vous communique la lettre que j'ai écrite à Marulle quand il eut perdu son tout jeune fils, et qu'on m'eut dit qu'il supportait cette perte avec peu de fermeté. Dans cette lettre je n'ai pas pris le ton accoutumé, je n'ai pas cru devoir employer avec lui le langage de la douceur, parce que je le jugeais plus digne de reproche que de consolation. A un homme affligé, et qui supporte avec peine une profonde blessure, il faut accorder quelque chose : il faut le laisser se rassasier de pleurs, ou du moins exhaler les premiers transports de sa douleur. Mais celui qui se complaît dans ses larmes, il faut dès l'abord le châtier, et lui apprendre toute la sottise de ses lamentations.

« Vous attendez des consolations? recevez d'amers reproches. Vous qui supportez avec si peu de fermeté la mort d'un fils, que feriez-vous si vous aviez perdu un ami?

poris periit. Causas doloris conquirimus, et de fortuna etiam iniquo queri volumus, quasi non sit justas querendi causas præbitura. At, mehercules, satis mihi jam videbaris animi habere, etiam adversus solida mala; nedum ad istas umbras malorum, quibus ingemiscunt homines moris causa. Quod damnorum omnium maximum est, si amicum perdidisses, danda opera erat, ut magis gauderes quod habueras, quam mœreres quod amiseras. Sed plerique non computant, quanta præceperint, quantum gavisi sint. Hoc habet inter reliqua mali dolor iste : non supervacuus tantum, sed ingratus est. Ergo, quod habuisti talem amicum, periit opera? tot annis, tanta conjunctione vitæ, tam familiari studiorum societate, nihil actum est? Cum amico effers amicitiam? et quid doles amisisse, si habuisse non prodest? Mihi crede, magna pars ex his, quos amavimus, licet ipsos casus abstulerit, apud nos manet. Nostrum est, quod præteriit, tempus; nec quidquam est loco tutiore, quam quod fuit. Ingrati adversus præcepta, spe futuri, sumus; quasi non, quod futurum est, si modo successerit nobis, cito in præterita transiturum sit. Auguste fructus rerum determinat, qui tantum præsentibus lætus est : et futura et præterita delectant; hæc, exspectatione; illa, memoria : sed alterum pendet, et non fieri potest; alterum non potest non fuisse. Quis

Il vous est mort un fils d'incertaine espérance, il était si petit : ce ne sont que bien peu de jours perdus. Nous recherchons des sujets de tristesse, nous voulons trouver des torts à la fortune, comme si elle était incapable de nous donner de justes sujets de plaintes. Mais en vérité je vous supposais doué de la fermeté nécessaire contre les plus rudes atteintes de l'adversité, loin de croire que vous pussiez en manquer contre ces malheurs de convention dont les hommes ne gémissent que pour se conformer à l'usage. Si, ce qui est de toutes les pertes la plus grave, vous aviez perdu un ami, il faudrait faire vos efforts pour vous féliciter plutôt du souvenir de ce que vous avez possédé en lui, que vous affliger de ce que vous avez perdu. Mais la plupart des hommes ne comptent pour rien le bonheur et le plaisir passés. La tristesse, entre autres inconvéniens, a celui d'être non-seulement inutile, mais ingrate. Eh! quoi, n'est-ce donc rien pour vous, d'avoir possédé un tel ami? Tant d'années passées ensemble, dans une liaison si intime, dans une communauté d'études si entière, n'ont-elles donc été d'aucun profit pour vous? Avec votre ami portez-vous au même tombeau l'amitié? Mais à quoi bon pleurer sa perte, puisque vous ne sentez aucun profit de l'avoir eu? Croyez-moi, le sort a beau nous les ravir, la meilleure partie de ceux que nous avons aimés, demeure encore avec nous. Le temps passé nous appartient; et rien n'est en lieu plus sûr que ce qui a cessé d'être. L'espoir de l'avenir nous rend ingrats pour le bonheur présent; comme si cet avenir, s'il se réalise pour nous, ne devait pas sur-le-champ devenir à son tour le passé. C'est assigner des limites bien étroites à la satisfaction qu'on peut tirer des choses, que d'en borner la jouissance au présent; l'avenir, comme le passé, nous

ergo furor est, certissimo excidere? Acquiescamus his, quæ jam hausimus; si modo non perforato animo hauriebamus, et transmittente quidquid acceperat.

« Innumerabilia sunt exempla eorum, qui liberos juvenes sine lacrymis extulerint; qui in senatum, aut in aliquod publicum officium, a rogo redierint, et statim aliud egerint. Nec immerito : nam, primum, supervacuum est dolere, si nihil dolendo proficias; deinde, iniquum est queri de eo, quod uni accidit, omnibus restat. Deinde, desiderii stulta conquestio est, ubi minimum interest inter amissum et desiderantem : eo itaque æquiore animo esse debemus, quod, quos amisimus, sequimur. Respice celeritatem rapidissimi temporis; cogita brevitatem hujus spatii, per quod citatissimi currimus; observa hunc comitatum generis humani, eodem tendentis, minimis intervallis distinctum, etiam ubi maxima videntur : quem putas perisse, præmissus est. Quid autem dementius, quam, quum idem tibi iter emetiendum sit, flere eum, qui antecessit? Flet aliquis factum, quod non ignoravit futurum? aut, si mortem in homine non cogitavit, sibi imposuit. Flet aliquis factum, quod aiebat non posse non fieri? Quisquis aliquem queritur mortuum esse, queritur hominem fuisse. Omnes eadem conditio

procure le plaisir, l'un de l'attente, l'autre du souvenir; mais l'un est encore incertain, et peut ne pas se réaliser; l'autre ne peut pas ne point avoir été. Quelle est donc cette fureur de laisser échapper le plus certain? Savourons à loisir nos jouissances passées : si toutefois notre âme n'a pas été comme un vase percé à jour, d'où elles se sont échappées à mesure qu'elles s'y faisaient sentir.

« Il y a des exemples sans nombre de gens qui, sans verser une larme, ont fait les obsèques d'un fils enlevé dans la fleur de la jeunesse; qui du bûcher se sont rendus au sénat, à leurs fonctions publiques, et se sont occupés sur-le-champ d'objets étrangers à leur douleur. Et ils avaient raison : d'abord, les lamentations sont inutiles, puisqu'elles ne changent rien aux évènemens. En second lieu, il y a de l'injustice à se plaindre d'un malheur, qui, pour n'être arrivé qu'à vous, n'en est pas moins réservé à tout le monde. Puis, il y a d'autant plus de folie dans les plaintes qu'inspire le regret, que la distance est moindre entre le défunt et celui qui le pleure; et ici nous devons montrer d'autant plus de résignation, que nous suivons celui que nous venons de perdre. Considérez la vitesse de ce temps si rapide : songez combien est courte la carrière, que nous parcourons avec tant de vitesse; embrassez du regard cet immense cortège du genre humain, tendant au même but, et qui n'est interrompu que par des espaces bien petits, quelque grands qu'ils paraissent : celui que tu tiens pour perdu, a seulement pris les devants. Quelle folie, que de pleurer celui qui est parti devant vous, quand vous avez à suivre le même chemin! N'est-ce pas pleurer, après qu'il est arrivé, un évènement qu'on savait inévitable? Ou, si l'on n'a pas songé que cet homme devait mourir, on s'en est im-

devinxit : cui nasci contigit, mori restat. Intervallis distinguimur, exitu æquamur. Hoc, quod inter primum diem et ultimum jacet, varium incertumque est : si molestias æstimas, etiam puero longum; si velocitatem, etiam seni angustum. Nihil non lubricum et fallax, et omni tempestate mobilius. Jactantur cuncta, et in contrarium transeunt, jubente fortuna : et in tanta volutatione rerum humanarum nihil cuiquam, nisi mors, certum est. Tamen de eo queruntur omnes, in quo uno nemo decipitur.

« Sed puer decessit! — Nondum dico, melius agi cum eo qui vita defungitur : ad eum transeamus qui consenuit; quantulo vincit infantem? Propone temporis profundi vastitatem, et universum complectere; deinde hoc, quod ætatem vocamus humanam, compara immenso : videbis quam exiguum sit, quod optamus, quod extendimus. Ex hoc quantum lacrymæ, quantum sollicitudines occupant? quantum mors, antequam veniat, optata? quantum valetudo, quantum timor, quantum teneri aut rudes, aut inutiles anni? dimidium ex hoc edormitur. Adjice labores, luctus, pericula; et intelliges, etiam in longissima vita minimum esse quod vivitur.

posé à soi-même. Pleure-t-on un évènement que l'on croyait ne pas devoir arriver? Se plaindre qu'un homme soit mort, c'est se plaindre qu'il ait été homme. Tous les hommes sont liés par la même loi : ils ne naissent que pour mourir. Des intervalles nous séparent, le but nous réunit. L'espace qui se trouve entre le premier et le dernier jour, est incertain et variable : à considérer les peines de la vie, il est long même pour l'enfant; sa vitesse, il est court même pour le vieillard. Rien dans tout cet espace qui ne soit danger, illusion; la tempête n'est pas plus mobile : c'est une agitation universelle, une suite perpétuelle de changemens, au gré de l'inconstante fortune; et dans une telle révolution de toutes les choses humaines, il n'y a rien d'assuré que la mort. Cependant tout le monde se plaint du seul évènement qui ne trompe personne.

«Mais il est mort, enfant! — Je ne vais pas jusqu'à dire que le plus heureux est celui qui est débarrassé de la vie : prenons un homme qui est parvenu à la vieillesse : de combien peu n'a-t-il point dépassé votre enfant? Représentez-vous l'abîme du temps le plus prolongé, embrassez l'éternité; et cet espace que nous appelons une vie d'homme, comparons-le à l'immensité des temps, puis vous verrez combien est exigu cet espace que nous désirons, que nous voudrions pouvoir prolonger. Sur ce temps, combien de momens sont pris par les larmes, par les inquiétudes? Combien par la mort tant de fois désirée avant qu'elle vienne? Combien par les maladies et par la crainte? Combien par les années de l'enfance, de l'ignorance et de l'inutilité? De ce même espace la moitié est consacrée au sommeil. Ajoutez les travaux, les désastres, les dangers; et vous reconnaîtrez que même dans la plus longue vie, il est peu de temps employé à vivre.

« Sed quis tibi concedet, non melius se habere eum, cui cito reverti licet, cui ante lassitudinem peractum est iter? Vita nec bonum nec malum est; boni ac mali locus est. Ita nihil ille perdidit, nisi aleam in damnum certiorem. Potuit evadere modestus et prudens; potuit sub cura tua in meliora formari : sed (quod justius timetur) potuit fieri pluribus similis. Aspice illos juvenes, quos ex nobilissimis domibus in arenam luxuria projecit; aspice illos, qui suam alienamque libidinem exercent, mutuo impudici; quorum nullus sine ebrietate, nullus sine aliquo insigni flagitio dies exit : plus timeri quam sperari potuisse, manifestum erit.

« Non debes itaque causas doloris arcessere, nec levia incommoda indignando cumulare. Non hortor, ut nitaris, et surgas : non tam male de te judico, ut tibi adversus hoc totam putem virtutem advocandam. Non est dolor iste, sed morsus : tu illum dolorem facis. Sine dubio multum philosophia profecit, si puerum, nutrici adhuc quam patri notiorem, animo forti desideras!

« Quid? nunc ergo duritiam suadeo, et in funere ipso rigere vultum volo, et animum ne contrahi quidem patior? Minime! Inhumanitas est ista, non virtus, funera

« Mais qui, avec vous, conviendra que le plus heureux est de pouvoir arriver promptement au but, et de ne pas attendre la fatigue pour achever sa route? La vie n'est ni un bien ni un mal; c'est l'occasion de l'un et de l'autre. Ainsi votre fils qui est mort, n'a rien perdu que la chance qui devait plutôt tourner contre lui que pour lui. Il pouvait devenir modeste et sage; il pouvait par vos soins se former à la vertu; mais, ce que plus probablement on avait à craindre, il pouvait devenir trop semblable à bien d'autres. Regardez ces jeunes hommes des plus illustres maisons que le luxe a précipités dans l'arène; voyez-en d'autres qui, doublement impudiques, sont tour-à-tour agens et acteurs dans des scènes de lubricité; pour eux, aucun jour sans crapuleuse orgie, aucun jour sans quelque infâme débauche. N'est-il pas évident qu'il y avait pour vous plus à craindre qu'à espérer?

« Vous ne devez donc pas vous créer des motifs d'affliction, ni, faute de résignation, aggraver de légers inconvéniens. Je ne vous exhorte pas à faire effort et à relever votre courage : je n'ai pas de vous assez mauvaise opinion, pour croire que, contre une pareille disgrâce, il vous faille appeler le secours de toute votre vertu. Ce n'est pas là une blessure douloureuse, c'est une morsure légère, et vous en faites une blessure. En vérité la philosophie vous a merveilleusement profité, si avec une âme aussi forte, vous regrettez un marmot moins connu jusqu'alors de son père que de sa nourrice!

« Eh! quoi, ne voilà-t-il pas que je prêche l'insensibilité; que je veux, qu'au convoi même de votre enfant, vous marchiez la tête haute; je ne vous permets pas même d'avoir le cœur serré! A Dieu ne plaise! Il y aurait de

suorum iisdem oculis, quibus ipsos, videre, nec commoveri ad primam familiarium divulsionem. Puta autem me vetare; quædam sunt sui juris : excidunt etiam retinentibus lacrymæ, et animum profusæ levant. Quid ergo est? Permittamus illis cadere, non imperemus : fluat quantum affectus ejecerit, non quantum poscet imitatio. Nihil vero mœrori adjiciamus, nec illum ad alienum augeamus exemplum. Plus ostentatio doloris exigit, quam dolor : quotusquisque sibi tristis est? Clarius, quum audiuntur, gemunt; et, taciti quietique dum secretum est, quum aliquos videre, in fletus novos excitantur. Tunc capiti suo manus ingerunt; quod potuerant facere, nullo prohibente, liberius : tunc mortem comprecantur sibi; tunc lectulo devolvuntur. Sine spectatore cessat dolor. Sequitur nos, ut in aliis rebus, ita in hac quoque, hoc vitium, ad plurium exempla componi; nec, quid oporteat, sed quid soleat, aspicere. A natura discedimus : populo nos damus, nullius rei bono auctori, et in hac re, sicut in omnibus, inconstantissimo. Videt aliquem fortem in luctu suo; impium vocat, et efferatum : videt aliquem collabentem, et corpori affusum; effeminatum ait, et enervem. Omnia itaque ad rationem revocanda sunt.

l'inhumanité, et non de la vertu à voir les funérailles des siens du même œil qu'on les voyait en vie, et de ne pas être ému au premier moment de la séparation d'avec ses amis. Mais supposons que je vous le défende; il est des manifestations de douleur tout-à-fait spontanées : il est des larmes qui échappent à ceux même qui s'efforcent de les retenir; leur effusion soulage le cœur. Que voulez-vous enfin? — Laissons-les tomber, mais ne les y forçons pas : qu'elles coulent autant que la douleur les fera sortir, mais non pas autant que l'exigera le désir d'imiter les autres. N'ajoutons rien à notre affliction, et ne l'exagerons pas par l'exemple d'autrui. L'ostentation de la douleur est plus exigeante que la douleur elle-même. Combien m'en citerez-vous qui sont tristes pour eux seuls? On gémit plus haut quand on est entendu : et des gens bien silencieux et bien calmes quand ils sont livrés à eux-mêmes, se répandent, dès qu'ils ont des témoins, en lamentations nouvelles. Alors on se frappe la tête, ce qu'on aurait pu faire bien plus à son aise, quand personne n'était-là pour en empêcher : alors on appelle la mort; alors on se précipite hors de son lit. Le spectateur s'éloigne, adieu la douleur. En cela, comme en maintes autres choses, nous donnons dans ce travers qui consiste à se régler sur l'exemple du grand nombre; on se conforme non pas au devoir, mais à l'usage. On s'éloigne de la nature, on se confond parmi la foule, qui n'est une bonne autorité pour rien, et qui sur ce point comme en toutes choses est remplie d'inconséquence. Voit-elle un homme ferme au milieu de son deuil? elle l'accuse de manquer de piété et de sensibilité : en voit-elle un autre se rouler à terre et embrasser le cadavre du défunt? c'est une femmelette,

« Stultius vero nihil est, quam famam captare tristitiæ, et lacrymas approbare; quas judico sapienti viro alias permissas cadere, alias vi sua latas. Dicam quid intersit. Quum primus nos nuntius acerbi funeris perculit; quum tenemus corpus e complexu nostro in ignem transiturum; lacrymas naturalis necessitas exprimit : et spiritus, ictu doloris impulsus, quemadmodum totum corpus quatit, ita oculos, quibus adjacentem humorem perpremit et expellit. Hæ lacrymæ per elisionem cadunt nolentibus nobis. Aliæ sunt, quibus exitum damus, quum memoria eorum, quos amisimus, retractatur; et inest quiddam dulce tristitiæ, quum occurrunt sermones eorum jucundi, conversatio hilaris, officiosa pietas : tunc oculi, velut in gaudio, relaxantur. His indulgemus; illis vincimur.

« Non est itaque, quod lacrymas propter circumstantem assidentemque aut contineas, aut exprimas : nec cessant, nec fluunt unquam tam turpiter, quam finguntur. Eant sua sponte; ire autem possunt placidis atque compositis. Sæpe, salva sapientis auctoritate, fluxerunt; tanto temperamento, ut illis nec humanitas, nec dignitas deesset. Licet, inquam, naturæ obsequi, gravitate servata. Vidi ego in funere suorum verendos, in

un être sans énergie. Il faut donc au poids de la raison mesurer toutes choses.

« Il n'est pas de plus grande sottise que de chercher dans sa tristesse un sujet de réputation, et de se faire un mérite de ses larmes. Il est des larmes que le sage peut se permettre de répandre, il en est qui tombent d'elles-mêmes. Je vais en expliquer la différence. Dès que la première annonce de quelque mort affligeante vient nous frapper, ou lorsque nous tenons le corps qui de nos embrassemens va passer dans les flammes et le bûcher, la force de nature nous arrache des larmes : la révolution que le choc de la douleur imprime à tout notre être, se manifeste également dans nos yeux où elle excite une compression qui provoque les pleurs : ce sont là les larmes qui s'échappent par une sécrétion involontaire. Il en est d'autres auxquelles nous donnons cours, quand le souvenir de celui que nous avons perdu se présente à notre esprit : et cette tristesse n'est pas sans quelque douceur, quand nous nous rappelons leurs propos pleins d'agrémens, la gaîté de leur entretien, leur tendre empressement à obliger : alors nos yeux répandent comme des larmes de joie. Nous nous complaisons à ces larmes : les autres sont plus fortes que nous.

« Il ne faut donc pas que la considération de ceux qui nous regardent ou qui nous entourent nous fasse verser ou retenir nos larmes : qu'elles s'arrêtent ou qu'elles coulent, elles sont également honteuses lorsqu'elles sont feintes. Qu'elles viennent d'elles-mêmes ; elles peuvent venir aux hommes les plus calmes et les plus rassis. Souvent, sans faire tort à l'autorité d'un sage, elles ont pu couler de ses yeux ; mais dans une telle mesure que la sensibilité se conciliait avec la convenance. On peut, je le répète, obéir à la nature sans déroger à sa dignité. J'ai

quorum ore amor eminebat, remota omni lugentium scena. Nihil erat, nisi quod veris dabatur affectibus. Est aliquis et dolendi decor : hic sapienti servandus est; et, quemadmodum in ceteris rebus, ita et in lacrymis aliquid sat est. Imprudentium, ut gaudia, sic dolores exundavere.

« Æquo animo excipe necessaria. Quid incredibile, quid novum evenit? quam multis quum maxime funus locatur! quam multis vitalia emuntur! quam multi post luctum tuum lugent!

« Quoties cogitaveris puerum fuisse, cogita et hominem; cui nihil certi promittitur, quem fortuna non utique perducit ad senectutem; unde visum est, dimittit. Ceterum frequenter de illo loquere, et memoriam ejus, quantum potes, celebra; quæ ad te sæpius revertetur, si erit sine acerbitate ventura. Nemo enim libenter tristi conversatur, nedum tristitiæ. Si quos sermones ejus, si quos quamvis parvuli jocos cum voluptate audieras, sæpius repete : potuisse illum implere spes tuas, quas paterna mente conceperas, audacter affirma. Oblivisci quidem suorum, ac memoriam cum corporibus efferre; et effusissime flere, meminisse parcissime; inhumani animi est. Sic aves, sic feræ suos diligunt fœtus; quarum concitatus est amor, et pæne rabidus, sed cum amissis

vu des hommes dignes de respect assister aux funérailles de leurs enfans; leur visage portait l'empreinte de leur tendre affliction, sans donner le spectacle d'une bruyante tristesse. En eux l'on ne voyait rien qui ne fût l'expression d'une douleur véritable. La douleur a aussi sa bienséance; le sage doit l'observer; et comme en toutes choses, il est dans les larmes une mesure où l'on doit s'arrêter. Les hommes de peu de raison s'abandonnent seuls aux transports de la joie et de la douleur.

« Subissez donc la nécessité sans murmure. Que vous est-il arrivé d'incroyable, de nouveau? Pour le convoi de combien d'hommes ne fait-on pas prix en ce moment? n'achète-t-on pas le lit funèbre? combien n'y aura-t-il pas de deuils après le tien?

« Toutes les fois que vous penserez que votre fils était encore enfant, pensez aussi qu'il était homme; c'est-à-dire un être à qui rien d'assuré n'a été promis, un être que la fortune ne conduit pas toujours à la vieillesse, mais qu'elle se réserve de congédier au point de sa carrière qu'elle juge convenable. Au reste, parlez souvent de lui, et donnez à sa mémoire tout autant de louanges que vous pourrez: son souvenir vous reviendra encore plus volontiers à l'esprit, s'il n'est pas accompagné de tristesse. Personne ne se plaît à la conversation d'un homme triste, à plus forte raison à la tristesse. Si vous avez pris plaisir à écouter ses propos et ses saillies enfantines, aimez à vous les rappeler: dites-vous hardiment qu'il aurait pu remplir toutes les espérances que vous inspirait la prévention paternelle. Oublier les siens, ensevelir leur mémoire dans le même tombeau que leur cadavre, les pleurer sans mesure, pour ensuite s'en souvenir à peine, est d'un homme insensible. C'est ainsi que les oiseaux, que les bêtes sau-

totus exstinguitur. Hoc prudentem virum non decet : meminisse perseveret, lugere desinat.

« Illud nullo modo probo, quod ait Metrodorus, « esse « aliquam cognatam tristitiæ voluptatem; hanc esse cap- « tandam in ejusmodi tempore. » Ipsa Metrodori verba subscripsi. Μητροδώρου Ἐπιστολῶν πρὸς τὴν ἀδελφὴν α. Ἔστιν γάρ τις [λύπῃ συγγενής] ἡδονή, ἣν κυνηγετεῖν κατὰ τοῦτον τὸν καιρόν. De quibus non dubito quid sis sensurus. Quid enim turpius, quam captare in ipso luctu voluptatem, immo per luctum; et inter lacrymas quoque, quod juvet, quærere? Hi sunt qui nobis objiciunt nimium rigorem, et infamant præcepta nostra duritia, quod dicamus dolorem aut admittendum in animum non esse, aut cito expellendum. Utrum tandem est aut incredibilius, aut inhumanius, non sentire amisso amico dolorem, an voluptatem in ipso dolore aucupari? Nos quod præcipimus, honestum est : quum aliquid lacrymarum affectus effuderit, et, ut ita dicam, despumaverit, non esse tradendum animum dolori. Quid tu dicis? miscendam ipsi dolori voluptatem! Sic consolamur crustulo pueros, sic infantium fletum infuso lacte compescimus. Ne illo quidem tempore, quo filius ardet, aut amicus exspirat, cessare pateris voluptatem, sed ipsum vis titillare mœrorem. Utrum honestius dolor ab animo submovetur, an volu-

vages aiment leurs petits : leur tendresse pour eux est violente, et pour ainsi dire furieuse, mais elle s'évanouit entièrement sitôt qu'elles les ont perdus. Une pareille conduite ne convient pas à un sage : qu'il conserve un long souvenir; mais qu'il cesse de pleurer.

« Je n'approuve en aucune manière ce que dit Métrodore, «qu'il est une volupté, sœur de la tristesse; et «qu'on doit s'y abandonner dans les momens d'affliction.» Je vais citer les propres paroles de Métrodore, tirées de *sa première Lettre à sa sœur.* Ἐστιν γάρ τις [λύπῃ συγγενὴς] ἡδονή, ἣν κυνηγετεῖν κατὰ τοῦτον τὸν καιρὸν. Je ne suis nullement embarrassé du jugement que vous en porterez. Qu'y a-t-il en effet de plus honteux, que de chercher du plaisir dans sa douleur; je dis plus, de convertir sa douleur en plaisir, et de demander même à ses larmes une source de jouissance. J'en vois d'ici qui nous reprochent une sévérité excessive, et qui nous accusent de prêcher l'insensibilité, parce que nous disons, ou qu'il ne faut pas laisser pénétrer la douleur dans notre âme, ou qu'il faut l'en bannir au plus tôt. Qu'on me dise enfin quel est le plus incroyable ou le plus inhumain, de ne point sentir de douleur en perdant un ami, ou de s'attacher à trouver du plaisir dans sa douleur même? Pour nous, ce que nous prescrivons, est conforme à l'honnêteté : quand notre affliction aura donné cours à quelques larmes, et jeté, pour ainsi dire, son premier bouillon, il ne faut pas, disons-nous, livrer son âme à la douleur. Quoi, tu dis que même à la tristesse il faut mêler le plaisir! C'est ainsi qu'avec des friandises nous consolons les enfans; c'est ainsi qu'une nourrice apaise son poupon en faisant couler du lait dans sa bouche. Quoi! même dans le moment où votre

ptas ad dolorem quoque admittitur? *admittitur*, dico? *captatur*, et quidem ex ipso! « Est aliqua, inquit, voluptas « cognata tristitiæ. »—Illud nobis licet dicere; vobis quidem non licet. Unum bonum nostis, voluptatem; unum malum, dolorem. Quæ potest inter bonum et malum esse cognatio? Sed puta esse; nunc potissimum eruitur? et ipsum dolorem scrutamur, an aliquid habeat jucundum circa se et voluptarium? Quædam remedia, aliis partibus corporis salutaria, velut fœda et indecora adhiberi aliis nequeunt; et, quod aliubi prodesset sine damno verecundiæ, id fit inhonestum loco vulneris. Non te pudet luctum voluptate sanare? Severius ista plaga curanda est. Illud potius admone, nullum mali sensum ad eum, qui periit, pervenire; nam si pervenit, non periit. Nulla, inquam, eum res lædit, qui nullus est; vivit, si læditur. Utrum putas illi male esse, quod nullus est? an, quod est adhuc aliquis? Atqui nec ex eo potest ei tormentum esse, quod non est : quis enim nullius sensus est? nec ex eo, quod est; effugit enim maximum mortis incommodum, non esse.

« Illud quoque dicamus ei, qui deflet ac desiderat in

fils est sur le bûcher, où votre ami rend le dernier soupir, vous ne souffrez pas que le plaisir cesse pour vous, et vous voulez que le deuil même procure à votre âme une douce sensation. Qu'y a-t-il de plus estimable ou de préserver votre âme de la douleur, ou de mêler le plaisir même à la douleur. Que dis-je, l'y mêler? c'est le tirer de la douleur même. « Il est, dit-il, une volupté sœur « de la tristesse. » — Un tel mot, il nous est permis de le dire, mais non pas à vous. Vous ne connaissez qu'un seul bien, le plaisir; qu'un seul mal, la douleur. Quelle fraternité peut exister entre le bien et le mal? Mais admettons-en la possibilité, la circonstance même viendrait l'exclure. Quoi, nous aurions le temps de scruter notre douleur elle-même, et d'y trouver quelque chose de doux et de voluptueux. Il est des remèdes salutaires à certaines parties du corps qui, appliqués à d'autres parties, deviendraient sales et inconvenans; et telle application qui pourrait être faite ailleurs, sans affront pour la pudeur, devient déshonnête selon la place de la blessure. N'avez-vous pas honte d'appeler la volupté à guérir votre affliction? C'est un traitement plus sérieux qu'il faut appliquer à cette blessure. Dites plutôt qu'aucun sentiment de mal ne parvient à celui qui n'est plus : autrement il vivrait encore. Rien ne peut blesser celui qui n'est rien : il vit s'il se sent blessé. De quoi le plaignez-vous? de n'être plus, ou d'être encore? Or, il ne peut éprouver aucun tourment de n'être pas; et quel sentiment pourrait éprouver celui qui n'est point? Il ne peut non plus éprouver aucun tourment de ce qu'il existe, car il est exempt du plus grand inconvénient de la mort, qui est de ne pas être.

« Disons-le aussi à celui qui pleure et regrette de voir

ætate prima raptum : Omnes, quantum ad brevitatem ævi, si universo compares, et juvenes et senes, in æquo sumus. Minus enim ad nos ex omni ætate venit, quam quod minimum esse quis dixerit; quoniam quidem minimum, aliqua pars est; hoc, quod vivimus, proximum nihilo est : et tamen (o dementiam nostram!) late disponitur.

«Hæc tibi scripsi, non tanquam exspectaturus esses remedium a me tam serum : liquet enim mihi, te locutum tecum quidquid lecturus es : sed ut castigarem illam exiguam moram, qua a te recessisti, et in reliquum adhortarer, contra fortunam tolleres animos, et omnia ejus tela, non tanquam possent venire, sed tanquam utique essent ventura, prospiceres. »

C.

De Papirio Fabiano philosopho judicium, ejusque scriptis.

FABIANI PAPIRII *libros*, qui inscribuntur *Civilium*, legisse te cupidissime scribis, sed non respondisse exspectationi tuæ : deinde, oblitus de philosopho agi, compositionem ejus accusas. — Puta esse, quod dicis, et effundi verba, non fingi : primum, habet ista res suam gratiam ; et est decor proprius orationis leniter lapsæ. Multum enim interesse existimo, utrum exciderit, an

son fils enlevé à l'entrée de la vie. Nous tous, à comparer la brièveté de la vie à l'immensité du temps, nous tous, jeunes et vieux, sommes au même point. Le peu qui nous revient sur la totalité des temps est moindre que l'on ne saurait dire, puisqu'une si petite portion en est au moins une partie : le point où nous vivons, n'est presque rien, et cependant, tant est grande notre folie, nous en disposons comme d'un vaste intervalle !

« Si je vous adresse ces réflexions, ce n'est pas que vous puissiez tirer profit d'un remède que je vous offre si tardivement : je n'ai pas oublié que je vous ai dit de vive voix tout ce que je vous marque dans cette lettre. Mon but est de vous punir de ce léger écart qui vous a fait ressembler si peu à vous-même; de vous exhorter pour l'avenir à opposer toute votre fermeté à la fortune, et à prévoir ses coups, non comme possibles, mais comme inévitables. »

Ch. Du Rozoir.

C.

Jugement sur le philosophe Papirius Fabianus et sur ses écrits.

Vous m'écrivez que vous avez lu avec beaucoup d'empressement les livres de Papirius Fabianus *sur les Devoirs civils,* mais qu'ils n'ont pas répondu à votre attente; en second lieu, oubliant qu'il s'agissait d'un philosophe, vous critiquez sa manière d'écrire. — Je vous accorde que vous ayez raison, et qu'il laisse aller son style, sans se donner la peine de le régler. D'abord cette manière d'écrire n'est pas sans agrément; et la marche facile d'une composi-

fluxerit. Nunc in hoc quoque, quod dicturus sum, ingens differentia est. Fabianus mihi non effundere videtur orationem, sed fundere : adeo larga est; et sine perturbatione, non sine cursu tamen, veniens. Illud plane fatetur et præfert, non esse tractatam, nec diu tortam. Sed ita, ut vis, esse credamus : mores ille, non verba composuit, et animis scripsit ista, non auribus. Præterea, ipso dicente non vacasset tibi partes intueri, adeo te summa rapuisset : et fere, quæ impetu placent, minus præstant ad manum relata. Sed illud quoque multum est, primo aspectu oculos occupasse; etiam si contemplatio diligens inventura est quod arguat. Si me interrogas, major ille est, qui judicium abstulit, quam qui meruit : et scio hunc tutiorem esse; scio audacius sibi de futuro promittere.

Oratio sollicita philosophum non decet. Ubi tandem erit fortis et constans, ubi periculum sui faciet, qui timet verbis? Fabianus non erat negligens in oratione, sed securus. Itaque nihil invenies sordidum : electa verba sunt, non captata, nec hujus sæculi more contra naturam suam posita et inversa; splendida tamen, quamvis sumantur e medio : sensus honestos et magnificos

tion sans apprêt a des beautés qui lui sont propres ; car selon moi il y a une grande différence entre un style coulant ou diffus. Et ici même, dans ce que je vais dire, j'observe cette différence. Fabianus me paraît, dans son style, abondant mais non diffus : sa diction large et facile est comme un fleuve qui coule sans soulever ses ondes et d'un cours tranquille. Elle révèle et fait voir tout d'abord par son allure, qu'elle n'est ni travaillée ni contournée. Mais, puisque vous le voulez, admettons que cela soit : c'est un livre de morale et non d'éloquence qu'il a composé; et ce n'est pas aux oreilles, mais à l'âme que s'adresse son livre. D'ailleurs, si vous l'aviez entendu lui-même, vous n'auriez pas eu le loisir de vous attacher à des détails de composition, vous auriez été entraîné par l'ensemble; et en effet une improvisation qui captive l'auditeur perd presque toujours de son charme à la lecture; mais c'est déjà beaucoup que d'avoir su nous captiver d'abord, quand même un examen plus réfléchi nous ferait trouver matière à la critique. Si vous me demandez mon avis, je trouve plus beau d'emporter les suffrages que de les mériter : oui, je le soutiens, cette méthode est la plus sûre; c'est la preuve d'une plus grande hardiesse, d'une plus grande confiance dans le succès.

Un style trop travaillé, trop timide ne convient pas à un philosophe. Comment montrerait-il du courage et de la constance en présence du péril, s'il s'alarme pour des mots. Ce n'est pas de la négligence, mais de l'assurance, que Fabianus portait dans son style. Aussi n'y trouverez-vous rien de bas : ses expressions sont choisies, mais non recherchées, dénaturées et forcées selon le goût du siècle par l'abus des métaphores : celles qu'il emploie ne manquent point d'éclat, quoiqu'empruntées au langage or-

habes, non coactos in sententiam, sed latius dictos. Videbimus quod parum recisum sit, quod parum structum, quod non hujus recentis politurae : quum circumspexeris omnia, nullas videbis angustias inanes. Desit sane varietas marmorum, et concisura aquarum cubiculis interfluentium, et pauperis cella, et quidquid aliud luxuria, non contenta decore simplici, miscet : quod dici solet, domus *recta* est.

Adjice nunc, quod de compositione non constat. Quidam illam volunt esse ex horrido comptam; quidam usque eo aspera gaudent, ut etiam, quae mollius casus explicuit, ex industria dissipent, et clausulas abrumpant, ne ad exspectatum respondeant. Lege Ciceronem : compositio ejus una est; pedem curvat lenta, et sine infamia mollis. At contra, Pollionis Asinii salebrosa, et exiliens, et, ubi minime exspectes, relictura. Denique, omnia apud Ciceronem desinunt, apud Pollionem cadunt; exceptis paucissimis, quae ad certum modum, et ad unum exemplar, adstricta sunt.

Humilia praeterea tibi videri dicis omnia, et parum erecta; quo vitio carere eum judico. Non sunt enim humilia illa, sed placida, et ad animi tenorem quietum compositumque formata; nec depressa, sed plana. Deest illis oratorius vigor, stimulique, quos quaeris, et subiti ictus sententiarum; sed totum corpus (videris quam sit

dinaire. Vous y voyez de beaux et nobles sentimens, non sous la forme écourtée d'une sentence, mais sous une diction large. Vous y trouverez parfois peu de concision, peu d'entente de la composition, et rien qui rappelle la facture moderne; mais, à envisager l'ensemble, vous ne remarquerez rien de vide. Encore qu'on puisse y désirer et cette variété de marbres, et ces nombreux canaux qui y amènent partout les eaux, et la cellule du pauvre, et toutes ces recherches que le luxe, dans son dédain des simples ornemens, se plaît à inventer, je dirai ici avec le vulgaire : C'est une maison bien construite.

Ajoutez qu'en matière de style les goûts sont partagés. Quelques-uns l'aiment d'un poli à faire disparaître toute aspérité, d'autres le veulent plein de rudesse, et si une période leur paraît présenter du nombre et de l'harmonie, ils en élaguent quelques appositions pour tromper l'attente du lecteur. Lisez Cicéron: son style offre un ton d'unité; il est flexible, lent dans sa marche, et plein de douceur, sans manquer de force. Au contraire, la diction d'Asinius Pollion est rocailleuse, cahotée, et il coupe sa phrase au point où l'on s'y attend le moins. Enfin dans Cicéron les périodes se terminent : elles tombent dans Pollion, à l'exception d'un très-petit nombre de phrases qui ont une marche fixe et une facture régulière.

Chez Fabianus, dites-vous encore, tout me semble bas et sans élévation. Je ne lui trouve pas ce défaut. Ses expressions ne sont point basses, mais simples; elles procèdent d'un esprit modeste et bien ordonné. Vous ne trouverez pas chez lui cette vigueur de diction, ces traits brillans, ni ces antithèses de pensées que vous demandez; mais, malgré l'absence d'ornemens, un ensemble irrépro-

comptum) honestum est. Non habet oratio ejus, sed debet dignitatem. Affer, quem Fabiano possis præponere. Dic Ciceronem, cujus libri ad philosophiam pertinentes pæne totidem sunt, quot Fabiani : cedam; sed non statim pusillum est, si quid maximo minus est. Dic Asinium Pollionem : cedam; et respondeamus : In re tanta eminere est, post duos esse. Nomina adhuc T. Livium : scripsit enim et dialogos, quos non magis philosophiæ annumerare possis, quam historiæ, et ex professo philosophiam continentes libros. Huic quoque dabo locum; vide tamen, quam multos antecedat, qui a tribus vincitur, et tribus eloquentissimis.

Sed non præstat omnia; non est fortis oratio ejus, quamvis elata sit; non est violenta, nec torrens, quamvis effusa sit; non est perspicua, sed pura. Desideres, inquis, contra vitia aliquid aspere dici, contra pericula animose, contra fortunam superbe, contra ambitionem contumeliose : volo luxuriam objurgari, libidinem traduci, impotentiam frangi; sit aliquid oratorie acre, tragice grande, comice exile. — Vis illum assidere pusillæ rei, verbis? Ille rerum se magnitudini addixit; eloquentiam, velut umbram, non hoc agens, contrahit. Non erunt sine dubio singula circumspecta, nec in se collecta, nec omne verbum excitabit ac punget, fateor; exi-

chable. Chez lui ce n'est pas le style, mais l'auteur qui a de la dignité. Citez-moi un écrivain à qui vous puissiez donner la préférence sur Fabianus. Vous me nommez Cicéron, dont les traités sur la philosophie sont presque aussi nombreux que ceux de Fabianus. Je serai de votre avis; mais vous conviendrez au moins que n'est pas un méprisable auteur, celui qui vient après l'écrivain par excellence. Vous me nommez Asinius Pollion : à merveille encore; mais je répondrai : n'est-ce rien, en pareille matière, que de venir après les deux premiers? Citez encore Tite-Live : en effet, il a écrit des dialogues, qui n'appartiennent pas moins au genre philosophique qu'au genre historique, et des livres exclusivement consacrés à la philosophie. Je le laisserai encore passer devant Fabianus: mais considérez, je vous prie, à combien d'écrivains est supérieur celui qui n'en voit que trois au dessus de lui, et trois des plus éloquens.

Mais il n'a pas tous les genres de mérite : son style est sans force, quoique non sans élévation; il n'a point cette vivacité qui entraîne, bien qu'il soit coulant; il manque de clarté, bien qu'il soit assez pur. Vous souhaiteriez, dites-vous, que Fabianus parlât contre les vices avec âpreté, contre les dangers avec courage, contre la fortune avec un dédain superbe, contre l'ambition avec mépris. Vous voulez qu'il gourmande le luxe, qu'il stigmatise la débauche, qu'il réprime la colère ; qu'il ait tout à la fois la véhémence de l'orateur, la grandeur du poète tragique, la familiarité du poète comique. Voulez-vous donc qu'il s'amuse à ce qu'il y a de moins important, c'est-à-dire à des mots? Il s'est attaché à ce qu'il y a de véritablement grand; et sans qu'il y pense, l'éloquence le suit comme son ombre. Sans doute tout ce

bunt multa, nec ferient, et interdum otiosa præterlabetur oratio : sed multum erit in omnibus lucis, et ingens sine tædio spatium. Denique illud præstabit, ut liqueat tibi, illum sensisse quæ scripsit. Intelliges hoc actum, ut tu scires, quid illi placeret; non ut ille placeret tibi. Ad profectum omnia tendunt, ad bonam mentem; non quæritur plausus.

Talia esse scripta ejus non dubito; etiamsi magis reminiscor, quam teneo; hæretque mihi color eorum, non ex recenti conversatione familiariter, sed summatim, ut solet ex vetere notitia. Quum audirem certe illum, talia mihi videbantur; non solida, sed plena; quæ adolescentem indolis bonæ attollerent, et ad imitationem sui evocarent, sine desperatione vincendi : quæ mihi adhortatio videtur efficacissima; deterret enim, qui imitandi cupiditatem fecit, spem abstulit. Ceterum verbis abundabat; sine commendatione partium singularum, in universum magnificus.

qu'il écrit ne sera ni parfaitement achevé, ni rigoureusement suivi ; et, je l'avoue, chaque mot ne viendra pas stimuler l'attention ou porter coup ; plus d'un trait manquera le but, et parfois sa période se terminera vide d'effet. Mais dans l'ensemble vous trouverez un faisceau de lumières, et jusque dans ses longueurs jamais rien qui vous ennuie. Enfin il aura surtout le mérite de vous prouver clairement qu'il sentait ce qu'il a écrit. Vous apercevrez que son but a été de vous faire connaître ce qui lui plaît, mais non de vous plaire. Tout dans ses livres tend à faire profiter le lecteur, à améliorer l'âme ; il ne cherche point les applaudissemens.

Tel est, je n'en doute point, le caractère de ses écrits : bien que j'en parle plus d'après un vieux souvenir que d'après une impression récente : il m'en reste plutôt un aperçu que cette idée nette qui résulte de l'effet du moment : c'est une vue générale, telle qu'on en peut avoir des choses qu'on a sues il y a long-temps. C'était au moins le jugement que j'en portais en l'entendant réciter. Son style ne me paraissait pas lourd, mais plein, capable d'exalter l'âme d'une jeunesse née pour la vertu, et de lui inspirer la noble émulation de l'imiter, sans lui ôter l'espoir de le surpasser. De toutes les exhortations c'est celle qui me paraît la plus efficace ; car c'est rebuter les gens que de faire naître chez eux l'émulation, sans leur laisser l'espérance de réussir. Au reste son style avait de l'abondance ; et sans vouloir vanter le mérite particulier des détails, je dirai que l'ensemble me paraissait d'une grande beauté.

Ch. Du Rozoir.

CI.

De morte Senecionis.

Omnis dies, omnis hora, quam nihil sumus, ostendit, et aliquo argumento recenti admonet fragilitatis oblitos; tum æterna meditatos respicere cogit ad mortem. — Quid sibi istud principium velit, quæris? Senecionem Cornelium, equitem romanum splendidum et officiosum noveras : ex tenui principio se ipse promoverat, et jam illi declivis erat cursus ad cetera. Facilius enim crescit dignitas, quam incipit. Pecunia quoque circa paupertatem plurimam moram habet, dum ex illa erepat. Hic etiam Senecio divitiis imminebat, ad quas illum duæ res ducebant efficacissimæ, et quærendi, et custodiendi scientia; quarum vel altera locupletem facere potuisset. Hic homo summæ frugalitatis, non minus patrimonii quam corporis diligens, quum me ex consuetudine mane vidisset; quum per totum diem amico graviter affecto, et sine spe jacenti, usque in noctem assedisset; quum hilaris coenasset; genere valetudinis præcipiti arreptus, angina, vix compressum arctatis faucibus spiritum traxit in lucem. Intra paucissimas ergo horas, postquam omnibus erat sani ac valentis officiis functus, decessit. Ille, qui et terra et

CI.

Sur la mort de Sénécion.

CHAQUE jour, chaque heure révèle à l'homme tout son néant : toujours quelque récente leçon lui rappelle sa fragilité qu'il oublie, et de l'éternité qu'il rêve rabat ses pensées vers la mort. — Où tend ce début ? demandez-vous. Vous connaissiez Cornelius Sénécion, ce chevalier si honorable et si obligeant : d'abord obscur, il devait à lui seul son élévation, et n'avait qu'à suivre pour arriver encore plus haut. Car les derniers échelons des honneurs se franchissent plus aisément que les premiers ; tout comme de longs obstacles enchaînent à la pauvreté l'homme qui fait effort pour s'y soustraire. Sénécion touchait à l'opulence ; et deux moyens des plus efficaces, dont un seul même aurait suffi, l'y conduisaient naturellement : l'art d'acquérir et celui de conserver. Eh bien ! cet homme d'une sobriété extrême, non moins soigneux de sa santé que de son patrimoine, après m'être venu voir le matin selon sa coutume, après avoir passé le reste du jour et une partie de la nuit au chevet d'un ami malade d'une affection grave et désespérée, après avoir soupé gaîment, est saisi d'une indisposition subite, d'une suffocation qui lui serre le gosier, lui comprime la respiration et le laisse à peine vivre jusqu'au jour. Le voilà donc éteint en quelques heures, lui qui venait de remplir toutes les fonctions d'un homme sain et plein de vie ; lui dont les capitaux travaillaient sur terre et sur mer, qui, pour essayer de tous les genres de profit, était même entré dans les fermes publiques : alors que tout succède à ses vœux,

mari pecuniam agitabat; qui ad publica quoque, nullum relinquens inexpertum genus quæstus, accesserat; in ipso actu bene cedentium rerum, in ipso procurrentis pecuniæ impetu, raptus est.

Insere nunc, Meliboee, piros; pone ordine vites!

Quam stultum est, ætatem disponere ne crastini quidem dominum! O quanta dementia est spes longas inchoantium! — Emam, ædificabo, credam, exigam, honores geram; tum demum lassam et plenam senectutem in otium referam. — Omnia, mihi crede, etiam felicibus dubia sunt; nihil sibi quisquam de futuro debet promittere; id quoque, quod tenetur, per manus exit; et ipsam, quam premimus, horam casus incidit. Volvitur tempus, rata quidem lege, sed per obscurum : quid autem ad me, an naturæ certum sit, quod mihi incertum est? Navigationes longas, et pererratis litoribus alienis, seros in patriam reditus proponimus, militiam, et castrensium laborum tarda manupretia, procurationes, officiorumque per officia processus; quum interim ad latus mors est : quæ quoniam nunquam cogitatur, nisi aliena, subinde nobis ingeruntur mortalitatis exempla, non diutius, quam dum miramur, hæsura. Quid autem stultius, quam mirari, id ullo die factum, quod omni potest fieri? Stat quidem terminus nobis, ubi illum inexorabilis fato-

que des torrens d'or courent s'engloutir dans ses coffres ; le voilà qui nous est enlevé.

« Maintenant, Mélibée, greffe tes poiriers et aligne tes vignes. »

Quelle folie à nous de jeter les plans d'une longue vie, nous qui ne sommes pas maîtres de demain! Quelle démence de fonder dans l'avenir des espérances sans bornes! — J'achèterai ceci, je construirai cela, je ferai tel prêt, telle rentrée, je remplirai telles dignités, et alors enfin, las de travailler et plein de jours, je passerai dans le repos ma vieillesse. — Ah! croyez-moi, tout n'est qu'incertitudes, même pour les heureux : nul n'est en droit de se rien promettre de l'avenir. Que dis-je? ce que nous tenons fuit de nos mains, et jusqu'à l'heure présente, dont je me crois sûr, le sort l'anéantit pour moi. Le temps se déroule suivant des lois fixes, mais impénétrables ; or, que m'importe que ce qui est mystère pour moi ne le soit pas pour la nature? On se propose des traversées lointaines, et après maintes courses aux plages étrangères, un tardif retour dans sa patrie; on se promet à l'armée les lentes récompenses accordées aux services, puis des gouvernemens, puis des emplois qui mènent à d'autres emplois, et déjà la mort est à nos côtés, la mort, à laquelle on ne pense que quand elle frappe autrui; mais elle a beau multiplier à nos yeux ses instructives rigueurs, leur effet ne dure pas plus que la première surprise. Et quelle inconséquence! on s'étonne de voir arriver un jour ce qui chaque jour peut arriver. Le

rum necessitas fixit; sed nemo scit nostrum, quam prope versetur.

Sic itaque formemus animum, tanquam ad extrema ventum sit; nihil differamus; quotidie cum vita paria faciamus. Maximum vitæ vitium est, quod imperfecta semper est, quod in aliud ex alio differtur. Qui quotidie vitæ suæ summam manum imposuit, non indiget tempore. Ex hac autem indigentia timor nascitur, et cupiditas futuri, exedens animum. Nihil est miserius dubitatione venientium, quorsus evadant. Quantum sit illud, quod restat, aut quale, [non] collecta mens inexplicabili formidine agitatur. Quo modo effugiemus hanc volutationem? uno, si vita nostra non prominebit, si in se colligetur : ille enim ex futuro suspenditur, cui irritum est præsens. Ubi vero, quidquid mihi debui, redditum est; ubi stabilita mens scit, nihil interesse inter diem et sæculum; quidquid deinceps dierum rerumque venturum est, ex alto prospicit, et cum multo risu seriem temporum cogitat. Quid enim varietas mobilitasque casuum perturbabit, si certus sis adversus incerta?

Ideo propera, Lucili mi, vivere; et singulos dies, singulas vitas puta. Qui hoc modo se aptavit; cui vita sua quotidie fuit tota, securus est. In spe viventibus, proximum quodque tempus elabitur, subitque aviditas,

terme de notre carrière est où les destins et l'inexorable nécessité l'ont fixé : mais nul de nous ne sait de combien il en est proche.

Aussi faut-il disposer notre âme comme si nous y touchions déjà : ne remettons rien au futur, et réglons journellement nos comptes avec la vie. Le grand mal de la vie, c'est qu'elle est toujours inachevée, c'est que toujours on en rejette une partie dans l'avenir. Celui qui a su chaque jour y mettre la dernière main, n'est point à court de temps, situation d'où naît l'anxiété et cette soif d'avenir qui ronge l'âme. Rien de plus misérable, que d'être en doute, quand on entre en ce monde, comment on en sortira. Combien me reste-t-il de vie, et quelle sorte de vie ? voilà ce qui agite de terreurs sans fin l'âme qui ne se recueillit jamais. Quels moyens avons-nous d'échapper à ces tourmentes ? un seul : ne pas lancer notre existence dans l'avenir, mais la ramener sur elle-même. Si l'avenir tient en suspens tout mon être, c'est que je ne sais rien faire du présent ; si au contraire j'ai satisfait à tout ce que je me devais ; si mon âme, ferme désormais, sait qu'entre une journée et un siècle la différence est nulle, elle regarde d'en haut tout ce qui doit survenir encore de jours et d'évènemens, et la vicissitude des temps n'est plus pour elle qu'un long sujet de rire. Comment en effet ces chances variables et mobiles la bouleverseraient-elles, si elle demeure stable en face de l'instabilité ?

Hâtez-vous donc de vivre, cher Lucilius, et comptez chaque jour pour une vie entière. Celui qui s'est ainsi préparé ; celui dont la vie s'est trouvée tous les jours complète, possède la sécurité. Vivre d'espérance, c'est voir le temps à mesure qu'il arrive, échapper à notre

et miserrimus, ac miserrima omnia efficiens, metus mortis. Inde illud Mæcenatis turpissimum votum, quo et debilitatem non recusat, et deformitatem, et novissime acutam crucem, dummodo inter hæc mala spiritus prorogetur :

> Debilem facito manu,
>   Debilem pede, coxa;
> Tuber adstrue gibberum,
>   Lubricos quate dentes :
> Vita dum superest, bene est!
>   Hanc mihi, vel acuta
> Si sedeam cruce, sustine.

Quod miserrimum erat, si incidisset, optatur; et tanquam vita petitur supplicii mora. Contemptissimum putarem, si vivere vellet usque ad crucem. Tu vero, inquit, me debilites licet, dum spiritus in corpore fracto et inutili maneat; depraves licet, dum monstroso et distorto, temporis aliquid accedat; suffigas licet, et acutam sessuro crucem subdas : est tanti, vulnus suum premere, et patibulo pendere destrictum, dum differat, id quod est in malis optimum, supplicii finem : est tanti, habere animam, ut agam! Quid huic optes, nisi deos faciles? quid sibi vult ista carminis effeminati turpitudo? quid timoris dementissimi pactio? quid tam fœda vitæ mendicatio? Cui putes unquam recitasse Virgilium,

> Usque adeone mori miserum est?

croissante avidité, et nous laisser cet amer sentiment qui empoisonne tous les autres, la peur de la mort. De là l'ignoble souhait de Mécène qui ne refuse ni les mutilations, ni les difformités, ni enfin le supplice de la croix aiguë, pourvu qu'au milieu de tant de maux la vie lui soit conservée.

« Rendez mes mains débiles, mes pieds faibles et boiteux; élevez sur mon dos une énorme bosse; rendez toutes mes dents branlantes : si la vie me reste, tout ira bien. Quand même je serais attaché sur la croix du supplice, conservez-moi la vie. »

Ce qui serait, si la chose advenait, le comble des misères, voilà son vœu : il demande, comme si c'était vivre, une prolongation de supplice. Je le jugerais déjà bien méprisable, s'il souhaitait de vivre jusqu'à la mise en croix; mais que dit-il ? — Quand tu mutilerais tous mes membres, pourvu qu'en un corps brisé et impotent il me reste le souffle; quand tu ferais de moi un monstre défiguré, de tout point contrefait, accorde-moi quelque temps encore; accorde-m'en, quand tu me clouerais à une croix et m'asseoirais sur un fer acéré. — Est-ce donc la peine de comprimer sa plaie, de pendre à une croix les bras étendus, pour reculer ce que désire le plus l'être qui souffre, le terme du supplice? Est-ce la peine de jouir du souffle, pour expirer à tout instant? Que souhaiter à ce malheureux, sinon des dieux qui l'exaucent? Que veut dire cette lâcheté, cette turpitude de poète, ce pacte insensé de la peur? A un tel homme Virgile n'a donc jamais fait entendre ce vers :

Est-ce un malheur si grand que de cesser de vivre?

Optat ultima malorum, et, quæ pati gravissimum est, extendi ac sustineri cupit : qua mercede? scilicet vitæ longioris. Quod autem vivere est, diu mori? Invenitur aliquis, qui malit inter supplicia tabescere, et perire membratim, et toties per stillicidia amittere animam, quam semel exhalare? Invenitur qui velit adactus ad illud infelix lignum, jam debilis, jam pravus, et in fœdum scapularum ac pectoris tuber elisus, cui multæ moriendi causæ etiam citra crucem fuerant, trahere animam tot tormenta tracturam? Nega nunc magnum beneficium esse naturæ, quod necesse est mori. Multi pejora adhuc pacisci parati sunt; etiam amicum prodere, ut diutius vivant; et liberos ad stuprum manu sua tradere, ut contingat lucem videre, tot consciam scelerum. Excutienda vitæ cupido est, discendumque, nihil interesse, quando patiaris quod quandoque patiendum est. Quam bene vivas refert, non quamdiu; sæpe autem in hoc est bene, ne diu.

CII.

Claritatem post mortem bonum esse.

Quomodo molestus est jucundum somnium videnti, qui excitat (aufert enim voluptatem, etiamsi falsam,

Il invoque le dernier des maux, la plus cruelle des souffrances ; être mis en croix et y rester attaché, il le désire, et à quelle condition? à la condition de vivre un peu plus. Mais qu'est-ce qu'une telle vie? Rien qu'une longue mort? Il se trouve un homme qui aime mieux sécher dans les tourmens, et périr par lambeaux, et répandre sa vie goutte à goutte, que de l'exhaler d'un seul coup ; il se trouve un homme qui, cloué sur ce bois fatal, tout défaillant, tout défiguré, les épaules et la poitrine comprimées par une infirmité hideuse, ayant déjà, même avant la croix, mille motifs de mourir, aspire à traîner une existence qui entraînera tant de maux. Niez maintenant que la nécessité de mourir soit un grand bienfait de la nature! Que de gens néanmoins sont prêts à faire des pactes encore plus infâmes, jusqu'à trahir un ami, jusqu'à livrer de leur main leurs enfans à la prostitution, pour obtenir de voir plus long-temps cette lumière du jour, témoin de tous leurs crimes! Guérissons-nous de la soif de vivre, et sachons qu'il n'importe à quel moment on souffre ce qu'il faut souffrir tôt ou tard ; que l'essentiel est une bonne et non une longue vie, et que parfois bien vivre consiste à ne pas vivre long-temps ; vivre long-temps est souvent un obstacle à bien vivre.

Baillard.

CII.

Que l'illustration après la mort est un bien.

On en veut à qui nous réveille au milieu d'un rêve agréable ; car on perd une jouissance qui, tout illusoire

effectum tamen veræ habentem) : sic epistola tua mihi fecit injuriam; revocavit enim me, cogitationi aptæ traditum, et iturum, si licuisset, ulterius. Juvabat de æternitate animarum quærere, immo mehercules credere : credebam enim me facile opinionibus magnorum virorum, rem gratissimam promittentium magis, quam probantium. Dabam me spei tantæ : jam eram fastidio mihi; jam reliquias ætatis infractæ contemnebam, in immensum illud tempus, et in possessionem omnis ævi transiturus : quum subito experrectus sum epistola tua accepta, et tam bellum somnium perdidi. Quod repetam, si te dimisero, et redimam.

Negas me epistola prima totam quæstionem explicuisse, in qua probare conabar id, quod nostris placet, « claritatem, quæ post mortem contingit, bonum esse. » Id enim me non solvisse, quod opponitur nobis : Nullum, inquiunt, bonum ex distantibus; hoc autem ex distantibus constat. — Quod interrogas, mi Lucili, ejusdem quæstionis est, loci alterius; et ideo non hoc tantum, sed alia quoque eodem pertinentia, distuleram. Quædam enim, ut scis, moralibus rationalia immixta sunt. Itaque illam partem rectam, et ad mores pertinentem, tractavi : Numquid stultum sit ac supervacuum, ultra extremum diem curas transmittere? an cadant bona nostra nobiscum, nihilque sit ejus, qui nullus est? an

qu'elle est, a l'effet de la réalité. Votre lettre a produit sur moi cette impression pénible ; elle m'a tiré d'une douce méditation à laquelle je m'abandonnais, et que, si je l'avais pu, j'aurais poussée plus avant. Je me complaisais à sonder le problème de l'immortalité des âmes ; et j'étais même, oui j'étais pour l'affirmative : j'embrassais volontiers l'opinion de tant de grands hommes, bien que leur doctrine, si consolante, promette plus qu'elle ne prouve. Je me livrais à leur espoir sublime ; déjà je me sentais à charge à moi-même, et regardais en mépris ces restes d'un corps brisé par l'âge, moi qui allais entrer dans l'immensité des temps et en possession de tous les siècles, quand tout à coup, rappelé à moi par la réception de votre lettre, je perdis le plus beau songe. Je veux y revenir, quand je serai quitte avec vous, et le ressaisir à tout prix.

Vous dites que ma première lettre où je tâchais de prouver, comme nos stoïciens aiment à le croire, « que l'illustration qui s'obtient après la mort est un bien, » n'a pas développé toute la question ; qu'en effet je n'ai pas résolu l'objection qu'on nous oppose : jamais il n'y a bien où il y a, comme ils disent, solution de continuité ; or ici cette solution a lieu. — Votre difficulté, Lucilius, se rattache à la question, mais doit être vidée ailleurs ; c'est pourquoi j'avais différé d'y répondre, comme à d'autres choses qui ont trait au même sujet. Car en certains cas, vous le savez, les sciences rationelles rentrent dans les sciences morales. J'ai donc traité, comme touchant directement aux mœurs, cette thèse ci : Si ce n'est pas chose folle et sans objet que d'étendre ses soins au delà du jour suprême ? si nos biens périssent avec nous, et s'il n'y a plus rien pour qui n'est plus ? si une chose qui, lorsqu'elle existera, ne

ex eo, quod, quum erit, sensuri non sumus, antequam sit, aliquis fructus percipi, aut peti possit? Hæc omnia ad mores spectant; itaque suo loco posita sunt. At quæ a dialecticis contra hanc opinionem dicuntur, segreganda fuerunt; et ideo seposita sunt. Nunc, quia omnia exigis, omnia, quæ dicunt, persequar; deinde singulis occurram.

Nisi aliquid prædixero intelligi non poterunt, quæ refellentur. Quid est, quod prædicere velim? Quædam continua esse corpora, ut hominem; quædam esse composita, ut navem, domum, omnia denique quorum diversæ partes junctura in unum coactæ sunt; quædam ex distantibus, quorum adhuc membra separata sunt, tanquam exercitus, populus, senatus : illi enim, per quos ista corpora efficiuntur, jure aut officio cohærent, natura diducti et singuli sunt. Quid est, quod etiam nunc prædicere velim? Nullum bonum putamus esse, quod ex distantibus constat : uno enim spiritu unum bonum contineri ac regi debet, unum esse unius boni principale. Hoc, si quando desideraveris, per se probatur; interim ponendum fuit, quia in nos nostra tela mittuntur.

« Dicitis, inquit, nullum bonum ex distantibus esse; claritas autem ista, bonorum virorum secunda opinio est. Nam quomodo fama non est unius sermo, nec in-

sera pas sentie par nous, peut offrir, avant qu'elle existe, quelque fruit à recueillir ou à désirer? Tout ceci est de la morale : aussi l'ai-je placé en son lieu. Quant à ce que disent contre cette opinion les dialecticiens, je devais le réserver, et je l'ai fait. Maintenant que vous voulez le tout ensemble, j'exposerai leurs argumens en bloc pour y répondre ensuite en détail.

A moins de quelques préliminaires, ma réfutation ne serait pas comprise. Et quels préliminaires veux-je présenter? qu'il est des corps continus, tels que l'homme; des corps composés, comme un vaisseau, une maison, enfin tout ce qui forme unité par l'assemblage de diverses parties; des corps divisibles, aux membres séparés, tels qu'une armée, un peuple, un sénat : car les membres qui constituent ces corps, sont réunis par droit ou par devoir, mais distincts et isolés par nature. Que faut-il encore que j'avance? Que, selon nous, il n'y a pas de bien où il y a solution de continuité; vu qu'un même esprit devant contenir et régir un même bien, l'essence d'un bien unique est une. Si vous en désirez la preuve, elle est par elle-même évidente; mais je devais poser ce principe, puisqu'on nous attaque par nos propres armes.

« Vous avouez, nous dit-on, qu'il n'y a pas de bien où il y a solution de continuité. Or, l'illustration, c'est l'opinion favorable des honnêtes gens. Car de même que la bonne renommée ne vient pas d'une bouche unique, ni la

famia unius mala existimatio ; sic nec claritas, uni bono placuisse. Consentire in hoc plures insignes et spectabiles viri debent, ut claritas sit. Hæc autem ex judiciis plurium efficitur, id est, distantium : ergo non est bonum.

« Claritas, inquit, laus est a bonis bono reddita; laus oratio; oratio vox est, aliquid significans ; vox autem, licet bonorum virorum sit, bonum non est. Nec enim, quidquid vir bonus facit, bonum est : nam et plaudit, et sibilat; sed nec plausum quisquam, nec sibilum, licet omnia ejus admiretur et laudet, bonum dicit; non magis quam sternutamentum, aut tussim. Ergo claritas bonum non est.

« Ad summam, dicite nobis, utrum laudantis, an laudati bonum sit? Si laudantis bonum esse dicitis, tam ridiculam rem facitis, quam si affirmetis meum esse, quod alius bene valeat. Sed laudare dignos, honesta actio est : ita laudantis bonum est, cujus actio est; non nostrum, qui laudamur : atqui hoc quærebatur. »

Respondebo nunc singulis cursim. Primum, an sit aliquod ex distantibus bonum, etiam nunc quæritur; et pars utraque sententias habet. Deinde, claritas non desiderat multa suffragia; potest et unius boni viri judicio esse contenta : nam omnes bonos bonus unus judicat. — « Quid ergo ? inquit, et fama erit unius hominis existimatio, et infamia unius malignus sermo? Glo-

mauvaise de la mésestime d'un seul : ainsi l'illustration ne consiste point dans l'approbation d'un seul homme de bien. Il faut l'accord d'un grand nombre d'hommes marquans et considérables pour qu'elle ait lieu. Mais comme elle est le résultat du jugement de plusieurs, c'est-à-dire de personnes distinctes, il s'ensuit qu'elle n'est pas un bien.

« L'illustration, dit-on encore, est l'éloge donné aux bons par les bons; l'éloge est un discours; le discours, une voix qui exprime quelque idée : or, la voix, même celle des gens de bien, n'est pas un bien. Car ce que fait l'honnête homme n'est pas toujours un bien : il applaudit, il siffle, et cette action d'applaudir ou de siffler, quand on admirerait et louerait tout de lui, ne s'appelle bien, non plus que sa toux ou ses éternumens. Ce n'est donc pas un bien que l'illustration.

« Enfin dites-nous : ce bien appartient-il à celui qui donne l'éloge, ou à celui qui le reçoit? Si vous dites que c'est au premier, votre assertion est aussi ridicule que de prétendre que ce soit un bien pour moi, de ce qu'un autre soit en bonne santé. Mais louer le mérite est une action honnête : ainsi le bien est à celui qui loue, puisque l'action vient de lui, et non à nous qui sommes loués; or, tel était le fait à éclaircir. »

Répondons sommairement à chaque point. D'abord, y a-t-il bien, quand il y a solution de continuité? Cela fait encore doute, et les deux partis ont leurs argumens. Ensuite l'illustration n'a pas besoin d'une foule de suffrages; l'opinion d'un seul homme de bien peut lui suffire : car l'homme de bien est capable de porter jugement de tous ses pareils. — « Quoi! objecte-t-on encore, l'estime d'un seul donnera la bonne renom-

riam quoque, inquit, latius fusam intelligo; consensum enim multorum exigit.» — Diversa horum conditio est, et illius. Quare? quia, si de me bene vir bonus sentit, eodem loco sum, quo, si omnes boni idem sentirent; omnes enim, si me cognoverint, idem sentient. Par illis idemque judicium est; æque vero insistitur ab his, qui dissidere non possunt. Ita pro eo est, ac si omnes idem sentiant, quia aliud sentire non possunt. Ad gloriam aut famam non est satis unius opinio. Illic idem potest unius sententia, quod omnium; quia omnium, si perrogetur, una erit: hic diversa dissimilium judicia sunt, dissimiles affectus; dubia omnia invenias, levia, suspecta. Putas tu posse unam omnium esse sententiam? non est unius una sententia. Illi placet verum; veritatis una vis, una facies est: apud hos falsa sunt, quibus assentiuntur. Nunquam autem falsis constantia est; variantur et dissident.

«Sed laus, inquit, nihil aliud quam vox est: vox autem bonum non est.» — Quum dicant, claritatem esse laudem bonorum, a bonis redditam; jam non ad vocem referunt, sed ad sententiam. Licet enim vir bonus taceat, sed aliquem judicet dignum laude esse, laudatus est. Præterea, aliud est *laus*, aliud *laudatio*: hæc et vocem exigit: itaque nemo dicit *laudem funebrem*, sed *laudationem*, cujus officium oratione constat. Quum

mée, le blâme d'un seul l'infamie! Et la gloire aussi je la comprends large, étendue au loin, voulant le concert d'un grand nombre. » — La gloire, la renommée diffèrent de l'illustration; et pourquoi? Qu'un seul homme vertueux pense bien de moi, c'est pour moi comme si tous les gens vertueux pensaient de même, ce qui aurait lieu, si tous me connaissaient. Leur jugement est pareil, identique; or, c'est toujours tenir la même voie que de ne pouvoir se partager. C'est donc comme si tous avaient le même sentiment, puisqu'en avoir un autre leur est impossible. Quant à la gloire, à la renommée, la voix d'un seul ne suffit pas. Si, au cas précité, un seul avis vaut celui de tous, parce que tous, interrogés, n'en auraient qu'un seul; ici les jugemens d'hommes dissemblables sont divers, et les impressions variées : tout y est douteux, inconséquent, suspect. Comment croire qu'un seul sentiment puisse être embrassé par tous? Un seul homme n'a pas toujours un seul sentiment. Le sage aime la vérité, qui n'a qu'un caractère et qu'une face; c'est le faux qui entraîne l'assentiment des autres. Or, le faux n'est jamais homogène : ce n'est que variations et dissidences.

« La louange, dit-on, n'est autre chose qu'une voix; or, une voix n'est pas un bien. » — Mais en disant que l'illustration est la louange donnée aux bons par les bons, nos adversaires rapportent cela, non à la voix, mais à l'opinion. Car encore que l'homme de bien se taise, s'il juge quelqu'un digne de louange, il le loue assez. D'ailleurs il y a une différence entre la *louange* et le *panégyrique* : il faut, pour louer, que la voix se fasse entendre; aussi ne dit-on pas *la louange funèbre*, mais l'*oraison funèbre*, dont l'office consiste dans le discours. Dire que quelqu'un est

dicimus aliquem *laude dignum*, non verba illi benigna hominum, sed judicia promittimus. Ergo laus etiam taciti est bene sentientis, ac bonum virum apud se laudantis. Deinde, ut dixi, ad animum refertur laus, non ad verba, quæ conceptam laudem egerunt, et in notitiam plurium emittunt. Laudat, qui laudandum esse judicat. Quum tragicus ille apud nos ait, « Magnificum esse laudari a laudato viro; » laude digno, ait. Et quum æque antiquus poeta ait,

. . . . Laus alit artes,

non laudationem dicit, quæ corrumpit artes : nihil enim æque et eloquentiam, et omne aliud studium auribus deditum vitiavit, quam popularis assensio. Fama vocem utique desiderat, claritas non; potest enim citra vocem contingere, contenta judicio : plena est, non tantum inter tacentes, sed etiam inter reclamantes. Quid intersit inter claritatem et gloriam, dicam. Gloria multorum judiciis constat, claritas bonorum.

« Cujus, inquit, bonum est claritas, id est, laus bono a bonis reddita? utrum laudati, an laudantis? » — Utriusque : meum, qui laudor; quia natura me amantem omnium genuit, et bene fecisse gaudeo, et gratos me invenisse virtutum interpretes lætor. Hoc plurium bonum est, quod grati sunt; sed et meum. Ita enim animo compositus sum, ut aliorum bonum meum judi-

digne de louange, c'est lui promettre, non pas les paroles, mais le jugement favorable des hommes. Il y a donc aussi une louange muette, une approbation de cœur qui loue intérieurement l'homme de bien. Répétons en outre que la louange se rapporte au sentiment, non aux paroles, lesquelles expriment la louange conçue et la portent à la connaissance de plusieurs. C'est me louer que de me juger digne de l'être. Quand le tragique romain s'écrie : « Il est beau d'être loué par l'homme que chacun loue ; » il veut dire l'homme digne de louange; et quand un vieux poète dit que

. . . . La louange est l'aliment des arts,

il n'entend pas cette louange bruyante qui les corrompt; car rien ne perd l'éloquence et en général les arts faits pour l'oreille comme l'engouement populaire. La renommée veut le secours de la voix; l'illustration s'en passe : elle peut s'obtenir sans cela, se contenter de l'opinion, elle est complète en dépit même du silence, en dépit des oppositions. En quoi diffère l'illustration de la gloire? le voici : la gloire est le suffrage de la foule; l'illustration, le suffrage des gens de bien.

« On demande à qui appartient ce bien qu'on nomme illustration, cette louange donnée aux bons par les bons; est-ce à celui qui loue, ou à celui qui est loué? » —A tous les deux : à moi qui suis loué, parce que la nature m'a fait ami de tous, que je m'applaudis d'avoir bien fait, que je me réjouis d'avoir trouvé des cœurs qui comprennent mes vertus et qui m'en savent gré; à mille autres aussi pour qui leur gratitude même est un bien, mais d'abord

cem; utique eorum, quibus ipse sum boni causa. Est istud laudantium bonum; virtute enim geritur : omnis autem virtutis actio bonum est. Hoc contingere illis non potuisset, nisi ego talis essem. Itaque utriusque bonum est, merito laudari; tam mehercule, quam bene judicasse, judicantis bonum est, et ejus, secundum quem judicatum est. Numquid dubitas, quin justitia et habentis bonum sit, et ejus, cui debitum solvit? Merentem laudare, justitia est : ergo utriusque bonum est.

Cavillatoribus istis abunde responderimus. Sed non debet hoc nobis esse propositum, arguta disserere, et philosophiam in has angustias ex sua majestate detrahere. Quanto satius est, ire aperta via et recta, quam sibi ipsi flexus disponere, quos cum magna molestia debeas relegere? neque enim quidquam aliud istæ disputationes sunt, quam inter se perite captantium lusus. Dic potius, quam naturale sit, in immensum mentem suam extendere. Magna et generosa res est humanus animus; nullos sibi poni, nisi communes et cum Deo, terminos patitur. Primum, humilem non accipit patriam, Ephesum aut Alexandriam, aut si quod est etiamnunc frequentius incolis, lætius tectis solum. Patria est illi, quodcumque suprema et universa circuitu suo cingit; hoc omne convexum, intra quod jacent maria cum terris; intra quod aer, humanis divina secer-

à moi (car il est dans ma nature morale d'être heureux du bonheur d'autrui, surtout du bonheur dont je suis la cause). La louange est le bien de ceux qui louent : car c'est la vertu qui l'enfante, et toute action vertueuse est un bien. Mais c'est une jouissance qui leur échappait, si je n'avais été vertueux. Ainsi c'est un bien de part et d'autre qu'une louange méritée, tout autant certes qu'un bon jugement rendu est un avantage pour le juge comme pour celui qui gagne sa cause. Doutez-vous que la justice ne soit le trésor et du magistrat qui l'a dans son cœur, et du client à qui elle rend ce qui lui est dû ? Louer qui le mérite, c'est justice : c'est donc un bien des deux côtés.

Voilà, certes, assez répondre à ces docteurs subtils et pointilleux. Mais notre objet ne doit pas être de discuter des arguties, et de faire descendre la philosophie de sa hauteur majestueuse dans ces puérils défilés. N'est-il pas bien plus noble de suivre franchement le droit chemin, que de se préparer soi-même un labyrinthe, pour avoir à le reparcourir à grand'peine. Car toutes ces disputes ne sont autre chose que jeux d'adversaires qui veulent se tromper avec art. Dites-nous plutôt combien il est plus naturel d'étendre dans l'infini sa pensée. C'est quelque chose de grand et de généreux que l'âme humaine ; elle ne se laisse poser de limites que celles qui lui sont communes avec Dieu même. Elle n'accepte point une étroite patrie telle qu'Éphèse ou Alexandrie, ou toute autre ville, si nombreux qu'en soient les habitans, si riantes qu'en soient les demeures ; sa patrie, c'est ce vaste circuit qui enceint l'univers et tout ce qui semble le dominer, c'est toute cette voûte au dessous de laquelle s'étendent les terres et les mers, au dessous de laquelle l'air partage et réunit à la fois le domaine de l'homme et celui des puis-

nens, etiam conjungit; in quo disposita tot numina in actus suos excubant. Deinde, arctam ætatem sibi dari non sinit : omnes, inquit, anni mei sunt; nullum sæculum magnis ingeniis clusum est, nullum non cogitationi pervium tempus. Quum venerit dies ille, qui mixtum hoc divini humanique secernat; corpus hic, ubi inveni, relinquam; ipse me diis reddam. Nec nunc sine illis sum, sed gravi terrenoque detineor carcere. Per has mortalis ævi moras illi meliori vitæ longiorique proluditur. Quemadmodum novem mensibus tenet nos maternus uterus, et præparat non sibi, sed illi loco, in quem videmur emitti, jam idonei spiritum trahere, et in aperto durare; sic per hoc spatium, quod ab infantia patet in senectutem, in alium naturæ maturescimus partum. Alia origo nos exspectat, alius rerum status. Nondum cœlum, nisi ex intervallo, pati possumus.

Proinde intrepidus horam illam decretoriam prospice; non est animo suprema, sed corpori. Quidquid circa te jacet rerum, tanquam hospitalis loci sarcinas specta; transeundum est. Excutit redeuntem natura, sicut intrantem. Non licet plus efferre, quam intuleris; immo etiam ex eo, quod ad vitam attulisti, pars magna ponenda est. Detrahetur tibi hæc circumjecta, novissimum velamentum tui, cutis; detrahetur caro et suffu-

sances célestes, et où des milliers de dieux, chacun à son poste, poursuivent leurs tâches respectives. Elle ne souffre pas qu'on lui circonscrive son âge, elle se dit : Toutes les années m'appartiennent ; tous les siècles sont ouverts au génie, tous les temps accessibles à la pensée. Vienne le jour solennel qui séparera ce mélange de divin et d'humain dont je suis formée, je laisserai mon argile où je l'ai prise, et moi, je me réunirai aux dieux. Ici même je ne suis pas sans communiquer avec eux ; mais ma lourde chaîne m'attache à la terre. Les retards de cette vie mortelle sont les préludes d'une existence meilleure et plus durable. Comme le sein maternel qui nous porte neuf mois, ne nous forme pas pour l'habiter toujours, mais bien pour ce monde, où il nous dépose assez forts déjà pour respirer l'air et souffrir les impressions du dehors ; ainsi le temps qui s'écoule de l'enfance à la vieillesse nous mûrit pour une seconde naissance. Une autre origine, un monde nouveau nous attend. Jusque-là, nous ne pouvons supporter du ciel qu'une vue lointaine.

Sache donc, ô homme ! envisager sans frémir ton heure décisive : elle est la dernière pour le corps, elle ne l'est point pour l'âme. Tous les objets qui gisent autour de toi, vois-les comme les meubles d'une hôtellerie : tu dois aller plus loin. La nature te fera sortir aussi nu que tu es entré. Tu n'emporteras pas plus que tu n'as apporté. Que dis-je ? tu laisseras sur le seuil une grande partie de ton bagage. Tu dépouilleras cette première enveloppe qui tapisse à l'extérieur tes organes ; tu dépouilleras cette chair, ce sang qui la pénètre et

sus sanguis discurrensque per totum; detrahentur ossa nervique, firmamenta fluidorum ac labentium. |Dies iste, quem tanquam extremum reformidas, æterni natalis est. Depone onus! quid cunctaris, tanquam non prius quoque, relicto, in quo latebas, corpore exieris? Hæres, reluctaris; tunc quoque magno nisu matris expulsus es. Gemis, ploras; et hoc ipsum flere, nascentis est. Sed tunc debebat ignosci : rudis et imperitus omnium veneras; ex maternorum viscerum calido mollique fomento emissum afflavit aura liberior, deinde offendit duræ manus tactus; tenerque adhuc, et nullius rei gnarus, obstupuisti inter ignota. Nunc tibi non est novum, separari ab eo, cujus ante pars fueris; æquo animo membra jam supervacua dimitte, et istud corpus inhabitatum diu pone. Scindetur, obruetur, abolebitur. Quid contristaris? ita solet fieri! pereunt sæpe velamenta nascentium. Quid ista sic diligis, quasi tua? istis opertus es! Veniet, qui te revelet, dies, et ex contubernio fœdi atque olidi ventris educat.

Hinc nunc quoque tu, quantum potes, subvola; carisque etiam ac necessariis cohære, ut alienus. Jam hinc altius aliquid sublimiusque meditare. Aliquando naturæ tibi arcana retegentur, discutietur ista caligo, et lux undique clara percutiet. Imaginare tecum, quantus ille sit fulgor, tot sideribus inter se lumen miscentibus.

court se distribuer par tout ton corps; tu dépouilleras ces os et ces nerfs qui maintiennent les parties molles et fluides de l'édifice humain. Ce jour, que tu redoutes comme le dernier de tes jours, doit t'enfanter à l'immortalité. Dépose ton fardeau : tu hésites? n'as-tu pas déjà une fois quitté de même le corps où tu étais caché, pour te produire au jour? Tu résistes, tu te rejettes en arrière : jadis aussi ta mère n'a pu qu'à grand effort t'expulser de son sein. Tu gémis, tu pleures; et des pleurs ont aussi marqué ton entrée dans la vie : mais ils étaient excusables quand tu naissais novice et étranger à tout; quand au sortir des entrailles maternelles, de ce tiède et bienfaisant abri, tu fus saisi par un air trop vif et offensé par le toucher d'une main rude; quand, faible encore, au milieu d'un monde inconnu, tu éprouvais la stupeur d'une complète ignorance. Aujourd'hui, ce n'est pas pour toi chose nouvelle d'être séparé de ce dont tu faisais partie. Abandonne de bonne grâce des membres désormais inutiles, dis adieu à ce corps que tu fus si long-temps sans habiter. Il sera mis en pièces, écrasé, réduit en cendres. Pourquoi t'en affliger? Ne périssent-elles pas toujours les membranes qui enveloppent le nouveau-né. Pourquoi tant chérir ces débris? sont-ils à toi? Ils n'ont fait que te couvrir. Voici venir le jour où tomberont tes voiles, où tu seras tiré de ton immonde et infecte demeure.

Fais donc effort, et prends d'ici même ton élan : attache-toi à tes amis, à tes parens comme à choses qui ne sont pas tiennes; élève-toi d'ici même à de plus hautes et plus sublimes méditations. Quelque jour la nature t'ouvrira ses mystères, la nuit qui t'entoure se dissipera et une lumière pure t'inondera de toutes parts. Représente-toi de quel éclat vont briller ces milliers d'astres

Nulla serenum umbra turbabit; æqualiter splendebit omne cœli latus; dies et nox aeris infimi vices sunt. Tunc in tenebris vixisse te dices, quum totam lucem totus aspexeris; quam nunc, per angustissimas oculorum vias, obscure intueris, et tamen admiraris illam jam procul. Quid tibi videbitur divina lux, quum illam suo loco videris?

Hæc cogitatio nihil sordidum animo subsidere sinit, nihil humile, nihil crudele. Deos rerum omnium esse testes ait; illis nos approbari, illis in futurum parari jubet, et æternitatem proponere; quam qui mente concepit, nullos horret exercitus, non terretur tuba, nullis ad timorem minis agitur. Quidni non timeat, qui mori sperat? si is quoque, qui animum tamdiu judicat manere quamdiu retinetur corporis vinculo, solutum statim spargi, id agit, ut etiam post mortem utilis esse possit. Quamvis enim ipse ereptus sit oculis, tamen

> Multa viri virtus animo, multusque recursat
> Gentis honos.

Cogita, quantum nobis exempla bona prosint; scies magnorum virorum, non minus quam præsentiam, esse utilem memoriam.

confondant ensemble leurs rayons. Aucune ombre n'en ternira là sérénité, et tous les points du ciel se renverront une égale splendeur. La nuit ne succède au jour que sur notre basse atmosphère. Alors tu confesseras avoir vécu dans les ténèbres, lorsque ton être enfin complet, envisagera cette complète lumière que d'ici, à travers l'étroite orbite de tes yeux, tu n'aperçois qu'obscurément et que tu admires pourtant de si loin. Que te semblera-t-elle cette divine clarté, quand tu la contempleras dans son foyer?

De telles pensées ne laissent séjourner dans l'âme aucun penchant sordide, bas ou cruel. Il est des dieux, nous disent-elles, témoins de tout ce que fait l'homme; soyez purs devant eux, rendez-vous dignes de les approcher un jour, ayez devant les yeux l'éternité. L'homme qui embrasse l'éternité comme but, ni les armées ne lui font peur, ni la trompette ne l'étonne, ni les menaces ne l'intimident. Comment ne serait-il pas sans crainte celui qui espère mourir? Si celui même qui croit que l'âme ne subsiste qu'autant que les liens du corps la retiennent, et qu'elle ne s'en échappe que pour se dissoudre aussitôt; si celui-là travaille à se rendre utile même après son trépas, bien que la mort vienne le dérober à nos yeux, toutefois

> Le héros, sa beauté, son grand nom, sa valeur
> Restent profondément imprimés dans son cœur.

Songez combien les bons exemples servent l'humanité, et reconnaissez que le souvenir des grands hommes ne nous profite pas moins que leur présence.

BAILLARD.

CIII.

Homini ab homine præcipue cavendum.

Quid ista circumspicis, quæ tibi possunt fortasse evenire, sed possunt et non evenire? incidentium dico ruinam. Aliqua nobis incidunt, non insidiantur: illa potius vide, illa devita, quæ nos observant, quæ captant. Rariores sunt casus, etiamsi graves, naufragium facere, vehiculo everti; ab homine homini quotidianum periculum. Adversus hoc te expedi, hoc intentis oculis intuere : nullum est malum frequentius, nullum pertinacius, nullum blandius. Tempestas minatur, antequam surgat; crepant ædificia, antequam corruant; prænuntiat fumus incendium : subita est ex homine pernicies, et eo diligentius tegitur, quo propius accedit. Erras, si istorum, tibi qui occurrunt, vultibus credis: hominum effigies habent, animos ferarum; nisi quod illarum perniciosior est primus incursus : quos transiere, non quærunt; nunquam enim illas ad nocendum, nisi necessitas, injicit. Hæ aut fame, aut timore coguntur ad pugnam : homini perdere hominem libet.

Tu tamen ita cogita quod ex homine periculum sit, ut cogites quod sit hominis officium. Alterum intuere, ne lædaris; alterum, ne lædas. Commodis omnium læteris, movearis incommodis; et memineris, quæ præ-

CIII.

Que l'homme doit surtout se mettre en garde contre son semblable.

Pourquoi votre circonspection s'alarme-t-elle de ces accidens qui, possibles sans doute, peuvent aussi ne pas arriver : tels que l'incendie, l'écroulement d'une maison, et toutes ces choses qui sont des effets du hasard et non de la préméditation? Prévoyez, évitez plutôt ces ennemis qui nous épient, qui cherchent à nous surprendre. Ce sont des cas assez rares, quoique graves, que les naufrages, les chutes du haut d'un char : mais la guerre de l'homme contre l'homme est un péril de chaque jour. Voilà contre quoi il faut se prémunir, s'armer de toute sa vigilance, car voilà le fléau le plus fréquent, le plus acharné, le plus insidieux. La tempête menace avant de surgir; l'édifice craque avant de s'écrouler; la fumée précède et annonce l'incendie : l'attaque de l'homme est imprévue; il masque d'autant mieux ses fatales machines, qu'elles nous serrent de plus près. Quelle erreur, de se fier à toutes les physionomies qui s'offrent à nous! Sous le visage d'hommes est le naturel des bêtes féroces; seulement, chez celles-ci, le premier bond est plus dangereux : une fois passées, elles ne vous cherchent plus. Car le besoin seul les porte à nuire : c'est la faim, c'est la peur qui les forcent au combat; mais pour l'homme, c'est un plaisir de perdre l'homme.

Ne songez toutefois à ce que vous devez craindre de vos semblables qu'en vous rappelant vos devoirs envers eux. Observez autrui, de peur qu'on ne vous blesse, et vous-même, pour ne pas blesser. Réjouissez-vous avec les heureux, soyez émus par l'infortune; servez les

stare debeas, quæ cavere. Sic vivendo quid consequeris? non, ut ne noceant; sed ne fallant. Quantum potes autem, in philosophiam secede : illa te sinu suo proteget; in hujus sacrario eris aut tutus, aut tutior. Non arietant inter se, nisi in eodem ambulantes. Quid autem? ipsam philosophiam non debebis jactare : multis fuit periculi causa, insolenter tractata et contumaciter. Tibi vitia detrahat, non aliis exprobret; non abhorreat a publicis moribus; nec hoc agat, ut, quidquid non facit, damnare videatur. Licet sapere sine pompa, sine invidia.

CIV.

De invaletudine sua, et caritate in se uxoris : animi mala peregrinatione non sanari : cum priscis et magnis viris vivendum.

In Nomentanum meum fugi, — quid putas? Urbem? — Immo febrem, et quidem subrepentem. Jam manum mihi injecerat; protinus itaque parari vehiculum jussi, Paulina mea retinente. Medicus initia esse dicebat, motis venis, et incertis, et naturalem turbantibus modum. Exire perseveravi. Illud mihi in ore erat domini mei Gallionis, qui, quum in Achaia febrem habere cœpisset, protinus navem ascendit, clamitans non corporis esse,

hommes, et méfiez vous d'eux. A cette conduite, que gagnerez-vous? qu'ils ne vous nuisent pas? non : mais qu'ils vous trompent moins. Réfugiez-vous au reste, le plus que vous pourrez, dans la philosophie : elle vous couvrira de son égide ; vous serez, dans son sanctuaire, en sûreté ou plus sûr qu'ailleurs. On ne se heurte avec la foule qu'en faisant route avec elle. Qu'ai-je à vous dire encore? Ne vous vantez point de cette même philosophie : elle a mainte fois failli perdre ceux qui l'étalaient comme trophée d'indépendance. Qu'elle extirpe vos vices, sans déclamer contre ceux des autres ; qu'elle ne s'élève point hautement contre les usages reçus, et ne se donne point l'air de condamner tout ce qu'elle ne fait pas. La sagesse peut aller sans faste, sans offusquer les gens.

Baillard.

CIV.

Une indisposition de Sénèque. Tendresse de sa femme pour lui. Inutilité des voyages pour guérir les maux de l'esprit. Qu'il faut vivre avec les grands hommes de l'antiquité.

J'ai fui dans ma terre de Nomentanum... devinez quoi. — La ville? — Bien pis encore, la fièvre qui déjà me gagnait. Déjà elle mettait la main sur moi : je fis bien vite préparer ma voiture, malgré ma Pauline, qui voulait me retenir. Le mal est à son début, dit le médecin, le pouls agité, inégal, troublé dans sa marche naturelle. Je m'obstine à partir : je donne pour raison ce mot de mon honoré frère Gallion qui, pris d'un commencement de fièvre en Achaïe, s'embarqua aussitôt en s'écriant : « Ce n'est pas de moi, c'est du pays que vient le mal. » Voilà ce que je

sed loci morbum. Hoc ego Paulinæ meæ dixi, quæ mihi valetudinem meam commendat. Nam, quum sciam spiritum illius in meo verti, incipio, ut illi consulam, mihi consulere; et, quum me fortiorem senectus ad multa reddiderit, hoc beneficium ætatis amitto. Venit enim mihi in mentem, in hoc sene et adolescentem esse, cui parcitur. Itaque, quoniam ego ab illa non impetro, ut me fortius amet, impetrat illa [a me,] ut me diligentius amem.

Indulgendum est enim honestis affectibus : et interdum, etiam si premunt causæ, spiritus in honorem suorum vel cum tormento revocandus, et in ipso ore retinendus est; quum bono viro vivendum sit, non quamdiu juvat, sed quamdiu oportet. Ille, qui non uxorem, non amicum tanti putat, ut diutius in vita commoretur, qui perseverat mori, delicatus est. Hoc quoque imperet sibi animus, ubi utilitas suorum exigit; nec tantum, si vult mori, sed si cœpit, intermittat, et suis se commodet. Ingentis animi est, aliena causa ad vitam reverti; quod magni viri sæpe fecerunt. Sed hoc quoque summæ humanitatis existimo, senectutem suam, cujus maximus fructus est securior sui tutela, et vitæ usus animosior, attentius conservare, si scias alicui tuorum esse dulce, utile, optabile. Habet præterea in se non mediocre ista res gaudium et mercedem : quid

répétais à ma Pauline, qui me recommande si fort ma santé. Persuadé que sa vie tient à la mienne, je commence, par égard pour elle, à m'écouter un peu ; et aguerri par la vieillesse sur tant d'autres points, je perds sur celui-ci le privilège de mon âge. Je me représente que dans ce vieillard respire une jeune femme, qu'il faut ménager, et comme je ne puis gagner sur elle d'être aimé avec plus de courage, elle obtient de moi que je m'aime avec plus de soin.

Il faut condescendre à de si légitimes affections ; et quelquefois, quand tout nous presserait de mourir, il faut pour les siens, même au prix de la souffrance, rappeler à soi la vie et retenir le souffle qui s'exhale. L'homme de bien doit rester ici-bas non tant qu'il s'y plaît, mais tant qu'il y est nécessaire. Celui qu'une épouse, qu'un ami ne touchent point assez pour l'arrêter plus longtemps sur la terre, pour le dissuader de mourir, est un homme blasé d'égoïsme. Vivre est aussi une loi à s'imposer, quand l'intérêt des nôtres l'exige ; eussions-nous souhaité, commencé même de rompre avec la vie, n'achevons pas le sacrifice, et prêtons-nous encore à leur tendresse. Il est beau de se rattacher à l'existence pour d'autres que pour soi, exemple que plus d'un grand homme a donné. Mais la plus haute preuve de sensibilité, c'est quand notre vieillesse, malgré son immense avantage de moins s'inquiéter du corps et d'user de la vie avec moins de regrets, devient plus soigneuse de se conserver, si elle sait que tel est le bonheur, l'utilité, le vœu de quelqu'un des siens. D'ailleurs cela porte avec soi

enim jucundius, quam uxori tam carum esse, ut propter hoc tibi carior fias? Potest itaque Paulina mea non tantum suum mihi timorem imputare, sed etiam meum.

Quæris ergo, quomodo mihi consilium profectionis cesserit? — Ut primum gravitatem Urbis excessi, et illum odorem culinarum fumantium, quæ motæ, quidquid pestiferi vaporis obruerant, cum pulvere effundunt, protinus mutatam valetudinem sensi. Quantum deinde adjectum putas viribus, postquam vineas attigi? In pascuum emissus, cibum meum invasi. Repetivi ergo jam me : non permansit marcor ille corporis dubii et male cogitantis; incipio toto animo studere. Non multum ad hoc locus confert, nisi se sibi præstet animus, qui secretum, et in occupationibus mediis, si volet, habebit. At ille, qui regiones eligit, et otium captat, ubique, quo distringatur, inveniet. Nam Socratem querenti cuidam, quod nihil sibi peregrinationes profuissent, respondisse ferunt : « Non immerito hoc tibi evenit! tecum enim peregrinabaris. » O quam bene cum quibusdam ageretur, si a se aberrarent! Nunc primum se ipsos sollicitant, corrumpunt, territant.

Quid prodest mare trajicere, et urbes mutare? Si vis ista, quibus urgeris, effugere, non aliubi sis oportet, sed alius. Puta venisse te Athenas, puta Rhodon : elige arbitrio tuo civitatem : quid ad rem pertinet, quos illa

sa joie et son salaire qui certes est assez doux. Quoi de plus agréable, en effet, que d'être chéri d'une épouse au point d'en devenir plus cher à soi-même? Ma Pauline peut donc compter à la fois et sur les craintes qu'elle éprouve, et sur celles que les siennes m'inspirent.

Vous voulez savoir la suite de mon projet de départ? A peine eus-je quitté la lourde atmosphère de la ville et cette odeur des cuisines qui, toutes fumantes, toutes en travail, vomissent mêlé à la poussière tout ce qu'elles engouffrent de vapeurs infectes, j'ai senti dans mon être un changement subit. Jugez combien mes forces ont dû croître quand j'ai pu atteindre mes vignes : j'étais le coursier qu'on rend à la prairie et qui vole à une fraîche pâture. Je me suis donc enfin retrouvé; j'ai vu disparaître cette maigreur suspecte, qui ne promettait rien de bon; et déjà toute mon ardeur me revient pour l'étude, non pas qu'un lieu y fasse beaucoup plus qu'un autre, si l'esprit ne se possède, l'esprit, qui se crée une retraite, quand il veut, au sein même des occupations. Mais l'homme qui va choisissant les contrées et poursuivant le repos à la course, trouvera partout d'importunes distractions. Quelqu'un se plaignait à Socrate que les voyages ne lui avaient servi de rien; le sage, dit-on, lui répartit : « Ce qui vous arrive est tout simple; vous voyagez avec vous. » Heureux bien des hommes, s'ils se sauvaient loin d'eux-mêmes ! Mais non : on est à soi-même son premier persécuteur, son corrupteur, son épouvantail.

Que gagne-t-on à franchir les mers, à courir de ville en ville? Pour fuir le mal qui t'obsède, il n'est pas besoin que tu sois ailleurs: sois autre. Tu arrives à Athènes, tu débarques à Rhodes; choisis à ton caprice toute autre ville : que te font les mœurs de ces pays? tu y portes les

mores habeat? tuos afferes. Divitias judicabis bonum : torquebit te paupertas, et, quod est miserrimum, falsa; quamvis enim multum possideas, tamen, quia aliquis plus habet, tanto tibi videberis defici, quanto vinceris. Honores judicas bonum : male te habebit ille consul factus; ille etiam refectus; invidebis quoties aliquem in fastis sæpius legeris. Tantus erit ambitionis furor, ut nemo tibi post te videatur, si aliquis ante te fuerit. Maximum malum judicabis mortem; quum in illa nihil sit mali, nisi, quod ante ipsam est, timeri. Exterrebunt te non tantum pericula, sed suspiciones; vanis semper agitaberis. Quid enim proderit,

. . . . .Evasisse tot urbes
Argolicas, mediosque fugam tenuisse per hostes?

ipsa pax timores subministrabit; ne tutis quidem habebitur fides, consternata semel mente; quæ ubi consuetudinem pavoris improvidi fecit, et jam ad tutelam salutis suæ inhabilis est. Non enim vitat, sed fugit; magis autem periculis patemus aversi. Gravissimum judicabis malum, aliquem ex his, quos amabis, amittere; quum interim hoc tam ineptum erit, quam flere quod arboribus amœnis et domum tuam ornantibus decidant folia. Quidquid te delectat, æque vide, ut vides eas, dum virent. Utique alium alio die casus excutiet : sed, quemadmodum frondium jactura facilis est, quia renascuntur; sic istorum,

tiennes. La richesse te semble-t-elle le bonheur? tu trouveras un supplice dans ta pauvreté, et, ce qui est plus misérable, dans ta pauvreté imaginaire. Car en vain possèdes-tu beaucoup, quelqu'autre possédant davantage, tu te crois en déficit de tout ce dont il te surpasse. Places-tu le bonheur dans les dignités? tu souffriras de l'élection de tel consul, de la réélection de tel autre : quel dépit, si tu lis plusieurs fois le même nom dans nos fastes! Dans ton ambitieuse démence, tu ne verras plus ceux que tu dépasses, dès qu'un seul te devancera. Le plus grand des maux, penses-tu, c'est la mort? Mais il n'y a de mal en elle que ce qui la précède, la peur. Tu t'effraieras et du péril et de l'ombre du péril; de vaines alarmes t'agiteront sans cesse. Car que te servira

« D'avoir échappé à tant de villes grecques, et d'avoir fui à travers les ennemis? »

La paix même sera pour toi fertile en alarmes. Ton âme une fois découragée, l'abri le plus sûr n'aura pas ta confiance; et dès que le sentiment irréfléchi de la peur tourne en habitude, il paralyse jusqu'à l'instinct de la conservation. Il n'évite pas, il fuit : or on donne plus de prise aux dangers en leur tournant le dos. Tu crois subir une bien grave infortune, lorsque tu perdras quelqu'un que tu aimes : en quoi tu feras voir autant d'inconséquence que si tu pleurais quand les arbres rians qui ornent ta demeure sont abandonnés de leurs feuilles. Tous les êtres qui réjouissent ton cœur, sont comme les arbres que tu as vus au temps de la sève et de la verdure; comme des feuilles, dont le sort est de tomber les unes aujourd'hui, les autres demain; mais de même qu'on regrette peu

quos amas, quosque oblectamenta vitæ putas esse, damnum; quia reparantur, etiamsi non renascantur. — Sed non erunt iidem. — Ne tu quidem idem eris! Omnis dies, omnis hora te mutat : sed in aliis rapina facilius apparet; hic latet, quia non ex aperto fit. Alii auferuntur; at ipsi nobis furto subducimur.

Horum nihil cogitabis, nec remedia vulneribus oppones; sed ipse tibi seres sollicitudinum causas, alia sperando, alia desperando. Si sapis, alterum alteri misceas; nec speraveris sine desperatione, nec desperaveris sine spe.

Quid per se peregrinatio prodesse cuiquam potuit? Non voluptates illa temperavit; non cupiditates refrenavit; non iras repressit; non indomitos amoris impetus fregit; nulla denique animo mala eduxit; non judicium dedit; non discussit errorem : sed, ut puerum ignota mirantem, ad breve tempus rerum aliqua novitate detinuit. Ceterum inconstantiam mentis, quæ [quum] maxime ægra est, lacessit, mobiliorem levioremque reddit ipsa jactatio. Itaque, quæ petierant cupidissime loca, cupidius deserunt, et avium modo transvolant, citiusque, quam venerant, abeunt. Peregrinatio notitiam dabit gentium, novas tibi montium formas ostendet, inusitata

la chute des feuilles, parce qu'elles doivent renaître, ainsi dois-tu prendre la perte de ceux que tu aimes et qui, dis-tu, font le charme de ta vie : ils se remplacent, s'ils ne peuvent renaître. — Mais ce ne seront plus les mêmes ! — Et toi, n'auras-tu pas changé? Chaque jour, chaque heure fait de toi un autre homme; et ce larcin du temps, plus visible chez autrui, ne l'est moins chez toi que parce qu'il s'opère à ton insu. Le temps, qui semble emporter les autres de vive force, nous dérobe furtivement à nous-mêmes.

Mais ces réflexions ne seront point les tiennes ; tu n'appliqueras pas ce baume à ta plaie ; toi-même sèmeras ta route d'inquiétudes sans fin, tantôt espérant, tantôt découragé. Plus sage, tu tempérerais l'un par l'autre : tu n'espérerais point sans méfiance, tu ne te méfierais point sans espoir.

Jamais changement de climat a-t-il en soi profité à personne? A-t-il calmé la soif des plaisirs, mis un frein aux cupidités, guéri les emportemens, maîtrisé les tempêtes de l'indomptable amour, délivré l'âme d'un seul de ses maux, ramené la raison, dissipé l'erreur? Non : mais comme l'enfant admire ce qu'il n'a jamais vu, c'est un certain attrait de nouveauté qui captive un moment. Du reste l'inconstance de l'esprit, alors plus malade que jamais, s'en irrite encore, et il devient plus mobile, plus vagabond par l'effet même du déplacement. Aussi les lieux qu'on cherchait si ardemment, on met plus d'ardeur encore à les fuir, et, comme l'oiseau de passage, on vole plus loin, on part plus vite qu'on n'était venu. Les voyages te feront connaître des peuples et voir de nouvelles configurations de montagnes, des plaines d'une

spatia camporum, et irriguas perennibus aquis valles, et alicujus fluminis sub observatione naturam; sive, ut Nilus, æstivo incremento tumet; sive, ut Tigris, eripitur ex oculis, et acto per occulta cursu, integræ magnitudini redditur; sive, ut Mæander, poetarum omnium exercitatio et ludus, implicatur crebris anfractibus, et sæpe in vicinum alveo suo admotus, antequam sibi influat, flectitur : ceterum neque meliorem faciet, neque saniorem. Inter studia versandum est et inter auctores sapientiæ, ut quæsita discamus, nondum inventa quæramus. Sic eximendus animus ex miserrima servitute in libertatem asseritur. Quamdiu quidem nescieris, quid fugiendum, quid petendum, quid necessarium, quid supervacuum, quid justum, quid honestum sit; non erit hoc peregrinari, sed errare. Nullam tibi opem feret iste discursus : peregrinaris enim cum affectibus tuis, et mala te tua sequuntur. Utinam quidem sequerentur! longius abessent : nunc fers illa, non ducis. Itaque ubique te premunt, et paribus incommodis urunt. Medicina ægro, non regio, quærenda est. Fregit aliquis crus, aut extorsit articulum : non vehiculum navemque conscendit, sed advocat medicum, ut fracta pars jungatur, ut luxata in locum reponatur. Quid ergo? animum, tot locis fractum et extortum, credis locorum mutatione posse sanari? Majus est istud malum, quam ut gestatione

grandeur insolite pour toi, des vallons arrosés de sources intarissables, des fleuves offrant à l'observateur quelque phénomène naturel, soit le Nil, qui gonfle et déborde en été; soit le Tigre, qui disparaît tout-à-coup pour se frayer sous terre un passage dont il sort avec toute la masse de ses eaux; soit le Méandre, éternel sujet d'exercice et de fiction pour les poètes, qui se replie en mille sinuosités, et qui souvent, lorsqu'il approche de son lit, se détourne encore avant d'y rentrer : mais tout cela ne te rendra ni meilleur ni plus sage. C'est à l'étude qu'il faut recourir et aux grands maîtres de la sagesse, pour étudier leurs découvertes, pour découvrir ce qui reste à apprendre. Ainsi l'âme se rachète de son misérable esclavage et ressaisit son indépendance. Tant que tu ignores ce qu'on doit fuir ou rechercher, ce qui est nécessaire ou superflu, ce qui est juste, ce qui est honnête, tu ne voyageras pas, tu ne feras qu'errer. Quel fruit te promettre de tes courses sans nombre, quand tes passions cheminent avec toi, quand ton mal te suit? Et que dis-je? puisse-t-il ne faire que te suivre! il serait à quelque distance : mais il est en toi, et non à ta suite. Aussi t'obsède-t-il partout; partout ton malaise est également cuisant. Il faut des remèdes à un malade plutôt que des déplacemens. L'homme qui s'est cassé la jambe ou donné une entorse ne monte ni sur une voiture ni sur un navire : il faut appeler le médecin pour rejoindre l'os rompu, pour replacer le muscle démis. Eh bien donc! croiras-tu qu'une âme, foulée et fracturée dans presque tous ses ressorts, se rétablisse par le changement de lieux? L'affection est trop grave pour céder à de tels moyens. Ce n'est pas à courir le monde qu'on devient médecin ou orateur : il n'y a de lieu spécial pour l'ap-

curetur. Peregrinatio non facit medicum, non oratorem; nulla ars loco discitur : quid ergo? sapientia, rerum omnium maxima, in itinere colligitur? Nullum mihi crede, iter est, quod te extra cupiditates, extra iras, extra metus sistat : aut, si quod esset, agmine facto gens illuc humana pergeret. Tamdiu ista urgebunt mala, macerabuntque per terras ac maria vagum, quamdiu malorum gestaris causas.

Fugam tibi non prodesse miraris? tecum sunt, quæ fugis. Te igitur emenda! Onera tibi detrahe, et desideria intra saltem modum contine! omnem ex animo erade nequitiam! Si vis peregrinationes habere jucundas, tuum comitem sana! Hærebit tibi avaritia, quamdiu avaro sordidoque convixeris; hærebit tumor, quamdiu cum superbo conversaberis; nunquam sævitiam in tortoris contubernio pones; incendent libidines tuas adulterorum sodalitia. Si velis vitiis exui, longe a vitiorum exemplis recedendum est. Avarus, corruptor, sævus, fraudulentus, multum nocituri, si prope a te fuissent, intra te sunt. Ad meliores transi! cum Catonibus vive, cum Lælio, cum Tuberone; quod si convivere etiam Græcis juvat, cum Socrate, cum Zenone versare. Alter te docebit mori, si necesse erit : alter, antequam necesse erit. Vive cum Chrysippo, cum Posidonio. Hi tibi tradent divinorum humanorumque notitiam : hi jubebunt

prentissage d'aucun art. Et la sagesse, de tous le plus difficile, s'apprendrait sur les grandes routes? Il n'est point de voyage, crois-moi, qui te sorte de tes passions, de tes dépits, de tes craintes; s'il en était, le genre humain tout entier se lèverait pour l'entreprendre. Tes passions ne lâcheront point prise : elles déchireront sur la terre et sur l'onde leur proie fugitive, aussi longtemps que tu emporteras le principe de tes maux.

Ne t'étonne plus de fuir en vain : ce que tu fuis ne t'a pas quitté. C'est donc toi-même qu'il faut corriger; il faut rejeter ce qui te pèse, et mettre du moins à tes désirs une borne quelconque. Purge ton âme de toute iniquité: pour que la traversée te plaise, guéris l'homme qui s'embarque avec toi. L'avarice te rongera tant que tu auras commerce avec des cœurs sordides et intéressés; l'orgueil te dominera tant que tu hanteras des superbes; ton humeur implacable ne se perdra pas dans la compagnie d'hommes de sang; tes accointances avec les débauchés raviveront chez toi les feux de l'incontinence. Tu veux dépouiller tes vices; fuis au plus loin ceux qui t'en donnent l'exemple. L'avare, l'adultère, le barbare, l'artisan de fraudes, tous ces fléaux, si contagieux par leur seule approche, sont renfermés en toi. Passe dans le camp des hommes vertueux. Vis avec les Catons, avec Tubéron, avec Lélius; ou, s'il te prend envie de visiter aussi les Grecs, avec Socrate et avec Zénon. L'un t'enseignera à mourir quand la nécessité l'exigera; l'autre, à prévenir même la nécessité. Vis avec un Chrysippe, un Posidonius. Ceux-là te transmettront la science des choses divines et humaines; ceux-là te prescriront d'agir,

in opere esse, nec tantum scite loqui, et in oblectationem audientium verba jactare, sed animum indurare, et adversus minas erigere. Unus est enim hujus vitæ fluctuantis et turbidæ portus, eventura contemnere, stare fidenter, apertum; tela fortunæ adverso pectore excipere, non latitantem, nec tergiversantem. Magnanimos nos natura produxit; et, ut quibusdam animalibus ferum dedit, quibusdam subdolum, quibusdam pavidum, ita nobis gloriosum et excelsum spiritum, quærentem ubi honestissime, non ubi tutissime vivat; simillimum mundo, quem, quantum mortalibus passibus licet, sequitur æmulaturque. Profert se, laudari et adspici credit. Dominus omnium est, supra omnia est : itaque nulli se rei submittit; nihil illi videtur grave, nihil quod virum incurvet.

Terribiles visu formæ, letumque labosque :

minime quidem, si quis rectis oculis intueri illa possit, et tenebras perrumpere. Multa, per noctem habita terrori, dies vertit ad risum.

Terribiles visu formæ, letumque labosque,

egregie Virgilius noster. Non *re* dixit *terribiles* esse, sed *visu*; id est, videri, non esse. Quid, inquam, in istis est tam formidabile, quam fama vulgavit? Quid est, obsecro te, Lucili, cur timeat laborem vir, mortem homo?

de n'être pas seulement un habile discoureur qui débite ses phrases pour le plaisir des oreilles, mais de te faire une âme vigoureuse et inflexible à toutes menaces. Car l'unique port de cette vie agitée, orageuse, c'est de dédaigner l'avenir quel qu'il puisse être, de se tenir avec assurance en face de la fortune et de ne recevoir d'elle que de glorieuses blessures, sans la marchander, ni faire mine d'esquiver ses coups. La nature nous donne la passion des grandes choses; et comme les animaux reçoivent d'elle, les uns la férocité, les autres la ruse, d'autres l'instinct de la crainte, ainsi l'homme lui doit la fierté et l'élévation du cœur qui lui font chercher une vie honorable plutôt qu'une vie exempte de péril : car en lui tout respire le ciel, modèle et but dont il se rapproche autant que peuvent le faire les pas d'un mortel. Il appelle le grand jour, il aime à se croire devant ses juges et ses approbateurs. Roi de l'univers, supérieur à tout ici-bas, devant quoi s'humilierait-il ? Rien lui semblerait-il assez dur, assez accablant, pour qu'il dût courber sa noble tête ?

« Ce couple affreux à voir, le travail et la mort, »

ne l'est nullement pour qui l'ose envisager d'un œil fixe et percer de trompeuses ténèbres. Que de fois les terreurs de la nuit se changent au matin en objets de risée !

« Ce couple affreux à voir, le travail et la mort, »

dit si bien Virgile, et non point affreux *en réalité*, mais seulement *à voir* : il entend que c'est pure vision, que ce n'est rien. Car enfin, qu'y a-t-il là d'aussi formidable que ce qu'en publie la renommée ? Réponds-moi, Lucilius, pourquoi un homme, digne de ce nom, reculerait-il devant le travail, un mortel, devant la mort ?

Toties mihi occurrunt isti, qui non putant fieri posse quidquid facere non possunt, et aiunt nos loqui majora, quam quæ natura humana sustineat. At quanto ego de illis melius existimo? Ipsi quoque hæc possunt facere, sed nolunt. Denique, quem unquam ista destituere tentantem? cui non faciliora apparuere in actu? Non, quia difficilia sunt, non audemus; sed, quia non audemus, difficilia sunt. Si tamen exemplum desideratis, accipite Socratem, perpessitium senem, per omnia aspera jactatum; invictum tamen et paupertate, quam graviorem illi domestica onera faciebant, et laboribus, quos militares quoque pertulit, et quibus [ille] domi [est] exercitus, sive uxorem ejus [spectes] moribus feram, lingua petulantem; sive liberos indociles, et matri, quam patri, similiores. Sic fere aut in bello fuit; aut in tyrannide, aut in libertate bellis ac tyrannis sæviore. Viginti et septem annis pugnatum est; post finita arma, triginta tyrannis noxæ dedita est civitas, ex quibus plerique inimici erant. Novissima damnatio est sub gravissimis nominibus impleta : objecta est et religionum violatio, et juventutis corruptela, quam immittere in deos, in patres, in rempublicam dictus est; post hæc carcer, et venenum. Hæc usque eo animum Socratis non moverunt, ut ne vultum quidem moverint. Illam mirabilem laudem, et singularem, usque ad extremum servavit:

Je ne vois que gens qui réputent impossible ce qu'ils n'ont pu faire encore, et puis nos doctrines sont trop hautes, disent-ils, elles passent les forces de l'homme. Ah ! combien j'ai d'eux meilleure opinion qu'eux-mêmes ! Eux aussi peuvent autant que d'autres, mais ils ne veulent pas. L'essai qu'on leur demande a-t-il jamais trahi ceux qui l'ont tenté ? N'a-t-il pas toujours paru plus facile à l'exécution ? Ce n'est point parce qu'il est difficile que nous n'osons pas ; c'est parce que nous n'osons pas, qu'il est difficile. D'ailleurs, s'il vous faut un exemple, voyez Socrate, ce vieillard éprouvé par tous les malheurs, battu de tous les orages, et que n'ont vaincu ni la pauvreté, aggravée encore par ses charges domestiques, ni les fatigues même de la guerre qu'il eut à subir, ni les tracasseries de famille dont il fut harcelé, soit par une femme aux mœurs intraitables, à la parole hargneuse, soit par d'indociles enfans qui ressemblaient plus à leur mère qu'à leur père. Presque toute sa vie se passa soit à la guerre, soit sous la tyrannie, soit sous le règne d'une liberté plus cruelle que les tyrans et que la guerre. Après vingt-sept ans de combats, la fin des hostilités fut l'abandon d'Athènes à la merci de trente tyrans, la plupart ennemis de Socrate. Enfin, pour calamité dernière, une condamnation le flétrit des imputations les plus infamantes. On l'accusa de lèse-majesté divine, et de corrompre les jeunes gens qu'il soulevait, dit-on, contre les dieux, contre leurs parens et la république : vinrent ensuite les fers et la ciguë. Tout cela, bien loin d'ébranler son âme, ne troubla même pas son visage ; et il mérita jusqu'à la fin l'éloge admirable, l'éloge unique que jamais nul ne le vit plus gai ni plus triste que de cou-

nec hilariorem quisquam, nec tristiorem Socratem vidit; æqualis fuit in tanta inæqualitate fortunæ.

Vis alterum exemplum? Accipe hunc M. Catonem recentiorem, cum quo et infestius fortuna egit, et pertinacius. Cui quum omnibus locis obstitisset, novissime et in morte; ostendit tamen virum fortem posse invita fortuna vivere, invita mori. Tota illi ætas aut in armis est exacta civilibus, aut in ætate concipiente jam civile bellum. Et hunc licet dicas non minus, quam Socratem, in servitute vixisse; nisi forte Cn. Pompeium, et Cæsarem, et Crassum putas libertatis socios fuisse. Nemo mutatum Catonem, toties mutata republica, vidit: eumdem se in omni statu præstitit, in prætura, in repulsa, in accusatione, in provincia, in concione, in exercitu, in morte. Denique in illa reipublicæ trepidatione, quum illinc Cæsar esset decem legionibus pugnacissimis subnixus, totque exterarum gentium præsidiis, hinc Cn. Pompeius, satis unus adversus omnia; quum alii ad Cæsarem inclinarent, alii ad Pompeium; solus Cato fecit aliquas et reipublicæ partes. Si animo complecti volueris illius imaginem temporis, videbis illinc plebem et omnem erectum ad res novas vulgum; hinc optimates, et equestrem ordinem, quidquid erat in civitate sancti et electi; duos in medio relictos rempublicam et Catonem. Miraberis, inquam, quum animadverteris

Atridem, Priamumque, et sævum ambobus Achillem:

tume : il fut toujours égal dans ces grandes inégalités du sort.

Voulez-vous un second exemple? Voyez M. Caton, ce héros plus moderne, que la fortune poursuivit d'une haine encore plus vive et plus opiniâtre, qu'elle traversa dans tous les actes de sa vie, et jusque dans celui de sa mort, mais qui prouva qu'un grand cœur peut vivre et mourir en dépit d'elle. Son existence se passa toute, soit dans le fort des guerres, soit durant une époque déjà grosse de la guerre civile; et l'on peut dire de lui, comme de Socrate, qu'il vécut dans une patrie esclave, à moins qu'on ne regarde Pompée, César et Crassus comme les hommes de la liberté. Personne ne vit changer Caton, quand la république changeait sans cesse : toujours le même dans toute situation, préteur, ou repoussé de la préture, accusé, ou chef de province, au forum, aux armées, à l'heure du trépas; enfin, au milieu de toute cette république en détresse, quand d'un côté marchait César appuyé des dix plus braves légions, et de l'autre mille peuples barbares, auxiliaires de Pompée, Caton seul suffit contre tous. Quand le monde se partageait entre César et Pompée, Caton lui seul forma un parti à la liberté. Embrassez dans vos souvenirs le tableau de ces temps, vous verrez, d'une part, le petit peuple et tout ce vulgaire enthousiaste des choses nouvelles; de l'autre, l'élite des Romains, l'ordre des chevaliers, tout ce qu'il y avait dans l'état d'honorable et de distingué; et, isolés au milieu de tous, la république et Caton. Ah! sans doute, vous considérerez avec admiration

« Agamemnon et Priam, puis Achille à tous deux redoutable : »

utrumque enim improbat, utrumque exarmat. Hanc fert de utroque sententiam : ait «se, si Cæsar vicerit, moriturum; si Pompeius, exsulaturum.» Quid habebat quod timeret, qui [ea] sibi et victo, et victori constituerat, quæ constituta esse ab hostibus iratissimis poterant? Periit itaque ex decreto suo. Vides, posse homines laborem pati : per medias Africæ solitudines pedes duxit exercitum. Vides, posse tolerare sitim : et in collibus arentibus, sine ullis impedimentis, victi exercitus reliquias trahens, inopiam humoris loricatus tulit; et, quoties aquæ fuerat occasio, novissimus bibit. Vides, honorem et notam posse contemni : eodem, quo repulsus est, die in comitio pila lusit. Vides posse non timeri potentiam superiorum : et Pompeium, et Cæsarem, quorum nemo alterum offendere audebat, nisi ut alterum demereretur, simul provocavit. Vides, tam mortem posse contemni quam exsilium : et exsilium sibi indixit, et mortem, et interim bellum. Possumus itaque adversus ista tantum habere animi, libeat modo subducere jugo collum. In primis autem respuendæ sunt voluptates : enervant, et effeminant, et multum petunt : multum autem a fortuna petendum est. Deinde spernendæ opes : auctoramenta sunt servitutum. Aurum et argentum, et quidquid aliud felices domos onerat, relinquatur : non potest gratis constare libertas. Hanc si magno æstimas, omnia parvo æstimanda sunt.

car il les improuve tous deux, il les veut désarmer tous deux, et voici quel jugement il porte de l'un et de l'autre: « Si César triomphe, je me condamne à mourir; je m'exile, si c'est Pompée. » Qu'avait-il à craindre celui qui, défait ou vainqueur, s'infligeait les peines qu'on n'attend que du plus implacable ennemi? Comme il l'avait dictée, il subit sa sentence de mort. Voyez si l'homme peut supporter les travaux : il conduisit à pied son armée à travers les solitudes de l'Afrique; s'il est possible d'endurer la soif : Caton, sur des collines arides, dépourvu de bagages, traînant après lui des débris de ses légions vaincues, souffrit la disette d'eau sans jamais quitter sa cuirasse, et chaque fois que s'offrait l'occasion de boire, il but toujours le dernier. Peut-on mépriser et les honneurs et les affronts? Le jour même où on lui refuse la préture, il joue à la paume sur la place des comices. Est-il possible de ne pas trembler devant des puissances supérieures? Il attaque à la fois César et Pompée, quand nul n'osait offenser l'un que pour gagner les bonnes grâces de l'autre. Est-il possible de dédaigner la mort aussi bien que l'exil? Caton s'imposa l'exil ou la mort, et pour prélude la guerre. Nous pouvons donc contre pareil sort avoir même courage : il ne faut que vouloir soustraire sa tête au joug. Mais avant tout répudions les voluptés : elles énervent, elles efféminent, elles exigent trop de choses, et toutes ces choses, c'est à la fortune qu'il les faut mendier. Ensuite, méprisons les richesses, ces encouragemens à l'esclavage. Renonçons à l'or, à l'argent, à tout cet éclat qui pèse sur les heureux du siècle. Sans sacrifice, point de liberté; et qui tient la liberté pour beaucoup, doit tenir pour bien peu tout le reste.

Baillard.

CV.

Quid vitam securam faciat.

Quæ observanda tibi sint, ut tutior vivas, dicam. Tu tamen sic audias censeo ista præcepta, quomodo, si tibi præciperem, qua ratione bonam valetudinem in Ardeatino tuereris. Considera, quæ sint, quæ hominem in perniciem hominis instigent; invenies spem, invidiam, odium, metum, contemptum. Ex omnibus istis adeo levissimum est contemptus, ut multi in illo, remedii causa, delituerint. Quem quis contemnit, calcat sine dubio, sed transit. Nemo homini contempto pertinaciter, nemo diligenter nocet. Etiam in acie jacens præteritur; cum stante pugnatur.

Spem improborum vitabis, si nihil habueris quod cupiditatem alienam et improbam irritet, si nihil insigne possederis. Concupiscuntur enim insignia, etiamsi parum nota sunt.

Sic vero invidiam effugies, si te non ingesseris oculis, si bona tua non jactaveris, si scieris in sinu gaudere.

Odium autem ex offensa hoc vitabis, neminem lacessendo gratuito; a quo te sensus communis tuebitur. Fuit enim hoc multis periculosum : quidam odium habuerunt, nec inimicum. Illud, ne timearis, præstabit

CV.

Ce qui fait la sécurité de la vie.

Quelles sont les règles à observer pour vivre avec moins de risque? les voici : c'est à vous à les prendre, et je vous y invite, comme des préceptes d'hygiène, que je vous donnerais pour l'insalubre climat d'Ardée. Recherchez les divers motifs qui portent l'homme à perdre son semblable, vous trouverez l'espérance, l'envie, la crainte, le mépris. De tous ces motifs, le mépris est sans doute le moins grave, au point que bien des gens s'en sont enveloppés comme d'un préservatif. On foule, il est vrai, l'obstacle qu'on méprise, mais c'est en passant ; et l'on ne s'acharne ou ne s'étudie guère à persécuter l'homme qu'on dédaigne. On oublie même l'ennemi couché par terre, pour combattre l'ennemi debout.

Vous éluderez l'espoir du méchant, en ne possédant rien qui excite la convoitise et l'improbité, rien qui ait trop d'éclat : car tout ce qui brille se fait désirer, bien qu'on le connaisse peu.

Pour échapper à l'envie, il ne faut faire étalage ni de sa personne, ni de ses biens, ne pas vanter sa félicité, et jouir dans le secret de son cœur.

La haine est fille de l'offense : on l'évite, si l'on ne fait d'injure gratuite à personne. Le simple bon sens vous éloignera de cet écueil, vu que beaucoup y ont fait naufrage. On a parfois encouru des haines, sans avoir personnellement d'ennemi. Si vous n'inspirez pas la crainte,

tibi et fortunæ mediocritas, et ingenii lenitas. Eum esse te homines sciant, quem offendere sine periculo possint : reconciliatio tua et facilis sit, et certa. Timeri autem tam domi molestum est, quam foris; tam a servis, quam a liberis. Nulli non ad nocendum satis virium est. Adjice nunc, quod, qui timetur, timet : nemo potuit terribilis esse secure.

Contemptus superest; cujus modum in sua potestate habet, qui illum sibi adjunxit; qui contemnitur quia voluit, non quia debuit. Hujus incommodum et artes bonæ discutiunt, et amicitiæ eorum, qui apud aliquem potentem potentes sunt : quibus applicari expediet, non implicari; ne pluris remedium, quam periculum, constet.

Nihil tamen æque proderit, quam quiescere, et minimum cum aliis loqui, plurimum secum. Est quædam dulcedo sermonis, quæ irrepit, et blanditur; et, non aliter quam ebrietas aut amor, secreta producit. Nemo, quod audierit, tacebit; nemo, quantum audierit, loquetur. Qui rem non tacuerit, non tacebit auctorem. Habet unusquisque aliquem, cui tantum credat, quantum ipsi creditum est : ut garrulitatem suam custodiat, et contentus sit unius auribus, populum faciet : sic, quod modo secretum erat, rumor est.

Securitatis magna portio est, nihil inique facere. Con-

qui les fait naître, vous le devrez à la médiocrité de votre fortune, à la douceur de votre caractère. Que les hommes sachent qu'on peut vous blesser sans trop de péril; qu'avec vous la réconciliation soit facile et loyale. Il est aussi triste de se faire craindre chez soi qu'au dehors, par ses serviteurs que par ses enfans; car il n'est personne qui ne soit assez fort pour nuire. Ajoutez que toute crainte est réciproque : la main qui lance la terreur ne peut se défendre de frémir.

Reste le mépris, dont la mesure est à la discrétion de celui qui s'en fait une égide, qui veut bien l'accepter, mais qui ne s'en croit pas digne. C'est une disgrâce qu'il oublie dans la pratique du bien et dans l'amitié de ceux qui ont du pouvoir près de quelque grand : il s'approche d'eux autant qu'il est bon de le faire, il ne s'y accroche pas; le secours pourrait lui coûter plus que le péril.

Mais le plus sûr est encore de vivre dans le repos, de s'entretenir fort peu avec les autres, beaucoup avec soi. Il se mêle aux conversations, je ne sais quel charme insinuant qui, de même que l'ivresse et l'amour, nous arrache nos secrets. Ce qu'on entend dire, on ne le tait jamais; jamais on ne dit uniquement ce qu'on a entendu : qui n'a pas tû la chose ne taira pas l'auteur, car chacun a pour quelque autre la même confiance qu'on a mise en lui; si maître qu'il soit de sa langue, ne se fût-il livré qu'à un seul, il aura un peuple de confidens, et le secret du matin deviendra la nouvelle du jour.

La grande base de la sécurité consiste à ne rien faire

fusam vitam et perturbatam impotentes agunt; tantum metuunt, quantum nocent; nec ullo tempore vacant. Trepidant enim, quum fecerunt; hærent : conscientia aliud agere non patitur, ac subinde respondere ad se cogit. Dat pœnas, quisquis exspectat : quisquis autem meruit, exspectat. Tutum aliqua res in mala conscientia præstat, nulla securum. Putat enim se, etiam si non deprehenditur, posse deprehendi ; et inter somnos movetur; et, quoties alicujus scelus loquitur, de suo cogitat. Non satis illi obliteratum videtur, non satis tectum. Nocens habuit aliquando latendi fortunam; nunquam fiduciam.

CVI.

An bonum sit corpus.

Tardius rescribo ad epistolas tuas; non quia districtus occupationibus sum : hanc excusationem cave audias : vaco; et omnes vacant, qui volunt. Neminem res sequuntur; ipsi illas amplexantur, et argumentum esse felicitatis occupationem putant. Quid ergo fuit, quare non protinus rescriberem ei, de quo quærebas? Veniebat in contextum operis mei; scis enim, me moralem philosophiam velle complecti, et omnes ad eam pertinentes quæstiones explicare. Itaque dubitavi, utrum differrem te, an, donec suus isti rei veniret locus, jus

d'inique. Celui qui cède au génie du mal mène une vie de trouble et d'anxiété; ses frayeurs égalent ses prévarications, et son esprit n'est jamais en paix. Les alarmes suivent le délit : captif de sa conscience, qui ne lui permet aucune distraction, il est sans cesse sommé de lui répondre. On souffre la peine qu'on attend; et on l'attend, quand on la mérite. Une mauvaise confiance peut bien trouver la sûreté quelque part, nulle part la sécurité. On a beau n'être pas découvert, on se dit qu'on peut l'être, et dans le sommeil on tressaille, et l'on ne peut entendre parler d'un crime sans songer au sien qui ne semble point assez effacé, assez invisible. Le coupable a parfois le bonheur de rester caché; la certitude, il ne l'a jamais.

BAILLARD.

CVI.

Si le bien est corps.

Si je réponds tardivement à vos lettres, ce n'est pas que je sois surchargé d'occupations : ne vous payez jamais d'une telle excuse; j'ai du loisir, et en a toujours qui veut. Les affaires ne cherchent personne : c'est nous qui courons nous y jeter, et qui croyons que tous ces embarras sont une preuve de bonheur. Pourquoi est-ce donc que je n'ai pas sur-le-champ répondu à vos questions? c'est qu'elles rentraient dans la contexture de mon ouvrage, où vous savez que je veux embrasser toute la philosophie morale et éclaircir à fond toutes les questions qui s'y rattachent. J'ai donc hésité si je vous ajournerais, ou si, jusqu'à ce que cette matière vînt en son

tibi extra ordinem dicerem : humanius visum est, tam longe venientem non detinere. Itaque et hoc ex illa serie rerum cohærentium excerpam, et, si qua erunt hujusmodi, non quærenti tibi ultro mittam. Quæ sint hæc, interrogas? Quæ scire magis juvat, quam prodest; sicut hoc, de quo quæris : «An bonum corpus sit?»

Bonum facit; prodest enim : quod facit, corpus est. Bonum agitat animum, et quodammodo format et continet : quæ propria sunt corporis. Quæ corporis bona sunt, corpora sunt; ergo et quæ animi sunt; nam et hic corpus est. Bonum hominis necesse est corpus sit, quum ipse sit corporalis. Mentior, nisi et quæ alunt illud, et quæ valetudinem ejus vel custodiunt, vel restituunt, corpora sunt : ergo et bonum ejus, corpus est. Non puto te dubitaturum, an affectus corpora sint (ut aliud quoque, de quo non quæris, infulciam), tanquam ira, amor, tristitia : si dubitas, vide an vultum nobis mutent, an frontem adstringant, an faciem diffundant, an ruborem evocent, an fugent sanguinem. Quid ergo? tam manifestas corpori notas credis imprimi, nisi a corpore? Si affectus corpora sunt; et morbi animorum, avaritia, crudelitas, indurata vitia, et in statum inemendabilem adducta : ergo et malitia, et species ejus omnes, malignitas, invidia, superbia : ergo et bona; primum, quia

ordre, je vous donnerais une audience extraordinaire : j'ai cru plus honnête de ne pas faire languir un homme venu de si loin. J'extrairai donc ceci encore d'une série de choses qui se tiennent, et s'il se présente quelque curiosité de ce genre, je préviendrai votre demande et je vous l'enverrai. Vous voulez savoir de quel genre? Ce sont de ces objets dont la connaissance amuse plus qu'elle ne sert; telle est votre question : « Le bien est-il un corps? »

Le bien agit, puisqu'il est utile : or, ce qui agit, est corps. Le bien donne du mouvement à l'âme, il en est comme la forme et le moule : ce qui est la propriété d'un corps. Les biens du corps sont corps eux-mêmes; donc il en est ainsi des biens de l'âme, car l'âme aussi est corps. Le bien de l'homme est nécessairement un corps, l'homme étant corporel. Ou je me trompe, ou ce qui l'alimente, ce qui conserve ou rétablit sa santé est corps aussi : donc également le bien de l'homme est corps. Vous ne douterez pas, je pense, que les passions ne soient corps (pour toucher en passant un autre point que vous ne soulevez pas); par exemple : la colère, l'amour, la tristesse. Si vous en doutiez, voyez comme elles changent tous les traits, obscurcissent le front, épanouissent le visage, appellent la rougeur ou font refluer le sang. Comment des signes aussi manifestes seraient-ils imprimés au corps par autre chose qu'un corps? Si les passions sont des corps, les maladies de l'âme, l'avarice, la cruauté, les vices endurcis et arrivés à l'état incurable, et encore la perversité et toutes ses espèces, comme la malignité, l'envie et la superbe le sont aussi. Il en est de même des biens, d'abord par la raison des contraires, ensuite parce qu'ils vous offrent les mêmes indices. Ne voit-on

contraria istis sunt; deinde, quia eadem tibi indicia praestabunt. An non vides, quantum oculis det vigorem fortitudo? quantam intentionem prudentia? quantam modestiam et quietem reverentia? quantam serenitatem laetitia? quantum rigorem severitas? quantam remissionem veritas? Corpora ergo sunt; quae colorem habitumque corporum mutant, quae in illis regnum suum exercent. Omnes autem, quas retuli, virtutes, bona sunt, et quidquid ex illis est. Numquid est dubium, an id, quo quid tangi potest, corpus sit?

Tangere enim et tangi, nisi corpus, nulla potest res,

ut ait Lucretius : omnia autem ista, quae dixi, non mutarent corpus, nisi tangerent; ergo corpora sunt. Etiamnunc, cui tanta vis est, ut impellat, et cogat, et retineat, et jubeat, corpus est. Quid ergo? Non timor retinet? non audacia impellit? non fortitudo immittit et impetum dat? non moderatio refrenat ac revocat? non gaudium extollit? non tristitia adducit? Denique, quidquid facimus, aut malitiae, aut virtutis gerimus imperio : quod imperat corpori, corpus est; quod vim corpori affert, corpus. Bonum corporis corporale est; bonum hominis, et corporis bonum est : itaque corporale est.

Quoniam, ut voluisti, morem gessi tibi, nunc ipse dicam mihi, quod dicturum esse te video. Latrunculis ludimus; in supervacuis subtilitas teritur : non faciunt

pas quelle vivacité donne aux yeux le courage; quelle force d'attention, la prudence; quelle modestie paisible, le respect; quelle sérénité, la joie; quel air rigide, la sévérité; quelle assurance calme, la sincérité? Il faut donc que ce qui change la couleur des corps et la manière d'être, que ce qui exerce sur eux tant d'empire soit corps aussi. Or, toutes les vertus susdites sont des biens, comme tout ce qui vient d'elles. Peut-on douter que ce qui touche ne soit corps?

« Hormis les corps, rien n'a le don de toucher et d'être touché, »

comme dit Lucrèce. Or, toutes ces choses dont je parle ne changeraient pas le corps, si elles ne le touchaient : ce sont donc des corps. Il y a plus : tout ce qui possède force d'impulsion, de contrainte, de rappel, de commandement, est corps. Car, enfin, ne voit-on pas la crainte retenir, l'audace précipiter, le courage pousser et donner l'élan, la modération imposer un frein et rappeler, la joie exalter l'âme, et l'ivresse l'abattre? Tous nos actes, en un mot, se font sous l'empire de la perversité ou de la vertu; ce qui exerce empire sur un corps, n'est autre chose qu'un corps; ce qui le violente, est corps aussi. Le bien du corps est corporel; le bien de l'homme est aussi le bien du corps : il est donc corporel.

Après avoir fait pour vous, selon votre désir, acte de complaisance, souffrez que je me dise ce que déjà je vous entends dire. Nous jouons-là comme aux échecs; nous exerçons sur des futilités la subtilité de notre esprit :

bonos ista, sed doctos. Apertior res est sapere, immo simplicior. Paucis est ad mentem bonam uti litteris. Sed nos, ut cetera in supervacuum diffundimus, ita philosophiam ipsam. Quemadmodum omnium rerum, sic litterarum quoque intemperantia laboramus : non vitæ, sed scholæ discimus.

CVII.

Firmandum esse animum contra fortuita et necessaria.

Ubi illa prudentia tua? ubi in dispiciendis rebus subtilitas? ubi magnitudo? Tam pusilla res te angit? Servi occupationes tuas occasionem fugæ putaverunt. Si amici deciperent (habeant enim sane nomen, quod illis noster Epicurus imposuit, et vocentur), quo turpius non sint omnibus rebus tuis, desint illi, qui et operam tuam conterebant, et te aliis molestum esse credebant. Nihil horum insolitum, nihil inexspectatum est. Offendi rebus istis, tam ridiculum est, quam queri, quod spargaris in publico, aut inquineris in luto. Eadem vitæ conditio est, quæ balnei, turbæ, itineris : quædam in te mittentur, quædam incident. Non est delicata res, vivere. Longam viam ingressus es : et labaris oportet, et arietes, et cadas, et lasseris, et exclames : « O mors ! »

ces choses-là ne font pas des hommes de bien, mais des hommes de science. La sagesse est plus accessible, elle est surtout plus simple : avec peu de science on y arrive. Mais, habitués que nous sommes à prodiguer sans fruit tout le reste, nous faisons de même par la philosophie. Nous portons partout, et jusque dans la science, l'intempérance qui nous travaille : nous étudions, non pour la vie réelle, mais pour l'école.

BAILLARD.

CVII.

Qu'il faut fortifier son âme contre les accidens fortuits et inévitables.

Où est cette prudence qui vous distinguait, cette sagacité qui appréciait si bien les évènemens ; où est votre grandeur de courage ? Une bagatelle vous désole ! Vos esclaves ont profité de vos nombreuses occupations pour s'échapper. Prenez que c'était de faux amis (et en vérité laissons-leur ce nom d'amis que leur donne Épicure) ; consentez à voir vos foyers purgés de leur présence ; passez-vous de gens qui mettaient votre surveillance aux abois, et faisaient de vous un maître aussi fâcheux que ses valets. Rien en cela d'étrange, rien d'inattendu. S'en émouvoir est aussi ridicule que de se plaindre d'être mouillé ou crotté en pleine rue. On doit compter dans la vie, sur les mêmes accidens qu'aux bains publics, dans une foule, sur une grande route : il y en aura de prémédités, il y en aura de fortuits. Ce n'est pas une affaire de plaisir que la vie. Engagé dans une longue carrière, il faut que l'homme trébuche, chancelle, tombe, qu'il s'épuise enfin, et s'écrie : « O mort ! »

id est, mentiaris. Alio loco comitem relinques, alio efferes, alio timebis. Per ejusmodi offensas emetiendum est confragosum hoc iter. — Mori vult? — Præparetur animus contra omnia : sciat se venisse ubi tonat fulmen; sciat venisse se ubi

> Luctus et ultrices posuere cubilia Curæ,
> Pallentesque habitant Morbi, tristisque Senectus.

In hoc contubernio vita degenda est. Effugere ista non potes, contemnere potes : contemnes autem, si sæpe cogitaveris, et futura præsumpseris. Nemo non fortius ad id, cui se diu composuerat, accessit; et duris quoque, si præmeditata erant, obstitit. At contra imparatus, etiam levissima expavit. Id agendum est, ne quid nobis inopinatum sit; et, quia omnia novitate graviora sunt, hoc cogitatio assidua præstabit, ut nulli sis malo tiro.

Servi me reliquerunt!—Alium compilaverunt, alium accusaverunt, alium occiderunt, alium prodiderunt, alium calcaverunt, alium veneno, alium criminatione petierunt. Quidquid dixeris, multis accidit. Deinceps, quæ multa et varia sunt, in nos diriguntur. Quædam in nos fixa sunt, quædam vibrant, et quum maxime veniunt; quædam, in alios perventura, nos stringunt. Nihil miremur eorum, ad quæ nati sumus; quæ ideo nulli querenda, quia paria sunt omnibus. Ita dico, paria sunt; nam etiam, quod effugit aliquis, pati potuit :

c'est-à dire qu'il mente. Ici vous laisserez en chemin l'un de vos compagnons, là vous enterrerez l'autre, un troisième menacera vos jours. Voilà quels encombres il faut traverser le long de cette route hérissée d'écueils. — Un ami vouloir ma mort! — Préparez votre âme à tout cela. Vous êtes venu, sachez-le bien, là où éclate la foudre; vous êtes venu sur des bords

« Où les Chagrins et les Remords vengeurs ont fixé leur demeure, où habitent les pâles Maladies et la triste Vieillesse. »

Voilà la compagnie en laquelle l'existence doit s'achever. Éviter tant d'ennemis est impossible; mais on peut les braver, et on les brave, quand on y a songé souvent et tout prévu d'avance. On affronte plus hardiment le péril contre lequel on s'est long-temps préparé; les plus dures atteintes, dès qu'on s'y attend, s'amortissent, comme les plus légères effrayent, si elles sont imprévues. Tâchons que rien ne le soit pour nous; et comme tout mal dans sa nouveauté pèse davantage, nous devrons à une méditation continuelle de n'être neufs pour aucun.

Mes esclaves m'ont abandonné! — D'autres ont pillé leur maître, l'ont calomnié, massacré, trahi, foulé aux pieds, empoisonné, attaqué devant la justice, poursuivi criminellement. Tout ce que vous diriez de plus affreux est arrivé mille fois. Mais en outre, quelle multitude et quelle variété de traits nous menacent! Les uns déjà nous ont percés; on brandit les autres : en ce moment même ils arrivent; beaucoup qui vont frapper autrui nous effleurent. Ne soyons surpris d'aucune des épreuves pour lesquelles nous sommes nés : nul n'a droit de s'en plaindre, elles sont communes à tous. Je dis à tous, car celui même qui y échappe pouvait les subir;

æquum autem jus est, non quo omnes usi sunt, sed quod omnibus latum est. Imperetur æquitas animo; et sine querela mortalitatis tributa pendamus. Hiems frigora adducit; algendum est : æstas calores refert; æstuandum est : intemperies cœli valetudinem tentat; ægrotandum est. Et fera nobis aliquo loco occurret, et homo perniciosior feris omnibus. Aliud aqua, aliud ignis eripiet. Hanc rerum conditionem mutare non possumus : illud possumus, magnum sumere animum et viro bono dignum, quo fortiter fortuita patiamur, et naturæ consentiamus. Natura autem hoc, quod vides, regnum mutationibus temperat. Nubilo serena succedunt; turbantur maria, quum quieverunt; flant invicem venti; noctem dies sequitur; pars cœli consurgit, pars mergitur; contrariis rerum æternitas constat. Ad hanc legem animus noster aptandus est : hanc sequatur, huic pareat; et, quæcumque fiunt, debuisse fieri putet, nec velit objurgare naturam.

Optimum est, pati quod emendare non possis; et Deum, quo auctore cuncta proveniunt, sine murmuratione comitari. Malus miles est, qui imperatorem gemens sequitur. Quare impigri atque alacres excipiamus imperia, nec deseramus hunc operis pulcherrimi cursum, cui quidquid patimur intextum est; et sic alloquamur Jovem, cujus gubernaculo moles ista dirigitur, quemadmo-

or, la loi juste est celle non point qui a son effet sur tous, mais qui est faite pour tous. Imposons à notre âme la résignation, et payons de bonne grâce les tributs d'un être mortel. L'hiver amène les frimas, endurons son âpreté; l'été revient avec ses chaleurs, supportons-en le poids; une température malsaine dérange notre santé, sachons être malades. Nous essuyerons l'attaque d'une bête sauvage, ou de l'homme plus féroce que les bêtes sauvages; l'onde ravira telle portion de nos biens; la flamme, telle autre. C'est la constitution même des choses : la changer n'est point donné à l'homme; mais il lui est donné de s'élever à cette hauteur d'âme, si digne de la vertu, qui souffre avec courage les coups du hasard, et qui veut ce que veut la nature. Or, la nature, vous le voyez, gouverne ce monde par le changement. Aux nuages succède la sérénité; les mers se soulèvent après le calme; les vents soufflent alternativement; le jour remplace la nuit, une partie du ciel s'élève sur nos têtes, quand l'autre plonge sous nos pieds; c'est par les contraires que tout subsiste et se perpétue. C'est sur cette loi qu'il faut nous régler : suivons-la, obéissons-lui : quoi qu'il arrive, pensons que cela devait arriver, et renonçons à quereller la nature.

Le mieux est de souffrir, quand le remède est impossible, et d'entrer sans murmure dans les intentions du divin auteur de tout évènement. Celui-là est mauvais soldat, qui suit son général à contre cœur. Recevons donc avec dévoûment et avec joie les ordres qu'il nous intime; ne troublons point, lâches déserteurs, la marche de cette belle création où tout ce que nous souffrons est partie nécessaire. Disons à Jupiter qui tient le gouvernail et qui dirige le grand tout, ce que lui dit le stoï-

dum Cleanthes noster versibus disertissimis alloquitur; quos mihi in nostrum sermonem mutare permittitur, Ciceronis, disertissimi viri, exemplo. Si placuerint, boni consules; si displicuerint, scies me in hoc sequutum Ciceronis exemplum.

> Duc me, parens, celsique dominator poli,
> Quocumque placuit: nulla parendi mora est;
> Adsum impiger. Fac nolle, comitabor gemens,
> Malusque patiar, quod pati licuit bono.
> Ducunt volentem fata, nolentem trahunt.

Sic vivamus, sic loquamur! paratos nos inveniat atque impigros fatum! Hic est magnus animus, qui se Deo tradidit: at contra ille pusillus et degener, qui obluctatur, et de ordine mundi male existimat, et emendare mavult deos, quam se.

CVIII.

Quomodo audiendi sint philosophi.

Id, de quo quæris, ex his est, quæ scire, tantum eo, ut scias, pertinet. Sed nihilominus, quia pertinet et properas, nec vis exspectare libros, quos quum maxime ordino, continentes totam moralem philosophiæ partem statim expediam. Illud tamen prius scribam, quemadmodum tibi ista cupiditas discendi, qua flagrare te video, dirigenda sit, ne ipsa se impediat. Nec passim carpenda sunt; nec avide invadenda universa : per partes

cien Cléanthe en vers éloquens que l'exemple de l'éloquent Cicéron me permet de traduire. S'ils vous plaisent, vous m'en saurez gré; sinon, songez à Cicéron, dont je n'ai fait que suivre l'exemple.

« Guide moi, mon père, ô toi qui régis le ciel élevé; j'obéis sans délai : je suis prêt. Si tes ordres contrarient mes désirs, je te suivrai en gémissant; méchant, je dois au moins souffrir ce que l'homme de bien a pu souffrir. Les destins conduisent celui qui se soumet à leurs arrêts; ils entraînent celui qui résiste. »

Que tels soient et notre vie et notre langage! que le destin nous trouve prêts et déterminés! Une âme grande est celle qui s'abandonne à Dieu : les esprits faibles et pusillanimes veulent lutter, ils calomnient l'ordre de l'univers, et prétendent réformer la providence, plutôt qu'eux-mêmes.

BAILLARD.

CVIII.

Comment il faut écouter les philosophes.

La question que vous me faites porte sur des choses bonnes à savoir seulement pour dire qu'on les sait. Mais enfin tel est leur mérite; et puisque votre impatience ne saurait attendre le livre dans lequel je m'occupe à présent même à classer l'ensemble de la philosophie morale, je vais résoudre vos doutes. Toutefois je commencerai par vous prescrire le moyen de diriger cette ardeur de savoir dont je vous vois enflammé; et qui pourrait se faire obstacle à elle-même. Il ne faut ni butiner au hasard, ni envahir avidement tout le champ de la science :

pervenitur ad totum. Aptari onus viribus debet; nec plus occupari, quam cui sufficere possimus. Non, quantum vis, sed quantum capis, hauriendum est. Bonum tantum habe animum; capies, quantum voles. Quo plus recipit animus, hoc se magis laxat.

Hæc nobis præcipere Attalum memini, quum scholam ejus obsideremus, et primi veniremus, et novissimi exiremus, ambulantem quoque illum ad aliquas disputationes evocaremus, non tantum paratum discentibus, sed obvium. «Idem, inquit, et docenti, et discenti debet esse propositum : ut ille prodesse velit, hic proficere.» Qui ad philosophum venit, quotidie aliquid secum boni ferat; aut sanior domum redeat, aut sanabilior. Redibit autem : ea enim philosophiæ vis est, ut non [solum] studentes, sed etiam conversantes juvet. Qui in solem venit, licet non in hoc venerit, colorabitur; qui in unguentaria taberna resederunt, et paullo diutius commorati sunt, odorem secum loci ferunt; et, qui apud philosophum fuerunt, traxerint aliquid necesse est, quod prodesset etiam negligentibus. Attende, quid dicam : *negligentibus;* non, *repugnantibus.*

Quid ergo? non novimus quosdam, qui multis apud philosophum annis persederint, et ne colorem quidem duxerint? — Quidni noverim? pertinacissimos quidem, et assiduos; quos ego non discipulos philosophorum,

c'est chaque partie, prise une à une, qui mène à la conquête du tout. On doit proportionner le fardeau à ses forces, et ne pas prendre au delà de ce qu'on peut porter. Puisez suivant votre capacité, et non suivant votre désir : commencez par avoir l'âme bien reglée, et l'équilibre s'établira entre votre capacité et vos désirs ; plus alors l'âme reçoit, et plus elle s'étend.

Voici un précepte que j'ai retenu d'Attalus, lorsque j'assiégais son école, le premier à m'y rendre, et le dernier à la quitter ; lorsque, durant ses promenades même, je l'attirais dans l'une de ces discussions instructives auxquelles il se prêtait de bonne grâce, et que même il provoquait. « Le maître et le disciple, disait-il, doivent marcher ensemble vers un but commun et vouloir, l'un se rendre utile, l'autre profiter. » Il faut que celui qui assiste aux leçons des philosophes y recueille chaque jour quelque fruit, et s'en retourne ou plus sage, ou plus près de l'être. Et la chose arrivera sans doute ; car telle est l'influence de la philosophie que non-seulement ses prosélytes, mais les indifférens qui l'approchent y gagnent toujours. Qui s'expose au soleil brunira son teint, bien qu'il n'y vienne pas pour cela ; qui fait longue séance dans la boutique d'un parfumeur, emporte avec soi l'odeur qu'on y respire ; de même, au sortir de chez un philosophe, quelque chose de lui vous suit et vous profite, tout inattentif que vous y soyez. Pesez bien mes termes : je parle d'*inattention,* et non point de *répugnance.*

Mais quoi ! n'a-t-on pas vu des hommes suivre maintes années un professeur de sagesse, et ne pas prendre la moindre teinte de ses doctrines ? — Eh ! qui ne les a vus comme vous ! c'étaient même les plus assidus, les plus opiniâtres, piliers d'écoles plutôt que disciples. D'autres

sed inquilinos, voco. Quidam veniunt, ut audiant, non ut discant; sicut in theatrum voluptatis causa, ad delectandas aures oratione, vel voce, vel fabulis, ducimur. Magnam hanc auditorum partem videbis, cui philosophi schola diversorium otii sit. Non id agunt, ut aliqua illo vitia deponant; ut aliquam legem vitæ accipiant, qua mores suos exigant; sed ut oblectamento aurium perfruantur. Aliqui tamen et cum pugillaribus veniunt; non ut res excipiant, sed ut verba, quæ tam sine profectu alieno dicant, quam sine suo audiunt. Quidam ad magnificas voces excitantur, et transeunt in affectum dicentium, alacres vultu et animo; nec aliter concitantur, quam solent Phrygii tibicinis sono semiviri, et ex imperio furentes. Rapit illos instigatque rerum pulchritudo, non verborum inanium sonitus. Si quid acriter contra mortem dictum est, si quid contra fortunam contumaciter; juvat protinus, quæ audias, facere. Afficiuntur illis : et sunt quales jubentur, si illa animo forma permaneat, si non impetum insignem protinus populus, honesti dissuasor, excipiat. Pauci illam, quam conceperant, mentem domum perferre potuerunt.

Facile est, auditorem concitare ad cupidinem recti : omnibus enim natura fundamenta dedit, semenque virtutum, omnes ad omnia ista nati sumus; quum irritator accessit, tunc illa animi bona, velut sopita, excitantur.

viennent pour entendre et non pour retenir ; comme on va au théâtre chercher le plaisir et amuser son oreille par le charme des voix, l'intérêt du drame ou des récits. Les cours, pour la plupart des habitués, ne sont que des passe-temps d'oisifs. On ne songe pas à s'y défaire de quelque vice, à y recevoir quelque règle de vie, de réforme morale : on ne veut goûter que la satisfaction de l'oreille. Quelques-uns pourtant apportent leurs tablettes ; mais au lieu de choses, ils y notent des mots qu'ils répéteront sans fruit pour les autres, comme il les entendent sans fruit pour eux-mêmes. Il en est qu'échauffent les grands traits d'éloquence, et qui entrent dans la passion de l'orateur : leur visage est tout ému comme leur âme ; transport pareil à l'enthousiasme qui saisit à point nommé les eunuques de Cybèle au son de la flûte phrygienne. Ce qui les ravit, ce qui les entraîne, c'est l'excellence des doctrines, et non plus la vaine harmonie des paroles. Qu'il se débite une tirade vigoureuse, une apostrophe énergique contre la mort ou la fortune, les voilà prêts à exécuter ce qu'ils viennent d'ouïr. Ils sont pénétrés, et tels qu'on les veut, n'était que l'impression s'efface, et que leur noble élan se brise à l'heure même contre les railleries du siècle qui dissuade de toute vertu. Ces sentimens, conçus avec tant d'ardeur, bien peu les remportent dans leurs foyers.

Il est facile d'allumer chez son auditeur l'amour de ce qui est bien ; la nature a jeté dans tous les cœurs le fondement et le germe des vertus. Il n'en est aucune pour laquelle nous ne soyons tous faits ; et à l'approche d'une main habile, ces précieuses étincelles, pour ainsi dire

Non vides, quemadmodum theatra consonent, quoties aliqua dicta sunt, quæ publice agnoscimus, et consensu vera esse testamur?

> Desunt inopiæ multa, avaritiæ omnia.
> In nullum avarus bonus est, in se pessimus.

Ad hos versus ille sordidissimus plaudit, et vitiis suis fieri convicium gaudet.

Quanto magis hoc judicas evenire, quum a philosopho ista dicuntur; quum salutaribus præceptis versus inseruntur, efficacius eadem illa demissuri in animum imperitorum? « Nam, ut dicebat Cleanthes, quemadmodum spiritus noster clariorem sonum reddit, quum illum tuba, per longi canalis angustias tractum, potentiorem novissimo exitu effudit; sic sensus nostros clariores carminis arcta necessitas efficit. » Eadem negligentius audiuntur, minusque percutiunt, quamdiu soluta oratione dicuntur; ubi accessere numeri et egregium sensum adstrinxere certi pedes, eadem illa sententia, velut lacerto excussa, torquetur. De contemptu pecuniæ multa dicuntur, et longissimis orationibus hoc præcipitur, ut homines in animo, non in patrimonio, putent esse divitias; eum esse locupletem, qui paupertati suæ aptatus est, et parvo se divitem fecit. Magis tamen feriuntur animi, quum carmina ejusmodi dicta sunt:

assoupies, se réveillent. N'entendez-vous pas de quels applaudissemens retentissent nos théâtres, quand il s'y prononce de ces maximes que tout un peuple reconnaît et sanctionne d'une seule voix comme la vérité même ?

« Bien des choses manquent à l'indigent; mais tout manque à l'avare. L'avare n'est bon pour personne ; il l'est encore bien moins pour lui-même. »

A de pareils vers, l'homme le plus sordide applaudit, et prend plaisir à la censure de ses propres vices.

Jugez combien doit croître l'effet de ces vérités dans la bouche d'un philosophe, lorsqu'à ses salutaires préceptes se mêlent quelques vers qui les gravent plus efficacement dans les consciences peu éclairées ! « Car, comme a dit Cléanthe, de même que notre souffle produit un son plus retentissant, s'il est comprimé dans l'étroite capacité d'un long tube qui se termine et lui donne passage par un plus large orifice; ainsi la gêne et la contrainte du vers ajoute à la pensée un nouvel éclat. » Telle idée se fait entendre sans intérêt et effleure à peine l'attention, si on l'exprime en prose; mais qu'elle prenne le rythme pour auxiliaire, que la pensée, déjà heureuse, se plie aux entraves et à la concision du mètre, elle deviendra comme le trait pénétrant que lance une main puissante. Le rhéteur parle en cent façons du mépris des richesses; il enseigne aux hommes par de longs discours à mettre leurs biens en eux-mêmes, et non dans leur patrimoine; que celui-là est opulent, qui s'accommode à la pauvreté, et se fait riche de peu. Mais l'esprit n'est-il pas plus vivement frappé, quand c'est le poète qui dit :

Is minimo eget mortalis, qui minimum cupit.
Quod vult, habet, qui velle, quod satis est, potest.

Quum hæc atque ejusmodi audimus, ad confessionem veritatis adducimur. Illi enim, quibus nihil satis est, admirantur, acclamant, odium pecuniæ indicunt. Hunc illorum affectum quum videris, urge, hoc preme, hoc onera, relictis ambiguitatibus, et syllogismis, et cavillationibus, et ceteris acuminis irriti ludicris. Dic in avaritiam, dic in luxuriam : quum profecisse te videris, et animos audientium affeceris, insta vehementius. Verisimile non est, quantum proficiat talis oratio, remedio intenta, et tota in bonum audientium versa. Facillime enim tenera conciliantur ingenia ad honesti rectique amorem : et adhuc docilibus leviterque corruptis injicit manum veritas, si advocatum idoneum nacta est.

Ego certe, quum Attalum audirem, in vitia, in errores, in mala vitæ perorantem, sæpe misertus sum generis humani, et illum sublimem altioremque humano fastigio credidi. Ipse regem se esse dicebat : sed plus quam regnare mihi videbatur, cui liceret censuram agere regnantium. Quum vero commendare paupertatem cœperat, et ostendere, quam, quidquid usum excederet, pondus esset supervacuum et grave ferenti; sæpe exire e schola pauperi libuit. Quum cœperat voluptates nostras traducere, laudare castum corpus, sobriam men-

« Le mortel le moins indigent est celui qui désire le moins ; on a tout ce qu'on veut quand on ne veut que ce qui suffit. »

Ces sentences et d'autres semblables nous arrachent l'aveu de leur évidence. Ceux même à qui rien ne suffit s'extasient, se récrient, déclarent la guerre aux richesses. Que l'orateur saisisse ce mouvement, qu'il insiste, presse et fortifie son dire ; plus d'équivoques, de syllogismes, de chicanes raffinées, de vains jeux d'esprit. Tonnez contre l'avarice, tonnez contre le luxe ; et si alors l'impression est visible, si les âmes s'ébranlent, redoublez encore de véhémence. On ne saurait croire combien profitent de telles allocutions qui tendent à la guérison morale et n'ont pour but que le bien des auditeurs. Il est si facile de gagner à l'amour de l'honnête et du juste de jeunes esprits dociles encore, et légèrement corrompus ! La vérité a sur eux tant de prise, quand elle trouve un avocat digne d'elle !

Pour moi, certes, lorsque j'entendais discourir Attale sur les vices, les erreurs, les maux de la vie, j'ai souvent pris en pitié le genre humain, tant cet homme me paraissait sublime et supérieur au reste des mortels. Je suis roi, disait-il, et à mes yeux il était bien plus ; car il avait droit de censure sur les rois de la terre. Venait-il à faire l'éloge de la pauvreté, à démontrer combien au delà du nécessaire tout n'est plus qu'inutilité, gêne et fardeau, j'étais prêt maintefois à ne sortir que pauvre de son école. S'il gourmandait nos voluptés, s'il vantait la continence, la sobriété, la pureté d'une âme qui se défend tout plaisir illicite ou même superflu, je brûlais de couper court à l'intempérance et à la sensualité.

sam, puram mentem, non tantum ab illicitis voluptatibus, sed etiam supervacuis; libebat circumscribere gulam et ventrem. Inde mihi quædam permansere, Lucili; magno enim in omnia inceptu veneram : deinde, ad civitatis vitam reductus, ex bene cœptis pauca servavi. Inde ostreis boletisque in omnem vitam renuntiatum est : nec enim cibi, sed oblectamenta sunt, ad edendum saturos cogentia; quod gratissimum est edacibus, et se ultra, quam capiunt, farcientibus, facile descensura, facile reditura. Inde in omnem vitam unguento abstinemus; quoniam optimus odor in corpore est nullus. Inde vino carens stomachus. Inde in omnem vitam balneum fugimus; decoquere corpus, atque exinanire sudoribus, inutile simul delicatumque credidimus. Cetera projecta redierunt; ita tamen, ut, quorum abstinentiam interrupi, modum servem, et quidem abstinentiæ proximiorem, nescio an difficiliorem; quoniam quædam absciduntur facilius animo, quam temperantur.

Quoniam cœpi tibi exponere, quanto majori impetu ad philosophiam juvenis accesserim, quam senex pergam, non pudebit fateri, quem mihi amorem Pythagoræ injecerit Sotion. Dicebat, quare ille animalibus abstinuisset, quare postea Sextius. Dissimilis utrique causa erat, sed utrique magnifica. Hic homini satis alimentorum citra sanguinem esse credebat, et crudelitatis

Quelque chose m'est resté de ces leçons; car j'avais embrassé tout le système avec enthousiasme : mais ramené aux pratiques du monde, j'ai peu conservé d'une réforme si bien commencée. Toutefois, depuis lors, j'ai renoncé aux huîtres et aux champignons; ce sont là non des alimens, mais de perfides douceurs qui forcent à manger quand on n'a plus faim, grand mérite pour les gourmands qui absorbent, engloutissent plus qu'ils ne peuvent tenir : cela passe facilement et se vomit de même. Depuis lors, je me suis à jamais interdit les parfums, la meilleure odeur pour le corps étant de n'en avoir aucune. Depuis lors mon estomac ne connaît plus le vin, et j'ai dit aux bains à étuves un éternel adieu : se rôtir le corps et l'épuiser de sueurs me semble une recherche fort inutile. Du reste je vis revenir tout ce que j'avais quitté, de façon pourtant, quand je romps l'abstinence, à garder la mesure la plus voisine de cette vertu, ce qui peut-être est plus difficile; car pour certaines choses la privation totale coûte moins que l'usage modéré.

Mais puisque je vous ai commencé l'histoire des premières ferveurs de ma jeunesse philosophique, suivies des tiédeurs du vieil âge, je puis sans honte vous avouer de quel beau feu Sotion m'a enflammé pour Pythagore. Il expliquait pourquoi ce philosophe, et, après lui, Sextius s'étaient abstenus de la chair des animaux. Leurs motifs à chacun différaient, mais tous deux en avaient d'admirables. Sextius pensait qu'il existe assez d'alimens pour l'homme, sans qu'il verse le sang, et qu'on apprend

consuetudinem fieri, ubi in voluptatem esset adducta laceratio. Adjiciebat, contrahendam materiam esse luxuriæ; colligebat, bonæ valetudini contraria esse alimenta varia, et nostris aliena corporibus.

At Pythagoras omnium inter omnia cognationem esse dicebat, et aliorum commercium in alias atque alias formas transeuntium. Nulla (si illi credas) anima interit, nec cessat quidem, nisi tempore exiguo, dum in aliud corpus transfunditur. Videbimus, per quas temporum vices, et quando, pererratis pluribus domiciliis, in hominem revertatur. Interim sceleris hominibus ac parricidii metum fecit, quum possint in parentis animam inscii incurrere, et ferro morsuve violare, si in quo cognatus aliquis spiritus hospitaretur.

Hæc quum exposuisset Sotion, et implesset argumentis suis: «Non credis, inquit, animas in alia corpora atque alia describi? et migrationem esse, quod dicimus mortem? Non credis, in his pecudibus, ferisve, aut aqua mersis, illum quondam hominis animum morari? Non credis, nihil perire in hoc mundo, sed mutare regionem? nec tantum cœlestia per certos circuitus verti, sed animalia quoque per vices ire, et animos per orbem agi? Magni ista crediderunt viri! itaque judicium quidem tuum sustine; ceterum omnia tibi integra serva. Si vera sunt ista, abstinuisse animalibus

à devenir cruel en faisant du déchirement des chairs un moyen de jouissance. Il ajoutait qu'il faut réduire les élémens de sensualité, et finissait par dire que notre variété de mets était aussi contraire à la santé que peu faite pour le corps.

Selon Pythagore, une parenté universelle lie tous les êtres, et une transmutation sans fin les fait passer, tantôt dans un corps, tantôt dans un autre. A l'en croire, aucune âme ne périt ni même ne cesse d'agir, sauf le court moment où elle revêt une autre enveloppe. Sans chercher ici après quel temps révolu, après combien de mutations successives elle retourne à la forme humaine, toujours est-il que Pythagore a imprimé aux hommes l'horreur du crime et du parricide, puisqu'ils peuvent, sans le savoir, menacer l'âme d'un père, et porter un fer ou une dent sacrilège sur cette chair qu'habiterait un membre de leur famille.

Après cet exposé qu'il enrichissait d'argumens à lui, Sotion nous disait : « Vous ne croyez pas que les âmes passent successivement d'un corps à un autre pour l'habiter; que ce qu'on appelle mort ne soit qu'une transmigration; que chez l'animal qui broute les prés, chez ceux qui peuplent l'onde ou les forêts, séjourne l'être qui jadis fut un homme. Vous ne croyez pas que rien ne meurt en ce monde, mais que tout change d'état; qu'à l'exemple des corps célestes et de leurs révolutions marquées, tout ce qui respire a ses phases diverses, toutes les âmes ont leur cercle à parcourir? Eh bien, de grands hommes l'ont cru; suspendez au moins votre jugement; et en attendant respectez tout ce qui a vie. Si cette doctrine est vraie, s'abstenir de la chair des animaux sera s'épargner

innocentia est; si falsa, frugalitas est. Quod istic crudelitatis tuæ damnum est? Alimenta tibi leonum et vulturum eripio. »

His instinctus, abstinere animalibus cœpi; et, anno peracto, non tantum facilis erat mihi consuetudo, sed dulcis. Agiliorem mihi animum esse credebam; nec tibi hodie affirmaverim, an fuerit. Quæris, quomodo desierim? In Tiberii Cæsaris principatum juventæ tempus inciderat : alienigena tum sacra movebantur, sed inter argumenta superstitionis ponebatur quorumdam animalium abstinentia. Patre itaque meo rogante, qui calumniam timebat, non philosophiam oderat, ad pristinam consuetudinem redii; nec difficulter mihi, ut inciperem melius cœnare, persuasit.

Laudare solebat Attalus culcitam, quæ resisteret corpori : tali utor etiam senex, in qua vestigium apparere non possit.

Hæc retuli, ut probarem tibi, quam vehementes haberent tirunculi impetus primos ad optima quæque, si quis exhortaretur illos, si quis impelleret. Sed aliquid præcipientium vitio peccatur, qui nos docent disputare, non vivere; aliquid discentium, qui propositum afferunt ad præceptores suos, non animum excolendi, sed ingenium. Itaque, quæ *philosophia* fuit, facta *philologia* est. Multum autem ad rem pertinet, quo proposito ad quamque

des crimes; si elle est fausse, ce sera frugalité. Qu'y perdez-vous, cruel? C'est la pâture des lions, des vautours que je vous arrache. »

Frappé de ces discours, je m'abstins dès-lors de toute nourriture animale; et un an de ce régime me l'avait rendu facile, agréable même. Mon esprit m'en paraissait devenu plus agile, et je ne jurerais pas aujourd'hui qu'il ne le fût point. Comment ai-je discontinué? En voici la raison. L'époque de ma jeunesse tomba sous le gouvernement de Tibère : on proscrivait alors des cultes étrangers, et l'on mettait l'abstinence de certaines viandes parmi les indices de ces superstitions. A la prière de mon père, qui n'était pas ennemi de la philosophie, mais qui craignait les délations, je repris mon ancien genre de vie, et ce fut sans peine que je me laissai persuader de faire meilleure chère.

Attale vantait aussi l'usage d'un matelas qui résiste : tel est encore le mien à mon âge; l'empreinte de mon corps n'y paraît point

Tout ceci n'est que pour vous montrer quelle ardeur emporte une âme neuve vers toutes les bonnes doctrines, dès qu'on l'y pousse et qu'on l'y exhorte. Si elle se fourvoie, c'est la faute en partie du maître qui enseigne l'art de disserter, non l'art de vivre, et en partie du disciple qui arrive déterminé à cultiver son esprit, sans songer à l'âme; si bien que la philosophie n'est plus que la philologie. Il importe beaucoup, dans toute étude, de bien savoir quel but on s'y propose. L'apprenti grammairien, qui va feuilletant Virgile, ne lit

rem accedas. Qui, grammaticus futurus, Virgilium scrutatur, non hoc animo legit illud egregium,

> . . . . . . Fugit irreparabile tempus :

vigilandum est! nisi properamus, relinquemur; agit nos, agiturque velox dies; inscii rapimur; omnia in futurum disponimus, et inter præcipitia lenti sumus : sed ut observet, quoties Virgilius de celeritate temporum dicit, hoc uti verbo illum, *fugit.*

> Optima quæque dies miseris mortatibus ævi
> Prima fugit : subeunt morbi, tristisque senectus,
> Et labor; et duræ rapit inclementia mortis.

Ille, qui ad philosophiam spectat, hæc eadem, quo debet, adducit. Nunquam Virgilius, inquit, *dies* dicit *ire*, sed *fugere*, quod currendi genus concitatissimum est; « et optimos quosque primos rapi : » quid ergo cessamus nos ipsi concitare, ut velocitatem rapidissimæ rei possimus æquare? Meliora prætervolant, deteriora succedunt. Quemadmodum ex amphora primum, quod est sincerissimum, effluit, gravissimum quodque turbidumque subsidit; sic in ætate nostra, quod optimum, in primo est. Id exhauriri in aliis potius patimur, ut nobis fæcem reservemus. Inhæreat istud animo, et, tanquam missum oraculo, placeat :

> Optima quæque dies miseris mortalibus ævi
> Prima fugit.

pas ce beau vers :

. . . . .Le temps fuit sans retour

comme une leçon de vigilance qui lui crie : « Hâte-toi, ou te voilà en arrière : les jours te poussent, poussés eux-mêmes par une rapidité fatale; emporté sans le sentir, tu ne rêves qu'avenir et projets éloignés, tu dors, quand tout se précipite. » Non : il remarque seulement que chaque fois que Virgile parle de la vitesse du temps, il emploie le verbe *fugit* :

« Le jour le plus précieux pour les malheureux mortels est celui qui fuit le premier; puis surviennent les maladies, et la triste vieillesse, et les travaux ; puis le coup fatal de l'impitoyable mort. »

Celui qui lit en philosophe rapporte ces mêmes vers à leur véritable intention. Jamais, pense-t-il, Virgile ne dit que les jours s'en vont, mais qu'ils *fuient*, ce qui est l'allure la plus rapide de toutes; « et que nos plus beaux jours nous sont le plus tôt ravis. » Que tardons-nous donc à prendre aussi notre élan ? que ne luttons-nous de vitesse avec celui de nos biens qui est le plus prompt à nous quitter ? C'est le meilleur qui s'envole, et le pire lui succède. Comme le vin le plus clair est le premier qu'on puise de l'amphore, tandis que le plus épais, le plus trouble reste au fond ; la meilleure partie de notre vie s'échappe de même la première, et nous la laissons épuiser aux autres, pour ne nous réserver que la lie. Gravons ceci dans notre âme comme un oracle, comme une de nos plus chères maximes :

« Le jour le plus précieux pour les malheureux mortels est celui qui fuit le premier. »

Quare *optima?* quia, quod restat, incertum est. Quare *optima?* quia juvenes possumus discere, possumus facilem animum, et adhuc tractabilem, ad meliora convertere; quia hoc tempus idoneum est laboribus, idoneum agitandis per studia ingeniis, et exercendis per opera corporibus. Quod superest, segnius et languidius est, et propius a fine. Itaque toto hoc agamus animo, et omissis ad quæ devertimur, in rem unam laboremus, ne hanc temporis pernicissimi celeritatem, quam retinere non possumus, relicti demum intelligamus. Primus quisque, tanquam *optimus*, dies placeat, et redigatur in nostrum. Quod fugit, occupandum est.

Hoc non cogitat ille, qui grammatici oculis carmen istud legit, ideo « optimum quemque primum esse diem, » quia subeunt morbi, quia senectus premit, et adhuc adolescentiam cogitantibus supra caput est : sed ait, Virgilium semper una ponere « morbos et senectutem. » Non, mehercules, immerito; senectus enim insanabilis morbus est. Præterea, inquit, hoc senectuti cognomen posuit, *tristem* illam vocat :

. . . . Subeunt morbi, tristisque senectus.

Non est quod mireris, ex eadem materia suis quemque studiis apta colligere. In eodem prato bos herbam quærit, canis leporem, ciconia lacertum. Quum Ciceronis libros *de Republica* prendit hinc philologus ali-

Pourquoi *optima?* parce que ceux qui suivent ne sont qu'incertitude. Pourquoi encore? Parce que jeune on peut s'instruire, on peut tourner au bien son esprit encore flexible et docile; parce qu'on est dans le temps du travail, des études qui donnent de l'essor à l'esprit, des exercices qui fortifient le corps. Plus tard l'homme languit, décline, et approche de sa fin. Travaillons donc de toute notre âme, et, sans songer aux dissipations du siècle, travaillons uniquement à ce que cette effrayante célérité du temps, si impossible à retenir, ne nous apparaisse point trop tard, quand déjà il serait loin de nous. Aimons les jours de la jeunesse comme les plus précieux de tous, et assurons-nous-en la conquête : c'est une proie qui fuit, et qu'il faut saisir.

Telle n'est point la pensée du disciple qui lit ce vers avec des yeux de grammairien. Il ne voit pas que « les premiers jours sont les plus précieux, » parce que les maladies viennent ensuite, que la vieillesse nous serre de près, et plane sur nos têtes pleines encore des rêves de l'adolescence; mais il observe que Virgile place toujours ensemble « les maladies et la vieillesse, » alliance certes bien entendue : car la vieillesse, c'est une maladie incurable. Mais, se dit-il encore, quelle épithète l'auteur applique-t-il à la vieillesse? il l'appelle *triste*.

« Surviennent les maladies et la triste vieillesse. »

Ne vous étonnez pas que chaque esprit exploite le même sujet selon ses goûts. Dans le même pré le bœuf cherche des herbages, le chien un lièvre, la cigogne des lézards. Qu'un philologue, un grammairien, et un philosophe prennent tous trois *la République* de Cicéron, chacun

quis, hinc grammaticus, hinc philosophiæ deditus; alius alio curam suam mittit. Philosophus admiratur, « contra justitiam dici tam multa » potuisse. Quum ad hanc eamdem lectionem philologus accessit, hoc subnotat : « Duos romanos reges esse, quorum alter patrem non habet, alter matrem : » nam de Servii matre dubitatur; Anci pater nullus; Numæ nepos dicitur. Præterea notat, « eum, quem nos dictatorem dicimus et in historiis ita nominari legimus, apud antiquos magistrum populi vocatum. » Hodieque id exstat in Auguralibus libris; et testimonium est, quod, qui ab illo nominatur, magister equitum est. Æque notat, « Romulum perisse solis defectione : provocationem ad populum etiam a regibus fuisse : » id ita in Pontificalibus libris aliqui putant, et Fenestella.

Eosdem libros quum grammaticus explicuit, primum verba prisca, *reapse* dici a Cicerone, id est, *reipsa*, in commentarium refert; nec minus *sese*, id est, *seipse*. Deinde transit ad ea, quæ consuetudo sæculi mutavit; tanquam ait Cicero, « quoniam sumus ab ipsa calce ejus interpellatione revocati : » hanc, quam nunc in Circo *cretam* vocamus, *calcem* antiqui dicebant. Deinde Ennianos colligit versus, et in primis illos de Africano scriptos :

.... Cui nemo civis neque hostis
  Quivit pro factis reddere operæ pretium.

porte ses réflexions sur un point différent. Le philosophe s'étonne « qu'on ait pu avancer tant de paradoxes contre la justice; » le philologue note avec soin dans le cours de la même lecture « qu'il y a deux rois de Rome dont l'un n'a point de père, et l'autre point de mère : » car on varie sur la mère de Servius; pour Ancus, on ne lui donne pas de père, on ne l'appelle que petit-fils de Numa. Il note aussi que ce que nous nommons *dictateur,* ce que les histoires désignent sous ce titre, s'est d'abord appelé *maître du peuple :* « témoins encore aujourd'hui les livres des Augures, lesquels en outre constatent que l'adjoint qu'il prend s'intitule *maître de la cavalerie.* Il n'a garde d'omettre que Romulus périt durant une éclipse de soleil; que l'appel au peuple avait lieu même sous les rois. » Fenestella, entre autres, prétend que ce fait est consigné dans les livres des Pontifes.

Le grammairien ouvre à son tour le volume. Cicéron y a mis *reapse* dans le sens de *reipsa :* premier sujet de commentaire; *sese* pour *seipse,* autre observation. Puis il vient aux mots dont l'usage et le temps ont changé l'emploi, par exemple à ce passage: « Puisque son interpellation nous a rappelés de la borne même, » où Cicéron, comme les anciens, nomme *calcem* la borne du Cirque, que l'on appelle aujourd'hui *cretam.* Puis il recueille précieusement les vers d'Ennius, et surtout son épitaphe de Scipion l'Africain :

« A qui nul mortel, citoyen ou étranger, n'a pu rendre aide et secours qu'ils ont reçus de lui. »

Ex eo se ait intelligere, apud antiquos non tantum *auxilium* significasse *operam*, sed *opera* : ait enim, neminem potuisse Scipioni, neque civem, neque hostem, reddere *operæ* pretium. Felicem deinde se putat, quod invenerit, unde visum sit Virgilio dicere :

>. . . . . .Quem super ingens
>Porta tonat cœli. . . . .

Ennium hoc ait Homero subripuisse; Ennio Virgilium. Esse enim apud Ciceronem in his ipsis *de Republica* hoc epigramma Ennii :

> Si fas endo plagas cœlestum ascendere cuiquam;
> Mi soli cœli maxima porta patet.

Sed ne et ipse, dum aliud ago, in philologum aut grammaticum delabar, illud admoneo, auditionem philosophorum lectionemque ad propositum beatæ vitæ trahendam; non ut verba prisca aut ficta captemus, et translationes improbas figurasque dicendi, sed ut profutura præcepta, et magnificas voces, et animosas, quæ mox in rem transferantur. Sic ista discamus, ut, quæ fuerunt verba, sint opera.

Nullos autem pejus mereri de omnibus mortalibus judico, quam qui philosophiam, velut aliquod artificium venale, didicerunt; qui aliter vivunt, quam vivendum esse præcipiunt. Exempla enim se ipsos inutilis disciplinæ circumferunt, nulli non vitio, quod insequuntur, obnoxii. Non magis mihi potest quisquam talis

D'où il conclut qu'autrefois *opera* de même que le pluriel d'*opus*, avait la signification d'*auxilium*, Ennius ayant écrit *operæ pretium* pour exprimer que personne, citoyen ou étranger, n'a pu rendre à Scipion *aide et secours*. Et quelle bonne fortune ensuite de trouver la phrase d'après laquelle Virgile crut pouvoir dire :

« Sur lui tonnait la grande porte des cieux. »

Ennius, s'écrie-t-il, l'a volé à Homère, et Virgile à Ennius ; car voici le distique du dernier dans cette même *République* de Cicéron :

« S'il est permis à un mortel de monter jusqu'au séjour des dieux, à moi seul est ouverte la grande porte des cieux. »

Mais de peur qu'à mon tour cette digression ne m'entraîne à faire le philologue ou le grammairien, je reviens à ma pensée, qu'il faut entendre et lire les philosophes pour apprendre d'eux le secret de la vie heureuse ; pour leur dérober, non des mots vieillis ou nouveaux, des métaphores hasardées et des figures de style, mais de ces préceptes salutaires, de ces sublimes et généreuses sentences qui, passant bientôt dans la pratique, montrent la parole du maître mise en action par le disciple.

Du reste, je ne sache point d'hommes si peu méritant de tous leurs semblables que ceux qui ont étudié la philosophie comme une sorte de profession mercenaire : gens qui vivent au rebours des règles de vie qu'ils donnent. Car répandus dans le monde, ils y sont les preuves vivantes de la vanité de leurs systèmes, en se montrant esclaves de tous ces mêmes vices tant frondés par eux.

prodesse præceptor, quam gubernator in tempestate nauseabundus. Tenendum est, rapiente fluctu, gubernaculum, luctandum cum ipso mari, eripienda sunt vento vela : quid me potest adjuvare rector navigii attonitus et vomitans? Quanto majore putas vitam tempestate jactari, quam ullam ratem? Non est loquendum, sed gubernandum. Omnia, quæ dicunt, quæ turba audiente jactant, aliena sunt. Dixit illa Plato, dixit Zenon, dixit Chrysippus, et Posidonius, et ingens agmen non [tot ac] talium. Quomodo probare possint sua esse, monstrabo : faciant, quæ dixerint.

Quoniam, quæ volueram ad te proferre, jam dixi; nunc desiderio tuo satisfaciam, et in alteram epistolam integrum, quod exegeras, transferam; ne ad rem spinosam, et auribus erectis curiosisque audiendam, lassus accedas.

CIX.

An sapiens sapienti, et quomodo, prosit.

An «sapiens sapienti prosit,» scire desideras.—Dicimus, plenum omni bono esse sapientem et summa adeptum : quomodo prodesse aliquis possit summum habenti bonum, quæritur. Prosunt inter se boni; exercent enim virtutes, et sapientiam in suo statu continent : desiderat uterque aliquem, cum quo conferat, cum quo quærat.

Un précepteur de ce genre ne me vaudra jamais plus qu'un pilote travaillé de nausées pendant la tempête. S'il faut tenir le gouvernail que le flot emporte, lutter contre la mer, dérober la voile aux aquilons, de quelle aide pourrait m'être le conducteur du navire frappé de stupeur et vomissant? Or, dites-moi : y a-t-il navire battu d'aussi grandes tempêtes que l'est notre vie? Il ne faut point ici des phrases, mais une bonne manœuvre. De tout ce que prêchent ces déclamateurs à la foule ébahie, rien ne vient d'eux. Platon l'avait dit, Zénon l'avait dit, Chrysippe, Posidonius, tant d'autres grands hommes l'avaient dit. Je vais leur donner le moyen de prouver que cette morale est la leur : qu'ils fassent ce qu'ils enseignent.

Voilà les avis que j'avais à cœur de vous faire tenir. Pour satisfaire maintenant à ce que vous exigez de moi, je vous réserve une lettre toute entière : je ne veux pas que vous abordiez déjà fatigué une matière épineuse qui demande toute la force d'une attention réfléchie.

BAILLARD.

CIX.

Si le sage est utile au sage, et comment.

Vous voulez savoir « si le sage est utile au sage. » — Nous disons que le sage est comblé de tous les biens, qu'il a atteint le faîte du bonheur; et l'on demande si quelqu'un peut être utile au possesseur de la suprême félicité. Les bons se servent entre eux, en ce sens qu'ils exercent leurs vertus et se maintiennent dans leur état de sagesse; chacun d'eux désire avoir avec qui conférer

Peritos luctandi usus exercet; musicum, qui paria didicit, monet. Opus est et sapienti agitatione virtutum : ita, quemadmodum ipse se movet, sic movetur ab alio sapiente. Quid sapiens sapienti proderit? impetum illi dabit, occasiones actionum honestarum commonstrabit. Præter hæc, aliquas cogitationes suas exprimet; docebit, quæ invenerit. Semper enim etiam sapienti restabit quod inveniat, et quo animus ejus excurrat. Malus malo nocet; facit quoque pejorem, iram, metus incitando, tristitiæ assentiendo, voluptates laudando : et tunc maxime laborant mali, ubi plurimum vitia miscuere, et in unum collata nequitia est. Ergo, ex contrario, bonus bono proderit.—Quomodo? inquis.—Gaudium illi afferet, fiduciam confirmabit, ex conspectu mutuæ tranquillitatis crescet utriusque lætitia. Præterea quarumdam illi rerum scientiam tradet : non enim omnia sapiens scit : etiam si sciret, breviores vias rerum aliquis excogitare posset, et has indicare, per quas facilius totum opus circumfertur. Proderit sapienti sapiens, non suis viribus, sed ipsius, quem adjuvat. Potest quidem ille, etiam relictus sibi, explicare partes suas; utetur propria velocitate : sed nihilominus adjuvat etiam currentem hortator. Non prodest sapienti sapiens, sed sibi ipse : hoc scias. Detrahe illi vim propriam, et ille nihil agit. Uno modo dicas licet, non esse in melle dulcedinem : nam

et discuter. Le lutteur entretient son habileté par l'exercice; le musicien stimule le musicien. Comme eux le sage a besoin de tenir ses vertus en haleine : un autre sage l'excite comme il s'excite lui-même. — En quoi le sage sert-il au sage? — Il lui donne de l'élan, il lui montre les occasions de bien faire. Il lui transmet en outre quelque chose de ses méditations, et lui fait part de ses découvertes; car il reste toujours au sage des découvertes à faire et de quoi donner carrière à son génie. Le méchant nuit au méchant : il le rend pire encore, en réveillant sa colère, ses craintes, en entrant dans ses déplaisirs, en exaltant ses jouissances; et jamais les méchans ne sont plus à plaindre que quand plusieurs associent leurs vices et mettent en commun leur perversité. Donc, par la règle des contraires, le bon sera utile au bon. — Comment cela? dites-vous. — Il lui apportera de la joie, il fortifiera sa confiance; et à la vue du calme dont mutuellement ils jouissent, leur satisfaction croîtra encore. Il est aussi des connaissances qu'il lui communiquera : car le sage est loin de tout savoir; et quand il saurait tout, quelque autre peut imaginer et indiquer des voies plus courtes pour parcourir plus facilement tout l'ensemble des choses. Le sage servira le sage, non par son seul mérite, mais par le mérite de celui dont il se fait l'aide. Sans doute il peut, même livré à lui seul, développer ses ressources, aller de sa propre vitesse; mais les exhortations n'encouragent pas moins le coureur. C'est à la fois et du sage que le sage profite, et de lui-même. Objectez-vous que si on lui ôte son énergie propre, tout sage qu'il est, il ne fait plus rien? Vous pourriez de même contester que la douceur soit dans le miel, puisque c'est la personne qui le mange qui doit avoir la langue

ipse ille, qui est, debet ita aptatus lingua palatoque esse ad hujusmodi gustum, ut ille talis sapor eum capiat, non offendat : sunt enim quidam, quibus morbi vitio mel amarum videatur. Oportet utrumque talem esse, ut et ille prodesse possit, et hic profuturo idonea materia sit.

« In summum, inquit, perducto calorem calefieri supervacuum est; et in summum perducto bonum supervacuus est qui prosit. Numquid instructus omnibus rebus agricola, ab alio instrui quærit? numquid armatus miles quantum in aciem exituro satis est, amplius arma desiderat? Ergo nec sapiens : satis enim vitæ instructus, satis armatus est. » — Ad hæc respondeo : Et, qui in summo est calore, illi opus est adjecto calore, ut summum teneat. — Sed ipse se, inquit, calor continet. — Primum multum interest inter ista, quæ comparas. Calor enim unus est; prodesse varium est. Deinde calor non adjuvatur adjectione caloris, ut caleat : sapiens non potest in habitu suæ mentis stare, nisi amicos aliquos similes sui admisit, cum quibus virtutes suas communicet. Adjice nunc, quod omnibus inter se virtutibus amicitia est. Itaque prodest, qui virtutes alicujus pares suis amat, amandasque invicem præstat. Similia delectant; utique ubi honesta sunt, et probare ac probari sciunt. Etiamnunc, sapientis animum perite movere nemo alius po-

et le palais tellement appropriés à ce genre de saveur, qu'elle soit pour eux agréable, et non point repoussante; car il est des individus à qui, par l'effet de la maladie, le miel paraît amer. Il faut que nos deux sages soient tels que l'un puisse être utile, et que l'autre offre à son action une matière toute prête.

« Mais, dira-t-on, à une chaleur portée au dernier période ajouter encore de la chaleur est superflu ; à qui possède le souverain bien tout surcroît d'utilité n'importe guère. Est-ce que l'agriculteur, fourni de tous ses instrumens, en va demander à autrui ? Est-ce que le soldat, armé de toutes pièces pour marcher au combat, désire encore des armes ? Ainsi du sage : il est pour le champ de la vie suffisamment pourvu, suffisamment armé. » — À quoi je réponds : Les corps même pénétrés d'une extrême chaleur ont besoin d'une chaleur additionnelle pour se maintenir à ce point extrême. — Mais la chaleur est tout en elle-même. — D'abord il y a une grande différence entre vos termes de comparaison. La chaleur est une, l'utilité est diverse. Ensuite la chaleur, pour être chaleur, ne demande pas qu'on y ajoute; mais le sage ne peut demeurer dans son état de perfection, s'il n'adopte quelques amis qui lui ressemblent, pour faire avec eux échange de vertus. Et ajoutez qu'entre elles, toutes les vertus sont amies. L'homme est donc utile à son pareil dont il aime les vertus, et à qui il fournit l'occasion d'aimer en retour les siennes. Ce qui nous ressemble nous charme, surtout les cœurs honnêtes qui savent nous goûter et se faire goûter de nous. D'ailleurs, nul autre que le sage ne possède l'art d'agir sur l'âme du sage,

test, quam sapiens; sicut hominem movere rationaliter non potest, nisi homo. Quomodo ergo ad rationem movendam ratione opus est; sic, ut moveatur ratio perfecta, opus est ratione perfecta. Prodesse dicuntur et qui media nobis largiuntur, pecuniam, gratiam, incolumitatem, alia in usus vitæ cara aut necessaria; in his dicetur etiam stultus prodesse sapienti. Prodesse autem est, animum secundum naturam movere virtute sua, ut ejus qui movebitur. Hoc non sine ipsius quoque, qui proderit, bono fiet : necesse est enim, alienam virtutem exercendo exerceat et suam. Sed, ut removeas ista, quæ aut summa bona sunt, aut summorum efficientia, nihilominus prodesse inter se sapientes possunt. Invenire enim sapientem, sapienti per se res expetenda est : quia natura bonum omne carum est bono; et sic quisque conciliatur bono, quemadmodum sibi.

Necesse est ex hac quæstione, argumenti causa, in alteram transeam. Quæritur enim, « an deliberaturus sit sapiens? an in consilium aliquem advocaturus? » quod facere illi necessarium est, quum ad hæc civilia et domestica venitur, et, ut ita dicam, mortalia. In his sic illi opus est alieno consilio, quomodo medico, quomodo gubernatore, quomodo advocato, et litis ordinatore. Proderit ergo sapiens aliquando sapienti; suadebit enim. Sed in illis quoque magnis ac divinis, ut diximus, com-

comme il n'y a que l'homme qui puisse agir par la raison sur l'homme. Si donc pour agir sur la raison il est besoin de raison, de même aussi, pour avoir action sur une raison parfaite, il en faut une qui le soit pareillement. Être utile, se dit encore de ceux qui nous procurent des choses moralement indifférentes, l'argent, le crédit, la sûreté, tout ce qui, pour l'usage de la vie, nous est cher ou indispensable : en quoi l'on peut dire que l'insensé, lui-même, sera utile au sage. Mais être utile, c'est proprement exciter l'âme aux choses conformes à sa nature, tant au moyen de sa vertu à elle, que par la vertu de celui qui agit sur elle. Et cela ne sera pas sans profit même pour ce dernier : car il faut bien qu'en exerçant la vertu d'autrui, il exerce aussi la sienne. Mais, fît-on abstraction du souverain bien ou de ce qui le produit, il n'est pas moins vrai que le sage peut être utile à son pareil. La rencontre d'un sage est pour le sage essentiellement désirable, parce qu'il est dans la nature que tout ce qui est bon sympathise avec ce qui est bon, et qu'il affectionne ce qui lui ressemble comme lui-même.

Il est nécessaire, pour suivre mon argument, que je passe de cette question à une autre. On demande en effet « si le sage est homme à délibérer, à appeler qui que ce soit en conseil ? » ce qu'il est obligé de faire, quand il descend à ces détails de la vie civile et domestique, que j'appellerais des œuvres mortes. Alors, il a besoin du conseil d'autrui, comme d'un médecin, d'un pilote, d'un avocat, d'un arrangeur de procès. Le sage sera donc utile au sage, dans ces cas-là, par ses conseils; mais dans les grands et divins objets, dont j'ai parlé, ils exerceront leurs vertus en commun, et confondront

muniter honesta tractando, et animos cogitationesque miscendo, utilis erit. Præterea secundum naturam est et amicos complecti, et amicorum actu, ut suo proprioque, lætari. Nam, nisi hoc fecerimus, ne virtus quidem nobis permanebit, quæ exercendo se usu valet. Virtus autem suadet præsentia bene collocare, in futurum consulere, deliberare, et intendere animum : facilius intendet explicabitque, qui aliquem sibi assumpserit. Quærit itaque aut perfectum virum, aut proficientem, vicinumque perfecto. Proderit autem ille perfectus, si consilium communi prudentia juverit. Aiunt homines plus in alieno negotio videre, quam in suo; hoc illis evenit, quos amor sui excæcat, quibusque dispectum utilitatis timor in periculis excutit. Incipiet sapere securior, et extra metum positus. Sed nihilominus quædam sunt, quæ etiam sapientes in alio, quam in se, diligentius vident. Præterea illud dulcissimum honestissimumque, idem velle atque idem nolle, sapiens sapienti præstabit : egregium opus pari jugo ducet.

Persolvi, quod exegeras, quanquam in ordine rerum erat, quas moralis philosophiæ voluminibus complectimur. Cogita, quod soleo frequenter tibi dicere, in istis nos nihil aliud, quam acumen, exercere. Toties enim illo revertor : Quid ista me res juvat? fortiorem faciet, justiorem, temperatiorem? Nondum exerceri vacat; ad-

leurs âmes et leurs pensées : c'est ainsi qu'ils profiteront l'un et l'autre. N'est-il pas d'ailleurs dans la nature de s'identifier avec ses amis, d'être heureux du bien qu'ils font comme de celui qu'on ferait soi-même? Eh! sans cela, conserverions-nous même cette vertu, qui n'est forte que par l'exercice et par l'usage? Or, la vertu conseille de bien disposer le présent, de pourvoir à l'avenir, de délibérer, de tendre les ressorts de l'âme : ce développement, cet effort de l'âme sera plus facile au sage qui se sera associé un conseil. Il cherche donc ou un homme parfait, ou un homme qui soit en progrès, et voisin de la perfection; et cet homme lui sera utile, en lui apportant l'aide et le tribut de ses lumières. Les hommes disent qu'ils voient plus clair dans l'affaire d'autrui que dans la leur; cela arrive à ceux que l'amour-propre aveugle, et à qui la crainte, en présence du danger, ôte le discernement de ce qui les sauverait. On devient sage à mesure qu'on prend plus de sécurité et qu'on s'affranchit de la crainte. Mais néanmoins, il est des cas où même un sage est plus clairvoyant pour un autre que pour lui; et puis cette satisfaction si douce et si noble de vouloir ou de ne vouloir pas les mêmes choses, voilà ce que le sage recevra du sage : ils avanceront de concert dans leur tâche sublime.

Me voilà quitte du travail que vous vouliez de moi, quoiqu'il fût compris dans l'ordre des matières qu'embrasse mon livre sur la philosophie morale. Mais songez, comme je vous le répète fréquemment, qu'en tout ceci l'homme n'exerce que sa subtilité. Car, et j'y reviens toujours, à quoi pareille chose me sert-elle? Me rendra-t-elle plus courageux, plus juste, plus tempérant? Ai-je

huc medico mihi opus est. Quid me doces scientiam inutilem? Magna promisisti; exigua video. Dicebas intrepidum fore, etiam si circa me gladii micarent, etiam si mucro tangeret jugulum; dicebas securum fore, etiam si circa me flagrarent incendia, etiam si subitus turbo toto navem meam mari raperet. Hoc mihi præsta interim, ut voluptatem, ut gloriam contemnam; postea docebis implicita solvere, ambigua distinguere, obscura perspicere : nunc doce quod necesse est.

CX.

Vana optari, vana timeri : remedium a philosophia petendum.

Ex Nomentano meo te saluto, et jubeo habere mentem bonam, hoc est, propitios deos omnes; quos habet placatos et faventes, quisquis sibi se propitiavit. Sepone in præsentia, quæ quibusdam placent : Unicuique nostrum pædagogum dari deum, non quidem ordinarium, sed hunc inferioris notæ, ex eorum numero quos Ovidius ait *de plebe deos.* Ita tamen hoc seponas volo, ut memineris, majores nostros, qui crediderunt, stoicos fuisse; singulis enim et genium et Junonem dederunt. Postea videbimus, an tantum diis vacet, ut privatorum negotia procurarent; interim illud scito, sive assignati

le loisir de faire de la gymnastique, moi qui ai encore besoin du médecin? Qu'ai-je à faire d'étudier votre inutile fatras? Pour de grandes promesses, je vois bien peu d'effets. Vous alliez m'apprendre à rester intrépide en présence des glaives étincelans, et le poignard sous la gorge; à être impassible, lorsque l'incendie m'investirait de ses flammes, lorsqu'une soudaine bourrasque emporterait mon navire loin de tout rivage. Tenez-moi parole : faites que je méprise, et la volupté, et la gloire; vous m'instruirez ensuite à démêler un sophisme embrouillé, à saisir une équivoque, à éclairer une obscurité : pour le présent, enseignez-moi ce qui presse le plus.

BAILLARD.

CX.

Vœux et craintes chimériques de l'homme : la philosophie seule peut l'en guérir.

Je vous salue de ma maison de Nomentanum, et vous souhaite la santé de l'âme, c'est-à-dire la faveur de tous les dieux, car ils sont pacifiques et bienveillans pour quiconque s'est réconcilié avec soi-même. Oubliez un moment cette croyance chère à plusieurs, que chaque mortel reçoit pour pédagogue un dieu, non pas du premier ordre, mais de l'étage inférieur, de la classe de ceux qu'Ovide appelle *le commun des dieux*. Toutefois n'écartez pas cette idée sans vous souvenir que nos pères, qui l'ont eue, pensaient comme les stoïciens, qui donnèrent à l'homme son génie, à la femme sa Junon. Nous verrons plus tard si les dieux ont le loisir de veiller aux affaires des individus; en attendant, sachez que, soit que

sumus, sive neglecti et fortunæ dati, nulli te posse imprecari quidquam gravius, quam si imprecatus fueris, ut se habeat iratum. Sed non est, quare cuiquam, quem pœna putaveris dignum, optes, ut infestos deos habeat; habet, inquam, etiam si videtur eorum cura et favore produci. Adhibe diligentiam tuam, et intuere, quid sint res nostræ, non quid vocentur; et scies plura mala contingere nobis, quam accidere. Quoties enim felicitatis et causa et initium fuit, quod *calamitas* vocabatur? Quoties magna gratulatione excepta res gradum sibi struxit in præceps, et aliquem jam eminentem allevavit etiamnunc, tanquam ibi adhuc staret, unde tuto caderet? Sed ipsum illud cadere non habet in se mali quidquam, si exitum spectes, ultra quem natura neminem dejecit. Prope est rerum omnium terminus : prope est, inquam, et illud, unde felix ejicitur, et illud, unde infelix emittitur. Nos utraque extendimus; et longa, spe ac metu, facimus. Sed, si sapis, omnia humana conditione metire : simul, et quod gaudes, et quod times, contrahe. Est autem tanti, nihil diu gaudere, ne quid diu timeas. Sed quare istuc malum astringo? non est, quod quidquam timendum putes. Vana sunt ista, quæ nos movent, quæ attonitos habent. Nemo nostrum, quid veri esset, excussit; sed metum alter alteri tradidit. Nemo ausus est ad id, quo perturbabatur, accedere, et naturam ac

nous soyons confiés à leur garde ou livrés à nous seuls et à la fortune, vous ne pouvez proférer contre personne d'imprécation pire que de lui souhaiter d'être mal avec lui-même. Il n'est pas besoin non plus d'invoquer la colère des dieux sur qui nous semble la mériter; non, cette colère est sur le méchant, lors même qu'ils paraissent se complaire à favoriser son élévation. Ouvrez les yeux : considérez bien ce que sont les choses, et non comme on les appelle, vous verrez qu'il nous arrive plus de mal par les succès que par les revers. Combien de fois le principe et le germe du bonheur sont sortis de ce que nous nommions calamité? Combien de destinées, vivement fêtées à leur avènement, n'ont fait que croître sur l'abîme, et qu'élever l'illustre victime d'un degré de plus, de peur, ce semble, qu'auparavant elle eût pu encore tomber sans risque? Au reste, cette chute même n'a rien en soi de malheureux, si l'on envisage l'issue dernière au delà de laquelle la nature ne saurait précipiter personne. Il est proche le terme de tout ce qui existe : heureux du monde, oui, le précipice est tout proche; infortunés, vous touchez au port. Le prisme de la crainte ou de l'espérance reculent à vos yeux l'un et l'autre. Soyez plus sages, mesurez tout à votre condition d'hommes : abrégez du même coup vos joies et vos appréhensions. Vous gagnerez, à des joies plus courtes, des appréhensions moins longues. Mais que parlé-je de diminuer la somme des maux à craindre? rien ne doit vous paraître tel. Ce ne sont que chimères qui vous émeuvent, qui vous glacent de surprise. Nul ne s'est assuré de l'existence du péril, et la peur des uns a passé dans le cœur des autres. Nul n'a osé s'approcher de l'épouvantail, en sonder la nature, et voir s'il était bien de craindre. Voilà comme un vain prestige, un

bonum timoris sui nosse. Itaque res falsa et inanis habet adhuc fidem, quia non coarguitur. Tanti putemus oculos intendere; jam apparebit, quam brevia, quam incerta, quam tuta timeantur. Talis est animorum nostrorum confusio, qualis Lucretio visa est :

> Nam veluti pueri trepidant, atque omnia cæcis
> In tenebris metuunt; ita nos in luce timemus.

Quid ergo? Non omni puero stultiores sumus, qui in luce timemus? sed falsum est, Lucreti, non timemus in luce! omnia nobis fecimus tenebras; nihil videmus, nec quid noceat, nec quid expediat : tota vita incursitamus; nec ob hoc resistimus, aut circumspectius pedem ponimus. Vides autem, quam sit furiosa res, in tenebris impetus. At, mehercules, id agimus, ut longius revocandi simus; et, quum ignoremus quo feramur, velociter tamen illo, quo intendimus, ire perseveramus.

Sed lucescere, si velimus, potest. Uno autem modo potest, si quis hanc humanorum divinorumque notitiam [scientiamque] acceperit; si illa se non perfuderit, sed infecerit; si eadem, quamvis sciat, retractaverit, et ad se sæpe retulerit; si quæsierit, quæ sint bona, quæ mala; quibus hoc falso sit nomen adscriptum; si quæsierit de honestis, de turpibus, de providentia.

Nec intra hæc humani ingenii sagacitas sistitur : prospicere et ultra mundum libet, quo feratur, unde sur-

fantôme abuse nos crédules esprits, parce qu'on n'en a pas démontré le néant. N'hésitons point à porter devant nous un regard ferme : nous verrons clairement que rien n'est plus passager, plus incertain, plus rassurant même que l'objet de nos alarmes. Le trouble de notre imagination est tel que le dépeint Lucrèce :

« Comme les enfans tremblent et craignent tout dans les ténèbres, hommes, nous craignons en plein jour. »

Eh! que dis-je? n'est-on pas plus insensé que le plus faible enfant, de prendre peur en plein jour? Mais tu te trompes, Lucrèce, ce n'est pas en plein jour que l'on craint : on s'est créé partout des ténèbres; on ne distingue plus rien, ni le nuisible ni l'utile. On court jusqu'au bout de cette vie, se heurtant contre tout, sans pour cela faire halte, ni s'inquiéter où l'on pose le pied. Quelle haute folie n'est-ce pas de courir dans les ténèbres! apparemment on se presse ainsi pour que la mort ait à nous rappeler de plus loin ; et, bien qu'on ignore où l'on est poussé, on n'en poursuit pas moins avec vitesse et persévérance ses premiers erremens.

Et le jour pourrait encore luire pour nous si nous voulions. Le seul moyen pour cela serait d'acquérir la science des choses divines et humaines; de ne pas l'effleurer seulement, mais de l'approfondir; de revenir à ce que l'on sait déjà, d'y repenser souvent; de démêler ce qui est bien, ce qui est mal, ce qui porte faussement l'un ou l'autre nom; d'étudier ce qui est honnête ou honteux, les décrets de la providence.

Mais là ne s'arrête point l'essor de l'intelligence humaine; il lui est donné de porter ses regards par delà

rexerit, in quem exitum tanta rerum velocitas properet. Ab hac divina contemplatione abductum animum in sordida et humilia pertraximus, ut avaritiæ serviret, ut, relicto mundo terminisque ejus, et dominis cuncta versantibus, terram rimaretur, et quæreret, quid ex illa mali effoderet, non contentus oblatis. Quidquid nobis bono futurum erat, Deus et parens noster in proximo posuit. Non exspectavit inquisitionem nostram, sed ultro dedit : nocitura altissime pressit. Nihil nisi de nobis queri possumus : ea, quibus periremus, nolente rerum natura et abscondente, protulimus. Addiximus animum voluptati ; cui indulgere initium omnium malorum est. Tradidimus ambitioni et famæ, ceteris, æque vanis et inanibus. Quid ergo nunc te hortor ut facias? Nihil novi ; nec enim novis malis remedia quæruntur : sed hoc primum, ut tecum ipse dispicias, quid sit necessarium, quid supervacuum. Necessaria tibi ubique occurrent : supervacua et semper, et toto animo, quærenda sunt. Non est autem quod te nimis laudes, si contempseris aureos lectos, et gemmeam supellectilem : quæ est enim virtus, supervacua contemnere? Tunc te admirare, quum contempseris necessaria. Non magnam rem facis, quod vivere sine regio apparatu potes ; quod non desideras milliarios apros, nec linguas phœnicopterorum, et alia portenta luxuriæ, jam tota animalia fastidientis, et certa membra

les bornes du monde, de considérer l'espace dans lequel il gravite, et son point de départ, puis vers quelle fin se précipite ce rapide mouvement de tous les êtres. Nous avons arraché notre âme à ces hautes contemplations, pour la plonger en d'ignobles et abjectes pensées, pour l'enchaîner à l'intérêt; et laissant là les cieux et leurs limites, le grand tout et les maîtres qui le régissent, nous avons été fouiller la terre, et chercher quelque peste à en exhumer, peu contens des dons qu'elle offre à sa surface. Tout ce qui devait aider au bien-être de ses enfans, Dieu l'a placé à notre portée. Il a devancé nos recherches : l'utile nous est venu spontanément, le nuisible a été enfoui au plus profond des abîmes. L'homme ne peut donc se plaindre que de lui seul : lui seul a déterré les instrumens de sa perte, au refus de la nature, qui les lui cachait. Il a vendu son âme à la volupté : faiblesse indigne, qui ouvre la porte à tous maux; il l'a livrée à l'ambition, à la renommée, à mille autres idoles aussi creuses et aussi vaines. En cet état de choses, que vous conseillerai-je ? Rien de nouveau ; car ce ne sont pas des maladies nouvelles que vous m'appelez à guérir. Je vous dirai avant tout : Fixez la limite précise du nécessaire et du superflu. Le nécessaire sera partout sous votre main ; le superflu demandera tous vos momens et tous vos soins. Mais n'allez pas trop vous applaudir de vous peu soucier d'un lit éclatant d'or, de meubles incrustés de pierres fines : quelle vertu y a-t-il à mépriser un tel superflu ? Ne vous admirez que le jour où vous mépriserez même le nécessaire. Le bel effort de pouvoir vivre sans un faste royal; de ne pas désirer des sangliers du poids de mille livres, des plats de langues d'oiseaux étrangers, ni tous ces prodiges d'un luxe qui, dégoûté de se voir servir l'animal

ex singulis eligentis. Tunc te admirabor, si non contempseris etiam sordidum panem ; si tibi persuaseris, herbas, ubi necesse est, non pecori tantum, sed homini, nasci; si scieris, cacumina arborum explementum esse ventris; in quem sic pretiosa congerimus, tanquam recepta servantem. Sine fastidio implendus est. Quid enim ad rem pertinet, quid accipiat, perditurus quidquid acceperit? Delectant te disposita, quæ terra marique capiuntur; alia eo gratiora, si recentia perferuntur ad mensam; alia, si, diu pasta et coacta pinguescere, fluunt, ac vix saginam continent suam. Delectat te nitor horum, arte quæsitus. At, mehercules, ista sollicite scrutata varieque condita, quum subierint ventrem, una atque eadem fœditas occupabit. Vis ciborum voluptatem contemnere? exitum specta.

Attalum memini cum magna admiratione omnium hæc dicere : « Diu mihi, inquit, imposuere divitiæ : stupebam, ubi aliquid ex illis alio atque alio loco fulserat; existimabam similia esse, quæ laterent, his, quæ ostenderentur. Sed in quodam apparatu vidi totas opes Urbis, cælatas et auro et argento, et his quæ pretium auri argentique vicerunt; exquisitos colores, et vestes, ultra non tantum nostrum, sed ultra finem hostium advectas : hinc puerorum perspicuos cultu atque forma

tout entier, choisit de chaque bête la partie la plus délicate. Oui, je vous applaudirai le jour où vous ne dédaignerez pas le pain le plus grossier, où vous vous persuaderez que l'herbe des champs croît, au besoin, pour l'homme aussi bien que pour la brute, que les bourgeons des arbres peuvent remplir aussi cet estomac où l'on entasse force mets de prix, comme s'il recevait pour garder toujours! Remplissons-le, sans toutes ces délicatesses. Qu'importe en effet ce qu'on lui donne, puisqu'il doit perdre tout ce qu'on lui donnera? Votre œil est ravi par la symétrie de toutes ces dépouilles de la terre et de l'onde : ce qui vous plaît des unes, c'est qu'on vous les présente toutes fraîches; des autres, c'est que, contraintes d'engraisser à force de nourriture, leur embonpoint semble fondre et vouloir percer son enveloppe; et ce luisant qu'elles doivent à l'art vous charme. Cependant, ô misère! ces laborieux tributs, avec leurs mille assaisonnemens, une fois passés par votre estomac, seront confondus en une seule et même immondice. Voulez-vous mépriser la sensualité des mets? Voyez où ils aboutissent tous.

Il me souvient de quelle admiration Attale frappait tout son auditoire lorsqu'il disait : « Long-temps les richesses m'ont imposé. J'étais fasciné, dès que j'en voyais briller çà ou là quelque parcelle : le fond, qui m'était caché, je me le figurais aussi beau que la superficie. Mais à l'une des expositions solennelles de tous les trésors de Rome, je vis des ciselures d'or, d'argent, de matières plus précieuses que l'argent et que l'or, des teintures exquises, des costumes venus de plus loin que nos frontières et même que celles de nos ennemis; je vis défiler sur deux lignes des légions de jeunes esclaves

greges; hinc feminarum; et alia, quæ, res suas recognoscens, summi imperii fortuna protulerat. Quid hoc est, inquam, aliud, quam irritare cupiditates hominum per se incitatas? Quid sibi vult ista pecuniæ pompa? Ad discendam avaritiam convenimus. At, mehercules, minus cupiditatis istinc effero, quam attuleram. Contempsi divitias, non, quia supervacuæ, sed quia pusillæ sunt. Vidisti ne, quam intra paucas horas ille ordo, quamvis lentus dispositusque, transierit? Hoc totam vitam nostram occupabit, quod totum diem occupare non potuit? Accessit illud quoque : tam supervacuæ mihi visæ sunt habentibus, quam fuerunt spectantibus. Hoc itaque ipse mihi dico, quoties tale aliquid præstrinxerit oculos meos, quoties occurrit domus splendida, cohors culta servorum, lectica formosis imposita calonibus : « Quid mira-
« ris? quid stupes? Pompa est! Ostenduntur istæ res, non
« possidentur; et, dum placent, transeunt. Ad veras po-
« tius te converte divitias, disce parvo esse contentus; et
« illam vocem magnus atque animosus exclama : Habe-
« mus aquam, habemus polentam; Jovi ipsi de felicitate
« controversiam faciamus! » — Faciamus, oro te, etiam si ista defuerint! Turpe est, beatam vitam in auro et argento reponere : æque turpe, in aqua et polenta. — Quid ergo faciam, si ista non fuerint? — Quæris, quod sit remedium inopiæ? Famem fames finit.

mâles et femelles, éclatans de luxe et de beauté; je vis enfin toutes les magnificences qu'étalait, dans une fastueuse revue, la fortune du peuple-roi. Que fait-on, pensais-je, en tout ceci, qu'attiser dans les âmes le feu déjà si ardent de la cupidité? Que veut dire cet or qu'on étale? Qu'ici se donnent des leçons publiques d'avarice. Pour moi, je le jure, j'emporte d'ici bien moins de désirs que je n'en apportais. Oui, je méprisai les richesses, moins encore comme superflues que comme puériles. Rappelle-toi, me dis-je, comme il a suffi de peu d'heures pour que cette marche, d'ailleurs si lente, si habilement combinée, achevât de s'écouler. Rempliras-tu toute ta vie de ce qui n'a pu te prendre tout un jour? Mais voici pis encore : ces objets me parurent aussi peu utiles pour qui les aurait, qu'ils l'auraient été pour les spectateurs. Voici donc ce que je me dis à moi-même, chaque fois que pareilles vanités frappent mes yeux, soit magnifique palais, soit brillant cortège d'esclaves, soit litières soutenues par des porteurs de la plus belle figure : « Qu'ad-
« mires-tu là? d'où vient ton enchantement stupide?
« D'une pompe faite pour la montre et non pour l'usage,
« qui plaît un moment, et qui passe. Cherche plutôt les
« véritables trésors : apprends à te contenter de peu.
« Élève ce noble et généreux défi : Que j'aie du pain et
« de l'eau, et je lutte de félicité avec Jupiter lui-même. »
— Et, de grâce, luttons même sans cela. Honte à qui place son bonheur dans l'or et l'argent! honte encore à qui le place dans le pain et l'eau! — Mais que faire, si ces deux choses nous manquent? Le remède à de telles privations? — Tu me le demandes! La faim amène le terme de la faim.

« Alioquin, quid interest, magna sint, an exigua, quæ servire te cogunt? quid refert, quantum sit, quod tibi possit negare fortuna? Hæc ipsa aqua et polenta in alienum arbitrium cadit; liber est autem non in quem parum licet fortunæ, sed in quem nihil. Ita est! nihil desideres oportet, si vis Jovem provocare nihil desiderantem. »

Hæc nobis Attalus dixit : natura dixit omnibus. Quæ si voles frequenter cogitare, id ages, ut sis felix, non ut videaris; et ut tibi videaris, non aliis.

CXI.

Sophismatibus veram opponit philosophiam.

Quid vocentur latine *sophismata*, quæsisti a me. — Multi tentaverunt illis nomen imponere, nullum hæsit; videlicet, quia res ipsa non recipiebatur a nobis, nec in usu erat, nomini quoque repugnatum est. Aptissimum tamen videtur mihi, quo Cicero usus est : *cavillationes* vocat; quibus quisquis se tradidit, quæstiunculas quidem vafras nectit, ceterum ad vitam nihil proficit, neque fortior fit, neque temperantior, neque elatior. At ille, qui philosophiam in remedium suum exercuit, ingens fit animo, plenus fiduciæ, inexsuperabilis, et major adeunti. Quod in magnis evenit monti-

« Si tes pensées sont autres, qu'importe la grandeur ou l'exiguité des besoins qui te font esclave? qu'importe le plus et le moins, quand la Fortune peut te refuser le tout? Tu peux, pour cette eau même et pour ce pain, tomber à la discrétion d'autrui : or, la vraie indépendance est celle, non pas qui laisse à la Fortune peu de prise, mais qui ne lui en laisse aucune. Encore une fois, ne désire rien, si tu veux défier Jupiter, qui n'a rien à désirer. »

Ce qu'Attale nous recommandait, la nature le commande à tous les hommes. Méditez souvent ces leçons : vous saurez par elles être heureux, plutôt que le paraître, et heureux à vos yeux plutôt qu'à ceux des autres.

Baillard.

CXI.

Combien le philosophe diffère du sophiste.

Vous me demandez comment s'appelle en latin ce que les Grecs nomment *sophismes*. — Beaucoup de termes ont été proposés, aucun n'est resté; sans doute parce que la chose n'était pas reçue ni usitée chez nous, le mot à son tour s'est vu repoussé. Toutefois le terme le plus juste, à mon gré, est celui que Cicéron emploie, *cavillationes*, petits moyens qui se réduisent à un tissu de questions captieuses, sans profit d'ailleurs pour la vie pratique, et n'ajoutant rien au courage, à la tempérance, à l'élévation des sentimens. Mais celui qui exerce la philosophie pour l'appliquer à sa propre guérison, acquiert une noblesse d'âme, une assurance, une force invincibles: plus on l'approche, plus il paraît grand. Il est

bus, quorum proceritas minus apparet longe intuentibus; quum accesseris, tunc manifestum fit, quam in arduo summa sint : talis est, mi Lucili, verus, et rebus, non artificiis, philosophus. In edito stat, admirabilis, celsus, magnitudinis veræ. Non exsurgit in plantas, nec summis ambulat digitis, eorum more, qui mendacio staturam adjuvant, longioresque, quam sunt, videri volunt : contentus est magnitudine sua. Quidni contentus sit eo usque crevisse, quo manum fortuna non porrigit? Ergo et supra humana est, et par sibi in omni statu rerum ; sive secundo cursu vita procedit, sive fluctuatur per adversa ac difficilia.

Hanc constantiam cavillationes istæ, de quibus paullo ante loquebar, præstare non possunt. Ludit istis animus, non proficit; et philosophiam a fastigio suo deducit in planum. Nec te prohibuerim aliquando ista agere; sed tunc, quum voles nihil agere. Hoc tamen habent in se pessimum : dulcedinem quamdam sui faciunt, et animum specie subtilitatis inductum tenent, ac morantur; quum tanta rerum moles vocet, quum vix tota vita sufficiat, ut hoc unum discas, vitam contemnere.

Quid regere? inquis. — Secundum opus est : nam nemo illam bene rexit, nisi qui contempserat.

de hautes montagnes, dont les proportions, vues de loin,
semblent moindres, et qui, de près, frappent le spectateur par leurs gigantesques sommets : tel est, ô Lucilius,
l'homme et non le charlatan de la philosophie, debout
sur un lieu éminent, toujours admirable, et grand d'une
grandeur réelle. Il n'est point guindé dans sa marche,
et ne se hausse point sur le bout des pieds comme ceux
qui appellent l'artifice au secours de leur taille, et veulent paraître plus grands qu'ils ne sont : il se trouve,
lui, de taille suffisante. Comment ne serait-il pas satisfait d'être arrivé à ce niveau où n'atteint plus la main
de la Fortune, et qui par conséquent domine toutes
choses humaines; toujours égal à lui-même, en quelque
état que ce soit, que sa vie coule doucement ou se voie
traversée de disgrâces et de difficultés.

Tant de constance ne sera jamais le produit de ces
chicanes de mots dont je parlais tout-à-l'heure. L'esprit
s'en amuse, sans que les mœurs y gagnent : elles dégra-
dent la plus sublime des sciences, et la font ramper terre
à terre. Ce sont, au reste, des passe-temps que je n'in-
terdis pas, quand on veut être à rien faire. Mais ils sont
dangereux, en ce qu'ils offrent un je ne sais quel charme,
une subtilité apparente qui distrait l'esprit, le captive et
retarde sa marche, lorsque tant d'importans labeurs
restent en souffrance, lorsqu'à peine la vie tout entière
suffit pour apprendre à la mépriser.

Et l'art de la régler? direz-vous. — C'est ici l'œuvre
secondaire : car pour bien régler sa vie, il faut savoir la
mépriser.

BAILLARD.

CXII.

Desperat de quodam Lucilii amico reformando, vetere annorum et vitiorum, vitis exemplo allato.

Cupio, mehercules, amicum tuum formari, ut desideras, et institui : sed valde durus capitur; immo potius, quod est molestius, valde mollis capitur, et consuetudine mala ac diutina fractus. Volo tibi ex nostro artificio exemplum referre. Non quælibet insitionem vitis patitur : si vetus et exesa est, si infirma gracilisque, aut non recipiet surculum, aut non alet, nec applicabit sibi, nec in qualitatem ejus naturamque transibit. Itaque solemus supra terram præcidere, ut, si non responderit, tentari possit secunda fortuna, et iterum repetita infra terram inseratur. Hic, de quo scribis et mandas, non habet vires : indulsit vitiis; simul et emarcuit, et induruit. Non potest recipere rationem, non potest nutrire. — At cupit ipse. — Noli credere! Non dico illum mentiri tibi, putat se cupere. Stomachum illi fecit luxuria; cito tamen cum illa redibit in gratiam. — Sed dicit se offendi vita sua. — Non negaverim : quis enim non offenditur? Homines vitam suam et amant simul, et oderunt. Tunc itaque de illo feremus sententiam, quum fidem nobis fecerit, invisam jam sibi esse luxuriam : nunc illis male convenit.

CXII.

Impossibilité d'une réforme, quand les mauvaises habitudes sont invétérées.

Je souhaiterais de toute mon âme que votre ami se réformât et devînt tel que vous le désirez. Mais c'est le prendre bien endurci ou même, chose plus fâcheuse encore, trop amolli et trop usé par une longue habitude du vice. Je veux vous faire une comparaison tirée de mon métier d'agriculteur. Toute vigne n'admet point la greffe : si le sujet est vieux ou ruiné; s'il est faible ou grêle, il ne recevra pas le rejeton, ou ne pourra pas le nourrir, et ce dernier ne s'incorporera point avec lui et ne lui transmettra ni sa nature ni sa vertu. Aussi avons-nous coutume de couper la vigne hors de terre, afin que si la première greffe manque, on puisse répéter l'épreuve, et recommencer dans terre l'incision. L'homme, dont parle votre lettre, n'a plus aucune force : pour avoir trop donné aux vices, il a perdu sa sève et sa flexibilité : on ne peut enter la raison sur cette âme, elle n'y profiterait pas. — Mais il le désire lui. — N'en soyez pas dupe ! Je ne dis pas qu'il vous mente : il croit le désirer. Il a pris en dégoût la mollesse. . . . . et se réconciliera bien vite avec elle. — La vie qu'il mène fait son tourment ! — Je ne le nie point : eh! qui n'éprouve ce tourment comme lui? Quel homme n'aime et ne déteste à la fois son genre d'existence? Ne donnons gain de cause à celui-ci, que sur la preuve qu'il aura rompu sans retour avec la mollesse. Ce n'est entre elle et lui qu'une bouderie passagère.

Baillard.

CXIII.

An virtutes sint animalia : has spernendas esse disputationes.

Desideras tibi scribi a me, quid sentiam de hac quæstione jactata apud nostros : « An justitia, an fortitudo, prudentia, ceteræque virtutes, animalia sint? » — Hac subtilitate efficimus, Lucili carissime, ut exercere ingenium inter irrita videamur, et disputationibus nihil profuturis otium tenere. Faciam, quod desideras; et, quid nostris videatur, exponam. Sed me in alia esse sententia profiteor. Puto quædam esse, quæ deceant phæcasiatum palliatumque. Quæ sint ergo, quæ antiquos moverint, dicam.

« Animum constat animal esse, quum ipse efficiat ut simus animalia, et quum ab illo animalia nomen hoc traxerint; virtus autem nihil aliud est, quam animus quodammodo se habens : ergo animal est. Deinde : virtus agit aliquid; agi autem nihil sine impetu potest : si impetum habet, qui nulli est nisi animali, animal est. — Si animal est, inquit, virtus; habet ipsa virtutem. — Quidni habeat se ipsam? Quomodo sapiens omnia per virtutem gerit, sic virtus per se. — Ergo, inquit, et omnes artes animalia sunt, et omnia, quæ cogitamus, quæque mente complectimur. Sequitur ut multa millia

CXIII.

Si les vertus sont des animaux : absurdité de ces sortes de questions.

Vous désirez que je vous mande mon avis sur cette question agitée dans notre école : « La justice, le courage, la prudence et les autres vertus sont-elles des animaux ? » Par ces subtilités, cher Lucilius, nous donnons lieu de croire que nous exerçons notre esprit sur des choses vaines, et que nous consumons nos loisirs en disputes qui restent sans fruit. Je satisferai votre désir ; je vous exposerai l'opinion de nos maîtres. Mais ma pensée est autre que la leur, je vous le proteste. Selon moi, il y a des assertions qui ne conviennent qu'à gens portant chaussure et manteau grecs. Voici donc ce qui a tant ému les anciens sophistes.

Ils tiennent pour constant que l'âme est animal, vu que par elle nous sommes animaux, et que tout ce qui respire a tiré d'elle ce nom ; or, la vertu n'étant autre chose que l'âme modifiée d'une certaine façon, est conséquemment animal. De plus, la vertu agit : agir ne se peut sans mouvement ; si elle a ce mouvement, que l'animal seul peut avoir, elle est animal. — Mais, dit-on, si elle est animal, la vertu possèdera la vertu. — Pourquoi non ? Elle se possède elle-même : le sage fait tout par la vertu ; la vertu, tout par elle-même. —Ainsi donc, tous les arts aussi sont des animaux, et encore toutes nos pensées, tout ce qu'embrasse notre esprit. Il s'ensuit que plusieurs milliers d'animaux logent dans l'étroite cavité de notre cœur, et que nous sommes ou que cha-

animalium habitent in his angustiis pectoris, et singuli multa simus animalia, aut multa habeamus animalia. — Quæris, quid adversus istuc respondeatur? Unaquæque ex istis res animal erit, multa animalia non erunt. Quare? Dicam, si mihi accommodaveris subtilitatem et intentionem tuam. Singula animalia singulas debent habere substantias; ista omnia unum animum habent : itaque singula esse possunt, multa esse non possunt. Ego et animal sum et homo, non tamen duos esse [nos] dices. Quare? Quia separati debent esse; ita dico, alter ab altero debet esse diductus, ut duo sint. Quidquid in uno multiplex est, sub unam naturam cadit : itaque unum est. Et animus meus animal est, et ego animal sum; duo tamen non sumus. Quare? Quia animus mei pars est. Tunc aliquid per se numerabitur, quum per se stabit; ubi vero alterius membrum erit, non poterit videri aliud. Quare? Dicam : quia, quod aliud est, suum oportet esse, et proprium, et totum, et intra se absolutum. »

Ego in alia esse me sententia professus sum. Non enim tantum virtutes animalia erunt, si hoc recipitur; sed opposita quoque illis vitia et affectus, tanquam ira, timor, luctus, suspicio. Ultra res ista procedet : omnes sententiæ, omnes cogitationes animalia erunt; quod nullo modo recipiendum est. Non enim, quidquid ab

cun renferme en soi plusieurs animaux. — Vous demandez quelle réponse on fait à cela? Chacune de ces choses sera animal, et il n'y aura pas plusieurs animaux. Comment? Le voici; mais prêtez-moi toute la sagacité, toute l'attention de votre esprit. Chaque animal doit avoir une substance à part; tous ont une âme qui est la même: ils peuvent donc exister comme isolés, mais non comme étant plusieurs à la fois. Je suis en même temps animal et homme, sans qu'on puisse dire que je sois deux. Pourquoi? C'est qu'il devrait pour cela y avoir séparation: c'est que l'un doit être distinct de l'autre pour qu'ils fassent deux. Tout ce qui en un seul est multiple tombe sous une seule nature: il est un. Mon âme est animal, moi aussi; cependant nous ne sommes pas deux. Pourquoi? Parce que mon âme fait partie de moi. On la comptera par elle-même pour quelque chose, quand elle subsistera par elle-même; tant qu'elle sera membre d'un tout, on ne pourra y voir rien de plus. Et la raison la voici. Pour être quelque autre chose, il faut être à soi, propre à soi, d'une manière complète, absolue. »

J'ai déjà déclaré que cette opinion n'est pas la mienne. Car, qu'on l'admette, non-seulement les vertus seront animaux, mais encore les vices et les affections opposées, colère, crainte, chagrin, méfiance. Les conséquences iront même au delà: point d'opinion, point de pensée qui ne soit animal, ce qui sous aucun rapport n'est admissible. Tout ce qui est le fait de l'homme n'est pas

homine fit, homo est. — Justitia quid est? inquit. Animus quodammodo se habens. Itaque, si animus animal est, et justitia. — Minime! hæc enim habitus animi est, et quædam vis. Idem animus in varias figuras convertitur, et non toties animal aliud est, quoties aliud facit; nec illud, quod fit ab animo, animal est. Si justitia animal est, si fortitudo, si ceteræ virtutes; utrum desinunt animalia esse subinde, ac rursus incipiunt, an semper sunt? Desinere virtutes non possunt. Ergo multa animalia, immo innumerabilia in hoc animo versantur. — Non sunt, inquit, multa; quia ex uno religata sunt, et partes unius ac membra sunt. — Talem ergo faciem animi nobis proponimus, qualis est hydræ, multa habentis capita, quorum unumquodque per se pugnat, per se nocet. Atqui nullum ex illis capitibus animal est, sed animalis caput; ceterum ipsa unum animal est. Nemo in Chimæra leonem animal esse dixit, aut draconem : hæ partes erant ejus : partes autem non sunt animalia. Quid est quo colligas justitiam animal esse? — Agit, inquit, aliquid, et prodest; quod autem agit aliquid, et prodest, impetum habet : quod autem impetum habet, animal est. — Verum est, si suum impetum habet; suum autem non habet, sed animi. Omne animal, donec moriatur, id est, quod cœpit : homo, donec moriatur, homo est; equus, equus; canis, canis :

homme. — Qu'est-ce que la justice, dit-on? c'est l'âme disposée de certaine manière. Partant, si l'âme est animal, la justice l'est aussi. — Point du tout! Cette justice est une manière d'être, un attribut de l'âme. Cette même âme se modifie sous diverses formes, et n'est pas un autre animal chaque fois qu'elle fait autre chose; et tout ce qui procède d'elle n'est point animal. Si la justice, si le courage, si les autres vertus sont animaux, cessent-elles par momens de l'être pour le redevenir, ou le sont-elles constamment? Les vertus ne peuvent cesser d'être vertus. Il y aura donc un grand nombre, un nombre infini d'animaux qui habiteront cette âme?— Non pas, me répond-on, ils se rattachent à un seul, ce sont les parties et les membres d'un seul. — L'image que nous nous figurons de l'âme est donc comme celle de l'hydre aux cent têtes, dont chacune combat à part, et a toute seule une force malfaisante. Or, aucune de ces têtes n'est un animal; c'est une tête de l'hydre, et cette hydre constitue l'animal. Personne ne dira que, dans la chimère, le lion ou le serpent fût un animal; ils en faisaient partie, mais les parties ne sont point des animaux. Pourquoi donc en conclure que la justice est animal? Elle agit, dites-vous, elle est utile : et ce qui agit, ce qui est utile a du mouvement; or, ce qui a du mouvement est animal. — Cela est vrai, si ce mouvement lui est propre; mais ici il est emprunté et vient de l'âme. Tout animal jusqu'à sa mort est ce qu'il a commencé d'être : l'homme jusque-là est homme, le cheval, cheval; le chien reste chien : ils ne sauraient se transformer en autre chose. La justice, c'est-à-dire l'âme disposée d'une certaine manière, est un animal! Je le veux croire : le courage encore, ou l'âme modifiée d'une autre sorte, est un ani-

transire in aliud non potest. Justitia, id est, animus quodammodo se habens, animal est! Credamus. Deinde, animal est fortitudo, id est, animus quodammodo se habens! Quis animus? ille qui modo justitia erat? Tenetur in priore animali; in aliud animal transire ei non licet : in eo illi, in quo primum esse coepit, perseverandum est. Praeterea, unus animus duorum esse animalium non potest, multo minus plurium. Si justitia, fortitudo, temperantia, ceteraeque virtutes animalia sunt: quomodo unum animum habebunt? Singulos habeant oportet, aut non sunt animalia. Non potest unum corpus plurium animalium esse; hoc et ipsi fatentur. Justitiae quod est corpus? animus. Quid? fortitudinis quod est corpus? idem animus. Atqui unum corpus esse duorum animalium non potest. — Sed idem animus, inquit, justitiae habitum induit, et fortitudinis, et temperantiae. — Hoc fieri posset, si, quo tempore justitia est, fortitudo non esset; quo tempore fortitudo est, temperantia non esset. Nunc vero omnes virtutes simul sunt. Ita quomodo singula erunt animalia, quum unus animus sit; qui plus, quam unum animal, non potest facere? Denique nullum animal pars est alterius animalis; justitia autem pars est animi : non est ergo animal.

Videor mihi in re confessa perdere operam. Magis enim indignandum de isto, quam disputandum est.

mal. Mais quelle est cette âme? celle qui tout-à-l'heure était justice? Elle est concentrée dans le premier animal, passer dans un autre, lui est interdit. Il faut qu'elle reste jusqu'au bout dans celui où elle s'est d'abord établie. D'ailleurs une seule âme ne peut appartenir à deux animaux, encore moins à un grand nombre. Si la justice, le courage, la tempérance et les autres vertus sont autant d'animaux, comment n'auraient-ils qu'une âme pour tous? Il faut que chacun ait la sienne, ou ce ne sont plus des animaux. Un seul corps ne peut être à plusieurs animaux : nos sophistes eux-mêmes l'avouent. Quel est le corps de la justice? l'âme. Et celui du courage? la même âme. Cependant le même corps ne peut renfermer deux animaux. — C'est, dit-on, la même âme qui revêt la forme de justice, et de courage, et de tempérance. — Cela serait possible, si dans le même temps qu'elle est justice, elle n'était pas courage, si, dans le temps qu'elle est courage, elle n'était pas tempérance. Mais ici toutes les vertus existent simultanément. Comment donc seront-elles chacune autant d'animaux, avec une seule âme, qui ne peut constituer plus d'un animal? Enfin, aucun animal ne fait partie d'un autre; or, la justice fait partie de l'âme, ce n'est donc pas un animal.

Mais, ce me semble, je perds ma peine à démontrer une chose avouée. Il y a ici de quoi perdre patience, plu-

Nullum animal alterius pars est. Circumspice omnium corpora; nulli non et color proprius est, et figura sua, et magnitudo. Inter cetera, propter quæ mirabile divini artificis ingenium est, hoc quoque existimo esse, quod in tanta copia rerum nunquam in idem incidit : etiam, quæ similia videntur, quum contuleris, diversa sunt. Tot fecit genera foliorum, nullum non sua proprietate signatum : tot animalia; nulli magnitudo cum altero convenit, utique aliquid interest. Exegit a se, ut, quæ alia erant, et dissimilia essent, et imparia. Virtutes omnes, ut dicitis, pares sunt : ergo non sunt animalia. Nullum non animal per se aliquid agit : virtus autem per se nihil agit, sed cum homine. Omnia animalia aut rationalia sunt, ut homines, ut dii; aut irrationalia, ut feræ, ut pecora : virtutes utique rationales sunt; atqui nec homines sunt, nec dii : ergo non sunt animalia. Omne rationale animal nihil agit, nisi primum specie alicujus rei irritatum est, deinde impetum cepit, deinde assensio confirmavit hunc impetum. Quid sit assensio, dicam. Oportet me ambulare : tunc demum ambulo, quum hoc mihi dixi, et approbavi hanc opinionem meam. Oportet me sedere; tunc demum sedeo. Hæc assensio in virtute non est. Puta enim prudentiam esse; quomodo assentietur « Oportet me ambulare? » Hoc natura non recipit : prudentia enim ei, cujus est, prospi-

tôt que matière à discuter sérieusement. Nul animal ne fait partie d'un autre. Considérez-les tous : il n'en est point qui n'ait sa couleur particulière, sa figure, sa grandeur à lui. A tous les traits qui rendent si admirable le génie du céleste ouvrier, j'ajouterais encore que dans ce nombre infini de créations, jamais il ne s'est répété : les choses même qui paraissent semblables, comparées, se trouvent différentes. De tant d'espèces de feuilles, pas une qu'il n'ait spécialement caractérisée; de tant d'animaux, pas un dont la grandeur soit exactement celle d'un autre : toujours il y a quelque nuance. Il s'est astreint à mettre, dans tout ce qui était autre, et dissemblance, et imparité. Toutes les vertus, comme vous dites, sont pareilles : donc elles ne sont pas animaux. Point d'animal qui ne fasse par lui-même quelque chose; or, la vertu par elle-même ne fait rien qu'avec l'homme. Tous les animaux sont ou raisonnables, comme les hommes, comme les dieux, ou irraisonnables, comme les bêtes sauvages et domestiques. Mais les vertus certes sont raisonnables : or, elles ne sont ni hommes ni dieux; elles ne sont donc pas animaux. Tout animal raisonnable ne fait rien sans qu'une image quelconque ne l'y ait excité d'abord, ensuite il se met en mouvement, puis ce mouvement est confirmé par l'assentiment. Quel est cet assentiment? Le voici. Il faut que je me promène; ce n'est qu'après m'être dit cela, et avoir approuvé mon idée, qu'enfin je me promène. Faut-il que je m'asseye? j'arrive de même à m'asseoir. L'assentiment à de tels actes n'a pas lieu dans la vertu. Car admettons que la prudence soit un animal, comment se dira-t-elle, avec son premier assentiment? «Il faut que je me promène. » Sa nature ne le comporte pas : car la prudence prévoit pour celui à qui elle appartient,

cit; non sibi. Nam nec ambulare potest, nec sedere; ergo assensionem non habet : quod assensionem non habet, rationale animal non est. Virtus si animal est, rationale est : rationale autem non est : ergo nec animal. Si virtus animal est; virtus autem bonum [omne] est : omne bonum animal est. Hoc nostri fatentur. Patrem servare, bonum est; et sententiam prudenter in senatu dicere, bonum est; et juste decernere, bonum est : ergo et patrem servare animal est; et prudenter sententiam dicere, animal est. Eo usque res excedet, ut risum tenere non possis. Prudenter tacere, bonum est; cœnare bene, bonum est : ita et tacere et cœnare animal est!

Ego, mehercules, titillare non desinam, et ludos mihi ex istis subtilibus ineptiis facere. Justitia et fortitudo, si animalia sunt, certe terrestria sunt. Omne animal terrestre alget, esurit, sitit; ergo justitia alget, fortitudo esurit, sitit clementia. Quid porro? non interrogabo illos, quam figuram habeant ista animalia? hominis, an equi, an feræ? Si rotundam illis, qualem Deo, dederint formam, quæram, an et avaritia, et luxuria, et dementia æque rotundæ sint? sunt enim et ipsæ animalia. Si has quoque corrotundaverint, etiamnunc interrogabo, an prudens ambulatio animal sit. Necesse est confiteantur; deinde dicant, ambulationem animal esse, et quidem rotundum.

et non pour elle. Elle ne peut ni se promener ni s'asseoir ; elle n'a donc pas d'assentiment, et qui n'en a pas, n'est pas animal raisonnable. La vertu, si elle est animal, est raisonnable : elle n'est pas animal raisonnable, elle n'est donc pas animal. Si la vertu est animal, et que tout bien soit vertu, tout bien est animal. Nos stoïciens l'avouent. Sauver son père est un bien ; opiner sagement au sénat est un bien ; rendre exacte justice est un bien : donc sauver son père est un animal ; opiner sagement est un animal. La conséquence ira si loin, qu'on ne pourra s'empêcher de rire. Se taire prudemment est un bien ; bien souper est un bien : ainsi se taire et souper sont des animaux !

Eh bien ! soit : appuyons toujours, et divertissons-nous de ces subtiles inepties. Si la justice et le courage sont des animaux, sans doute ce sont des animaux terrestres. Tout animal terrestre a froid, a faim, a soif ; donc la justice a froid, le courage a faim, la clémence a soif. Et encore, ne puis-je demander quelle figure ont ces animaux ? Est-ce celle d'un homme, d'un cheval, d'une bête sauvage ? Si on leur donne, comme à Dieu, la forme ronde, je demanderai si l'avarice, la mollesse, la démence sont rondes pareillement ? car elles aussi sont des animaux. Les arrondit-on de la sorte ? je demanderai si une promenade faite avec prudence est animal ou non. Nécessairement on l'avouera, et on dira que la promenade est un animal, et qu'il est de forme ronde.

Ne putes autem, me primum ex nostris, non ex præscripto loqui, sed meæ sententiæ esse : inter Cleanthem et discipulum ejus Chrysippum, non convenit, quid sit ambulatio. Cleanthes ait, « spiritum esse a principali usque in pedes permissum; » Chrysippus, « ipsum principale. » Quid est ergo, cur non ipsius Chrysippi exemplo sibi quisque se vindicet, et ista tot animalia, quot mundus ipse non potest capere, derideat?

Non sunt, inquit, virtutes multa animalia, et tamen animalia sunt. Nam, quemadmodum aliquis et poeta est, et orator, et tamen unus; sic virtutes istæ animalia sunt, sed multa non sunt. Idem est animus, et animus justus, et prudens, et fortis; ad singulas virtutes quodammodo se habens. — Sublata est quæstio; convenit nobis. Nam et ego interim fateor animum animal esse; postea visurus, quam de ista re sententiam feram : actiones ejus animalia esse nego. Alioquin et omnia verba erunt animalia, et omnes versus. Nam, si prudens sermo bonum est, bonum autem omne animal est; sermo ergo animal est. Prudens versus, bonum est; bonum autem omne animal est : versus ergo animal est. Ita,

      Arma virumque cano,

animal est; quod non possunt rotundum dicere, quum sex pedes habeat. — Textorium, inquis, totum mehercules istud est, quod quum maxime agitur. Dissilio risu,

Ne croyez pas au reste que parmi les nôtres, je sois le premier qui ne parle pas comme le maître, et qui aie mon opinion à moi : Cléanthe et son disciple Chrysippe ne sont pas d'accord sur ce que c'est que la promenade. Cléanthe dit : « Ce sont des esprits mis en mouvement, du siège de l'âme jusqu'aux pieds. » Selon Chrisippe, c'est l'âme elle-même. Pourquoi donc, à l'exemple de ce même Chrysippe, chacun n'en appellerait-il pas à son propre sens, et ne rirait-il pas de ces multitudes d'animaux que le monde ne pourrait contenir?

Les vertus, dit-on, ne constituent pas plusieurs animaux, et sont pourtant des animaux. Un homme est poète et orateur, et cependant n'est qu'un seul homme; ainsi ces vertus sont des animaux, mais n'en sont pas plusieurs. C'est chose identique que l'âme et l'âme juste, et prudente, et courageuse, quand elle est disposée pour chacune de ces vertus. — Ainsi la question s'évanouit, nous voilà d'accord. Moi, aussi, j'avoue pour le moment que l'âme est animal, sauf à voir plus tard qu'en penser; mais que ses actions soient animaux, je le nie. Autrement toutes nos paroles, tous les vers des poètes seraient animaux. Si en effet un discours sensé est un bien, et que tout bien soit un animal, un discours sera un animal. Un bon vers est un bien; or tout bien est animal, le vers est donc animal. Ainsi,

> Je chante les combats et ce héros....

Voilà un animal, et l'on ne dira pas qu'il est rond, car il a six pieds. — Tout cela vous paraît pur entortillage. J'éclate de rire quand je me figure qu'un solécisme est

quum mihi propono, solœcismum animal esse, et barbarismum, et syllogismum, et aptas illis facies, tanquam pictor, assigno.

Hæc disputamus, attractis superciliis, fronte rugosa. Non possum hoc loco dicere illud Cæcilianum : « O tristes ineptias! » — Ridiculæ sunt. Quin itaque potius aliquid utile nobis ac salutare tractamus, et quærimus, quomodo ad virtutes venire possimus, quæ nos ad illas via adducat. Doce me, non, an fortitudo animal sit; sed, nullum animal felix esse sine fortitudine, nisi contra fortuita convaluit, et omnes casus, antequam exciperet, meditando prædomuit. Quid est fortitudo? munimentum humanæ imbecillitatis inexpugnabile; quod qui circumdedit sibi, securus in hac vitæ obsidione perdurat : utitur enim suis viribus, suis telis. Hoc loco tibi Posidonii nostri referre sententiam volo : « Non est, quod unquam fortunæ armis putes esse te tutum : tuis pugna contra ipsam. Fortuna non armat. Itaque contra hostes instructi, contra ipsam inermes sunt. »

Alexander quidem Persas, et Hyrcanos, et Indos, et quidquid gentium usque in Oceanum extendit Oriens, vastabat, fugabatque; sed ipse, modo occiso amico, modo amisso, jacebat in tenebris, alias scelus, alias desiderium suum mœrens : victor tot regum atque populorum, iræ tristitiæque succubuit : id enim egerat ut

un animal, ainsi qu'un barbarisme, un syllogisme, et que je leur assigne, comme un peintre, des traits qui leur conviennent.

Voilà les objets sur lesquels nous discutons les sourcils froncés, le front chargé de rides! Je ne saurais dire ici avec Cécilius : « O tristes inepties! » Car elles sont risibles. Que ne traitons-nous plutôt quelque utile et salutaire question; que ne cherchons-nous comment on parvient aux vertus, et quelle route y mène? Apprenez-moi, non si le courage est un animal, mais qu'aucun animal n'est heureux sans le courage, s'il ne s'est affermi contre les coups du sort, s'il n'a, dans sa pensée, dompté toutes les disgrâces, en les prévoyant avant qu'elles n'arrivent. Qu'est-ce que le courage? Le rempart de l'humaine faiblesse, rempart inexpugnable, derrière lequel l'homme se maintient en sécurité au milieu des maux qui assiégent cette vie : car alors il use de sa propre force, de ses propres armes. Je veux ici vous citer une sentence du stoïcien Posidonius : « Garde-toi de croire que jamais la fortune te protège de ses armes. C'est des tiennes qu'il faut te servir pour la combattre. Les dons de la fortune ne sont pas des armes. Aussi, bien que prémuni contre des ennemis ordinaires, souvent contre elle on est sans défense. »

Alexandre portait chez les Perses, chez les Hyrcaniens, chez les Indiens, chez toutes les nations orientales jusqu'à l'Océan, la dévastation et la fuite; et lui-même, après le meurtre de Clitus, après la mort d'Éphestion, s'ensevelissait dans les ténèbres, pleurant tantôt son crime envers l'un, tantôt la douloureuse perte de l'autre; et le vainqueur des peuples et des rois succombait victime de

omnia potius haberet in potestate, quam affectus. O quam magnis homines tenentur erroribus, qui jus dominandi trans maria cupiunt permittere; felicissimosque se judicant, si multas per milites provincias obtinent, et novas veteribus adjugunt; ignari, quod sit illud ingens, parque diis, regnum ! Imperare sibi, maximum imperium est.

Doceat me, quam sacra res sit justitia, alienum bonum spectans; nihil ex se petens, nisi usum sui. Nihil sit illi cum ambitione famaque; sibi placeat ! Hoc ante omnia sibi quisque persuadeat : « Me justum esse gratis oportet!» Parum est! adhuc illud persuadeat sibi : «Me in hanc pulcherrimam virtutem ultro etiam impendere juvet;» tota cogitatio a privatis commodis quam longissime aversa sit ! Non est, quod spectes, quod sit justæ rei præmium majus, quam justam esse. Illud adhuc tibi affige, quod paullo ante dicebam : Nihil ad rem pertinere, quam multi æquitatem tuam noverint. Qui virtutem suam publicari vult, non virtuti laborat, sed gloriæ. Non vis esse justus sine gloria ? At, mehercules, sæpe justus esse debebis cum infamia. Et tunc, si sapis, mala opinio bene parta delectat.

ses fureurs et de ses chagrins. C'est qu'il avait tout fait pour subjuguer l'univers, plutôt que ses passions. Oh! quelle profonde erreur captive ces mortels qui, jaloux d'étendre leur domination au delà des mers, mettent leur suprême bonheur à envahir par leurs soldats force provinces, à entasser conquêtes sur conquêtes, méconnaissant cette souveraineté sublime qui nous égale aux dieux, l'empire sur soi-même, le plus beau de tous les empires!

Enseignez-moi combien est sacrée la justice, qui n'a en vue que le droit d'autrui, qui n'attend d'elle-même d'autre salaire que ses propres œuvres. Qu'elle n'ait rien de commun avec l'intrigue et l'opinion : qu'elle ne plaise qu'à elle seule! Qu'avant tout chacun arrive à se dire : « Je dois être juste sans intérêt. » C'est peu encore. Qu'il se dise : « Je veux pour cette belle vertu me sacrifier, et me sacrifier avec plaisir : » ainsi toutes nos pensées s'éloigneront le plus possible de nos avantages privés. N'examinez pas si un acte de justice vaut quelque chose de plus que le bonheur d'être juste. Pénétrez-vous aussi du principe que je rappelais tout-à-l'heure : il n'importe nullement de combien de personnes votre équité sera connue. Quiconque veut qu'on publie ce qu'il fait de bien, travaille pour la renommée, non pour la vertu. Tu refuses d'être juste sans gloire? Malheureux! tu devras souvent l'être au prix de ta réputation. Le sage jouit alors même de cette mauvaise renommée que lui mérite une bonne conscience.

BAILLARD.

CXIV.

Eloquentiæ corruptelam e corruptis moribus ortam esse.

QUARE quibusdam temporibus provenerit corrupti generis oratio, quæris; et quomodo in quædam vitia inclinatio ingeniorum facta sit, ut aliquando inflata explicatio vigeret, aliquando infracta, et in morem cantici ducta? quare alias sensus audaces, et fidem egressi, placuerint; alias abruptæ sententiæ, et suspiciosæ, in quibus plus intelligendum esset, quam audiendum? quare aliqua ætas fuerit, quæ translationis jure uteretur inverecunde? — Hoc, quod audire vulgo soles, quod apud Græcos in proverbium cessit : « Talis hominibus fuit oratio, qualis vita. » Quemadmodum autem uniuscujusque actio dicenti similis est, sic genus dicendi aliquando imitatur publicos mores. Si disciplina civitatis laboravit, et se in delicias dedit; argumentum est luxuriæ publicæ, orationis lascivia : si modo non in uno aut in altero fuit, sed approbata est et recepta. Non potest alius esse ingenio, alius animo color. Si ille sanus est, si compositus, gravis, temperans; ingenium quoque siccum ac sobrium est : illo vitiato, hoc quoque afflatur. Non vides, si animus elanguit, trahi membra, et pigre moveri pedes? si ille effeminatus est, in ipso incessu apparere mollitiem? si ille acer est et ferox, concitari gradum? si furit, aut,

CXIV.

Que la corruption du langage vient de celle des mœurs.

D'où vient, dites-vous, qu'à certaines époques il s'est introduit un genre corrompu d'éloquence? et comment s'est opérée cette vicieuse tendance des esprits qui mit en vogue tantôt l'amplification ampoulée, tantôt la période brisée et cadencée en manière de chant? Pourquoi s'est-on engoué parfois de pensées gigantesques et hors de vraisemblance, et parfois de sentences coupées et énigmatiques qui laissent plus à entendre qu'elles ne disent? Pourquoi fut-il un temps où l'on abusait du droit de métaphore sans nulle retenue? — La raison, vous l'avez souvent ouï dire, elle est dans ce mot passé chez les Grecs en proverbe : « Telles mœurs, tel langage. » Or, comme les actes de chacun ont avec ses discours des traits de ressemblance, ainsi le langage d'une époque est quelquefois l'expression de ses mœurs. Quand la morale publique s'altère, quand tout s'abandonne à la mollesse, c'est un symptôme de la dissolution générale que l'afféterie du style, pourvu toutefois qu'elle ne se trouve point chez un ou deux écrivains seulement, mais qu'elle soit reçue et applaudie. L'esprit ne peut réfléchir une autre teinte que celle de l'âme. Si l'âme est saine, réglée, sérieuse, tempérante, l'esprit aussi est sobre et retenu : le vice qui gâte l'une est contagieux pour l'autre. Ne voyez-vous pas, quand l'âme est en langueur, que les membres s'affaissent, que les jambes sont paresseuses à se mouvoir? Est-elle efféminée? la démarche du corps trahit assez sa mollesse. Est-elle active et prompte? le mouvement des pieds devient plus hâtif.

quod furori simile est, irascitur, turbatum esse corporis motum, nec ire, sed ferri? Quanto hoc magis accidere ingenio putas, quod totum animo permixtum est? ab illo fingitur, illi paret, inde legem petit.

Quomodo Mæcenas vixerit, notius est, quam ut narrari nunc debeat; quomodo ambulaverit, quam delicatus fuerit, quam cupierit videri, quam vitia sua latere noluerit. Quid ergo? non oratio ejus æque soluta est, quam ipse discinctus? non tam insignita illius verba sunt, quam cultus, quam comitatus, quam domus, quam uxor? Magni vir ingenii fuerat, si illud egisset via rectiore, si non vitasset intelligi, si non etiam in oratione diffluret. Videbis itaque eloquentiam ebrii hominis involutam, et errantem, et licentiæ plenam. [Mæcenas, de Cultu suo]. Quid turpius? «Amne silvisque ripa comantibus vide ut alveum lintribus arent, versoque vado remittant hortos. — Quid? si quis : feminæ cinno crispatæ labris columbatur, incipitque suspirans, ut cervice lassa fanantur nemoris tyranni. — Irremediabilis factio : rimantur epulis, lagenaque tentant domos, et spe mortem exigunt. — Genium festo vix suo testem, tenuisve cerei fila, et crepacem molam : — focum mater aut uxor investiunt. »

— Non statim, quum hæc legeris, hoc tibi occurret,

Est-elle en démence, ou, ce qui est presque la même chose, est-elle en colère? le désordre se montre dans les mouvemens : on ne marche pas, on est emporté. Combien ces effets ne sont-ils pas plus sensibles sur l'esprit, qui ne fait, pour ainsi dire, qu'un avec l'âme? Il est modifié par elle, il lui obéit, il est à ses ordres.

On connaît trop, pour que je doive le rappeler ici, quelle était la manière d'être de Mécène, et son allure en marchant, et sa molle délicatesse, et son excessive manie d'être vu, et sa crainte non moindre que ses vices restassent cachés. Eh bien, son style n'est-il pas aussi lâche que les plis de sa robe sans ceinture; son expression aussi prétentieuse que sa parure, que son cortège, que sa maison, que son épouse? C'était un homme d'un beau génie, s'il lui eût donné une plus saine direction, s'il n'avait pas eu peur de se faire comprendre, s'il n'avait porté jusque dans le style le dévergondage de ses mœurs. Voyez son éloquence, c'est celle d'un homme ivre, elle est obscure, décousue, pleine de licences. Dans son livre sur sa *toilette*, quoi de plus pitoyable que lorsqu'il dit : « En ce fleuve dont les forêts servent de coiffure à ses rives. voyez les petites barques qui labourent son lit, et qui, poursuivant leur cours, délaissent ses jardins? » Et quel autre que lui a pu dire: « Cette femme à la frisure bouclée, ces lèvres qui se *pigeonnent,* et qui demandent avec soupir qu'en la portant on ne donne pas à cette tête penchée l'attitude d'un tyran? — Irrémédiable faction, ils s'insinuent par les festins, tentent les maisons par la bouteille, et poussent à la mort par l'espérance. — Un génie à peine témoin de sa propre fête, les fils d'une cire amincie, un gâteau de sel pétillant, un foyer, autour duquel la mère ou l'épouse fait ceinture. »

Quand on lit de telles choses, ne vient-il pas soudain à

hunc esse, qui solutis tunicis in Urbe semper incesserit (nam, etiam quum absentis Cæsaris partibus fungeretur, signum a discincto petebatur)? hunc esse, qui in tribunali, in rostris, in omni publico cœtu, sic apparuerit, ut pallio velaretur caput, exclusis utrimque auribus, non aliter, quam in mimo *Divites*, fugitivi solent? hunc esse, cui, tunc maxime civilibus bellis strepentibus, et sollicita urbe et armata, comitatus hic fuerit in publico, spadones duo, magis tamen viri quam ipse? hunc esse, qui uxorem millies duxit, quum unam habuerit? Hæc verba tam improbe structa, tam negligenter abjecta, tam contra consuetudinem omnium posita, ostendunt, mores quoque non minus novos et pravos et singulares fuisse. Maxima laus illi tribuitur mansuetudinis: pepercit gladio, sanguine abstinuit; nec ulla alia re, quid posset, quam licentia, ostendit. Hanc ipsam laudem suam corrupit istis orationis portentosissimæ deliciis: apparet enim mollem fuisse, non mitem. Hoc istæ ambages compositionis, hoc verba transversa, hoc sensus, magni quidem sæpe, sed enervati dum exeunt, cuivis manifestum facient. Motum illi felicitate nimia caput; quod vitium hominis interdum esse, interdum temporis, solet.

Ubi luxuriam late felicitas fudit, luxus primum corporum esse diligentior incipit; deinde supellectili laboratur; deinde in ipsas domos impenditur cura, ut in

la pensée que c'est bien là l'homme qui allait toujours par la ville, sa robe traînante; qui, même alors qu'il suppléait Auguste absent, donnait dans ce lâche accoutrement le mot d'ordre? Voilà, se dit-on, l'homme qui du haut du tribunal et des rostres, au milieu de toute assemblée publique, ne paraissait jamais que la tête couverte d'un manteau, d'où ressortaient ses oreilles, comme on représente les esclaves fugitifs dans le mime intitulé *les Riches*. Voilà celui qui, au fort des guerres civiles, quand Rome entière était en armes et sur le qui-vive, se faisait publiquement escorter de deux eunuques, plus hommes toutefois que lui. Voilà celui qui s'est marié mille fois, pour n'avoir qu'une même femme. Ces locutions si mal construites, si négligemment jetées, placées d'une manière si contraire à l'usage, prouvent que ses mœurs ne furent pas moins étranges, moins dépravées, moins exceptionnelles que son style. On lui accorde un grand mérite de mansuétude : il s'abstint du glaive, il épargna le sang, et ne montra son pouvoir qu'en affichant tous les scandales. Mais lui-même a fait tomber ces éloges par la monstrueuse mignardise de ses écrits, qui signale un caractère mou plutôt qu'indulgent. C'est ce que cette élocution tout entortillée, et ces expressions contournées, et ces idées souvent grandes, il est vrai, mais énervées par la manière dont elles sont rendues, accusent manifestement. Sa tête était troublée par l'excès du bien-être, défaut qui tantôt est de l'homme, tantôt du siècle.

Lorsque le luxe, enfant de l'opulence, a gagné tous les rangs, on le reconnaît d'abord à une parure plus recherchée; il se porte ensuite sur l'ameublement; puis c'est aux habitations mêmes que s'étendent ses soins : il veut

laxitatem ruris excurrant, ut parietes advectis trans maria marmoribus fulgeant, ut tecta varientur auro, ut lacunaribus pavimentorum respondeat nitor; deinde ad cœnas lautitia transfertur, et illic commendatio ex novitate et soliti ordinis commutatione captatur, ut ea, quæ includere cœnam solent, prima ponantur, ut, quæ advenientibus dabantur, exeuntibus dentur. Quum assuevit animus fastidire quæ ex more sunt, et illi pro sordidis solita sunt; etiam in oratione, quod novum est, quærit : et modo antiqua verba atque exoleta revocat ac profert; modo fingit ignota, ac deflectit; modo id, quod nuper increbuit, pro cultu habetur, audax translatio ac frequens. Sunt, qui sensus præcidant, et hinc gratiam sperent, si sententia pependerit, et audienti suspicionem sui fecerit : sunt, qui illos detineant et porrigant. Sunt, qui non usque ad vitium accedant (necesse est enim hoc facere aliquid grande tentanti), sed qui ipsum vitium ament. Itaque, ubicumque videris orationem corruptam placere, ibi mores quoque a recto descivisse, non erit dubium. Quomodo conviviorum luxuria, quomodo vestium, ægræ civitatis indicia sunt : sic orationis licentia, si modo frequens est, ostendit animos quoque, a quibus verba exeunt, procidisse.

Mirari quidem non debes, corrupta excipi non tantum a corona sordidiore, sed ab hac quoque turba cultiore; togis enim inter se isti, non judiciis, distant. Hoc

donner à celles-ci l'étendue des campagnes, il veut que leurs murailles resplendissent de marbres venus d'outre-mer; que l'or serpente sur nos toits, et que l'éclat des parquets le dispute à celui des plafonds. La magnificence des festins a son tour : on tâche à se distinguer par la nouveauté des mets, par des changemens dans l'ordre des services. Ce qui terminait le repas en sera le début, et ce que l'on donnait aux entrées devra s'offrir au dessert. Dès que l'esprit s'est fait un système de dédaigner toutes les choses d'usage, de tenir pour vil ce qui est commun, on cherche aussi à innover dans le langage; tantôt on exhume et l'on reproduit des termes antiques et surannés, tantôt on en fabrique de nouveaux ou on les détourne de leur signification, tantôt on prend pour élégance ce qui depuis peu est à la mode, l'audace et l'accumulation des métaphores. Tel orateur, avec ses sens interrompus, prétend qu'on lui sache gré de tenir en suspens l'auditeur, et de laisser à peine soupçonner sa pensée. Tel autre diffère et prolonge le développement de la sienne. Il en est qui, sans aller jusqu'aux fautes de goût, inévitables toutes les fois que l'on vise au grand, sont loin, au fond, de haïr ces mêmes fautes. Enfin partout où vous verrez réussir un langage corrompu, les mœurs aussi auront déchu de leur pureté, n'en faites aucun doute. Et de même que le luxe de la table et des costumes dénote une civilisation malade; ainsi le dérèglement du discours, pour peu qu'il se propage, atteste que les âmes, dont le style n'est que l'écho, ont elles-mêmes dégénéré.

Qu'on ne s'étonne pas que le mauvais goût se fasse bien venir, non-seulement d'un auditoire à mise grossière, mais de ce qu'on appelle la classe élégante. C'est par la toge que ces hommes-là diffèrent, et non par le

magis mirari potes, quod non tantum vitiosa, sed vitia laudentur.

Nam illud semper factum est : nullum sine venia placuit ingenium. Da mihi, quemcumque vis, magni nominis virum; dicam, quid illi ætas sua ignoverit, quid in illo sciens dissimulaverit. Multos tibi dabo, quibus vitia non nocuerint; quosdam, quibus profuerint. Dabo, inquam, maximæ famæ et inter miranda propositos; quos, si quis corrigit, delet : sic enim vitia virtutibus immixta sunt, ut illas secum tractura sint. Adjice nunc, quod oratio certam regulam non habet. Consuetudo illam civitatis, quæ nunquam in eodem diu stetit, versat.

Multi ex alieno sæculo petunt verba; Duodecim Tabulas loquuntur; Gracchus illis, et Crassus, et Curio, nimis culti et recentes sunt; ad Appium usque et ad Coruncanium redeunt. Quidam contra, dum nihil nisi tritum et usitatum volunt, in sordes incidunt. Utrumque diverso genere corruptum est, tam mehercules, quam nolle nisi splendidis uti, ac sonantibus, et poeticis; necessaria, et in usu posita, vitare : tam hunc dicam peccare, quam illum. Alter se plus justo colit, alter plus justo negligit; ille et crura, hic ne alas quidem, vellit.

Ad compositionem transeamus. Quot genera tibi in hac dabo, quibus peccetur? Quidam præfractam et aspe-

jugement. Étonnez-vous plutôt qu'outre le style entaché de l'influence du vice, on loue jusqu'au vice même.

Mais quoi ! cela s'est fait de tout temps : point de génie qui, pour plaire, n'ait eu besoin d'indulgence. Citez-moi tel célèbre auteur que vous voudrez, je vous dirai ce que ses contemporains lui ont passé, ce qu'ils ont sciemment dissimulé en lui. J'en citerai à qui leurs défauts n'ont point fait tort ; j'en citerai à qui ils ont servi. Je dis plus : je vous montrerai des hommes de la plus belle renommée et proposés comme de merveilleux modèles, que la lime de la critique réduirait à rien, leurs défauts se trouvant chez eux tellement liés aux beautés, qu'on ferait disparaître les unes avec les autres. Ajoutez qu'en littérature il n'y a point de règle absolue. Elle varie au gré des usages sociaux, qui jamais ne restent long-temps les mêmes.

Nombre de gens empruntent leurs mots au vocabulaire d'un autre âge : ils parlent la langue des Douze-Tables ; Gracchus, Crassus, Curion, sont pour eux trop polis, trop modernes : ils remontent jusqu'à Appius et Coruncanius. Quelques-uns, au contraire, pour ne rien vouloir que d'usuel et de familier, tombent dans le trivial. Ces deux divers genres sont aussi défectueux assurément que le serait la manie des termes pompeux, sonores et poétiques, ou la peur d'employer les mots indispensables et au service de tout le monde : les premiers, j'ose le dire, pèchent autant que les seconds. Tel écrivain affecte trop d'apprêt ; tel autre, une excessive négligence : l'un s'épile jusqu'aux jambes, l'autre ne s'épile même pas les aisselles.

Si je passe à la construction oratoire, en combien de façons ne vous montrerai-je pas qu'on offense le goût ! Ici

ram probant; disturbant de industria, si quid placidius effluxit; nolunt sine salebra esse juncturam; virilem putant et fortem, quæ aurem inæqualitate percutiat. Quorumdam non est compositio, modulatio est; adeo blanditur, et molliter labitur. Quid de illa loquar, in qua verba differuntur, et, diu exspectata, vix ad clausulas redeunt? Quid de illa in exitu lenta, qualis Ciceronis est, devexa, et molliter detinens; nec aliter, quam solet, ad morem suum pedemque respondens?

Non tantum in genere sententiarum vitium est, si aut pusillæ sunt et pueriles, aut improbæ, et plus ausæ, quam pudore salvo licet; sed si floridæ sunt, et nimis dulces; si in vanum exeunt, et, sine effectu, nihil amplius quam sonant. Hæc vitia unus aliquis inducit, sub quo tunc eloquentia est : ceteri imitantur, et alter alteri tradunt. Sic Sallustio vigente, amputatæ sententiæ, et verba ante exspectatum cadentia, et obscura brevitas, fuere pro cultu. Arruntius, vir raræ frugalitatis, qui *Historias belli punici* scripsit, fuit Sallustianus, et in illud genus nitens. Est apud Sallustium : « Exercitum argento fecit, » id est, pecunia paravit. Hoc Arruntius amare cœpit; posuit illud omnibus paginis. Dicit quodam loco : « Fugam nostris fecere. » Alio loco : « Hiero, rex Syracusanorum, bellum fecit. » Et alio loco : « Quæ audita Panormitanos dedere Romanis fecere. » Gustum

on l'aime raboteuse et heurtée : on s'étudie à briser toute phrase plus harmonieuse, plus coulante que les autres ; on tient pour mâle et vigoureuse, une diction qui choque l'oreille de ses aspérités. Ailleurs, ce n'est point une construction oratoire, c'est une phrase musicale, tant les sons les plus flatteurs s'y trouvent filés avec mollesse ! Que dire de celles qui font attendre et reculent longtemps le mot principal qu'elles donnent à peine à la chute de la période ? Et ces constructions si lentes à se dérouler, ces constructions cicéroniennes, à la pente continue, aux molles terminaisons, et invariablement fidèles à la même marche et à la même cadence ?

Le choix de la pensée peut être vicieux de deux manières : si elle est mesquine et puérile, ou bien inconvenante et hasardée jusqu'à l'indécence ; puis, si elle est trop fleurie, trop doucereuse, si elle se produit insignifiante et que pour seul effet elle n'amène que des sons. Pour introduire ces défauts, il suffit d'un contemporain en possession du sceptre de l'éloquence : tous les autres l'imitent et se transmettent ses exemples. Ainsi, quand florissait Salluste, les sens mutilés, les chutes brusques et inattendues, une obscure concision, passaient pour de l'élégance. Arruntius, homme d'une frugalité rare, qui a écrit l'*Histoire de la guerre punique*, prit pour modèle Salluste, et s'efforça de saisir son genre. On lit dans Salluste : *Exercitum argento fecit* ; c'est-à-dire, avec de l'argent, il leva une armée. Arruntius, épris de cette locution, l'emploie à chaque page. Il dit dans un endroit : *Fugam nostris fecere*. Dans un autre endroit : *Hiero, rex Syracusanorum, bellum fecit*. Dans un autre encore : *Quæ audita Panormitanos dedere Romanis fecere*. Je n'ai voulu vous donner qu'un échantillon : tout

tibi dare volui : totus his contexitur liber. Quæ apud Sallustium rara fuerunt, apud hunc crebra sunt et pæne continua; nec sine causa : ille enim in hæc incidebat, at hic illa quærebat. Vides autem, quid sequatur, ubi alicui vitium pro exemplo est. Dixit Sallustius : « Aquis hiemantibus. » Arruntius in primo libro *Belli punici* ait : « Repente hiemavit tempestas. » Et alio loco, quum dicere vellet, frigidum annum fuisse, ait : « Totus hiemavit annus. » Et alio loco : « Inde sexaginta onerarias, leves, præter militem et necessarios nautarum, hiemante Aquilone misit. » Non desinit omnibus locis hoc verbum infulcire. Quodam loco dicit Sallustius : « Inter arma civilia æqui bonique famas petit. » Arruntius non temperavit, quo minus primo statim libro poneret : « Ingentes esse famas de Regulo. »

Hæc ergo et ejusmodi vitia, quæ alicui impressit imitatio, non sunt indicia luxuriæ nec animi corrupti : propria enim esse debent, et ex ipso nata, ex quibus tu æstimes alicujus affectus. Iracundi hominis iracunda oratio est; commoti nimis, incitata; delicati, tenera et fluxa. Quod vides istos sequi, qui aut vellunt barbam, aut intervellunt; qui labra pressius tondent et abradunt, servata et submissa cetera parte; qui lacernas coloris improbi sumunt, qui perlucentem togam ; qui nolunt facere quidquam, quod hominum oculis transire liceat; irritant illos, et in se advertunt; volunt vel reprehendi,

le livre est tissu de ces façons de parler. Clair-semées dans Salluste, elles fourmillent dans Arruntius, elles reviennent presque continuellement. La raison en est simple : le premier n'y tombait que par hasard ; le second courait après. Or, voyez où mène une erreur qu'on prend pour modèle. Salluste a dit : *Aquis hiemantibus*. Arruntius écrit, au premier livre de sa *Guerre punique* : *Repente hiemavit tempestas*. Ailleurs, voulant exprimer que l'année fut très-froide : *Totus hiemavit annus*. Et plus loin : *Inde sexaginta onerarias, leves, præter militem et necessarios nautarum, hiemante aquilone misit*. Sans cesse et partout le même verbe se trouve enchâssé. Salluste ayant dit quelque part : *Inter arma civilia, æqui bonique famas petit;* l'imitateur n'a pu se défendre de mettre, dès le début de son premier livre : *Ingentes esse famas de Regulo*.

Évidemment, ces vices de style et d'autres défauts analogues, contractés par imitation, n'indiquent ni le relâchement des mœurs ni la corruption de l'âme. Il faut qu'ils soient personnels, qu'ils naissent de l'homme même, pour donner la mesure de ses penchans. Si un homme est violent, son expression sera violente; est-il passionné? elle sera vive; efféminé? elle sera lâche et maniérée. Tout comme ces gens qui s'épilent la barbe ou en conservent quelques bouquets; qui se rasent de si près le bord des lèvres, et laissent croître le reste du poil; qui adoptent des manteaux de couleur bizarre, des toges à étoffe transparente; qui font tout pour qu'il soit impossible aux yeux de ne pas s'arrêter sur eux; qui appellent, qui provoquent l'attention; qui veulent bien qu'on les blâme,

dum conspici : talis est oratio Mæcenatis, omniumque aliorum, qui non casu errant, sed scientes volentesque.

Hoc a magno animi malo oritur. Quomodo in vino non ante lingua titubat, quam mens cessit oneri, et inclinata vel perdita est : ita ista oratio (quid aliud quam ebrietas?) nulli molesta est, nisi animus labat. Ideo ille curetur : ab illo sensus, ab illo verba exeunt, ab illo nobis est habitus, vultus, incessus. Illo sano ac valente, oratio quoque robusta, fortis, virilis est : si ille procubuit, et cetera ruinam sequuntur.

. . . . . Rege incolumi; mens omnibus una est :
Amisso, rupere fidem.

Rex noster est animus : hoc incolumi, cetera manent in officio, parent, obtemperant : quum ille paulum vacillavit, simul dubitant. Quum vero cessit voluptati, artes quoque ejus, actusque marcent, et omnis ex languido fluxoque conatus est.

Quoniam hac similitudine usus sum, perseverabo. Animus noster modo rex est, modo tyrannus : rex, quum honesta intuetur, salutem commissi sibi corporis curat, et nihil illi imperat turpe, nihil sordidum; ubi vero impotens, cupidus, delicatus est, transit in nomen detestabile ac dirum, et fit tyrannus. Tunc illum excipiunt affectus impotentes, et instant; qui initio quidem gaudent, ut solet populus largitione nocitura frustra ple-

pourvu qu'on les regarde : ainsi faisait en écrivant Mécène, et tous ceux qui donnent dans le faux, non par erreur, mais sciemment et de propos délibéré.

Un tel vice provient d'une âme profondément malade. La langue du buveur ne balbutie point avant que sa raison soit appesantie, affaissée ou perdue ; de même ce genre, et pour mieux dire, cette ivresse de style, n'attaque jamais qu'une âme déjà chancelante. C'est donc l'âme qu'il faut guérir : le sentiment, l'expression, tout vient d'elle ; de même qu'elle seule détermine l'habitude du corps, la physionomie, la démarche. Saine et vigoureuse, elle communique au discours son énergie, sa mâle fermeté. Abattue, tout s'écroule avec elle.

.....Le roi vivant, tout suit la même loi ;
Il meurt : le pacte cesse.

Notre roi c'est notre âme. Tant que sa force est entière, elle retient tout l'homme dans le devoir par le frein de la subordination : pour peu qu'elle vacille, l'ébranlement est général. Mais a-t-elle succombé à la volupté, ses facultés aussi s'énervent, son action se paralyse, et tous ses efforts avortent et tombent de faiblesse.

J'ajouterai, pour continuer le parallèle, que l'âme est tantôt notre roi, tantôt notre tyran : notre roi, quand ses vues tendent à l'honnête, et que, veillant au salut du corps commis à sa garde, elle n'en exige rien de bas ni d'avilissant ; si au contraire elle est emportée, cupide, sensuelle, elle encourt la qualification la plus odieuse et la plus sinistre : elle devient tyran. Alors des passions effrénées s'emparent d'elle et la poussent au mal : elle éprouve d'abord une sorte de jouissance, comme la foule qui, aux largesses publiques, gorgée d'un superflu fu-

nus, et, quæ non potest haurire, contrectat. Quum vero magis ac magis vires morbus exedit, et in medullas nervosque descendere deliciæ; conspectu eorum, quibus se nimia aviditate inutilem reddidit, lætus, pro suis voluptatibus habet spectaculum alienarum, subministrator libidinum testisque, quarum usum sibi ingerendo abstulit : nec illi tam gratum est abundare jucundis, quam acerbum, quod non omnem illum apparatum per gulam ventremque transmittit, quod non cum omni exoletorum feminarumque turba convolutatur; mœretque, quod magna pars suæ felicitatis, exclusa corporis angustiis, cessat.

Numquid enim, mi Lucili, in hoc furor non est, quod nemo nostrum mortalem se cogitat? quod nemo imbecillum? immo in illo, quod nemo nostrum unum esse se cogitat? Adspice culinas nostras, et concursantes inter tot ignes coquos : unum videri putas ventrem, cui tanto tumultu comparatur cibus? Adspice veterana nostra, et plena multorum sæculorum vindemiis horrea : unum putas videri ventrem, cui tot consulum regionumque vina cluduntur? Adspice, quot locis vertatur terra, quot millia colonorum arent, fodiant; unum videri putas ventrem, cui et in Sicilia, et in Africa seritur? Sani erimus, et modica concupiscemus, si unusquisque se numeret, et metiatur simul corpus, sciat quam nec multum

reste, gaspille ce qu'elle ne peut plus dévorer. Mais quand, faisant chaque jour de nouveaux progrès, le mal a miné les forces de l'âme, quand la mollesse en a détendu les ressorts et dénaturé la substance, l'image des plaisirs auxquels son intempérance l'a rendu inhabile fait la dernière joie de l'homme : il a pour unique volupté le spectacle de celles des autres, complaisant et témoin de débauches dont l'abus lui a interdit l'usage. Moins flatté de voir affluer les délices autour de lui, que désespéré de sentir que son palais, que son estomac ne peuvent absorber tout cet appareil de gourmandise, et son corps se mêler aux infâmes accouplemens de ses mignons et de ses prostituées; il gémit de ce qu'une grande partie de sa félicité, échappant au cercle étroit de ses facultés physiques, soit perdue pour lui.

N'est-il pas vrai, cher Lucilius, que ce délire vient de ce que tous oublient qu'ils sont mortels, qu'ils sont débiles, qu'ils n'ont enfin qu'un corps à ruiner? Considérez nos cuisines : voyez, au milieu de tant de fourneaux, courir et se croiser nos cuisiniers; vous semble-t-il que ce soit pour un seul estomac que cette bruyante cohue prépare tous ces mets? Voyez les celliers où vieillissent nos vins, et ces greniers encombrés des vendanges de plus d'un siècle : vous semble-t-il que pour un seul gosier se gardent depuis tant de consulats les vins de tant de pays? Voyez en combien de lieux le soc retourne la terre, et ces milliers de colons qui l'exploitent, qui la déchirent : vous semble-t-il que ce soit pour un seul estomac qu'on ensemence la Sicile et l'Afrique? On reviendrait à la sagesse et à la modération dans les désirs, si l'on voulait ne se compter que pour un seul homme, mesurer la capacité de son corps,

capere, nec diu possit. Nihil tamen æque tibi profuerit ad temperantiam omnium rerum, quam frequens cogitatio brevis ævi, et hujus incerti. Quidquid facies, respice ad mortem.

CXV.

Describit virtutis pulchritudinem : inde in amorem divitiarum.

Nimis anxium esse te circa verba et compositionem, mi Lucili, nolo : habeo majora quæ cures. Quære, quid scribas, non quemadmodum; et hoc ipsum, non ut scribas, sed ut sentias : ut illa, quæ senseris, magis applices tibi, et veluti signes. Cujuscumque orationem videris sollicitam et politam, scito animum quoque non minus esse pusillis occupatum. Magnus ille remissius loquitur et securius : quæcumque dicit, plus habent fiduciæ, quam curæ. Nosti complures juvenes, barba et coma nitidos, de capsula totos; nihil ab illis speraveris forte, nihil solidum. Oratio vultus animi est : si circumtonsa est, et fucata, et manufacta, ostendit illum quoque non esse sincerum, et habere aliquid facti. Non est ornamentum virile, concinnitas.

Si nobis animum boni viri liceret inspicere, o quam pulchram faciem, quam sanctam, quam ex magnifico placidoque fulgentem videremus; hinc justitia, illinc

et se reconnaître hors d'état de tant consommer et de consommer si long-temps. Mais rien ne vous disposera à la tempérance en toutes choses comme de songer souvent que la vie est courte, et de plus, incertaine. Quoi que vous fassiez, pensez à la mort.

BAILLARD.

CXV.

Beauté de la vertu; ambition des richesses.

NE vous tourmentez pas trop du choix et de l'arrangement des mots, cher Lucilius, non : j'ai de plus graves soins à vous imposer. Songez à la substance et point à la forme, moins à écrire même, qu'à sentir ce que vous écrivez, et à le sentir de manière à mieux vous l'approprier, pour le marquer comme de votre sceau. Toute production qui vous paraîtra maniérée et minutieusement polie est, soyez-en sûr, l'œuvre d'un esprit préoccupé de choses futiles. Qui pense noblement s'exprime avec plus de simplicité, plus d'aisance, et porte dans tous ses discours une mâle assurance plutôt que de l'apprêt. Vous connaissez nombre de jeunes gens à barbe et à chevelure parfumées, dont toute la personne semble sortir d'une boîte à toilette, n'espérez d'eux rien de viril, rien de substantiel. Le style est la physionomie de l'âme : est-il coquet, fardé, artificiel, signe évident que l'âme à son tour est loin d'être saine et cache quelque langueur secrète. Ce ne sont point les ajustemens qui parent un homme.

S'il nous était donné de voir à découvert le cœur de l'homme de bien, quel magnifique tableau, quels trésors de sainteté, quelle majesté calme éblouirait nos

fortitudine, hinc temperantia prudentiaque lucentibus! Præter has, frugalitas, et continentia, et tolerantia, et liberalitas comitasque, et (quis credat?) in homine rarum humanitas bonum, splendorem illi suum affunderent! Tum providentia, tum elegantia, et ex istis magnanimitas eminentissima, quantum, dii boni, decoris illi, quantum ponderis gravitatisque adderent! quanta esset cum gratia auctoritas! Nemo illam amabilem, qui non simul venerabilem, diceret. Si quis viderit hanc faciem, altiorem fulgentioremque quam cerni inter humana consuevit; nonne, velut numinis occursu, obstupefactus resistat, et, ut fas sit vidisse, tacitus precetur? tum, evocante ipsa vultus benignitate, productus adoret ac supplicet; et, diu contemplatus multum exstantem, supraque mensuram solitorum inter nos aspici elatam, oculis, mite quiddam, sed nihilominus vivido igne flagrantibus; tunc deinde illam Virgilii nostri vocem verens atque attonitus emittat :

O! quam te memorem, virgo? namque haud tibi vultus
Mortalis, nec vox hominem sonat. O dea certe!
Sis felix, nostrumque leves, quæcumque, laborem!

Aderit, levabitque, si colere eam voluerimus. Colitur autem, non taurorum opimis corporibus contrucidatis, nec auro argentoque suspenso, nec in thesauros stipe infusa; sed pia et recta voluntate.

yeux! D'un côté la justice et la tempérance, de l'autre la prudence et la force se prêtant un mutuel éclat; puis la frugalité, la continence, la résignation, la franchise, l'affabilité et l'humanité, cette vertu, le croirait-on? si rare chez l'homme, verseraient là toutes leurs splendeurs. Et combien la prévoyance, l'élégance des mœurs, et, pour couronner le tout, la magnanimité la plus haute n'y ajouteraient-elles pas de noblesse et d'autorité imposante! Merveilleux ensemble de grâce et de dignité, qui n'exciterait pas notre amour sans nous remplir aussi de vénération. A l'aspect de cette auguste et radieuse figure sans parallèle visible ici-bas, ne resterait-on pas, comme à l'apparition d'une divinité, frappé d'extase, immobile; ne la prierait-on pas du fond de l'âme de se laisser voir impunément? Puis, grâce à la bienveillance empreinte sur ses traits, ne s'enhardirait-on pas à l'adorer, à la supplier; et, après avoir long-temps contemplé cette élévation, cette grandeur si fort au dessus de ce qu'on voit parmi nous, ce regard brillant de tant de douceur et néanmoins d'un feu si vif, alors enfin, avec notre Virgile, ne s'écrierait-on pas, dans une religieuse terreur :

« O vierge! quel nom faut-il vous donner? car, ni votre visage, ni votre voix ne sont d'une mortelle. O vous, déesse à n'en pas douter, montrez-vous favorable; oui, qui que vous soyez, allégez le poids de nos travaux! »

On obtient d'elle aide et pitié, quand on sait l'honorer. Or, ce ne sont ni les gras taureaux et leurs chairs sanglantes, ni les offrandes d'or et d'argent, ni les tributs versés dans une épargne qui l'honorent, c'est la droiture et la pureté d'intention.

Nemo, inquam, non amore ejus arderet, si nobis illam videre contingeret : nunc enim multa obstrigillant, et aciem nostram aut splendore nimio repercutiunt, aut obscuritate retinent. Sed si, quemadmodum visus oculorum quibusdam medicamentis acui solet et repurgari, sic nos aciem animi liberare impedimentis voluerimus, poterimus perspicere virtutem, etiam obrutam corpore, etiam paupertate opposita, etiam humilitate et infamia objacentibus; cernemus, inquam, pulchritudinem illam, quamvis sordido obtectam. Rursus æque malitiam et ærumnosi animi veternum perspiciemus, quamvis multus circa divitiarum radiantium splendor impediat, et intuentem hinc honorum, illinc magnarum potestatum, falsa lux verberet. Tunc intelligere nobis licebit, quam contemnenda miremur, simillimi pueris, quibus omne ludicrum in pretio est. Parentibus quippe, nec minus fratribus, præferunt parvo ære empta monilia. « Quid ergo inter nos et illos interest, ut Ariston ait, nisi quod nos circa tabulas et statuas insanimus, carius inepti? » Illos reperti in litore calculi læves, et aliquid habentes varietatis, delectant; nos ingentium maculæ columnarum; sive ex ægyptiis arenis, sive ex Africæ solitudinibus advectæ, porticum aliquam vel capacem populi cœnationem ferunt. Miramur parietes tenui marmore inductos : quum sciamus, quale

Non, dis-je, il n'est point de cœur qui ne s'embrasât d'amour pour elle, si elle daignait se manifester à nous : car aujourd'hui, jouets de mille prestiges, nos yeux sont fascinés par trop de clinquant, ou environnés de trop d'obscurité. Toutefois, de même qu'au moyen de certains remèdes on se rend la vue plus perçante et plus nette, si nous voulions écarter tout obstacle des yeux de notre esprit, nous pourrions découvrir cette vertu, même en dépit de son enveloppe corporelle, sous les lambeaux de la misère, à travers l'abjection et l'opprobre. Oui, nous la verrions dans toute sa beauté, bien que sous les plus vils dehors. D'autre part aussi, nous pénétrerions la profonde souillure des âmes qu'a paralysées le vice, malgré l'éblouissante pompe des richesses, qui rayonneraient autour d'elles, malgré les honneurs et les grands pouvoirs dont le faux éclat frapperait nos sens. Alors nous pourrions comprendre combien est méprisable ce que nous admirons, en vrais enfans, pour qui le moindre hochet a tant de prix. Car ils préfèrent à leurs parens, à des frères, des colliers achetés avec une pièce de menu cuivre. « Entre eux et nous, dit Ariston, quelle est la différence? Ce sont des tableaux, des statues qui nous passionnent, et nos folies coûtent plus cher. » Qu'un enfant trouve sur le rivage des cailloux polis et offrant quelque bigarrure, le voilà heureux : nous le sommes, nous, des veines de ces énormes colonnes que nous envoient soit les sables d'Égypte, soit les déserts africains, pour soutenir quelque portique, ou une salle capable de contenir un peuple de convives. Nous admirons des murs plaqués de feuilles de marbre, quoique nous sachions quels vils matériaux elles cachent : nous en imposons à nos yeux. Et

sit quod absconditur, oculis nostris imponimus. Et, quum auro tecta perfudimus, quid aliud quam mendacio gaudemus? scimus enim sub illo auro foeda ligna latitare. Nec tantum parietibus aut lacunaribus ornamentum tenue praetenditur; omnium istorum, quos incedere altos vides, bracteata felicitas est. Inspice, et scies, sub ista tenui membrana dignitatis, quantum mali jaceat. Haec ipsa res, quae tot magistratus, tot judices detinet, quae et magistratus et judices facit, pecunia, ex quo in honore esse coepit, verus rerum honor cecidit : mercatoresque et venales invicem facti, quaerimus, non quale sit quidque, sed quanti. Ad mercedem pii sumus, ad mercedem impii. Honesta, quamdiu aliqua illis spes inest, sequimur; in contrarium transituri, si plus scelera promittent. Admirationem nobis parentes auri argentique fecerunt; et teneris infusa cupiditas altius sedit, crevitque nobiscum. Deinde totus populus, in alia discors, in hoc convenit; hoc suspiciunt, hoc suis optant, hoc diis, velut rerum humanarum maximum, quum grati videri volunt, consecrant. Denique eo mores redacti sunt, ut paupertas maledicto probroque sit, contempta divitibus, invisa pauperibus. Accedunt deinde carmina poetarum, quae affectibus nostris facem subdant, quibus divitiae, velut unicum vitae decus ornamentumque, laudantur. Nihil illis melius nec dare videntur dii immortales posse, nec habere.

qu'est-ce que revêtir d'or nos lambris, sinon prendre plaisir à se mentir à soi-même? Car nous n'ignorons pas que cet or recouvre un bois grossier. Mais n'y a-t-il que nos murs et nos lambris qui brillent au dehors d'une mince décoration? Tous ces gens que vous voyez s'avancer tête haute n'ont que le vernis du bonheur. Examinez de près; vous verrez combien, sous cette légère écorce de dignité, il se loge de misères. Qui enchaîne sur leurs sièges tant de magistrats et de juges? des discussions d'argent. Et qui fait les juges et les magistrats? c'est l'argent. Depuis que l'argent est si fort en honneur, l'antique honneur a perdu tout crédit; l'homme, tour-à-tour marchand et marchandise, ne s'informe plus du mérite des choses, mais de ce qu'elles coûtent; faire le bien, faire le mal, n'est chez lui que spéculation. Il suit la vertu tant qu'il en espère quelque profit, prêt à passer sous la bannière du crime, si le crime promet davantage. Nos parens nous élèvent dans l'admiration des richesses : la cupidité qu'ils sèment dans nos jeunes cœurs y germe profondément, et grandit avec nous qui voyons la multitude, partagée sur tout le reste, être unanime sur ce seul point : le culte de l'or. C'est l'or qu'elle souhaite aux siens; c'est l'or que sa reconnaissance consacre aux dieux, comme la plus excellente des choses humaines. Enfin nos mœurs sont déchues à tel point, que la pauvreté est une malédiction et un opprobre, méprisée du riche, en horreur au pauvre. Outre cela, viennent les poètes qui dans leurs vers attisent nos passions, qui préconisent les richesses comme la gloire unique, et le plus bel ornement de la vie. Les Immortels ne leur semblent pouvoir donner ni posséder rien de meilleur.

> Regia Solis erat sublimibus alta columnis,
> Clara micante auro.

Ejusdem currum aspice :

> Aureus axis erat, temo aureus, aurea summæ
> Curvatura rotæ, radiorum argenteus ordo.

Denique, quod optimum videri volunt *sæculum*, *aureum* appellant. Nec apud græcos tragicos desunt, qui lucro innocentiam, salutem, opinionem bonam mutent.

> Sine me vocari pessimum, ut dives vocer.
> An dives, omnes quærimus : nemo, an bonus.
> Non quare, et unde : quid habeas, tantum rogant.
> Ubique tanti quisque, quantum habuit, fuit.
> Quid habere nobis turpe sit, quæris? Nihil.
> Aut dives opto vivere, aut pauper mori.
> Bene moritur, qui moritur dum lucrum facit.

> Pecunia ingens generis humani bonum,
> Cui non voluptas matris, aut blandæ potest
> Par esse prolis, non sacer meritis parens.
> Tam dulce si quid Veneris in vultu micat,
> Merito illa amores cœlitum atque hominum movet.

Quum hi novissimi versus in tragœdia Euripidis pronuntiati essent, totus populus ad ejiciendum et actorem et carmen consurrexit uno impetu; donec Euripides in medium ipse prosiluit, petens, ut exspectarent, viderentque, quem admirator auri exitum faceret. Dabat in illa fabula pœnas Bellerophontes, quas in sua quisque dat. Nulla enim avaritia sine pœna est, quamvis satis

« Le palais du Soleil, élevé sur de hautes colonnes, reluisait d'or scintillant. »

Voyez son char :

« L'essieu du char était d'or, le timon était d'or, le cercle des roues était d'or, les rayons d'argent. »

Enfin, pour tout dire, le siècle qu'ils nous peignent comme le plus heureux, ils l'appellent *siècle d'or*. Et chez les tragiques grecs il ne manque pas de héros qui vendent à l'intérêt leur conscience, leur vie, leur honneur.

« Que l'on m'appelle scélérat, pourvu que l'on m'appelle riche. Est-il riche? c'est la question que fait tout le monde. Est-il vertueux? personne ne le demande. D'où et comment lui vient sa fortune, on ne s'en inquiète point : on demande seulement combien a-t-il? Partout un homme n'est estimé qu'en proportion des biens qu'il possède. Voulez-vous savoir ce qui, à nos yeux, passe pour honteux? c'est de ne rien avoir. Riche, je veux vivre; pauvre, je veux mourir. Il meurt heureux, celui qui, à sa dernière heure, gagne encore de l'argent. »

« L'argent est pour les humains le bien par excellence. On ne peut lui comparer ni la douceur d'avoir une bonne mère, ni le plaisir d'avoir une douce progéniture, ni même un père dont les droits sont sacrés. Si le front de Vénus jette un éclat aussi doux que l'or, ce n'est pas sans raison qu'elle a pour amans les dieux et les mortels. »

Quand ces derniers vers, qui sont d'Euripide, furent récités au théâtre, le peuple entier se leva tout d'un élan pour proscrire et l'acteur et la pièce; mais Euripide, se précipitant sur la scène, pria les spectateurs d'attendre et de voir quelle serait la fin de cet admirateur de l'or. Bellérophon, dans cette tragédie, était puni comme l'est tout homme cupide dans le drame de sa vie. Car jamais l'avarice n'évite son châtiment, bien qu'elle-même

sit ipsa pœnarum. O quantum lacrymarum, o quantum laborum exigit! quam misera desideratis, quam misera partis est! Adjice quotidianas sollicitudines, quæ pro modo habendi quemque discruciant. Majore tormento pecunia possidetur, quam quæritur. Quantum damnis ingemiscunt, quæ et magna incidunt, et videntur majora! Denique, ut nihil illis fortuna detrahat, quidquid non acquiritur, damnum est. — At felicem illum homines, et divitem vocant, et consequi optant, quantum ille possidet. — Fateor. Quid ergo? tu ullos esse conditionis pejoris existimas, quam qui habent et miseriam, et invidiam? Utinam, qui divitias optaturi essent, cum divitibus deliberarent! utinam, honores petituri, cum ambitiosis et summum adeptis dignitatis statum! profecto vota mutassent; quum interim illi nova suscipiunt, quum priora damnaverint. Nemo enim est, cui felicitas sua, etiam si cursu venit, satisfaciat. Queruntur et de consiliis, et de processibus suis; maluntque semper quæ reliquerunt.

Itaque hoc tibi philosophia præstabit, quo equidem nihil majus existimo : nunquam te pœnitebit tui. Ad hanc tam solidam felicitatem, quam tempestas nulla concutiat, non perducent te apte verba contexta, et oratio fluens leniter. Eant, ut volent; dum animo compositio sua constet, dum sit magnus, et opinionum

déjà se punisse assez. O que de larmes, que de travaux elle coûte! malheureuse par les choses qu'elle désire, malheureuse par celles qu'elle acquiert! Et puis, les inquiétudes journalières qui torturent chacun selon la mesure de son avoir. La fortune tourmente plus encore ses possesseurs que ses aspirans. De quelles pertes n'ont-ils pas à gémir, pertes cruelles, et que leur imagination vient grossir encore. Le sort enfin aurait beau ne pas faire brèche à leur bien; pour eux ne point acquérir, c'est perdre. — Le monde pourtant les dit heureux et riches, et souhaite d'amasser autant qu'ils possèdent. — Je l'avoue. Mais quoi? Est-il condition pire à vos yeux que d'être à la fois misérable et envié? Ah! si l'on pouvait, avant d'aspirer aux richesses, entrer dans la confidence des riches; avant de courir après les honneurs, lire dans le cœur des ambitieux, de ceux qui ont atteint le faîte des dignités : on changerait certes de souhaits, à les voir en former sans cesse de nouveaux, tout en réprouvant les premiers. Car il n'est point d'homme que sa prospérité, vînt-elle au pas de course, satisfasse jamais. Il ne sait que se plaindre, et de ses projets d'avancement, et de leurs résultats : il préfère toujours ce qu'il a quitté.

Vous devez à la philosophie l'avantage, au dessus duquel je ne vois rien, de ne jamais vous repentir de vous-même. Ce qui peut vous mener vers cette félicité solide, que nulle tempête n'ébranlera, ce ne sont point d'heureux enchaînemens de mots, des périodes coulantes et flatteuses. Que les mots aillent comme ils voudront, pourvu que l'âme garde son harmonie et reste à

securus, et ob ipsa, quæ aliis displicent, sibi placens; qui profectum suum vita æstimet, et tantum scire se judicet, quantum non cupit, quantum non timet.

CXVI.

Omnino expellendos esse affectus.

« Utrum satius sit, modicos habere affectus, an nullos, » sæpe quæsitum est. Nostri illos expellunt. Peripatetici temperant. Ego non video, quomodo salubris esse aut utilis possit ulla mediocritas morbi. Noli timere ! nihil eorum, quæ tibi non vis negari, eripio; facilem me, indulgentemque præbebo rebus, ad quas tendis et quas aut necessarias vitæ, aut utiles, aut jucundas putas : detraham vitium. Nam quum tibi *cupere* interdixero, *velle* permittam; ut eadem illa intrepidus facias, ut certiore consilio, ut voluptates ipsas magis sentias. Quidni ad te magis perventuræ sint, si illis imperabis, quam si servies?

Sed naturale est, inquis, ut desiderio amici torquear; da jus lacrymis tam juste cadentibus. Naturale est opinionibus hominum tangi, et adversis contristari : quare mihi non permittas hunc tam honestum malæ opinionis metum? — Nullum est vitium sine patrocinio; nulli non

sa hauteur; pourvu qu'insensible aux opinions du siècle, s'applaudissant de ce qui l'a fait blâmer des autres, elle juge de ses progrès par ses actes, et ne s'estime riche, en doctrine, qu'autant qu'elle sera libre de désirs et de craintes.

BAILLARD.

CXVI.

Qu'il faut bannir entièrement les passions.

« LEQUEL vaut mieux d'avoir des passions modérées, ou de n'en avoir aucunes ? » Question souvent débattue. Nos stoïciens les proscrivent entièrement; les péripatéticiens veulent qu'on sache les régler. Pour moi, je ne vois pas ce que peut avoir de salutaire ou d'utile une maladie quelque modérée qu'elle soit. Ne craignez pas : je ne vous ôte rien de ce dont vous ne pouvez vous passer; je serai facile et indulgent pour ces objets d'affection que vous jugez nécessaires, ou utiles, ou même agréables à la vie : je n'extirperai que vos vices. En vous défendant le *désir*, je vous permettrai le *vouloir*; vous ferez les mêmes choses, mais vous les ferez sans trouble, d'un esprit plus ferme et plus résolu, vous goûterez mieux les mêmes plaisirs. En effet, il viendront mieux à vous quand vous leur commanderez, que si vous leur obéissiez.

Mais il est naturel, dites-vous, que la perte d'un ami me déchire le cœur : n'autorisez-vous pas des larmes si légitimes? Il est naturel d'être flatté de l'estime des hommes, et affligé de leurs mépris : pourquoi m'interdiriez-vous cette vertueuse crainte d'une mauvaise renommée? — Il n'est point de faiblesse qui n'ait son ex-

initium verecundum est et exorabile : sed ab hoc latius funditur. Non obtinebis, ut desinat, si incipere permiseris. Imbecillus est primo omnis affectus; deinde ipse se concitat, et vires, dum procedit, parat : excluditur facilius, quam expellitur. Quis negat, omnes affectus a quodam quasi naturali fluere principio? Curam nobis nostri natura mandavit; sed, huic ubi nimium indulseris, vitium est. Voluptatem natura necessariis rebus admiscuit, non ut illam peteremus, sed ut ea, sine quibus non possumus vivere, gratiora nobis illius faceret accessio : si suo veniat jure, luxuria est. Ergo intrantibus resistamus, quia facilius, ut dixi, non recipiuntur, quam exeunt.

Aliquatenus, inquis, dolere, aliquatenus timere permitte! — Sed illud *aliquatenus* longe producitur; nec, ubi vis, accipit finem. Sapienti, non sollicite custodire se, tutum est; et lacrymas suas et voluptates, ubi volet, sistet : nobis, quia non est regredi facile, optimum est omnino non progredi. Eleganter mihi videtur Panætius respondisse adolescentulo cuidam quærenti : An sapiens amaturus esset? « De sapiente, inquit, videbimus : mihi et tibi, qui adhuc a sapiente longe absumus, non est committendum, ut incidamus in rem commotam, impotentem, alteri emancipatam, vilem sibi. Sive enim

cuse prête. Il n'est aucun défaut, qui à son début, ne soit modeste et traitable, et qui par là n'arrive à de plus larges développemens. Vous n'obtiendrez pas qu'il s'arrête, si vous avez souffert son premier essor. Toute passion naissante est mal assurée : puis d'elle-même elle s'enhardit, elle prend force à mesure qu'elle avance : il est plus aisé de ne pas lui ouvrir son cœur, que de l'en bannir. Toutes, qui peut le nier? découlent en quelque sorte d'une source naturelle : la nature nous a commis le soin de nous mêmes; mais ce soin, dès qu'on y met trop de complaisance, devient vice. La nature a mêlé le plaisir à tous nos besoins, non pour que l'homme le recherchât, mais afin que les indispensables nécessités de la vie nous offrissent plus de charme par cette douce alliance. Le plaisir qui veut qu'on l'admette pour lui seul, est mollesse. Fermons donc la porte aux passions, puisqu'on a moins de peine, encore une fois, à ne les pas recevoir, qu'à les faire sortir.

Permettez-moi, dites-vous, de donner quelque chose à l'affliction, quelque chose à la crainte. — Mais ce *quelque chose* s'étend toujours loin, et n'accepte pas vos arbitraires limites. Le sage peut sans risque ne pas s'armer contre lui-même d'une inquiète surveillance : ses chagrins, comme ses joies, s'arrêtent où il le veut; pour nous, à qui la retraite est si difficile, le mieux est de ne ne point faire un seul pas en avant. Je trouve fort judicieuse la réponse de Panétius à un jeune homme qui voulait savoir si l'amour serait permis au sage : « Quant au sage, lui dit-il, nous verrons plus tard; pour vous et moi, qui sommes encore loin de l'être, gardons-nous de tomber à la merci d'une passion orageuse, emportée, esclave d'autrui, vile à ses propres yeux. Nous sourit-

nos respicit, humanitate ejus irritamur; sive contempsit, superbia accendimur. Æque facilitas amoris, quam difficultas nocet: facilitate capimur, cum difficultate certamus. Itaque, conscii nobis imbecillitatis nostræ, quiescamus. Nec vino infirmum animum committamus, nec formæ, nec adulationi, nec ullis rebus blande trahentibus. » Quod Panætius de amore quærenti respondit, hoc ego de omnibus affectibus dico. Quantum possumus nos, a lubrico recedamus; in sicco quoque parum fortiter stamus.

Occurres hoc loco mihi illa publica contra stoicos voce: « Nimis magna promittitis, nimis dura præcipitis! Nos homunciones sumus, omnia nobis negare non possumus: dolebimus, sed parum; concupiscemus, sed temperate; irascemur, sed placabimur. » Scis, quare non possumus ista? quia, nos posse, non credimus. Immo, mehercules, aliud est in re! Vitia nostra, quia amamus, defendimus; et malumus excusare illa, quam excutere. Satis natura homini dedit roboris, si illo utamur, si vires nostras colligamus, ac totas pro nobis, certe non contra nos concitemus. Nolle in causa est; non posse prætenditur.

elle, sa bienveillance irrite nos désirs; vient-elle à nous dédaigner, l'amour-propre alors nous enflamme. La facilité en amour n'est pas moins nuisible que la résistance: on se laisse prendre à l'une, on se raidit contre l'autre. Convaincus de notre faiblesse, sauvons-nous dans l'indifférence. N'exposons nos débiles esprits ni au vin, ni à la beauté, ni à l'adulation, ni à toutes ces choses qui nous flattent pour nous perdre. » Ce que Panétius répondit au sujet de l'amour, je le répéterai pour tel sujet que ce soit. Fuyons au plus loin tout sentier où l'on glisse : sur le terrain le plus sec nous avons tant de peine à nous tenir ferme!

Ici vous m'allez opposer le banal reproche fait aux stoïciens : « Trop hautes sont vos promesses, trop rigoureux sont vos préceptes. Faibles mortels, nous ne saurions tout nous interdire. Passez-moi une douleur mesurée, des désirs que je tempère, une colère qui va s'apaiser. » Savez-vous pourquoi notre morale est impraticable pour vous? C'est que vous la croyez telle; ou plutôt, certes, le motif réel est tout autre. Parce que vos défauts vous sont chers; vous les défendez : vous aimez mieux les excuser que les expulser. La nature donne à l'homme assez de force, s'il voulait s'en servir, la recueillir toute et s'en armer pour se défendre, ou du moins n'en pas abuser contre lui-même. Nous ne voulons pas, serait le vrai mot; nous ne pouvons pas, n'est qu'un prétexte.

BAILLARD.

CXVII.

An, quum sapientia bonum sit, etiam sapere.

MULTUM mihi negotii concinnabis, et, dum nescis, in magnam me litem ac molestiam impinges, qui mihi tales quæstiunculas ponis, in quibus ego nec dissentire a nostris, salva gratia, nec consentire, salva conscientia, possum. — Quæris, *an verum sit*, quod stoicis placet: « sapientiam bonum esse, sapere bonum non esse. » — Primum exponam, quid stoicis videatur; deinde tunc dicere sententiam audebo. Placet nostris, quod bonum est, corpus esse; quia, quod bonum est, facit: quidquid facit, corpus est. Quod bonum est, prodest; faciat autem aliquid oportet, ut prosit: si facit, corpus est. Sapientiam bonum esse dicunt: sequitur, ut necesse sit illam corporalem quoque dicere. At sapere non putant ejusdem conditionis esse. Incorporale est, et accidens alteri, id est, sapientiæ: itaque nec facit quidquam, nec prodest. — Quid ergo? inquit; non dicimus, *bonum est sapere?* — Dicimus, referentes ad id, ex quo pendet, id est, ad ipsam sapientiam.

Adversus hos quid ab aliis respondeatur, audi, antequam ego incipio secedere, et in alia parte considere. — Isto modo, inquiunt, nec beate vivere bonum est. — Velint nolint, respondendum est, beatam vitam bonum

CXVII.

Différence que les stoïciens mettaient entre la sagesse et être sage.

Vous m'attirerez, à moi comme à vous, beaucoup d'affaires, et me jetterez, à votre insu, dans un grand et fâcheux procès, en me posant de ces questions délicates sur lesquelles je ne saurais me séparer de mes maîtres sans manquer à ce que je leur dois, ni juger comme eux sans blesser ma conscience. — Vous demandez *s'il est vrai*, comme les stoïciens le prétendent, « que la sagesse soit un bien, mais que ce ne soit pas un bien d'être sage. » Exposons d'abord leur opinion, après quoi je hasarderai la mienne. Nos stoïciens veulent que ce qui est bien soit corps, parce que le bien agit, et que tout ce qui agit est corps. Le bien est utile : il faut pour cela qu'il fasse quelque chose, et ainsi qu'il soit corps. La sagesse est un bien, disent-ils, de là ils sont amenés à la dire aussi corporelle. Être sage n'emporte pas, selon eux, la même condition. C'est chose incorporelle et accidentelle à la première, c'est-à-dire à la sagesse : c'est pourquoi elle ne fait rien, et n'est point utile. — Quoi! s'écrie-t-on, les stoïciens ne disent-ils pas que *c'est un bien d'être sage?* — Ils le disent, mais en le rapportant à son principe, qui est proprement la sagesse.

Écoutez ce qu'on leur répond, avant que je fasse scission et que je me range d'un autre parti. — A ce compte-là, vivre heureux ne serait pas un bien. — De gré ou de force, ils ne peuvent que dire : la vie heureuse est un bien ; vivre heureux n'en est pas un. — Ici

esse, beate vivere bonum non esse. Etiamnunc nostris illud quoque opponitur : Vultis sapere : ergo expetenda res est, sapere : si expetenda res est, bonum est. — Coguntur nostri verba torquere, et unam syllabam *expetendo* interponere, quam sermo noster inseri non sinit. Ego illam, si pateris adjungam. *Expetendum* est, inquiunt, quod bonum est : *expetibile* quod nobis contingit, quum bonum consecuti sumus; non petitur tanquam bonum, sed petito bono accedit. — Ego non idem sentio, et nostros judico in hoc descendere, quia jam primo vinculo tenentur, et mutare illis formulam non licet.

Multum dare solemus præsumptioni omnium hominum, et apud nos veritatis argumentum est, aliquid omnibus videri : tanquam, *deos esse*, inter alia hoc colligimus, quod omnibus insita de diis opinio est, nec ulla gens usquam est adeo extra leges moresque projecta, ut non aliquos deos credat. Quum de animarum æternitate disserimus, non leve momentum apud nos habet consensus hominum, aut timentium inferos, aut colentium. Utor hac publica persuasione : neminem invenies, qui non putet et sapientiam bonum, et bonum sapere.

Non faciam, quod victi solent, ut provocem ad populum : nostris incipiamus armis confligere. Quod ac-

encore on leur fait cette autre objection : vous voulez être sages : il est donc désirable de l'être; si c'est chose désirable, c'est un bien. — Voilà nos gens réduits à torturer les termes, à allonger ce mot *expetere* d'une syllabe dont notre langue ne souffre pas l'adjonction, et que j'ajouterai pourtant, si vous le permettez. L'*expetendum*, selon eux, c'est ce qui est bien; l'*expetibile*, ce qui survient en outre du bien obtenu. On ne le cherche pas comme bien, mais il s'ajoute au bien qu'on recherche. — Pour moi, je ne pense pas ainsi, et je crois que nos stoïciens ne vont aussi loin que parce qu'ils sont liés par leur première proposition, et qu'ils ne peuvent changer leur formule.

Nous avons coutume d'accorder beaucoup au préjugé universel; et ce nous est une preuve de vérité qu'un sentiment partagé par tous. *L'existence des dieux*, par exemple, se déduit, entre autres raisons, de l'opinion qui sur ce point est gravée dans tous les esprits, de ce que, nulle part, aucune race d'hommes n'est assez en dehors de toute loi et de toute morale, pour ne pas croire à des dieux quelconques. Quand nous dissertons sur l'immortalité des âmes, ce n'est pas une légère autorité à nos yeux, que l'accord unanime des hommes à craindre ou à révérer des lieux infernaux. J'invoquerai de même ici une croyance universelle : vous ne trouverez personne qui ne pense et que la sagesse est un bien, et que c'est un bien d'être sage.

Je n'imiterai pas les gladiateurs vaincus, qui d'ordinaire font appel au peuple : je commencerai la lutte avec

cidit alicui, utrum extra id, cui accidit, est; an in eo, cui accidit? Si in eo est, cui accidit, tam corpus est, quam illud, cui accidit. Nihil enim accidere sine tactu potest; quod tangit, corpus est. Si extra est, posteaquam acciderat, recessit; quod recessit, motum habet; quod motum habet, corpus est. Speras me dicturum, non esse aliud cursum, aliud currere; nec aliud calorem, aliud calere; nec aliud lucem, aliud lucere. Concedo ista alia esse, sed non sortis alterius. Si valetudo indifferens est, bene valere indifferens est. Si forma indifferens est; et formosum esse. Si justitia bonum est, et justum esse bonum est. Si turpitudo malum est, et turpem esse malum est: tam, mehercules, quam, si lippitudo malum est, lippire quoque malum est. Hoc ut scias, neutrum esse sine altero potest. Qui sapit, sapiens est; qui sapiens est, sapit. Adeo non potest dubitari, an, quale illud sit, tale hoc sit, ut quibusdam utrumque unum videatur atque idem.

Sed illud libenter quæsierim: quum omnia aut bona sint, aut mala, aut indifferentia; sapere in quo numero sit? Bonum negant esse; malum utique non est: sequitur, ut medium sit. Id autem medium atque indifferens vocamus, quod tam malo contingere, quam bono, possit: tanquam pecunia, forma, nobilitas. Hoc, ut sapiat, contingere nisi bono non potest: ergo indifferens non

nos propres armes. Ce qui survient à quelqu'un se trouve-t-il hors de lui ou en lui? S'il se trouve en lui, il est corps aussi bien que lui; car rien ne peut survenir sans contact : or, ce qui touche est corps. S'il est hors de lui, il s'est éloigné après être survenu; ce qui s'éloigne a du mouvement, or, ce qui a du mouvement est corps. Vous comptez que je vais dire que même chose est la course et courir, même chose la chaleur et avoir chaud, même chose la lumière et luire. J'accorde que ce sont choses distinctes, mais non de condition diverse. Si la santé est chose indifférente, se bien porter ne le sera pas moins; s'il en est de même de la beauté, ce sera aussi chose indifférente d'être beau. Si la justice est un bien, c'est encore un bien d'être juste. Si une turpitude est un mal, c'en sera un de la commettre, aussi sûrement sans doute que si la chassie est un mal, c'est un mal d'être chassieux. Et, pour que vous le sachiez, l'un ne peut être sans l'autre. Qui est sage, a la sagesse; qui a la sagesse, est sage. Il est si impossible de douter que l'un ne soit tel qu'est l'autre, que tous deux semblent à quelques-uns être une seule et même chose.

Mais je demanderais volontiers, puisque toutes choses sont ou bonnes, ou mauvaises, ou indifférentes, dans quelle classe on place *être sage?* Ce n'est pas un bien, dit-on; ni un mal sans doute : c'est donc chose intermédiaire ou indifférente. Or, nous appelons ainsi ce qui peut arriver au méchant comme au bon : la fortune, par exemple, la beauté, la noblesse. Être sage ne peut arriver qu'au bon : donc ce n'est pas chose indifférente. Mais on ne peut même appeler mal ce qui ne peut arriver

est. Atqui ne malum quidem est, quod contingere malo non potest : ergo bonum est. Quod nisi bonus, non habet, bonum est; sapere non nisi bonus habet : ergo bonum est. — Accidens est, inquit, sapientiæ. — Hoc ergo quod vocas sapere, utrum facit sapientiam, an patitur? Sive facit illud, sive patitur, utroque modo corpus est. Nam, et quod fit, et quod facit, corpus est : si corpus est, bonum est : unum enim deerat illi, quo minus bonum esset, quod incorporale erat.

Peripateticis placet, nihil interesse inter sapientiam et sapere, quum in utrolibet eorum et alterum sit. Numquid enim quemquam existimas sapere, nisi qui sapientiam habet? Numquid quemquam, qui sapiat, non putas habere sapientiam? Dialectici veteres ista distinguunt, ab illis divisio usque ad stoicos venit. Qualis sit hæc : dicam. Aliud est ager, aliud agrum habere : quidni? quum habere agrum ad habentem, non ad agrum pertineat. Sic aliud est sapientia, aliud sapere. Puto concedes duo esse hæc, id quod habetur, et eum qui habet : habetur sapientia; habet, qui sapit. Sapientia est mens perfecta, vel ad summum optimumque perducta; ars enim vitæ est. Sapere quid est? Non possum dicere mens perfecta; sed id, quod contingit perfectam mentem habenti. Ita alterum est, mens bona : alterum, quasi habere mentem bonam. Sunt, inquit, naturæ corporum; tanquam,

au méchant : donc c'est un bien. Ce qu'on n'a pas sans être bon est un bien; être sage n'appartient qu'au bon, donc c'est un bien. — C'est, dites-vous, chose accidentelle à la sagesse. — Cet état que vous nommez être sage fait-il ou comporte-t-il la sagesse? Dans l'un ou l'autre cas, c'est toujours un corps; car ce qui est fait et ce qui fait est corps : s'il est corps, c'est un bien; car il ne lui manquait pour cela que de ne pas être incorporel.

Les péripatéticiens jugent qu'il n'y a nulle différence entre la sagesse et être sage, attendu que l'un, n'importe lequel, est compris dans l'autre. Pensez-vous en effet qu'on soit sage, sans avoir la sagesse? Et celui qui est sage, pensez-vous qu'il ne l'ait pas? Ici les anciens dialecticiens font une distinction qui a passé jusque chez les stoïciens; et quelle est-elle? la voici : Autre chose est un champ, autre chose est avoir un champ. Vous accorderez, je crois, que l'objet possédé et le possesseur font deux : la sagesse est possédée, celui-là la possède qui est sage. La sagesse est l'âme perfectionnée, ou portée au plus haut point de grandeur et de bonté : c'est en effet tout l'art de la vie. Qu'est-ce qu'être sage? Je ne puis dire : l'âme perfectionnée, mais bien l'heureux état de qui la possède. Ainsi, l'un est l'âme vertueuse, l'autre la possession de cette âme vertueuse. Il y a, disent les stoïciens, diverses natures de corps : par exemple, celles de l'homme, du cheval; elles sont suivies de mouvemens des âmes démonstratifs de ceux des corps. Les premiers ont quelque chose de particulier, et distinct des corps :

hic homo est, hic equus: has deinde sequuntur motus animorum enuntiativi corporum. Hi habent proprium quiddam, et a corporibus seductum: tanquam, video Catonem ambulantem; hoc sensus ostendit, animus credit. Corpus est, quod video, cui et oculos et animum intendi. Dico deinde, *Cato ambulat.* Non corpus, inquit, est, quod nunc loquor; sed enuntiativum quiddam de corpore, quod alii *effatum* vocant, alii *enuntiatum*, alii *dictum.* Sic, quum dicimus sapientiam, corporale quiddam intelligimus : quum dicimus, *sapit*, de corpore loquimur. Plurimum autem interest, utrum *illum* dicas, an *de illo.*

Putemus in præsentia, ista duo esse (nondum enim, quid mihi videatur, pronuntio): quid prohibet, quo minus *aliud* quidem sit, sed nihilo minus bonum? Dicebas paullo ante, aliud esse agrum; aliud, habere agrum. Quidni? in alia enim natura est, qui habet; in alia, quod habetur: illa terra est, hic homo est. At in hoc, de quo agitur, ejusdem naturæ sunt utraque, et qui habet sapientiam, et ipsa, quæ habetur. Præterea illic aliud est, quod habetur; alius, qui habet: hic in eodem est, et quod habetur, et qui habet. Ager jure possidetur; sapientia natura : ille abalienari potest et alteri tradi; hæc non discedit a domino. Non est itaque, quod compares inter se dissimilia. Cœperam dicere, posse ista

ainsi, je vois Caton se promener; les sens me le montrent, et ma pensée le croit. C'est un corps que je vois, qui occupe mes yeux et ma pensée. Je dis ensuite : *Caton se promène;* ce n'est pas d'un corps que je parle, mais j'énonce quelque chose touchant un corps, ce que les uns appellent *effatum*, un prononcé, les autres *enunciatum*, un énoncé, les autres *dictum*, un dire. De même, quand nous nommons la sagesse, nous concevons quelque chose de corporel; quand nous disons : *Il est sage*, nous parlons d'un corps; or, il est très-différent de nommer *une chose*, ou de parler de *cette chose*.

Croyons un moment que ce soient deux choses; car je n'exprime pas encore mon opinion personnelle : qui empêche alors que la seconde soit autre que la première, et néanmoins soit bonne aussi? Vous disiez tout-à-l'heure : autre chose est un champ, autre chose est avoir un champ. Pourquoi non ? Puisque autre est la nature de qui possède, autre celle de qui est possédé : ici est la terre, là est l'homme. Mais, dans l'objet en question, les deux choses sont de même nature, et celui qui possède la sagesse, et cette sagesse qui est possédée. De plus, dans l'exemple ci-dessus, ce qui est possédé est autre que celui qui possède : ici le même sujet embrasse et la chose possédée et le possesseur. On possède un champ par droit; la sagesse par caractère : celui-là peut s'aliéner et se transmettre, celle-ci ne quitte point son maître. Il n'y a donc pas lieu de comparer des choses dissembla-

duo esse, et tamen utraque bona : tanquam et sapientia, et sapiens duo sunt, et utrumque bonum esse concedis. Quomodo nihil obstat, quo minus et sapientia bonum sit, et habens sapientiam ; sic nihil obstat, quo minus et sapientia bonum sit, et habere sapientiam, id est, sapere. Ego in hoc volo sapiens esse, ut sapiam. Quid, ergo? non est id bonum, sine quo nec illud bonum est? Vos certe dicitis, sapientiam, si sine usu detur, accipiendam non esse. Quis est usus sapientiæ? Sapere : hoc est in illa pretiosissimum ; quo detracto, supervacua fit. Si tormenta mala sunt, torqueri malum est ; adeo quidem, ut illa non sint mala, si, quod sequitur, detraxeris. Sapientia habitus perfectæ mentis est ; sapere, usus perfectæ mentis. Quomodo potest usus ejus bonum non esse, quæ sine usu bonum non est? Interrogo te, an sapientia expetenda sit? fateris. Interrogo, an usus sapientiæ expetendus sit? fateris : negas enim te illam recepturum, si uti ea prohibearis. Quod expetendum est, bonum est. Sapere, sapientiæ usus est ; quomodo eloquentiæ, eloqui ; quomodo oculorum, videre : ergo sapere, sapientiæ usus est. Usus autem sapientiæ expetendus est ; sapere ergo expetendum est : si expetendum est, bonum est. — Olim ipse me damno, qui illos imitor, dum accuso, et verba apertæ rei impendo. Cui enim dubium potest esse, quin, si æstus ma-

bles. J'avais commencé à dire que ce pouvaient être *deux choses*, et néanmoins bonnes toutes deux : tout comme sagesse et sage font deux choses, bonnes l'une et l'autre, vous me l'accordez. De même que rien n'empêche que la sagesse ne soit un bien, ainsi que l'homme qui la possède : de même rien n'empêche que la sagesse ne soit un bien, ainsi que la posséder, c'est-à-dire être sage. Si je veux posséder la sagesse, c'est de manière à être sage. Quoi donc! n'est-ce pas un bien que cette chose sans laquelle l'autre n'est pas? C'est vous assurément qui dites que la sagesse, si on la donnait pour n'en pas user, ne devrait pas être acceptée. Qu'est-ce qu'user de la sagesse? c'est être sage : c'est ce qu'elle a de plus précieux; ôtez-lui cela, elle devient superflue. Si les tortures sont des maux, être torturé est un mal : cela est si vrai, que le premier point sera faux si la conséquence est niable. La sagesse est l'état d'une âme parfaite; être sage, c'est user de cette âme parfaite. Comment ne serait-ce pas un bien que l'usage d'une chose qui, sans usage, n'est plus un bien? Je vous le demande, la sagesse est-elle désirable? Vous l'avouez. Je vous demande encore si l'usage de la sagesse est désirable. Vous en convenez aussi : car vous la refuseriez, dites-vous, si l'on vous défendait d'en user. Ce qui est désirable est un bien. Être sage, c'est user de la sagesse; comme parler est user de la parole; comme voir est user de la vue. Puis donc qu'être sage c'est user de la sagesse; que l'usage de la sagesse est désirable; être sage l'est conséquemment aussi; et s'il l'est, c'est un bien. — Ce n'est pas la première fois que je me reproche d'imiter les sophistes que j'accuse, et de dépenser des phrases sur une chose toute claire. Car à qui peut-il venir en doute,

lum est, et æstuare malum sit? si algor malum est, malum sit algere? si vita bonum est, et vivere bonum sit?

Omnia ista, *circa sapientiam*, non in ipsa, sunt; at nobis *in ipsa* commorandum est. Etiam, si quid evagari libet, amplos habet illa spatiososque secessus. De deorum natura quæramus; de siderum elementis, de his tam variis stellarum discursibus : an ad illarum motus nostra moveantur; an corporibus omnium animisque illinc impetus veniat; an et hæc, quæ fortuita dicuntur, certa lege constricta sint, nihilque in hoc mundo repentinum, aut expers ordinis, volutetur? Ista jam a formatione morum recesserunt; sed levant animum, et ad ipsarum, quas tractant, rerum magnitudinem attollunt. Hæc vero, de quibus paullo ante dicebam, minuunt, et deprimunt; nec, ut putas, exacuunt, sed extenuant. Obsecro vos! tam necessariam curam, majoribus melioribusque debitam, in re, nescio an falsa, certe inutili, terimus? Quid mihi profuturum est scire, an aliud sit sapientia, aliud sapere? quid mihi profuturum est scire, illud bonum esse, [hoc non esse?] Temere me geram, subibo hujus voti aleam : tibi sapientia, mihi sapere contingat! pares erimus. Potius id age, ut mihi viam monstres, qua ad ista perveniam. Dic, quid vitare debeam, quid appetere; quibus animum laban-

que si trop de chaleur est un mal, avoir trop chaud n'en soit un aussi; que si le grand froid est un mal, ce n'en soit un de le ressentir; que si la vie est un bien, ce ne soit un bien de vivre?

Toutes ces questions *tournent autour de la sagesse*, mais ne résident point en elle, et c'est *à la sagesse elle-même* qu'il faut nous arrêter. Pour qui veut faire quelques excursions, elle a de vastes et immenses problèmes à sonder. Recherchons-y la nature des dieux, les élémens des globes célestes, le cours si varié des étoiles; examinons si nos corps se meuvent aux mouvemens de celles-ci; si tous les corps et toutes les âmes reçoivent de là leurs impulsions; si ce qu'on appelle hasard n'a point sa règle fixe qui l'enchaîne; s'il est vrai que rien n'arrive d'imprévu, ou ne roule en dehors de l'ordre universel : spéculations qui déjà s'éloignent de la morale et de son but, mais qui délassent l'esprit et l'élèvent au niveau de leurs sublimes objets. Quant aux arguties dont je vous entretenais tout-à-l'heure, elles le rétrécissent et le dépriment : loin de l'aiguiser, comme c'est votre avis, elles l'émoussent. Dites, au nom du ciel! ces veilles que réclament si impérieusement des soins plus nobles et plus fructueux, pourquoi les consumer en abstractions peut-être fausses, à coup sûr inutiles? Que m'importera de savoir en quoi la sagesse diffère d'être sage, si l'un est un bien, et l'autre n'en est pas un? A tout risque écoutez mon vœu; j'en subirai la chance : que votre lot soit la sagesse, et être sage le mien, je vous tiendrai quitte. — Ah! plutôt montrez-moi la voie qui mène à cette sagesse : dites-moi ce que je dois fuir, ou bien rechercher; quelles études raffermiront mon âme chancelante; quelles armes repousseront loin de moi ces fou-

tem studiis firmem; quemadmodum, quæ me ex transverso ferunt aguntque, procul a me repellam; quomodo par esse tot malis possim; quomodo istas calamitates removeam, quæ ad me irruperunt; quomodo illas, ad quas ego irrupi. Doce, quomodo feram ærumnam sine gemitu meo, felicitatem sine alieno; quomodo ultimum ac necessarium vitæ terminum non expectem, sed ipsemet, quum visum erit, profugiam. Nihil mihi videtur turpius, quam optare mortem. Nam si vis vivere, quid optas mori? sive non vis, quid deos rogas quod tibi nascenti dederunt? Nam, ut quandoque moriaris, etiam invito positum est; ut, quum voles, in tua manu est. Alterum tibi necesse est; alterum licet. Turpissimum his diebus principium diserti mehercules viri legi : « Ita, inquit, quamprimum moriar! » Homo demens! optas rem tuam : « Ita quamprimum moriar! » Fortasse inter has voces senex factus es : alioqui, quid in mora est? nemo te tenet; evade, qua visum est! elige quamlibet rerum naturæ partem, quam tibi præbere exitum jubeas! Hæc nempe sunt et elementa, quibus hic mundus administratur, aqua, terra, spiritus : omnia ista tam causæ vivendi sunt, quam viæ mortis. « Ita quamprimum moriar! » Quamprimum istud, quod esse vis? quem illi diem ponis? citius fieri, quam optas, potest. Imbecillæ mentis ista sunt verba, et hac detestatione

gueuses passions qui m'emportent hors du devoir. Que je sache faire tête au malheur; parer ses atteintes sans nombre, soit qu'elles viennent me surprendre, soit que je me sois jeté au devant; supporter les tribulations sans gémir, la prospérité sans faire gémir autrui; ne pas attendre le dernier, l'inévitable terme de la vie, mais de moi-même, et quand bon me semblera, prendre congé sur l'heure. Rien ne me paraît plus pitoyable que d'invoquer la mort. Car si tu veux vivre, pourquoi souhaites-tu de mourir? Si tu ne le veux plus, pourquoi demander aux dieux une faculté que dès ta naissance tu tiens d'eux? Mourir un jour, quand tu ne le voudrais pas, voilà ton obligation; mourir dès que tu le voudras, voilà ton droit. Tu ne peux te soustraire à l'une, mais tu peux saisir l'autre. Quel ignoble vœu j'ai lu ces jours-ci au début de l'ouvrage d'un homme assurément fort habile: « Si je pouvais mourir au plus vite! » Insensé! tu désires ce qui t'appartient. Que tu meures au plus vite! Est-ce que par hasard ces paroles auraient eu l'effet de te vieillir? Autrement, que tardes-tu? nul ne te retient : fuis par où tu l'aimeras le mieux. Choisis dans la nature lequel des élémens tu chargeras de t'ouvrir une issue. Ces trois grandes bases qui constituent l'ensemble des choses, l'eau, la terre, l'air, sont à la fois sources de vie et agens de mort. « Que tu meures au plus vite! » Mais cette fin si prochaine, quand la veux-tu? à quand l'ajournes-tu? elle peut venir avant l'heure où tu la désires. Ton mot est celui d'un cœur pusillanime, l'expression d'un désespoir qui cherche à être plaint. Qui souhaite la mort ne veut pas mourir. C'est la vie, la santé qu'on demande aux dieux; si tu préfères la mort, elle a cet avantage qu'elle met fin à tous les souhaits.

misericordiam captantis. Non vult mori, qui optat. Deos vitam et salutem roga; si mori placuit, hic mortis est fructus, optare desinere.

Hæc, mi Lucili, tractemus; his formemus animum! Hæc est sapientia, hoc est sapere; non, disputatiunculis inanibus subtilitatem vanissimam agitare. Tot quæstiones fortuna tibi posuit: nondum illas solvisti; jam cavillaris. Quam stultum est, quum signum pugnæ acceperis, ventilare! Remove ista lusoria arma; decretoriis opus est. Dic, qua ratione nulla animum tristitia, nulla formido perturbet; qua ratione hoc secretarum cupiditatum pondus effundam. Agatur aliquid! — « Sapientia bonum est, sapere non est bonum. »— Sic fit, [ut] negemur sapere, ut hoc totum studium derideatur, tanquam operatum supervacuis.

Quid, si scires etiam illud quæri, « an bonum sit futura sapientia? » Quid enim dubii est, oro te, an nec messem futuram jam sentiant horrea, nec futuram adolescentiam pueritia viribus aut ullo robore intelligat? Ægro interim nihil ventura sanitas prodest; non magis, quam currentem luctantemque post multos secuturum menses otium reficit. Quis nescit hoc ipso non esse bonum id, quod futurum est, quia futurum est? Nam, quod bonum est, utique prodest: nisi præsentia, prodesse non possunt. Si non prodest, bonum non est; si

Voilà, mon cher Lucilius, les sujets à méditer : voilà ce qui doit nourrir notre âme. Voilà la sagesse, voilà ce qui s'appelle être sage, au lieu de s'épuiser en subtilités creuses sur de vaines et puériles discussions. Le sort t'a mis en face de tant de problèmes ! tu n'as pu encore les résoudre, et tu chicanes avec des mots ! O folie ! quand le signal de combattre est donné, tu t'escrimes contre les vents ! Jette bien loin ces fleurets, il te faut des armes tranchantes. Trouve moyen d'empêcher que ni tristesse ni peur ne troublent ton âme, et de la purger des secrètes convoitises qui lui pèsent : trouve moyen d'agir. — La sagesse, dis-tu, est un bien ; être sage n'en est pas un. — A la bonne heure : nions-le bien ; que tout notre zèle pour le dernier soit objet de risée et passe pour labeur prodigué en pure perte.

Que diriez-vous si vous saviez qu'on se demande également « si la sagesse à venir est un bien ? » Car peut-on douter, je vous prie, que les greniers ne sentent pas le poids de la prochaine moisson, que l'enfance n'éprouve en rien la vigueur ou les développemens d'une adolescence qui n'est pas encore ? De quel secours est au malade une santé qui viendra plus tard ; en quoi l'homme qui court ou qui lutte est-il refait par plusieurs mois de repos qui vont s'écouler ? Qui ne sait que ce qui doit arriver n'est pas un bien, par cela seul qu'il n'est pas arrivé ? Le bien est toujours utile ; il n'y a que les choses présentes qui puissent l'être ; si une chose ne profite point, elle n'est pas encore un

prodest, jam est. Futurus sum sapiens : hoc bonum erit, quum fuero; interim non est. Prius aliquid esse debet, deinde quale esse. Quomodo, oro te, quod adhuc nihil est, jam bonum est? Quomodo autem tibi magis vis probari, non esse aliquid, quam si dixero, *futurum est?* Nondum enim venisse apparet, quod venit. Ver secuturum est ; scio nunc hiemem esse : æstas secutura est; scio æstatem non esse. Maximum argumentum habeo nondum præsentis, futurum esse. Sapiam, spero ; sed interim non sapio : si illud bonum haberem, jam hoc carerem malo. Futurum est, ut sapiam : ex hoc licet, nondum sapere me, intelligas. Non possum simul et in illo bono, et in hoc malo esse. Duo ista non coeunt, nec apud eumdem sunt una, bonum et malum.

Transcurramus solertissimas nugas, et ad illa, quæ nobis aliquam opem sunt latura, properemus. Nemo, qui obstetricem parturienti filiæ sollicitus arcessit, edictum et ludorum ordinem perlegit : nemo, qui ad incendium domus suæ currit, tabulam latrunculariam perspicit, ut sciat, quomodo alligatus exeat calculus. At mehercules omnia tibi undique nuntiantur, et incendium domus, et periculum liberorum, et obsidium patriæ, et bonorum direptio : adjice istis naufragia, motusque terrarum, et quidquid aliud timeri potest. Inter ista districtus, rebus, nihil aliud quam animum oble-

bien ; si elle profite, elle l'est déjà. Un jour je serai sage :
ce sera un bien quand je le serai ; mais ce bien n'est pas
encore. Avant tout il faut qu'une chose soit, pour qu'on
voie ensuite ce qu'elle est. Comment, dites-moi, ce qui
n'est rien jusqu'ici, serait-il déjà un bien? Et comment vous
prouverai-je mieux qu'une chose n'est pas, qu'en vous
disant *qu'elle sera plus tard?* Elle n'est pas venue, cela
paraît clair, puisqu'elle est en train de venir. Quand le
printemps doit suivre, je sais que nous sommes en hiver ; l'été est proche : nous ne sommes donc pas en été.
Le meilleur argument qu'on ait qu'une chose n'est pas
dans le présent, c'est qu'elle est à venir. Je serai sage,
je l'espère; mais en attendant, je ne le suis pas. Si je
possédais un tel bien, je n'éprouverais pas le mal d'en
être privé. Viendra le jour où je serai sage : de là on
peut concevoir que je ne le suis pas encore. Je ne puis
tout ensemble jouir de l'être et souffrir de ne l'être pas.
Ces deux contraires ne s'allient point, et le même
homme n'est pas à la fois heureux et malheureux.

Laissons bien vite ces trop subtiles fadaises, et vo-
lons sans retard aux doctrines qui peuvent nous porter secours. Le père qui, pour sa fille en travail, hâte les
pas de la sage-femme avec un inquiet empressement,
ne s'amuse pas à lire le programme et l'ordre des jeux
publics ; le propriétaire qui court à l'incendie de sa maison, ne jette pas les yeux sur une table d'échecs pour
voir comment se dégagera la pièce bloquée. Mais toi,
ô dieux! toi à qui de toutes parts arrivent de fâcheuses
nouvelles : ta maison en flammes, tes enfans en péril,
ta patrie assiégée, tes biens au pillage, que sais-je ? un
naufrage imminent, le sol qui tremble, et tout ce qu'il
est possible de craindre, lorsque tant d'objets se dispu-

ctantibus, vacas? quid inter sapientiam, et sapere intersit, inquiris? nodos nectis ac solvis, tanta mole impendente capiti tuo? Non tam benignum ac liberale tempus natura nobis dedit, ut aliquid ex illo vacet perdere! Et vide, quam multa etiam diligentissimis pereant: aliud valetudo sua cuique abstulit, aliud suorum; aliud necessaria negotia, aliud publica occupaverunt; vitam nobiscum dividit somnus. Ex hoc tempore, tam angusto et rapido, et nos auferente, quid juvat majorem partem mittere in vanum?

Adjice nunc, quod assuescit animus delectare se potius, quam sanare; et philosophiam oblectamentum facere, quum remedium sit. Inter sapientiam et sapere quid intersit, nescio : scio mea non interesse, sciam ista, an nesciam. Dic mihi : quum, quid inter sapientiam et sapere intersit, didicero, sapiam? Cur ergo potius inter vocabula me sapientiæ detines, quam inter opera? Fac me fortiorem, fac securiorem, fac fortunæ parem, fac superiorem! Possum autem superior esse, si [isto] direxero omne quod disco.

tent tes soins, tu es tout à de pures récréations d'esprit? Tu vas scrutant quelle différence il y a entre la sagesse et être sage? Tu noues et dénoues des syllogismes, lorsque tant d'orages planent sur ta tête? La nature ne nous a point prodigué le temps d'une main si libérale qu'il nous en reste quelque chose à perdre; et vois combien il en échappe même aux plus diligens. Nos maladies nous en volent une part, celles de nos proches une autre; nos affaires indispensables ont la leur, les intérêts publics la leur; le sommeil nous prend moitié de notre vie. Jours bornés et rapides, qui nous emportez si vite, que nous revient-il de dissiper presque toutes vos heures en futilités?

Disons encore que l'esprit s'accoutume plutôt à ce qui l'amuse qu'à ce qui peut le guérir, et à faire un divertissement de la philosophie, le plus sérieux des remèdes. Entre la sagesse et être sage quelle est la différence, je l'ignore; mais je sais qu'il m'importe aussi peu de le savoir que de ne le savoir pas. Dites-moi : quand je l'aurai appris, en serai-je plus sage? Pourquoi donc aimes-tu mieux m'enchaîner aux mots que m'exercer aux actes? Inspire-moi plus de courage, plus de sécurité; fais-moi l'égal de la fortune, fais-moi plus grand qu'elle. Et je puis l'être, si je pratique tout ce que j'apprends.

BAILLARD.

CXVIII.

Quid sit bonum?

EXIGIS a me frequentiores epistolas. Rationes conferamus! solvendo non eris. Convenerat quidem, ut tua priora essent; tu scriberes, ego rescriberem. Sed non ero difficilis : bene credi tibi scio; itaque in antecessum dabo. Nec faciam, quod Cicero, vir disertissimus, facere « Atticum jubet, ut, etiam si rem nullam habebit, quod in buccam venerit, scribat. » Nunquam potest deesse quod scribam, ut omnia illa, quæ Ciceronis implent *Epistolas*, transeam : « quis candidatus laboret; quis alienis, quis suis viribus pugnet; quis consulatum fiducia Cæsaris, quis Pompeii, quis arte petat; quam durus sit fœnerator Cæcilius, a quo minoris centesimis propinqui nummum movere non possint. » Sua satius est mala, quam aliena, tractare; se excutere, et videre, quam multarum rerum candidatus sit, et non suffragari. Hoc est, mi Lucili, egregium, hoc securum ac liberum; nihil petere, et tota fortunæ comitia transire.

Quam putas esse jucundum, tribubus vocatis, quum candidati in templis suis pendeant, et alius nummos pronuntiet, alius per sequestrem agat, alius eorum manus osculis conterat, quibus designatus contingendam manum negaturus est; omnes, attoniti, vocem præconis

CXVIII.

Qu'est-ce que le bien?

Vous voudriez de moi des lettres plus fréquentes? Comptons ensemble : vous ne serez pas au pair. Il était convenu que vous commenceriez : vous deviez m'écrire, et moi vous répondre; mais je ne serai pas exigeant. Je sais qu'on peut vous faire crédit : je vous livrerai donc mes avances. Je ne ferai pas comme Cicéron, l'homme le plus disert, qui engageait Atticus : « à lui écrire, à défaut même de tout sujet, ce qui lui viendrait à l'esprit. » Les sujets ne me manqueront jamais, dussé-je omettre tous ces détails qui remplissent les *Lettres* de Cicéron : « quel candidat a le moins de chances; quel autre s'appuie d'auxiliaires ou de ses seuls forces; qui, pour le consulat, se repose sur César, qui sur Pompée, qui sur ses intrigues personnelles; quel âpre usurier c'est que Cécilius, dont ses proches même ne peuvent tirer un écu à moins de cent pour cent? » Eh! parlons de nos misères plutôt que de celles d'autrui : sondons notre cœur, voyons de combien de choses il se fait candidat, et refusons-lui notre voix. La vraie grandeur, ô Lucilius, la sécurité, l'indépendance consiste à ne rien solliciter et à s'éloigner de tous comices où préside la fortune.

N'est-il pas bien doux, dites-moi, quand les tribus sont convoquées, les candidats guindés au haut de leurs tribunes, que l'un promet de l'argent; que l'autre en fait le dépôt authentique; qu'un troisième couvre de baisers la main de l'homme auquel, après son élection, il ne daignera pas présenter la sienne; que tous attendent dans

exspectant;—stare otiosum, et spectare illas nundinas, nec ementem quidquam, nec vendentem? Quanto hic majore gaudio fruitur, qui non prætoria aut consularia comitia securus intuetur, sed magna illa, in quibus alii honores anniversarios petunt, alii perpetuas potestates, alii bellorum eventus prosperos triumphosque, alii divitias, alii matrimonia ac liberos, alii salutem suam suorumque! Quanti animi res est, solum nihil petere, nulli supplicare, et dicere : « Nihil mihi tecum, Fortuna! Non facio mei tibi copiam! scio apud te Catones repelli, Vatinios fieri; nihil rogo! » Hoc est privatam facere Fortunam.

Licet ergo hæc invicem scribere, et hanc integram semper egerere materiam, circumspicientibus tot millia hominum inquieta; qui, ut aliquid pestiferi consequantur, per mala nituntur in malum, petuntque mox fugienda, aut etiam fastidienda. Cui enim assecuto satis fuit, quod optanti nimium videbatur? Non est, ut existimant homines, avida felicitas, sed pusilla : itaque neminem satiat. Tu ista credis excelsa, quia longe ab illis jaces; ei vero, qui ad illa pervenit, humilia sunt. Mentior, nisi adhuc quærit ascendere : istuc, quod tu summum putas, gradus est. Omnes autem male habet ignorantia veri. Tanquam ad bona feruntur, decepti rumoribus : deinde, mala esse, aut inania, aut minora quam

l'anxiété la voix qui proclame les élus, n'est-il pas bien doux de rester à l'écart, impassible témoin de ces marchés publics, sans acheter ni vendre quoi que ce soit? Mais combien n'est-elle pas plus vive la joie de celui qui voit d'un œil calme, non plus cet étroit forum où l'on fait des préteurs et des consuls, mais ces comices de tous les pays où se postulent soit des honneurs annuels, soit de perpétuels pouvoirs, soit des guerres heureuses, et des triomphes; soit encore des richesses, des mariages, une postérité, la santé pour soi et les siens! Généreuse est l'âme qui seule ne fait nulle demande, ne courtise personne, et qui peut dire : « Je n'ai rien, ô fortune! de commun avec toi; je ne me mets pas à ta merci. Je sais que tes exclusions sont pour les Catons, tes choix pour les Vatinius : je ne te prie d'aucune grâce. » Voilà détrôner l'aveugle déesse.

C'est ainsi que j'aime à correspondre avec vous, et à exploiter une matière toujours neuve, quand de toutes parts nous voyons s'agiter ces milliers d'ambitieux qui, pour emporter quelque désastreux avantage, courent à travers tant de maux à un nouveau mal, convoitent ce qu'ils vont fuir tout-à-l'heure ou du moins dédaigner. Car quel homme eut jamais assez d'un succès dont le désir seul lui avait semblé téméraire? Non que la prospérité soit, comme on se l'imagine, avide de jouissances : c'est qu'elle en est pauvre; aussi ne rassasie-t-elle personne. Vous croyez tel homme fort élevé, parce que vous rampez bien loin de lui; mais à ses yeux, ce point où il est parvenu n'est qu'un poste inférieur. Ou je me trompe, ou il cherche à monter encore; et ce que vous prenez pour le faîte des honneurs en est le marche-pied. Tous les hommes se perdent par l'ignorance du vrai :

speraverint, adepti ac multa passi, vident; majorque pars miratur ex intervallo fallentia, et vulgo magna pro bonis sunt.

— Hoc ne nobis quoque eveniat, quæramus, « quid sit bonum! » Varia ejus interpretatio fuit : finivit hoc alius alio modo, alius illud aliter expressit. Quidam ita finiunt : « Bonum est, quod invitat animos, quod ad se vocat. » Huic statim opponitur : Quid? si invitat quidem, sed in perniciem? scis, quam multa mala blanda sint. Verum, et verisimile, inter se differunt. Ita, quod bonum est, vero jungitur; non est enim bonum, nisi verum est : at, quod invitat ad se et allicefacit, verisimile est : subripit, sollicitat, attrahit. — Quidam ita finierunt : « Bonum est, quod appetitionem sui movet; vel, quod impetum animi tendentis ad se movet. » Et huic idem opponitur : multa enim impetum animi movent, quæ petuntur petentium malo. — Melius illi, qui sic finierunt : « Bonum est, quod ad se impetum animi secundum naturam movet, et ita demum petendum est. » Quum cœpit esse expetendum, jam et honestum est; hoc enim est perfecte petendum. Locus ipse me admonet, ut, « quid intersit inter bonum honestumque, » dicam. Aliquid inter se habent mixtum et inseparabile : nec potest bonum esse, nisi cui aliquid honesti inest; et honestum utique bonum est.

ils s'imaginent voler au bonheur, déçus qu'ils sont par de vains bruits; puis des maux réels, où le déchet ou le néant de leurs espérances ressortent pour eux d'une passion hérissée d'épines. Presque toujours le lointain nous abuse, et nous admirons : grandeur est pour le vulgaire synonyme de bonheur.

Pour ne point donner dans la même méprise, recherchons « quel est le vrai bien. » On l'a compris diversement : les uns l'ont défini ou exprimé d'une manière, les autres d'une autre. Quelques-uns disent : « Le bien, c'est ce qui invite l'esprit et l'appelle à soi. » D'autres aussitôt de répondre : Eh quoi ! même s'il invite l'homme à sa perte? Vous le savez, il y a bien des maux qui séduisent. Le vrai et le vraisemblable diffèrent entre eux. Ainsi le bien se joint au vrai : car il n'est de bien que le vrai; mais ce qui invite, ce qui allèche, n'est que vraisemblable : il dérobe, il sollicite, il entraîne. — Voici une autre définition : « Le bien est une chose qui excite l'appétit d'elle-même, ou le mouvement et la tendance de l'âme vers elle. » A quoi on réplique également que ce mouvement de l'âme est excité par beaucoup de choses dont la poursuite perd le poursuivant. — Une meilleure définition est celle-ci : « Le bien est ce qui attire vers soi le mouvement de l'âme conformément à la nature : celui-là seul est digne d'être recherché. » Dès qu'il mérite nos recherches, il est honnête; car c'est celui qu'une âme parfaite doit rechercher. Ceci m'avertit d'expliquer « en quoi diffèrent le bien et l'honnête. » Ils ont quelque chose entre eux de mixte et d'indivisible; et il ne peut exister de bien qui ne renferme de l'honnête, comme à son tour l'honnête est toujours bien. En quoi donc diffèrent-ils? *L'honnête* est le bien parfait, le com-

Quid ergo inter duo interest? *Honestum* est perfectum bonum, quo beata vita completur, cujus contactu alia quoque bona fiunt. Quod dico, tale est. Sunt quædam neque bona, neque mala : tanquam militia, legatio, jurisdictio. Hæc, quum honeste administrata sunt, bona esse incipiunt, et ex dubio in bonum transeunt. *Bonum* societate honesti fit, *honestum* per se bonum est. Bonum ex honesto fluit; honestum ex se est. Quod bonum est, malum esse potuit; quod honestum est, nisi bonum esse non potuit.

Hanc quidam finitionem reddiderunt : «Bonum est, quod secundum naturam est.» Attende quid dicam : quod bonum est, secundum naturam est; non protinus, quod secundum naturam est, etiam bonum est. Multa quidem naturæ consentiunt; sed tam pusilla sunt, ut non conveniat illis boni nomen. Levia enim sunt, et contemnenda; nullum est minimum contemnendum bonum. Nam quamdiu exiguum est, bonum non est; quum bonum esse cœpit, non exiguum est. Unde agnoscitur bonum? si perfecte secundum naturam est. — Fateris, inquis, quod bonum est, secundum naturam esse; hæc ejus proprietas est : fateris, et alia secundum naturam quidem esse, sed bona non esse. Quomodo ergo illud bonum est, quum hæc non sint? quomodo ad aliam proprietatem pervenit, quum utrique præcipuum illud

plément de la vie heureuse, qui change en bien tout ce qu'il touche. Expliquons ma pensée : il y a des choses qui ne sont ni biens ni maux, comme le métier des armes, les ambassades, les magistratures. Ces fonctions honnêtement remplies, arrivent à être des biens, et de douteuses deviennent bonnes. Le *bien* a lieu par l'alliance de l'honnête : l'*honnête* est bien de sa nature. Le bien découle de l'honnête ; l'honnête existe par lui-même. Ce qui est bien a pu être mal ; ce qui est honnête n'a pu être que bien.

On a encore défini le bien « ce qui est conforme à la nature. » Or, ici prêtez-moi votre attention. Ce qui est bien est selon la nature ; il ne s'ensuit pas que ce qui est selon la nature soit bien aussi. Beaucoup de choses, conformes à cette nature, sont de si mince importance, que le nom de bien ne leur convient pas. Elles sont trop futiles, trop dignes de dédain : or, jamais bien, même le moindre, n'est à dédaigner. Car tant qu'il est petit, ce n'est pas un bien ; dès qu'il commence à être un bien, il n'est plus petit. A quoi le bien se reconnaît-il ? — S'il est parfaitement selon la nature. — Vous avouez, dira-t-on, que ce qui est bien est selon la nature ; voilà son caractère, et vous avouez aussi qu'il est des choses conformes à la nature, qui ne sont pas des biens. Comment donc l'un est-il bien, les autres ne l'étant pas ? Comment prend-il un caractère différent, les autres ayant comme lui le privilège d'être conformes à la nature ? — C'est par sa grandeur même. Il n'est pas nouveau de voir certaines choses changer en s'accroissant. C'était un enfant,

commune sit, secundum naturam esse? — Ipsa scilicet magnitudine. Nec hoc novum est, quædam crescendo mutari. Infans fuit, factus est pubes; alia ejus proprietas fit : ille enim irrationalis est, hic rationalis. Quædam incremento non tantum in majus exeunt, sed in aliud.— Non fit, inquit, aliud, quod majus fit : utrum lagenam an dolium impleas vino, nihil refert; in utroque proprietas vini est : exiguum mellis pondus, ex magno, sapore non differt. — Diversa ponis exempla : in istis enim eadem qualitas est; quamvis augeantur, manent. Quædam, amplificata, in suo genere et in sua proprietate perdurant; quædam, post multa incrementa, ultima demum vertit adjectio; et novam illis, aliamque, quam in qua fuerunt, conditionem imprimit. Unus lapis fecit fornicem, ille qui latera inclinata cuneavit, et interventu suo vinxit. Summa adjectio quare plurimum facit, vel exigua? Quia non auget, sed implet. Quædam processu priorem exuunt formam, et in novam transeunt. Ubi aliquid animus diu protulit, et, magnitudinem ejus sequendo, lassatus est, *infinitum* cœpit vocari; quod longe aliud factum est, quam fuit, quum magnum videretur, sed finitum. Eodem modo aliquid difficulter secari cogitavimus; novissime, crescente difficultate, *insecabile* inventum est. Sic ab eo, quod vix et ægre movebatur, processimus ad *immobile*. Eadem

c'est maintenant un homme; son caractère devient autre : car l'enfant n'avait pas de raison, l'homme est raisonnable. Il est des choses qui par l'accroissement deviennent non seulement plus grandes, mais tout autres. On répond : ce qui grandit ne devient pas autre; que vous remplissiez de vin une bouteille ou un tonneau, il n'importe : dans les deux vases le vin conserve sa propriété vineuse; une petite quantité de miel ou une grande ne diffèrent pas de saveur. — Il n'y a point d'analogie dans les exemples qu'on m'oppose : dans le vin et dans le miel la qualité est et reste la même, quoique la quantité augmente. Certaines choses, en s'augmentant, ne perdent ni leur genre ni leur propriété; certaines autres, après beaucoup d'accroissemens, finissent en dernier lieu par changer de nature, par subir une condition d'existence nouvelle, et autre que la première. Une seule pierre a fait la voûte : c'est celle qui presse comme un coin les deux flancs inclinés, celle dont l'adjonction les réunit. Pourquoi cette dernière addition produit-elle tant d'effet, malgré son peu de volume? Ce n'est pas qu'elle augmente, c'est qu'elle complète. Certaines choses ne font de progrès qu'en dépouillant leur première forme pour en recevoir une nouvelle. Que l'on recule long-temps par la pensée les bornes d'un objet, et qu'on en suive l'extension jusqu'à la lassitude, il prend dès-lors le nom d'*infini* : il est bien autre qu'il n'était lorsqu'il paraissait grand, mais *fini*. C'est ainsi que, si nous songeons à une chose difficile à diviser, la difficulté croissante nous amène enfin au *non-divisible*. Ainsi encore, d'un corps lourd, et qu'on meut avec peine, nous arrivons à l'*immobile*. De même une chose d'abord *conforme à la nature* a pu, par un

ratione aliquid *secundum naturam* fuit ; hoc in aliam proprietatem magnitudo sua transtulit, et *bonum* fecit.

CXIX.

Divitem esse, qui cupidinibus imperat.

QUOTIES aliquid inveni, non exspecto, donec dicas : *in commune!* — ipse mihi dico. Quid sit, quod invenerim, quæris? sinum laxa, merum lucrum est! Docebo, quomodo fieri dives celerrime possis; quod valde cupis audire, nec immerito : ad maximas te divitias compendiaria ducam. Opus erit tamen tibi creditore ; ut negotiari possis, æs alienum facias oportet : sed nolo per intercessorem mutueris, nolo proxenetæ nomen tuum jactent. Paratum tibi creditorem dabo, Catonianum illum : « A te mutuum sumes. » Quantulumcumque est, satis erit, si, quidquid deerit, id a nobis petierimus. Nihil enim, mi Lucili, interest, utrum non desideres, an habeas. Summa rei in utroque est eadem ; non torqueberis. Nec illud præcipio, ut aliquid naturæ neges ; contumax est, non potest vinci, suum poscit : sed, ut quidquid naturam excedit, scias precarium esse, non necessarium. Esurio ; edendum est : utrum hic panis sit plebeius, an siligineus, ad naturam nihil pertinet. Illa ventrem non delectari vult, sed impleri. Sitio ; utrum

accroissement de grandeur, prendre une autre propriété, et devenir un *bien*.

BAILLARD.

CXIX.

Qu'on est riche, quand on commande à ses désirs.

A CHAQUE découverte que je fais, je n'attends pas que vous disiez : *partageons!* — je me le dis pour vous. Qu'ai-je donc trouvé? vous voulez l'apprendre? Tendez la main : c'est tout profit. Vous allez savoir le secret de devenir riche en un instant, secret dont vous êtes si curieux et avec raison. Je vous conduirai à la plus haute fortune par une voie expéditive. Il vous faudra cependant un prêteur : car tout commerce nécessite des emprunts; mais je ne veux pas que ce soit par entremetteur, ni que les courtiers colportent votre signature. J'ai pour vous un créancier tout prêt, celui de Caton : « Emprunte à toi-même. » Quelque peu que ce soit suffira, si ce qui manque, nous ne le demandons qu'à nous. En effet, cher Lucilius, nulle différence entre ne pas désirer et posséder; dans les deux cas le résultat est le même : des tourmens de moins. Et je ne prétends pas que vous refusiez rien à la nature : elle est intraitable, on ne peut la vaincre, elle exige son dû; je dis seulement que tout ce qui va au delà est purement volontaire, mais non point nécessité. Ai-je faim? il faut manger. Il n'importe à la nature que mon pain soit grossier ou de premier choix. Elle veut, non que je délecte mon palais, mais que mon estomac soit rempli. Ai-je soif? que mon eau soit puisée dans le lac voisin; ou que je l'aie enfermée sous une

hæc aqua sit, quam ex lacu proximo excepero, an ea, quam multa nive clusero, ut rigore refrigeretur alieno, ad naturam nihil pertinet. Illa hoc unum jubet, sitim exstingui : utrum sit aureum poculum, an crystallinum, an murrheum, an tiburtinus calix, an manus concava, nihil refert. Finem omnium rerum specta; et supervacua dimittes. Fames me appellat : ad proxima quæque porrigatur manus; ipsa mihi commendabit, quodcumque comprehendero. Nihil contemnit esuriens.

Quid sit ergo, quod me delectaverit, quæris. — Videtur mihi egregie dictum : « Sapiens divitiarum naturalium est quæsitor acerrimus. » — Inani me, inquis, lance muneras! Quid est istud? Ego jam paraveram fiscos; circumspiciebam, in quod me mare negotiaturus immitterem ; quod publicum agitarem ; quas arcesserem merces. Decipere est istud, docere paupertatem, quum divitias promiseris.

Ita tu pauperem judicas, cui nihil deest? — Suo, inquis, et patientiæ suæ beneficio, non fortunæ. — Ideo ergo illum non judicas divitem, quia divitiæ ejus desinere non possunt ? Utrum majus : habere multum, an satis ? Qui multum habet, plus cupit; quod est argumentum, nondum illum satis habere : qui satis habet, consecutus est, quod nunquam divitiis contigit, finem. An has ideo non putas esse divitias, quia propter illas

voûte de neige dont elle emprunte la fraîcheur, qu'importe à la nature? Tout ce qu'elle me commande, c'est d'étancher ma soif. Que ce soit dans une coupe d'or ou de cristal, dans un vase *murrhin* ou de Tibur, ou dans le creux de ma main, qu'importe encore? En toute chose ne voyez que le but, et laissez là ce qui n'y mène pas. La faim me presse : c'est le premier aliment venu qu'il faut saisir : d'elle-même elle assaisonnera tout ce qui sera tombé sous ma main. La faim n'est jamais dédaigneuse.

Voulez-vous donc savoir ce qui m'a plu si fort, et me semble si bien dit? Le voici : « Le sage est l'amateur le plus empressé des richesses naturelles. »—Viande creuse que cela, dites-vous; chétif butin à partager! J'avais déjà préparé mes coffres; déjà je m'inquiétais sur quelle mer j'irais trafiquer et risquer mes jours, quelle branche d'impôt j'exploiterais, quelles denrées j'importerais. C'est se moquer que de me prêcher la pauvreté, après m'avoir promis des richesses.

Ainsi vous jugez pauvre celui qui n'a faute de rien. — Le mérite, dites-vous, en est à sa patience, et non à sa situation. — C'est donc que vous ne le croyez pas riche par la raison qu'il ne saurait cesser de l'être? Lequel vaut mieux d'avoir beaucoup ou d'avoir assez? Qui a beaucoup, désire davantage : preuve qu'il n'a point encore assez. Qui possède assez a obtenu ce que jamais riche n'a atteint, le terme de ses désirs. Vous ne croyez pas aux richesses du sage! Est-ce parce qu'elles ne font proscrire personne; parce qu'elles ne poussent point le

nemo proscriptus est? quia propter illas nulli venenum filius, nulli uxor impegit? quia in bello tutæ sunt? quia in pace otiosæ? quia nec habere illas periculosum est, nec operosum disponere? An parum habet, qui tantum non alget, non esurit, non sitit? Plus Jupiter non habet. Nunquam parum est, quod satis est : et nunquam multum est, quod satis non est. Post Darium et Indos pauper est Alexander Macedo : mentior ; quærit, quod suum faciat, scrutatur maria ignota, in Oceanum classes mittit novas, et ipsa, ut ita dicam, mundi claustra perrumpit. Quod naturæ satis est, homini non est! Inventus est, qui concupisceret aliquid post omnia : tanta est cæcitas mentium, et tanta initiorum suorum unicuique, quum processit, oblivio! Ille, modo ignobilis anguli non sine controversia dominus, tacto fine terrarum per suum rediturus orbem, tristis est.

Neminem pecunia divitem fecit : immo contra, nulli non majorem sui cupiditatem incussit. Quæris, quæ sit hujus rei causa? Plus incipit habere posse, qui plus habet. Ad summam, quem voles mihi ex his, quorum nomina cum Crasso Licinioque numerantur, in medium licet protrahas; afferat censum, et, quidquid habet, et quidquid sperat, simul computet : iste, si mihi credis, pauper est; si tibi, potest esse. At hic, qui se ad id, quod natura exigit, composuit, non tantum extra sen-

fils à empoisonner son père, et la femme son mari; parce qu'elles sont à l'abri des guerres, et dans la paix libres de soins; parce qu'elles ne sont ni dangereuses à posséder, ni fatigantes à régir? A-t-il peu, celui qui, pour tout bien, ne souffre ni le froid, ni la faim, ni la soif? Que possède de plus Jupiter? On n'a jamais peu, dès qu'on a assez; et qui n'a pas assez n'a jamais beaucoup. Après Darius et les Indes vaincues, le Macédonien Alexandre est pauvre encore : je me trompe, il veut encore acquérir; il va scrutant des mers inconnues, il lance les premières flottes qu'ait vues l'Océan; il a forcé, faut-il le dire? les barrières du monde. Ce qui suffit à la nature ne suffit pas à un mortel. Il s'en trouve un qui désire encore après qu'il a tout. Tant sont aveugles nos esprits! tant l'homme, à force d'avancer, oublie son point de départ! Celui-ci, hier possesseur d'un coin de terre obscur et contesté, gémit de ne pouvoir revenir des confins de son empire immense que par ce globe qu'il a déjà conquis.

Jamais l'or ne fait riche : au contraire, il irrite davantage la soif de l'or. En voulez-vous savoir la cause? c'est que plus on en a, plus il est aisé d'en avoir encore. Au surplus, faites venir ici qui vous voudrez de ceux dont on accole les noms à celui des Crassus, des Licinius; qu'il apporte ses registres, qu'il suppute à la fois tout ce qu'il a et tout ce qu'il espère : à mon sens, il est pauvre; au vôtre même, il peut le devenir. Mais l'homme qui s'accommode aux exigences de la seule nature, loin qu'il ressente la pauvreté, ne la craint même pas. Voyez pourtant comme il est difficile de se réduire au pied de

sum est paupertatis, sed extra metum. Sed, ut scias, quam difficile sit, res suas ad naturalem modum coarctare; hic ipse, quem circa naturam dicimus, quem tu vocas pauperem, habet aliquid et supervacui. At excæcant populum, et in se convertunt opes, si numerati multum ex aliqua domo effertur, si multum auri tecto quoque ejus illinitur, si familia aut corporibus electa, aut spectabilis cultu est! Omnium istorum felicitas in publicum spectat: ille, quem nos et populo et fortunæ subduximus, beatus introrsum est. Nam, quod ad illos pertinet, apud quos falso divitiarum nomen invasit occupata paupertas; sic divitias habent, quomodo habere dicimur febrem, quum illa nos habeat. E contrario dicere solemus, « febris illum tenet: » eodem modo dicendum est, « divitiæ illum tenent. »

Nihil ergo nonuisse te malim, quam hoc, quod nemo monetur satis : ut omnia naturalibus desideriis metiaris, quibus aut gratis satisfiat, aut parvo. Tantum miscere vitia desideriis noli. Quæris, quali mensa, quali argento, quam paribus ministeriis et lævibus, afferatur cibus? Nihil, præter cibum, natura desiderat!

> Num tibi, quum fauces urit sitis, aurea quæris
> Pocula? num, esuriens, fastidis omnia, præter
> Pavonem rhombumque?. . . . .

Ambitiosa non est fames; contenta desinere est: quo

la nature : celui même qui proportionne son avoir au vœu de la nature, et que vous nommez pauvre, celui-là, selon nous, a du superflu. Mais l'opulence éblouit le peuple et attire vers elle tous les yeux, quand de grosses sommes sortent d'une maison, qu'on y voit tout jusqu'au toit couvert de dorures, quand une troupe d'esclaves choisis s'y fait remarquer par sa bonne mine ou par sa riche tenue. Tout cela n'est qu'une félicité de parade : celle de l'homme que nous avons soustrait aux influences du peuple comme de la fortune, est toute intérieure. Quant à ceux chez qui le nom d'opulence est usurpé par ce que j'appelle de laborieux besoins, ils ont des richesses, comme on dit que nous avons la fièvre, quand c'est elle qui nous tient. On devrait renverser la phrase, et dire du malade : « La fièvre le tient; » comme du riche : « Les richesses le possèdent. »

Voici donc le conseil que j'ai le plus à cœur de vous donner, et qu'on ne donne jamais assez : réglez vos désirs selon la nature, qu'on peut contenter ou sans qu'il en coûte, ou à peu de frais. Seulement n'alliez point le vice avec le désir. Vous vous inquiétez de la table, de la vaisselle où paraîtront vos mets; puis, si les esclaves qui les serviront sont bien appariés et ont la peau bien lisse. Les mets tout seuls, voilà ce que veut la nature !

« Quand une soif ardente brûle ton gosier, vas-tu demander une coupe d'or? Quand la faim te tourmente, dédaignes-tu tous les mets, excepté le paon et le turbot? »

La faim n'a point toutes ces exigences : il lui suffit

desinat, non nimis curat. Infelicis luxuriæ ista tormenta sunt: quærit, quemadmodum post saturitatem quoque esuriat; quemadmodum non impleat ventrem, sed farciat; quemadmodum sitim, prima potione sedatam, revocet. Egregie itaque Horatius negat ad sitim pertinere, quo poculo aqua, aut quam eleganti manu ministretur. Nam si pertinere ad te judicas, quam crinitus puer, et quam perlucidum tibi poculum porrigat, non sitis. Inter reliqua, hoc nobis præstitit natura præcipuum, quod necessitati fastidium excussit. Recipiunt supervacua dilectum. — Hoc parum decens; illud parum laudatum, oculos hoc meos lædit! — Id actum est ab illo mundi conditore, qui nobis vivendi jura descripsit, ut salvi essemus, non ut delicati. Ad salutem omnia parata sunt, et in promptu : deliciis omnia misere ac sollicite comparantur. Utamur ergo hoc naturæ beneficio, inter magna numerando; et cogitemus, nullo nomine melius illam meruisse de nobis, quam quia, quidquid ex necessitate desideratur, sine fastidio sumitur.

CXX.

Quomodo boni honestique notitia ad nos pervenerit.

Epistola tua per plures quæstiunculas vagata est, sed in una constitit, et hanc expediri desiderat : « Quomodo

qu'on la fasse cesser, elle ne se soucie guère avec quoi. Le reste est l'œuvre pénible d'une déplorable sensualité, qui s'ingénie pour que la faim dure après qu'elle est rassasiée ; pour que l'estomac soit non pas rempli, mais comblé ; pour que la soif éteinte aux premières rasades se renouvelle encore. C'est donc avec raison qu'Horace nous dit que la soif ne s'embarrasse guère du choix de la coupe ou de la main qui lui verse son eau. Si vous croyez que la chevelure plus ou moins belle de l'échanson ou le transparent du vase soit chose essentielle, vous n'avez pas soif. La nature, en tout si bienveillante, nous a fait l'importante grâce d'ôter aux besoins le dégoût. C'est au superflu qu'appartient l'esprit d'exclusion qui fait dire : « Ceci n'est guère de mise ; cela est peu vanté ; voici qui choque mes yeux. » Le créateur de ce monde, en traçant à l'homme ses conditions d'existence, a voulu le conserver, non l'efféminer. Tout dans ce but est à sa portée, sous sa main : les recherches de la délicatesse ne s'obtiennent qu'à grand'peine et à force d'art. Jouissons donc de ce bienfait de la nature : regardons-le comme un des plus grands ; et songeons qu'elle n'a sous aucun rapport mieux mérité de nous qu'en nous portant à satisfaire sans dégoût les appétits qui naissent de la nécessité.

BAILLARD.

CXX.

Comment nous est venue la notion du bon et de l'honnête.

Votre lettre, qui touche en courant nombre de questions subtiles, s'arrête enfin sur celle-ci, dont elle de-

ad nos boni honestique notitia pervenerit? » — Hæc duo apud alios diversa sunt, apud nos tantum divisa. Quid sit hoc, dicam. *Bonum* putant esse aliqui, quod utile est : itaque hoc et divitiis, et equo, et vino, et calceo nomen imponunt; tanta fit apud illos boni vilitas, et adeo in sordida usque descendit. *Honestum* putant, cui ratio recti officii constat; tanquam, pie curatam patris senectutem, adjutam amici paupertatem, fortem expeditionem, prudentem moderatamque sententiam. Ista duo quidem facimus, sed ex uno. Nihil est *bonum*, nisi quod honestum est; quod *honestum* est, utique bonum. Supervacuum judicio adjicere, quid inter ista discriminis sit, quum sæpe dixerim. Hoc unum dicam, nihil nobis *bonum* videri, quo quis et male uti potest : vides autem, divitiis, nobilitate, viribus, quam multi male utantur.

Nunc ergo ad id revertor, de quo desideras dici : « Quomodo ad nos prima boni honestique notitia pervenerit. » Hoc nos natura docere non potuit : semina nobis scientiæ dedit, scientiam non dedit. Quidam aiunt, nos in notitiam incidisse; quod est incredibile, virtutis alicui speciem casu occurrisse : nobis videtur observatio collegisse, et rerum sæpe factarum inter se collatio : per *analogiam* nostri intellectum et honestum et bonum judicant. Hoc verbum quum latini grammatici civitate

mande la solution : « Comment nous est venue la notion du bon et de l'honnête ? »—Suivant les autres philosophes, ce sont là deux choses diverses; et suivant nous, deux parties du même tout. Je m'explique. Ce qui est *bon*, selon quelques-uns, c'est ce qui est utile : et ils nomment ainsi la richesse, un cheval, du vin, une chaussure, tant cette qualification est prostituée par eux, tant ils la font descendre bas! L'*honnête* pour eux, c'est ce qui répond à la loi du devoir et de la vertu : comme des soins pieux donnés à la vieillesse d'un père, des secours offerts à la pauvreté d'un ami, un vaillant coup de main, un avis dicté par la prudence et la modération. Nous aussi, nous divisons les attributs, mais le sujet est un. Rien n'est *bon* que l'honnête, et l'*honnête*, par son essence même, est bon. Je crois superflu d'ajouter ce que j'ai dit maintefois sur la différence des deux choses : sachez seulement que rien ne nous semble *bon* de ce qui peut servir au mal; or, vous voyez combien de gens font mauvais usage des richesses, de la noblesse, de la puissance.

Mais revenons au point que vous désirez voir éclaircir : « Comment nous est venue la notion première du bon et de l'honnête ? » La nature n'a pu nous l'enseigner : elle nous a donné les germes de la science, non la science elle-même. Quelques-uns disent que cette notion s'est offerte à nous par aventure; mais est-il croyable que l'image de la vertu n'ait que fortuitement apparu à je ne sais quel homme? Selon nous, l'observation a recueilli, comparé entre eux certains actes fréquens de la vie, et l'intelligence humaine y a connu le bon et l'honnête par *analogie*. Comme ce mot a reçu des grammairiens latins droit de cité, je ne crois pas devoir

donaverint, ego damnandum non puto, nec in civitatem suam redigendum : utar ergo illo, non tantum tanquam recepto, sed tanquam usitato. Quæ sit hæc *analogia*, dicam. Noveramus corporis sanitatem ; ex hac cogitavimus, esse aliquam et animi. Noveramus corporis vires ; ex his collegimus, esse et animi robur. Aliqua benigna facta, aliqua humana, aliqua fortia, nos obstupefecerant ; hæc cœpimus tanquam perfecta mirari. Suberant illis multa vitia, quæ species conspicui alicujus facti fulgorque celabat ; hæc dissimulavimus. Natura jubet augere laudanda ; nemo non gloriam ultra verum tulit : ex his ergo speciem ingentis boni traximus.

Fabricius Pyrrhi regis aurum repulit ; majusque regno judicavit, regias opes posse contemnere. Idem, medico Pyrrhi promittente venenum se regi daturum, monuit Pyrrhum, caveret insidias. Ejusdem animi fuit, auro non vinci, veneno non vincere. Admirati sumus ingentem virum, quem non regis, non contra regem promissa flexissent, boni exempli tenacem ; quod difficillimum est, in bello innocentem ; qui aliquod esse crederet etiam in hostes nefas ; qui in summa paupertate, quam sibi decus fecerat, non aliter refugit divitias, quam venenum. « Vive, inquit, beneficio meo, Pyrrhe ; et gaude, quod adhuc dolebas, Fabricium non posse corrumpi. »

le proscrire et le renvoyer au lieu de sa naissance; je l'emploie donc, non pas seulement comme toléré, mais comme sanctionné par l'usage. Or, qu'est-ce que cette *analogie?* le voici : On connaissait la santé du corps, on s'avisa que l'âme aussi avait la sienne; et pareillement, de la force physique on déduisit la force morale. Des traits de bonté, d'humanité, de courage nous avaient frappés d'étonnement : nous commençâmes à les admirer comme autant de perfections. Il s'y mêlait beaucoup d'alliage; mais le prestige d'une action remarquable le couvrait de son éclat : nous avons donc dissimulé ces taches. Car naturellement nous sommes portés à outrer le plus juste éloge; et toujours le portrait de la gloire a été au delà du vrai. Or donc, de ces faits divers fut tiré le type du bien par excellence.

Fabricius repoussa l'or de Pyrrhus, et vit moins de grandeur à posséder un royaume qu'à mépriser les dons d'un roi. Le même Fabricius, à qui le médecin de Pyrrhus promettait d'empoisonner son prince, avertit celui-ci d'être sur ses gardes. Ce fut l'effet d'une même vertu de ne pas être vaincu par l'or, et de ne vouloir pas vaincre par le poison. Nous avons admiré ce grand homme, inflexible aux offres d'un roi, tout comme à celles d'un régicide, obstiné à suivre la vertu son modèle; soutenant le plus difficile des rôles, celui d'un chef de guerre irréprochable; croyant qu'il est des choses non permises, même contre un ennemi; enfin, au sein d'une extrême pauvreté, pour lui si glorieuse, n'ayant pas moins horreur des richesses que de l'empoisonnement. « Roi d'Épire, a-t-il dit, tu vivras, grâce à moi; réjouis-toi de ce qui tout-à-l'heure causait ta peine : Fabricius est toujours incorruptible. »

Horatius Cocles solus implevit pontis angustias; adimique a tergo sibi reditum, dummodo iter hosti auferretur, jussit; et tam diu restitit prementibus, donec revulsa ingenti ruina tigna sonuerunt. Postquam respexit, et extra periculum esse patriam periculo suo sensit : « Veniat, si quis vult, inquit, sic euntem sequi! » deditque se in præceps; et non minus sollicitus in illo rapido alveo fluminis, ut armatus, quam ut salvus exiret, retento armorum victricium decore, tam tutus rediit, quam si ponte venisset.

Hæc et hujusmodi facta imaginem nobis ostendere virtutis. Adjiciam, quod mirum fortasse videatur : mala interdum speciem honesti obtulerunt, et optimum ex contrario nituit. Sunt enim, ut scis, virtutibus vitia confinia, et perditis quoque ac turpibus recti similitudo est. Sic mentitur prodigus liberalem; quum plurimum intersit, utrum quis dare sciat, an servare nesciat. Multi, inquam, sunt, Lucili, qui non donant, sed projiciunt; non voco ego liberalem, pecuniæ suæ iratum. Imitatur negligentia facilitatem, temeritas fortitudinem. Hæc nos similitudo coegit attendere, et distinguere specie quidem vicina, re autem plurimum inter se dissidentia. Dum observamus eos, quos insignes egregium opus fecerat, cœpimus annotare, quis rem aliquam generoso animo fecisset et magno impetu. Sed semel hunc vidi-

Horatius Coclès à lui seul intercepta l'étroit passage d'un pont : il consentit à ce que la retraite lui fût coupée, pourvu qu'on fermât le chemin à l'ennemi dont il soutint l'effort jusqu'au moment où retentit avec fracas la chute des solives brisées. Alors tournant la tête, et voyant le péril de sa patrie écarté au prix du sien : « Me suive qui voudra maintenant, » s'écrie-t-il ; et il se précipite dans le fleuve, non moins soucieux, au milieu du courant qui l'entraîne, de sauver ses armes que sa vie, ses armes victorieuses, dont il maintint l'honneur intact ; et il rentra dans Rome sans le moindre mal, comme s'il fût passé par le pont même.

Ces actions et d'autres semblables nous ont appris ce que c'est que la vertu. D'un autre côté, ce qui peut sembler étrange, le vice en obtint parfois les honneurs, et l'honnête sembla briller où il était le moins. Car il est, vous le savez, des vices qui avoisinent les vertus, des penchans dégradés et vils sous des dehors de moralité. Ainsi le prodigue a les apparences de la générosité ; bien que la distance soit grande de qui sait donner, à qui ne sait pas conserver. Car, on ne peut trop le redire, Lucilius, beaucoup jettent leurs dons et ne les placent pas : or, appellerai-je libéral un bourreau d'argent ? La négligence ressemble à la fécilité ; la témérité au courage. Ces conformités apparentes nous obligèrent à prendre garde, et à distinguer des choses très-rapprochées à l'extérieur, mais au fond très-dissemblables. En portant les yeux sur ceux qu'avait illustrés une action d'éclat, on sut y démêler l'homme chez qui cet élan généreux d'un grand cœur ne s'était manifesté qu'une fois. On vit cet homme, brave à la guerre, timide aux luttes du forum ;

mus in bello fortem, in foro timidum; animose paupertatem ferentem, humiliter infamiam : factum laudavimus, contempsimus virum. Alium vidimus adversus amicos benignum, adversus inimicos temperatum, et publica et privata sancte ac religiose administrantem; non deesse ei in his quæ toleranda erant, patientiam, in his quæ agenda, prudentiam : vidimus, ubi tribuendum esset, plena manu dantem; ubi laborandum, pertinacem et obnoxium, et lassitudinem corporis animo sublevantem. Præterea idem erat semper, et in omni actu par sibi; jam non consilio bonus, sed more eo perductus, ut non tantum recte facere posset, sed, nisi recte, facere non posset. Intelleximus in illo perfectam esse virtutem. Hanc in partes divisimus : oportebat cupiditates refrenari, metus comprimi, facienda provideri, reddenda distribui : comprehendimus temperantiam, fortitudinem, prudentiam, justitiam ; et suum cuique dedimus officium.

Ex quo ergo virtutem intelleximus? Ostendit illam nobis ordo ejus, et decor, et constantia, et omnium inter se actionum concordia, et magnitudo super omnia efferens sese. Hinc intellecta est illa beata vita, secundo defluens cursu, arbitrii sui tota. Quomodo ergo hoc ipsum nobis apparuit? Dicam. Nunquam vir ille perfectus adeptusque virtutem, fortunæ maledixit; nun-

héros contre la pauvreté, sans force contre la calomnie: les éloges furent pour l'action, le discrédit pour la personne. On en vit un autre bon avec ses amis, modéré envers ses ennemis, administrant avec des mains pures et religieuses les affaires de l'état et des citoyens; également doué de la patience qui tolère, et de la prudence qui n'agit qu'à propos; donnant à pleines mains, quand la libéralité est de saison; quand le travail commande, s'y dévouant avec persévérance, et suppléant par l'activité de l'âme à l'épuisement des organes; du reste, se montrant toujours en tout le même: vertueux non plus par système, mais par habitude, et arrivé au point, non pas seulement de pouvoir bien faire, mais de ne pouvoir faire autrement que bien. On jugea que là était la parfaite vertu, laquelle fut divisée en plusieurs parties. Car on avait des passions à dompter, des frayeurs à vaincre, il fallait prévoir les choses à faire, rendre à chacun selon son droit: on trouva pour tout cela la tempérance, la force, la prudence, la justice, qui reçurent chacune leur tâche respective.

Qu'est-ce donc qui nous a fait connaître la vertu? Nous l'avons reconnue à l'ordre qu'elle établit, à sa beauté, à sa constance, à l'harmonie de toutes ses actions, à cette grandeur qui la rend supérieure à tout. Alors naquit l'idée de cette vie heureuse qui coule doucement, sans obstacle, qui s'appartient toute à elle-même. Mais comment cette dernière image s'offrit-elle à notre esprit? Je vais le dire. Jamais ce mortel parfait, cet adepte de la vertu ne maudit la fortune; jamais il

quam accidentia tristis excepit; civem esse se universi et militem credens, labores, velut imperatos, subiit. Quidquid inciderat, non tanquam malum aspernatus est, et in se casu delatum, sed quasi delegatum sibi. Hoc qualecumque est, inquit, meum est: asperum est, durum est; in hoc ipso navemus operam. Necessario itaque magnus apparuit, qui nunquam malis ingemuit, nunquam de fato suo questus est : fecit multis intellectum sui; et non aliter, quam in tenebris lumen, effulsit; advertitque in se omnium animos, quum esset placidus et lenis, humanis divinisque rebus pariter æquus. Habebat perfectum animum, ad summam sui adductus, supra quam nihil est, nisi mens dei, ex qua pars et in hoc pectus mortale defluxit; quod nunquam magis divinum est, quam ubi mortalitatem suam cogitat, et scit, in hoc natum hominem, ut vita defungeretur; nec domum esse hoc corpus, sed hospitium, et quidem breve hospitium, quod relinquendum est, ubi te gravem esse hospiti videas.

Maximum, inquam, mi Lucili, argumentum est animi ab altiore sede venientis, si hæc, in quibus versatur, humilia judicat et angusta; si exire non metuit. Scit enim, quo exiturus sit, qui, unde venerit, meminit. Non videmus, quam multa nos incommoda exagitent, quam male nobis conveniat hoc corpus? Nunc de capite, nunc

n'accueillit les évènemens de mauvaise grâce : se regardant comme citoyen du monde, comme soldat de la providence, il vit dans chaque épreuve un commandement à subir. Toutes celles qui lui survinrent, il ne les repoussa point comme des maux, comme des accidens qui l'auraient atteint : il les accepta comme une charge à lui dévolue. Quelle qu'elle soit, se dit-il, elle est mienne ; elle est dure, elle est cruelle : ce sera pour mon courage un aiguillon de plus. Force était donc de reconnaître la vraie grandeur dans un homme qui jamais n'avait gémi sous le malheur, jamais ne s'était plaint de sa destinée, qui avait fait ses preuves en mille rencontres ; qui, brillant comme une vive lumière au sein de la nuit, avait appelé tous les regards vers cette paisible sérénité qui le rapprochait de l'homme autant que de dieu. Cette âme accomplie, cette nature excellente ne voyait au dessus d'elle que l'intelligence divine, dont une parcelle était descendue dans sa mortelle enveloppe ; or, jamais l'homme n'est plus semblable à dieu que lorsque, se reconnaissant mortel, il sent qu'il n'a reçu la vie que pour l'employer dignement ; que ce corps n'est point un domicile fixe, mais une hôtellerie et une hôtellerie d'un jour, dont il faut sortir dès qu'on se sent à charge à son hôte.

Oui, Lucilius, notre âme n'a pas de titre plus frappant de sa haute origine, que son dédain pour l'indigne et étroite prison où elle s'agite, que son courage à la quitter. Il n'ignore pas où il doit retourner celui qui se rappelle d'où il est venu. Ne voyons-nous pas combien d'incommodités nous travaillent, et que ce corps est peu fait pour nous ? Nous nous plaignons tour-à-tour du

de ventre, nunc de pectore ac faucibus querimur; alias nervi nos, alias pedes vexant; nunc dejectio, nunc distillatio; aliquando superest sanguis, aliquando deest; hinc atque illinc tentamur, et expellimur. Hoc evenire solet in alieno habitantibus. At nos, corpus tam putre sortiti, nihilo minus æterna proponimus; et, in quantum potest ætas humana protendi, tantum spe occupamus; nulla contenti pecunia, nulla potentia. Quid hac re fieri impudentius, quid stultius potest? Nihil satis est morituris, immo morientibus : quotidie enim propius ab ultimo stamus; et illo, unde nobis cadendum est, hora nos omnis impellit. Vide, in quanta cæcitate mens nostra sit! Hoc, quod futurum dico, quum maxime fit; et pars ejus magna jam facta est : nam, quod viximus tempus, eo loco est, quo erat, antequam viximus. Erramus autem, qui ultimum timemus diem, quum tantumdem in mortem singuli conferant. Non ille gradus lassitudinem facit, in quo defecimus, sed ille profitetur. Ad mortem dies extremus pervenit, accedit omnis. Carpit nos illa, non corripit.

Ideo magnus animus, conscius sibi melioris naturæ, dat quidem operam, ut in hac statione, qua positus est, honeste se atque industrie gerat: ceterum nihil horum, quæ circa sunt, suum judicat, sed ut commodatis uti-

ventre, de la tête, de la poitrine, de la gorge. Tantôt nos nerfs, tantôt nos jambes nous tiennent au supplice; les déjections nous épuisent, ou la pituite nous suffoque; puis c'est le sang qui surabonde, et qui plus tard vient à nous manquer; les infirmités nous assiègent, nous tiraillent dans tous les sens : inconvéniens ordinaires à l'habitant d'une demeure qui n'est point la sienne. Et au sein même du ruineux domicile qui nous est échu, nous n'en formons pas moins d'éternels projets, nous n'en chargeons pas moins de nos espérances le plus long avenir qu'une vie humaine puisse atteindre, jamais désaltérés d'or, jamais rassasiés de pouvoir. L'impudence et la déraison peuvent-elles aller plus loin? Rien ne suffit à des êtres faits pour mourir; disons mieux, à des mourans. Car point de jour qui ne nous rapproche du terme, du bord fatal d'où nous devons tomber, et chaque heure nous y pousse. Voyez dans quel aveuglement nous sommes! Cet avenir dont je parle s'accomplit en ce moment même, et se trouve en grande partie arrivé. Car le temps que nous avons vécu est rentré dans le néant où il était avant que nous vécussions; et quelle erreur de ne craindre que le dernier de nos jours, quand chacun d'eux nous avance d'autant vers la destruction! Ce n'est point le pas où l'on succombe qui produit la lassitude; il ne fait que la révéler. Le dernier jour arrive à la mort, mais chaque jour s'y acheminait. Mutilé pièce à pièce, l'homme n'est point fauché d'un seul coup.

Aussi l'âme vraiment grande, qui a la conscience d'une vie meilleure, s'efforce-t-elle, au poste où elle est placée, de se conduire avec honneur et talent; du reste, ne regardant comme à elle aucun des objets qui l'environnent, elle n'en use qu'à titre de prêt; c'est un hôte un

tur, peregrinus et properans. Quum aliquem hujus videremus constantiæ, quidni subiret nos species non usitatæ indolis; utique, si hanc, ut dixi, magnitudinem veram esse ostendebat æqualitas? Veri tenor permanet, falsa non durant. Quidam alternis Vatinii, alternis Catones sunt: et modo parum illis severus est Curius, parum pauper Fabricius, parum frugi et contentus vilibus Tubero; modo Licinium divitiis, Apicium cœnis, Mæcenatem deliciis provocant. Maximum indicium est malæ mentis, fluctuatio, et inter simulationem virtutum, amoremque vitiorum, assidua jactatio.

. . . . Habebat sæpe ducentos,
Sæpe decem servos : modo reges atque tetrarchas,
Omnia magna, loquens : modo « Sit mihi mensa tripes, et
Concha salis puri, et toga quæ defendere frigus,
Quamvis crassa, queat! » — Decies centena dedisses
Huic parco, paucis contento; quinque diebus
Nil erat in loculis. . . . .

Omnes isti tales sunt, qualem hunc describit Horatius Flaccus, nunquam eumdem, ne similem quidem sibi; adeo in diversum aberrat. Multos dixi; prope est ut omnes sint. Nemo non quotidie et consilium mutat, et votum: modo uxorem vult habere, modo amicam: modo regnare vult; modo id agit, ne quis sit officiosior servus: modo dilatat se usque ad invidiam; modo subsidit, et contrahitur infra humilitatem vere jacentium: nunc pecuniam spargit, nunc rapit. Sic maxime coar-

étranger qui ne fait que passer. La vue d'un homme doué d'une pareille constance ne serait-elle pas pour nous la révélation d'une nature extraordinaire, surtout, je le répète, si cette grandeur, toujours égale, nous démontre par là qu'elle est vraie? Le vrai reste uniforme et invariable; le faux ne dure pas. Certains hommes jouent tour-à-tour le rôle de Vatinius ou de Caton : naguère ils ne trouvaient pas Curius assez austère, Fabricius assez pauvre, Tubéron assez frugal, assez simple dans ses besoins; et maintenant ils luttent d'opulence avec Licinius, de gourmandise avec Apicius, de mollesse avec Mécène. Un des plus sûrs indices de la corruption du cœur est cette fluctuation qui le promène sans cesse de la fausse imitation des vertus à l'amour trop réel des vices.

« Tantôt il avait deux cents esclaves; tantôt il n'en avait que dix; tantôt il ne parlait que de rois, de tétrarques et de grandeurs; tantôt il s'écriait : « Que j'aie une table à trois pieds, une « coquille pour salière, une toge grossière pour me garantir du « froid! » Eussiez-vous donné un million de sesterces à cet homme si économe, content de si peu, au bout de cinq jours sa bourse eût été vide. »

Tous les hommes dont je parle sont représentés par ce personnage d'Horace, jamais égal ni semblable à lui-même : tant il est ondoyant et mobile. Tels sont beaucoup de caractères, je dirais presque tous. Quel est l'homme qui chaque jour ne change de dessein et de vœu? Hier il voulait une épouse, aujourd'hui c'est une maîtresse; tantôt il tranche du souverain, tantôt il ne tient pas à lui qu'il ne soit le plus obséquieux des esclaves; souvent l'orgueil le gonfle jusqu'à le rendre haïssable, souvent il se rabaisse, et se fait plus petit, plus humble que ceux qui rampent dans la poussière; d'une main il sème l'or,

guitur animus imprudens; alius prodit atque alius, et, quo turpius nihil judico, impar sibi est. Magnam rem puta, unum hominem agere. Præter sapientem autem nemo unum agit; ceteri multiformes sumus. Modo frugi tibi videbimur et graves, modo prodigi et vani. Mutamus subinde personam, et contrariam ei sumimus, quam exuimus. — Hoc ergo a te exige, ut, qualem institueris præstare te, talem usque ad exitum serves. Effice ut possis laudari; si minus, ut agnosci. De aliquo, quem heri vidisti, merito dici potest: «Hic qui est?» Tanta mutatio est.

CXXI.

Omnia animalia habere intellectum sui.

Litigabis, ego video, quum tibi hodiernam quæstiunculam, in qua satis diu hæsimus, exposuero: iterum enim clamabis, «Hoc quid ad mores?» Sed exclama; dum tibi primum alios opponam, cum quibus litiges, Posidonium et Archidemum (hi judicium accipient); deinde dicam.

Non quidquid morale est, bonos mores facit. Aliud ad hominem alendum pertinet, aliud ad exercendum, aliud ad vestiendum, aliud ad docendum, aliud ad delectandum. Omnia tamen ad hominem pertinent, etiam

de l'autre il le ravit. Ainsi se trahit surtout l'absence de jugement : vous le voyez sous telle forme, puis sous telle autre; et ce qu'il y a, selon moi, de plus honteux au monde, il n'est jamais lui. C'est une grande tâche, savez-vous, que de soutenir toujours le même rôle. Or, excepté le sage, nul n'en est capable. Nous autres, nous ne savons encore que changer, tour-à-tour économes et prodigues, frivoles et sérieux, c'est à toute heure travestissement nouveau et l'opposé de celui que nous quittons. Gagnez donc sur vous de vous maintenir jusqu'à la fin tel que vous avez résolu d'être. Faites qu'on puisse vous louer, ou du moins vous reconnaître. Il y a tel homme, qu'on a vu la veille, et dont on peut dire : « Quel est-il? » Tant est grande la métamorphose !

BAILLARD.

CXXI.

Que tout animal a la conscience de sa constitution.

Vous me ferez un procès, je le vois, si je vous expose la subtile question qui aujourd'hui m'a retenu assez longtemps. Vous vous écrierez encore : « Qu'y a-t-il là pour les mœurs? » Récriez-vous, soit : moi, je vous opposerai en première ligne mes garants, contre lesquels vous plaiderez, Posidonius, Archidème : ils accepteront le procès, et je parlerai après eux.

Il n'est pas vrai que tout ce qui tient à la morale constitue les bonnes mœurs. Telle chose concerne la nourriture de l'homme, telle autre ses exercices, telle autre son vêtement, son instruction ou son plaisir : toutes cependant se rapportent à l'homme, bien que toutes ne

si non omnia meliorem eum faciunt. Mores alia aliter attingunt. Quædam illos corrigunt et ordinant; quædam naturam eorum et originem scrutantur. Quum quæro, quare hominem natura produxerit, quare prætulerit animalibus ceteris, longe me judicas mores reliquisse? Falsum est? Quomodo enim scies, qui habendi sint, nisi, quid homini sit optimum, inveneris? nisi naturam ejus inspexeris? Tunc demum intelliges, quid faciendum tibi, quid vitandum sit, quum didiceris, quid naturæ tuæ debeas. — Ego, inquis, volo discere, quomodo minus cupiam, minus timeam: superstitionem mihi excute; doce, leve esse vanumque hoc, quod felicitas dicitur; unam illi syllabam facillime accedere! — Desiderio tuo satisfaciam, et virtutes exhortabor, et vitia converberabo : licet aliquis nimium immoderatumque in hac parte me judicet, non desistam persequi nequitiam, et affectus efferatissimos inhibere, et voluptates ituras in dolorem compescere, et votis obstrepere. Quidni? quum maxima malorum optaverimus, et ex gratulatione natum sit quidquid obloquimur.

Interim permitte mihi, ea, quæ paullo videntur remotiora, excutere. Quærebamus, « An esset omnibus animalibus constitutionis suæ sensus? » Sensum autem esse, ex eo maxime apparet, quod membra apte et expedite movent, non aliter, quam in hoc erudita. Nulli

le rendent pas meilleur. Quant aux mœurs, il est diverses manières d'influer sur elles. On s'applique tantôt à les corriger et à les régler, tantôt à scruter leur nature et leur origine. Quand je recherche pourquoi la nature a produit l'homme, pourquoi elle l'a mis au dessus des autres animaux, croyez-vous que je m'écarte bien loin de la morale? Vous vous tromperiez. Comment saurez-vous quelles mœurs l'homme doit avoir, si vous ne découvrez ce qu'il y a pour lui de plus avantageux, si vous n'approfondissez sa nature? Vous ne comprendrez bien ce que vous devez faire ou éviter, que quand vous aurez appris ce que vous devez à votre nature. — Oui, direz-vous, je veux apprendre à modérer mes désirs et mes craintes; débarrassez-moi de la superstition; enseignez-moi que ce qu'on appelle félicité est chose légère et vaine, et que l'unique syllabe qui change tout s'y adapte bien facilement. — Je contenterai votre désir : j'exhorterai aux vertus, je flagellerai les vices. Bien qu'on me trouve trop vif et trop peu modéré sur ce point, je ne cesserai de poursuivre l'iniquité, d'arrêter le débordement effréné des passions, de m'opposer aux voluptés qui aboutissent à la douleur, de fermer la bouche aux vœux téméraires. Et n'ai-je pas raison, quand nos plus grands maux sont nés de nos souhaits, et que les choses dont on nous félicite, deviennent l'objet même de nos plaintes?

En attendant, souffrez que j'examine cette question qui semble un peu s'éloigner de la morale : « Tous les animaux ont-ils le sentiment de leurs facultés constitutives? » Ce qui prouverait le mieux qu'ils l'ont, c'est l'à-propos et la facilité de leurs mouvemens, qui sembleraient révéler une étude réfléchie. On n'en voit point dont

non partium suarum agilitas est. Artifex instrumenta sua tractat ex facili ; rector navis scit gubernaculum flectere ; pictor colores, quos ad reddendam similitudinem multos variosque ante se posuit, celerrime denotat, et inter ceram opusque facili vultu ac manu commeat. Sic animal in omnem usum sui mobile. Mirari solemus saltandi peritos, quod in omnem significationem rerum et affectuum parata illorum est manus, et verborum velocitatem gestus assequitur. Quod illis ars præstat, his natura. Nemo ægre molitur artus suos, nemo in usu sui hæsit; ad hoc edita protinus faciunt ; cum hac scientia prodeunt, instituta nascuntur.

Ideo, inquit, partes suas animalia apte movent, quia, si aliter moverint, dolorem sensura sunt. — Ita, ut vos dicitis, coguntur ; metusque illa in rectum, non voluntas, movet: quod est falsum. Tarda enim sunt, quæ necessitate impelluntur : agilitas sponte motis est. Adeo autem non adigit illa ad hoc doloris timor, ut in naturalem motum, etiam prohibente dolore, nitantur. Sic infans, qui stare meditatur et ferre se assuescit, simul tentare vires suas cœpit, cadit ; et cum fletu toties resurgit, donec se per dolorem ad id, quod natura poscit, exercuit. Animalia quædam tergi durioris, inversa, tamdiu se torquent, ac pedes exserunt et obliquant, donec

tous les membres ne soient pourvus d'une facilité d'action propre à leur nature. L'ouvrier manie avec aisance ses outils; le pilote ne dirige pas moins savamment son gouvernail; les couleurs que le peintre a placées devant lui, nombreuses et variées comme les objets qu'il veut reproduire, il les démêle d'un coup d'œil : son regard et sa main voyagent sans le moindre obstacle de la palette au tableau. L'animal n'est pas moins preste à se mouvoir dans tous les sens qui lui conviennent. On admire souvent ces habiles pantomimes, dont le geste prompt sait tout rendre, exprime toutes les passions et part aussi vite que la parole. Ce que l'acteur doit à l'art, l'animal le tient de la nature. Aucun n'a peine à mouvoir ses membres, aucun n'est embarrassé dans l'usage qu'il en fait. Dès leur naissance, les animaux exécutent sur-le-champ les fonctions auxquelles ils sont destinés : ils reçoivent leur science avec la vie; ils naissent tout élevés.

Les animaux, dira-t-on, ne meuvent si à propos les diverses parties de leur corps, que parce qu'autrement ils éprouveraient de la douleur. — Ils y sont donc contraints, selon vous; c'est par crainte et non volontairement que leur allure est ce qu'elle doit être. Rien de plus faux. Les mouvemens lents sont ceux que nécessite la contrainte; l'agilité est le propre de la spontanéité. Loin que ce soit la crainte de souffrir qui les fasse mouvoir, ils se portent à leurs mouvemens naturels en dépit de cette même souffrance. Ainsi l'enfant qui tâche de rester debout, qui s'étudie à se tenir sur ses jambes, ne peut d'abord essayer ses forces qu'il ne tombe, pour se relever chaque fois en pleurant, tant qu'il n'a pas fini le douloureux apprentissage que demande la nature. Renversez certains animaux dont le dos est d'une substance

ad locum reponantur. Nullum tormentum sentit supinata testudo : inquieta est tamen desiderio naturalis status; nec ante desinit niti, quatere se, quam in pedes constitit.

Ergo omnibus constitutionis suæ sensus est, et inde membrorum tam expedita tractatio : nec ullum majus indicium habemus, cum hac illa ad vivendum venire notitia, quam quod nullum animal ad usum sui rude est. « Constitutio, inquit, est, ut vos dicitis, principale animi, quodam modo se habens erga corpus. » Hoc tam perplexum et subtile, et vobis quoque vix enarrabile, quomodo infans intelligit? Omnia animalia dialectica nasci oporteret, ut istam finitionem, magnæ parti hominum togatorum obscuram, intelligant.

Verum erat, quod opponis, si ego ab animalibus constitutionis finitionem intelligi dicerem, non ipsam constitutionem. Facilius natura intelligitur, quam enarratur. Itaque infans ille, quid sit constitutio, non novit ; constitutionem suam novit : et, quid sit animal, nescit; animal esse se sentit. Præterea ipsam constitutionem suam crasse intelligit, et summatim, et obscure. Nos quoque, animum habere nos scimus; quid sit animus, ubi sit, qualis sit, et unde, nescimus. Qualis ad nos pervenit animi nostri sensus, quamvis naturam ejus ignoremus ac sedem ; talis ad omnia animalia constitu-

dure : ils se tourmentent, ils dressent et replient leurs pieds jusqu'à ce qu'ils aient repris leur position naturelle. Une tortue renversée ne sent point de douleur ; toutefois elle est inquiète, elle regrette l'équilibre qu'elle a perdu, elle s'agite, et ne cesse de faire effort que lorsqu'elle se retrouve sur ses pieds.

Disons-le donc : tout ce qui respire a la conscience de sa constitution, d'où lui vient ce prompt et facile usage de ses membres; et la plus forte preuve que cette notion date de la naissance même, c'est que nul être vivant n'ignore l'emploi de ses facultés. — On répondra encore : « La constitution, comme vous dites, vous autres stoïciens, est une certaine disposition dominante de l'âme à l'égard du corps. » Cette définition embarrassée et subtile, que vous-mêmes avez peine à expliquer, comment un enfant la concevra-t-il? Il faudrait que tous les animaux naquissent dialecticiens, pour comprendre une chose que trouvent obscure la plupart de nos savans.

L'objection serait fondée, si je prétendais que notre définition est comprise par les animaux. Mais la nature nous fait connaître notre constitution bien mieux que ne fait la parole. Ainsi l'enfant ignore ce que c'est que constitution, mais il connaît très-bien la sienne; il ne sait ce que c'est qu'un animal, mais il sent qu'il en est un. En outre, il a de sa constitution même une idée vague, sommaire et confuse; comme nous savons que nous possédons une âme, sans en connaître la nature, le siège, la forme, ni l'origine. Tout comme la conscience de son âme arrive à l'homme, bien qu'il ignore ce qu'est cette âme et où elle réside; de même aux animaux se manifeste la conscience de leur constitution. Il faut bien qu'ils aient le sentiment de ce qui leur fait sentir tout

tionis suæ sensus. Necesse est enim id sentiant, per quod alia quoque sentiunt : necesse est ejus sensum habeant, cui parent, a quo reguntur. Nemo non ex nobis intelligit, esse aliquid, quod impetus suos moveat; quid sit illud, ignorat : et conatum sibi esse scit; quid sit, aut unde sit, nescit. Sic infantibus quoque, animalibusque, principalis partis suæ sensus est, non satis dilucidus, nec expressus.

Dicitis, inquit, « omne animal primum constitutioni suæ conciliari; hominis autem constitutionem rationalem esse, et ideo conciliari hominem sibi, non tanquam animali, sed tanquam rationali : ea enim parte sibi carus est homo, qua homo est. » Quomodo ergo infans conciliari constitutioni rationali potest, quum rationalis nondum sit? — Unicuique ætati sua constitutio est; alia infanti, alia puero, alia seni. Omnes ei constitutioni conciliantur, in qua sunt. Infans sine dentibus est; huic constitutioni suæ conciliatur : enati sunt dentes; huic constitutioni conciliatur. Nam et illa herba, quæ in segetem frugemque ventura est, aliam constitutionem habet, tenera, et vix eminens sulco; aliam, quum convaluit, et, molli quidem culmo, sed qui ferat onus suum, constitit; aliam, quum flavescit, et ad aream spectat, et spica ejus induruit : in quamcumque constitutionem venit, eam tuetur, in eam componitur. Alia

le reste; il faut qu'ils aient le sentiment de la force qui les dirige et qui leur fait la loi. Il n'est personne qui ne conçoive qu'il existe en lui quelque chose dont il reçoit ses impulsions, sans pouvoir dire ce que c'est; ce mobile est inné chez moi, je le sais : quel est-il? d'où vient-il? je l'ignore. L'enfant, comme l'animal, n'a qu'une conscience vague et indéterminée de la partie souveraine de son être.

Dans votre opinion, me direz-vous, « toute créature s'harmonie d'abord à sa constitution; celle de l'homme étant d'être raisonnable, il s'harmonie à la sienne, non comme animal seulement, mais comme animal raisonnable : car l'homme se doit aimer par l'âme qui seule le rend homme. » Comment donc l'enfant peut-il s'harmonier à une constitution raisonnable, lui qui n'est pas raisonnable encore? — Tout âge a sa constitution propre : autre est celle de la première enfance, autre celle du second âge, autre celle du vieillard; et tous savent s'y conformer. La première enfance n'a point de dents, et s'en passe volontiers; les dents lui viennent, elle apprend à s'en servir. Le brin d'herbe qui deviendra paille et froment, est autrement constitué lorsque tendre encore il lève à peine hors du sillon, que quand, déjà plus ferme, il se tient sur sa tige assez forte dans sa faiblesse pour supporter le jeune épi; il change une troisième fois lorsqu'il jaunit, et que son épi durci n'attend plus que le fléau. Mais quelle que soit l'allure de chaque âge, ma seconde enfance, mon adolescence, ma vieillesse diffèrent l'une de l'autre; et cependant je suis le même qui ai passé

est ætas infantis, pueri, adolescentis, senis; ego tamen idem sum, qui et infans fui, et puer, et adolescens. Sic, quamvis alia atque alia cuique constitutio sit, conciliatio constitutionis suæ eadem est. Non enim puerum mihi, aut juvenem, aut senem, sed me, natura commendat. Ergo infans ei constitutioni suæ conciliatur, quæ tunc infanti est, non quæ futura juveni est. Neque enim; si aliquid illi majus, in quod transeat, restat; non hoc quoque, in quo nascitur, secundum naturam est. Primum sibi ipsi conciliatur animal; debet enim aliquid esse, ad quod alia referantur. Voluptatem peto: cui? mihi! ergo mei curam ago. Dolorem refugio: pro quo? pro me! ergo mei curam ago. Si omnia propter curam mei facio, ante omnia est mei cura. Hæc animalibus inest cunctis; nec inseritur, sed innascitur. Producit fœtus suos natura, non abjicit; et, quia tutela certissima ex proximo est, sibi quisque commissus est. Itaque, ut prioribus epistolis dixi, tenera quoque animalia, ex materno utero, vel quoquo modo, effusa, quid sit infestum ipsis protinus norunt, et mortifera devitant; umbram quoque transvolantium reformidant obnoxia avibus rapto viventibus. Nullum animal ad vitam prodit sine metu mortis.

Quemadmodum, inquit, editum animal intellectum habere, aut salutaris, aut mortiferæ rei, potest? —

par ces diverses saisons de la vie. Ainsi la façon d'être a beau varier, on y sympathise toujours également. Car ce n'est ni l'enfance, ni la jeunesse, ni la vieillesse, mais bien moi que la nature me recommande. Ainsi l'enfant s'affectionne à sa constitution d'enfant, et non à celle qu'il aura plus tard; et si des accroissemens ultérieurs l'attendent, il ne s'ensuit pas que l'état dans lequel il naît ne soit pas conforme à sa nature. L'animal s'attache d'abord à lui-même : car il faut bien conserver l'être auquel tout doit se rapporter. Je cherche le plaisir : pour qui? pour moi; c'est donc de moi que je prends soin. De même je fuis la douleur, toujours à cause de moi. Si, en quoi que ce soit, je tends à mon bien-être, c'est que je mets mon bien-être avant tout. Voilà chez toutes les espèces l'instinct, non acquis, mais inné. La nature ne jette pas au hasard ses créatures dans la vie : elle les y introduit par la main; et, comme au gardien le plus proche et partant le plus sûr, elle confie chacun à soi-même. Voyez l'animal qui ne fait que de naître : de quelque manière qu'il s'échappe du sein maternel, il connaît tout de suite ce qui lui est pernicieux ou mortel, puis il l'évite; et les races que poursuivent les oiseaux de proie, redoutent jusqu'à l'ombre de ceux-ci, lors même qu'ils volent bien au dessus de leur tête. Aucun animal ne parvient à la vie sans la crainte de la mort.

Mais, dit-on, d'où l'animal naissant tient-il l'intelligence de ce qui le conserve ou le détruit? — D'abord la

Primum quæritur, an intelligat, non quemadmodum intelligat. Esse autem illis intellectum, ex eo apparet, quod nihil amplius, si intellexerint, faciant. Quid est, quare pavonem, quare anserem gallina non refugiat, quum tanto minorem, et ne notum quidem sibi, accipitrem? quare pulli felem timeant, canem non timeant? Apparet, illis inesse nocituri scientiam, non experimento collectam: nam, antequam possint experiri, cavent. Deinde, ne hoc casu existimes fieri, nec metuunt alia quam debent, nec unquam obliviscuntur hujus tutelæ et diligentiæ: æqualis est illis a pernicioso fuga. Præterea, non fiunt timidiora vivendo. Ex quo quidem apparet, non usu illa in hoc pervenire, sed naturali amore salutis suæ. Et tardum est, et varium, quod usus docet: quidquid natura tradit, et æquale omnibus est, et statim.

Si tamen exigis, dicam, quomodo omne animal perniciosa intelligere conetur. Sentit se carne constare: itaque quum sentit, quid sit, quo secari caro, quo uri, quo obteri possit, quæ sint animalia armata ad nocendum; horum speciem trahit inimicam et hostilem. Inter se ista conjuncta sunt: simul enim conciliatur saluti suæ quodque, et, quæ juvant, illa petit; læsura formidat. Naturales ad utilia impetus, naturales a contrariis aspernationes sunt: sine ulla cogitatione, quæ hoc

question est de savoir s'il l'a, et non comment il peut l'avoir. Or il l'a manifestement : car le plus intelligent ne ferait pas mieux. D'où vient que la poule, qui se tient tranquille en présence du paon ou de l'oie, fuit l'épervier, bien plus petit qu'elle-même, encore qu'elle n'en ait jamais vu? D'où vient que les poussins redoutent le chat et jamais le chien? N'est-ce pas qu'évidemment ils ont de ce qui peut leur nuire une connaissance innée, indépendante de l'expérience, puisqu'ils se gardent du mal avant d'avoir pu l'éprouver? Et ne croyez pas que le hasard y fasse rien : ils ne craignent que ce qu'ils doivent craindre, et jamais ne perdent cet instinct de vigilance et de précaution. C'est toujours de la même manière qu'ils fuient les mêmes périls. Ajoutez qu'ils ne deviennent pas plus timides avec l'âge : ce qui montre qu'ils ne font rien pour l'avoir appris, mais par l'amour naturel de leur conservation. Les leçons de l'expérience sont lentes et varient selon les individus : celles de la nature sont égales et immédiates pour tous.

Cependant, si vous l'exigez, je vous dirai comment tout animal cherche à connaître ce qui lui est nuisible. Il sent qu'il est fait de chair, et reconnaît, par conséquent, ce qui peut couper, brûler ou écraser cette chair. Les races armées pour faire le mal lui apparaissent comme antipathiques et hostiles. Car ce sont choses indivisibles que le désir de la conservation, la recherche du bien-être, et l'horreur de ce qui blesse. L'amour des objets qui nous servent, et l'antipathie des contraires sont dans la nature même, dont les prescriptions s'exécutent sans étude et sans réflexion. Voyez quel art déploient les abeilles dans la construction de leur ruche!

dictet, sine consilio fit, quidquid natura præcepit. Non vides, quanta sit subtilitas apibus ad fingenda domicilia? quanta dividui laboris obeundi concordia? Non vides, quam nulli mortalium imitabilis illa aranei textura? quanti operis sit, fila disponere, alia in rectum immissa firmamenti loco, alia in orbem currentia ex denso rara? quam minora animalia, in quorum perniciem illa tenduntur, velut retibus implicata teneantur? Nascitur ars ista, non discitur. Itaque nullum est animal altero doctius. Videbis araneorum pares telas, par in favis angulorum omnium foramen. Incertum est et inæquale, quidquid ars tradit; ex æquo venit, quod natura distribuit. Hæc nihil magis, quam tutelam sui et ejus peritiam, tradidit; ideoque etiam simul incipiunt et discere et vivere: nec est mirum, cum eo nasci illa, sine quo frustra nascerentur. Primum hoc instrumentum illis natura contulit ad permanendum in conciliatione et caritate sui. Non poterant salva esse, nisi vellent: nec hoc per se profuturum erat; sed sine hoc nulla res profuisset. Sed in nullo deprehendes vilitatem sui, ne negligentiam quidem. Tacitis quoque et brutis, quamvis in cetera torpeant, ad vivendum solertia est. Videbis, quæ aliis inutilia sunt, sibi ipsa non deesse.

quel accord dans la répartition de leurs tâches respectives ! Et ces tissus de l'araignée, inimitables à toute l'industrie humaine : quel travail inouï pour combiner tous les fils, dont partie, suivant la ligne droite, se prolonge en suspensoirs, et partie se roule en cercles à mailles déliées, pour que l'insecte, contre lequel s'ourdit la trame homicide, demeure empêtré comme dans un filet ! Cette science, la nature la donne, elle ne s'apprend pas. De là vient qu'un animal n'est pas plus habile qu'un autre ; que les toiles des araignées se ressemblent toutes, et que toutes les cellules des ruches sont d'égale grandeur. Les traditions de l'art sont faillibles et inégalement réparties ; il n'y a d'uniforme que les enseignemens de la nature. Elle apprend surtout aux animaux à se défendre, à user pour cela des ressources de leur instinct : aussi cette instruction luit-elle pour eux aussitôt qu'ils entrent dans la vie. Et ce n'est pas merveille s'ils naissent pourvus d'une faculté sans laquelle ils naîtraient en vain. C'est le premier moyen que la nature leur donne pour qu'ils pourvoient constamment à leur conservation et à leur bien-être. Ils n'auraient pu se conserver, s'ils n'en avaient la volonté expresse. Cela seul ne les eût pas sauvés, mais rien ne les eût sauvés sans cela. Au reste, vous ne verrez aucun animal dédaigner ou même négliger en rien le soin de sa conservation. Le plus stupide et le plus brute d'entre eux, insensible pour tout le reste, a pour fuir la mort mille expédiens. Oui, vous reconnaîtrez que les créatures les plus inutiles aux autres ne se manquent jamais à elles-mêmes.

BAILLARD.

CXXII.

Contra eos qui naturam invertunt.

DETRIMENTUM jam dies sensit: resiluit aliquantulum; ita tamen, ut liberale adhuc spatium sit, si quis cum ipso, ut ita dicam, die surgat, officiosior meliorque, quam, si quis illum exspectet, ut luce prima exeat. Turpis, qui alto sole semisomnus jacet, cujus vigilia medio die incipit: et adhuc multis hoc antelucanum est. Sunt, qui officia lucis noctisque perverterint, nec ante diducant oculos hesterna graves crapula, quam appetere nox coepit. Qualis illorum conditio dicitur, quos natura, ut ait Virgilius, sedibus nostris subditos e contrario posuit,

> Nosque ubi primus equis Oriens afflavit anhelis,
> Illic sera rubens accendit lumina Vesper;

talis horum contraria omnibus, non regio, sed vita est. Sunt quidam in eadem urbe antipodes, qui, ut M. Cato ait, « nec orientem unquam solem viderunt, nec occidentem. » Hos tu existimas scire, quemadmodum vivendum sit, qui nesciunt quando? Et hi mortem timent, in quam se vivi condiderunt; tam infausti, quam nocturnae aves sunt! Licet in vino unguentoque tenebras suas exigant; licet epulis, et quidem in multa fercula discretis, totum perversae vigiliae tempus educant; non

CXXII.

Contre ceux qui font de la nuit le jour.

Les jours commencent à diminuer sensiblement, et à rétrograder devant les nuits : ils laissent néanmoins un assez honnête espace de temps à qui se lèverait, comme on dit, avec l'aurore, pressé par de plus nobles devoirs que d'attendre ses premiers rayons pour aller faire sa cour. Honte à qui sommeille lâchement quand le soleil est déjà haut, et qui ne s'éveille qu'en plein midi! Pour bien des gens toutefois, il n'est pas encore jour à cette heure-là. Il y a des hommes qui font du jour la nuit, et réciproquement : appesantis par l'orgie de la veille, leurs yeux ne commencent à s'ouvrir que quand l'ombre descend sur la terre. Tels que ces peuples, placés, à ce que l'on prétend, par la nature sur un point du globe diamétralement au dessous du nôtre, et dont Virgile a dit :

Quand les coursiers du jour nous soufflent la lumière,
Pour eux l'astre du soir commence sa carrière;

Les hommes dont je parle contrastent avec tous, sinon par le pays qu'ils habitent, du moins par leur genre de vie : antipodes de Rome au sein de Rome même, ils n'ont, suivant le mot de Caton, « jamais vu du soleil ni le lever, ni le coucher. » Pensez-vous qu'ils sachent comment on doit vivre, ceux qui ignorent quand il faut vivre? Et ils craignent la mort, eux qui s'y plongent tout vivans; hommes d'aussi malencontreux présage que les oiseaux de ténèbres! Qu'ils passent dans le vin et les parfums leur nocturne existence; qu'ils consument leur veille

convivantur, sed justa sibi faciunt. Mortuis certe in[...]diu parentatur.

At, mehercules, nullus agenti dies longus est. Ext[...]damus vitam! hujus et officium, et argumentum, act[...]est: circumscribatur nox, et aliquid ex illa in di[...]transferatur! Aves, quæ conviviis comparantur, ut i[...]motæ facile pinguescant, in obscuro continentur; i[...]sine ulla exercitatione jacentibus tumor pigrum corp[...]invadit, et sub ipsa umbra iners sagina succrescit. It[...]istorum corpora, qui se tenebris dicaverunt, fœda vi[...]suntur. Quippe suspectior illis, quam morbo pallenti[...]bus, color est: languidi et evanidi albent, et in vivi[...]caro morticina est. Hoc tamen minimum in illis malo[...]rum dixerim. Quanto plus tenebrarum in animo est[...]ille in se stupet, ille caligat, invidet cæcis. Quis un[...]quam oculos tenebrarum causa habuit?

Interrogas, quomodo hæc animo parvitas fiat, aver[...]sandi diem, et totam vitam in noctem transferendi? — Omnia vitia contra naturam pugnant; omnia debitum ordinem deserunt: hoc est luxuriæ propositum, gaudere perversis; nec tantum discedere e recto, sed quam longissime abire, deinde etiam a contrario stare. Isti non videntur tibi contra naturam vivere, qui jejuni bibunt, qui vinum recipiunt inanibus venis, et ad cibum

continuent nature en festins coupés de nombreux services : ce ne sont pas de joyeux banquets, ce sont leurs repas de mort qu'ils célèbrent. Et encore, est-ce de jour qu'on rend aux morts ce triste hommage.

Les journées, grands dieux ! sont-elles jamais trop longues pour l'homme occupé ? Sachons agrandir notre vie : office, la manifestation de la vie, c'est l'action. Retranchons à nos nuits pour ajouter à nos jours. L'oiseau qu'on élève pour nos tables, et qu'on veut engraisser avec moins de peine, est tenu dans l'ombre et l'immobilité ; ainsi l'homme qui fuit l'exercice pour l'inertie voit son corps apathique assiégé d'un excès d'embonpoint, et ses membres qui se chargent d'une paresseuse obésité. Ainsi encore ces sujets dévoués de la nuit ont l'aspect repoussant, le teint plus équivoque que le pâle visage d'un malade : minés de langueur, exténués et blêmes, on voit déjà sur ces corps vivans une chair cadavérique. Cependant, le dirai-je ? c'est là le moindre de leurs maux : des ténèbres encore plus épaisses environnent leur âme abrutie, éclipsée, jalouse même du malheureux privé de ses yeux. Jamais la vue fut-elle donnée à l'homme pour les ténèbres ?

Vous voulez savoir d'où naît cette dépravation morale, cette horreur de la lumière, cette vie transportée tout entière dans le domaine de la nuit ? — C'est que tout vice fait violence à la nature, et se sépare de l'ordre légitime. La manie du luxe est d'aimer à tout bouleverser : il ne dévie pas seulement de la droite raison, il la fuit le plus loin qu'il peut, et ose même la heurter de front. Dites-moi : ne violent-ils pas les lois de la nature, ceux qui boivent à jeun, qui, dans un estomac vide, versent le vin à grands flots, et ne mangent que quand

ebrii transeunt? Atqui frequens hoc adolescentim vitium est, qui vires excolunt, ut, in ipso pæne baiei limine, inter nudos bibant, immo potent; ut suorem, quem moverunt potionibus crebris ac ferventibu, subinde distringant. Post prandium aut cœnam ibere, vulgare est; hoc patresfamiliæ rustici faciunt, t veræ voluptatis ignari. Merum illud delectat, quod on innatat cibo, quod libere penetrat ad nervos; illa brietas juvat, quæ in vacuum venit.

Non videntur tibi contra naturam vivere, qi commutant cum feminis vestem? Non vivunt contr naturam, qui spectant, ut pueritia splendeat tempore ilieno? Quid fieri crudelius aut miserius potest? nunqiam vir erit, ut diu virum pati possit! et, quum illum conumeliæ sexus eripuisse debuerat, ne ætas quidem eripiat!

Non vivunt contra naturam, qui hieme concipiscunt rosam? fomentoque aquarum calentium, et calorum apta imitatione, bruma lilium, florem vernum, exprimunt? Non vivunt contra naturam, qui pomaria in summis turribus serunt? quorum silvæ in tectis domorum ac fastigiis nutant, inde ortis radicibus, quo improbe cacumina egissent? Non vivunt contra naturam, qui fundamenta thermarum in mari jaciunt, nec delicate natare ipsi sibi videntur, nisi calentia stagna fluctu ac tempestate feriantur?

ils sont ivres ? Rien n'est pourtant plus commun que de voir une jeunesse, folle de gymnastique, boire presque sur le seuil du bain, et boire outre mesure, au milieu d'hommes nus comme elle, et faire à chaque instant essuyer les sueurs provoquées par une liqueur brûlante et des rasades multipliées. Ne boire qu'après les repas est trop vulgaire : on laisse cela à la rusticité de ces pères de famille qui ne se connaissent pas en plaisir. Le vin qu'on savoure est celui qui ne surnage pas sur les alimens, qui pénètre immédiatement jusqu'aux nerfs : une ivresse délicieuse est celle qui agit sur des organes libres.

Ne violent-ils pas les lois de la nature, ceux qui revêtent des habillemens de femme ? Ne vivent-ils pas contre la nature, ceux qui aspirent à ce que leur mignon garde la fraîcheur de l'adolescence dans un âge qui ne l'admet plus ? O cruauté, ô misère sans égale ! il ne sera jamais homme, pour pouvoir plus long-temps se prostituer à un homme ; et quand son sexe aurait dû le sauver de l'outrage, l'âge même ne l'y soustraira pas !

Ne violent-ils pas ces mêmes lois, ceux qui demandent la rose aux hivers, et qui, par les irrigations d'une onde attiédie, par une température factice, habilement ménagée, arrachent aux frimas le lis, cette fleur du printemps ? Et ceux encore qui plantent des vergers au sommet des tours ; qui voient sur les toits et sur le faîte de leurs palais se balancer des bosquets dont les racines plongent là où leurs cimes les plus hardies devraient à peine monter ; ne violent-ils pas les lois de la nature ? tout comme cet autre qui jette au sein des mers les fondemens de ses bains, et ne croit pas nager assez voluptueusement dans ces lacs d'eaux thermales, si ses réservoirs ne sont battus des flots et de la tempête ?

Quum instituerunt omnia contra naturæ consuetudinem velle, novissime in totum ab illa desciscunt. Lucet; somni tempus est! Quies est; nunc exerceamur, nunc gestemur, nunc prandeamus! Jam lux propius accedit; tempus est cœnæ! Non oportet id facere, quod populus; res sordida est, trita ac vulgari via vivere. Dies publicus relinquatur; proprium nobis, ac peculiare mane fiat.

Isti vero mihi defunctorum loco sunt: quantulum enim a funere absunt, et quidem acerbo, qui ad faces et cereos vivunt? Hanc vitam agere eodem tempore multos meminimus, inter quos et Atilium Butam, prætorium; cui, post patrimonium ingens consumptum, Tiberius, paupertatem confitenti, « Sero, inquit, experrectus es! »

Recitabat Montanus Julius carmen, tolerabilis poeta, et amicitia Tiberii notus, et frigore. *Ortus* et *occasus* libentissime inserebat : itaque, quum indignaretur quidam, illum toto die recitasse, et negaret accedendum ad recitationes ejus, Natta Pinarius ait : « Nunquam possum liberalius agere ; paratus sum illum audire ab ortu ad occasum. » Quum hos versus recitasset :

> Incipit ardentes Phœbus producere flammas,
> Spargere se rubicunda dies, jam tristis hirundo
> Argutis reditura cibos immittere nidis
> Incipit, et molli partitos ore ministrat;

Dès qu'on a pris le parti de ne plus vouloir que des choses contraires au vœu de la nature, on finit par un complet divorce avec elle. Il fait jour? c'est l'heure du sommeil. Tout dort? prenons nos exercices : ma litière, mon dîner, maintenant. L'aurore va paraître? il est temps de souper. N'allons pas faire de même que le peuple : fi de la routine et des méthodes triviales! Laissons le jour qui luit pour tous : il nous faut un matin tout exprès pour nous.

En vérité, de tels hommes sont à mes yeux comme s'ils n'étaient plus. Combien peu s'en faut-il qu'on ne soit mort, et mort avant l'âge, quand on vit à la lueur des torches et des cierges? Ainsi vivaient, nous nous en souvenons, une foule d'hommes du même temps; entre autres Atilius Buta, ancien préteur. Après avoir mangé un patrimoine considérable, il exposait sa détresse à Tibère qui lui répondit : « Vous vous êtes réveillé trop tard. »

Montanus Julius, poète passable, connu par sa faveur auprès du même Tibère sitôt réfroidi pour lui, récitait des vers où il mêlait à tout propos le *lever* et le *coucher* du soleil. Quelqu'un s'indignant qu'il eût tenu toute une journée son auditoire, dit que c'était un homme qu'il ne fallait plus aller entendre; sur quoi Natta Pinarius répliqua : « Puis-je faire plus pour lui? Je suis prêt à l'entendre du lever au coucher de soleil. » Un jour il déclamait ces vers :

« Déjà Phébus commence à ramener ses flammes ardentes; déjà le jour répand dans les champs sa clarté vermeille; et la triste hirondelle commence à porter la nourriture à sa bégayante couvée, et à la lui distribuer avec une tendre sollicitude.... »

Varus, eques romanus, M. Vinicii comes, cœnarum bonarum assectator, quas improbitate linguæ merebatur, exclamavit : « Incipit Buta dormire! » Deinde, quum subinde recitasset:

> Jam sua pastores stabulis armenta locarunt,
> Jam dare sopitis Nox nigra silentia terris
> Incipit;

idem Varus inquit: « Quid dicit? jam nox est? ibo, et Butam salutabo? » Nihil erat notius hac ejus vita in contrarium circumacta; quam, ut dixi, multi eodem tempore egerunt. Causa autem est ita vivendi quibusdam, non quia aliquid existiment noctem ipsam habere jucundius, sed quia nihil juvat obvium; et gravis malæ conscientiæ lux est; et omnia concupiscenti aut contemnenti, prout magno aut parvo empta sunt, fastidio est lumen gratuitum. Præterea luxuriosi vitam suam esse in sermonibus, dum vivunt, volunt: nam, si tacetur, perdere se putant operam. Itaque male habent, quoties faciunt quod excidat fama. Multi bona comedunt, multi amicas habent: ut inter istos nomen invenias, opus est non tantum luxuriosam rem, sed notabilem, facere. In tam occupata civitate, fabulas vulgaris nequitia non invenit.

Pedonem Albinovanum narrantem audieramus (erat autem fabulator elegantissimus), habitasse se supra domum Sp. Papinii: is erat ex hac turba lucifugarum.

« Et Buta commence à dormir, s'écria Varus, chevalier romain, courtisan assidu de L. Vinicius, et amateur des bonnes tables où son humeur caustique lui méritait une place. » Puis, quand le poète vint à dire :

« Déjà les pasteurs ont rentré leurs troupeaux dans l'étable; déjà la sombre nuit commence à répandre le silence sur la terre assoupie. »

Varus l'interrompant encore : « Que dit-il ? qu'il est déjà nuit? Allons donner le bonjour à Buta. » Rien n'était plus notoire que le goût de Buta pour le contre-pied de la vie commune, goût partagé comme je viens de le dire, par beaucoup de contemporains. Si c'est celui de certaines gens, ce n'est pas que la nuit ait par elle-même plus de charmes pour eux, c'est que rien de commun ne leur plaît, et que le grand jour pèse aux mauvaises consciences. Les hommes qui convoitent ou méprisent les choses selon qu'elles s'achètent plus ou moins cher, dédaignent la lumière qui ne coûte rien. Et puis, les gens de plaisir veulent qu'on s'entretienne, tant qu'elle dure, de la vie qu'ils mènent. Si l'on n'en dit rien, ils croient leur peine perdue. Aussi s'en veulent-ils à eux-mêmes, chaque fois que leurs actions ne s'ébruitent pas. Beaucoup mangent comme eux leur bien, beaucoup ont des maîtresses; pour se faire un nom parmi leurs pareils, il faut donc non-seulement du luxe, mais un luxe original. Dans une ville aussi affairée, les sottises ordinaires ne font point parler d'elles.

J'ai ouï rapporter à Pédon Albinovanus, conteur très-agréable, qu'il avait habité une maison voisine de Sp. Papinius, l'un de ces hommes qui fuyaient le jour. « Vers la troisième heure de la nuit, disait-il, j'entends

« Audio, inquit, circa horam tertiam noctis, flagellorum sonos; quæro, quid faciat? dicitur *rationes accipere*. Audio, circa horam sextam noctis, clamorem concitatum; quæro, quid sit? dicitur *vocem exercere*. Quæro circa octavam horam noctis, quid sibi ille sonus rotarum vellet? *gestari* dicitur. Circa lucem discurritur, pueri vocantur, cellarii, coqui tumultuantur. Quæro quid sit? dicitur mulsum et alicam poposcisse, a balneo exisse. » — Excedebat, inquit, cœna ejus diem? — Minime! valde enim frugaliter vivebat; nihil consumebat, nisi noctem. Itaque, crebro dicentibus illum quibusdam avarum et sordidum : « Vos, inquit, illum et *lychnobium* dicetis! »

Non debes admirari, si tantas invenis vitiorum proprietates : varia sunt, et innumerabiles habent facies; comprehendi eorum genera non possunt. Simplex recti cura est, multiplex pravi; et quantumvis novas declinationes capit. Idem moribus evenit : naturam sequentium faciles sunt, soluti sunt, exiguas differentias habent; hi distorti plurimum cum omnibus, et inter se, dissident.

Causa tamen præcipua mihi videtur hujus morbi, vitæ communis fastidium. Quomodo cultu se a ceteris distinguunt, quomodo elegantia cœnarum, munditiis vehiculorum; sic volunt separare etiam temporum disposi-

des coups de fouets qui résonnent ; je demande ce que fait le voisin : C'est, me répond-on, qu'il règle les comptes de ses gens. Sur le minuit, s'élèvent des vociférations précipitées : Qu'est-ce que cela ? demandé-je encore. On me dit : Papinius exerce sa voix. Deux heures après, j'entends un bruit de roues ; et j'apprends qu'il va sortir en voiture. Vers le point du jour, on court de tous côtés ; on appelle les esclaves : sommeliers, cuisiniers s'agitent tumultueusement ; on me dit que mon homme sort du bain et demande son gruau et son vin miellé. — Peut-être qu'il prolongeait son souper bien avant dans le jour ? — Non, je vous assure : il était très-sobre, et ne dépensait que les heures de la nuit. C'est pourquoi Pédo répondait à ceux qui traitaient cet homme d'avare et de vilain : « Convenez pourtant qu'il n'épargne pas son huile. »

Qu'on ne s'étonne point de voir le vice affecter tant de formes particulières. C'est un Protée à mille faces diverses, dont on ne peut saisir les traits généraux. Il n'est qu'une manière d'aller droit ; il en est tant de s'égarer ; Et le caprice nous pousse si vite à de nouveaux écarts ! De même, dans vos façons d'être, suivez la nature, elles porteront toutes un air d'aisance et de facilité ; quelques nuances à peine vous distingueront de vos émules. Écartez-vous de cette même nature, vous voilà sur mille points en désaccord avec tous et avec vous-même.

Je crois que la grande cause de cette maladie est le dégoût qu'on prend de la méthode ordinaire de vivre. Se fait-on remarquer dans la foule par la recherche de sa mise, la délicatesse de sa table, le luxe de ses équipages, on veut encore s'en séparer par la distribution du temps.

tione. Nolunt solita peccare, quibus peccandi præmium infamia est. Hanc petunt omnes isti, qui, ut ita dicam, retro vivunt.

Ideo, Lucili, tenenda nobis via est, quam natura præscripsit, nec ab illa declinandum. Illam sequentibus, omnia facilia et expedita sunt; contra illam nitentibus, non alia vita est, quam contra aquam remigantibus.

CXXIII.

Simplici victui assuescendum : spernendos voluptatis laudatores.

ITINERE confectus, incommodo magis quam longo, in Albanum meum multa nocte perveni. Nihil habeo paratum, nisi me. Itaque in lectulo lassitudinem pono; hanc coqui ac pistoris moram boni consulo. Mecum enim de hoc ipso loquor, quam nihil sit grave, quod leviter excipias; quam indignandum nihil, nisi quod ipse indignando adstruas. Non habet panem meus pistor: sed habet villicus, sed habet atriensis, sed habet colonus. — Malum panem, inquis. — Exspecta; bonus fiet! etiam illum tenerum tibi et siligineum fames reddet. Ideo non est ante edendum, quam illa imperet. Exspectabo ergo; nec ante edam, quam aut bonum panem habere cœpero, aut malum fastidire desiero.

Se contenterait-on d'excès vulgaires, quand on ne veut pour prix des siens que le scandale même, but de tous ces gens qui, pour ainsi dire, vivent à rebours?

Tenons donc, ô Lucilius, tenons la route que la nature nous a tracée, et n'en dévions jamais. Là, tout nous est ouvert et facile; s'obstiner contre elle, c'est mener la vie de ceux qui rament contre le courant.

Baillard.

CXXIII.

Mœurs frugales de Sénèque. Qu'il faut fuir les apologistes de la volupté.

Harassé d'avoir fait une route plus incommode que longue, je suis arrivé à ma maison d'Albe fort avant dans la nuit. Ne trouvant rien de prêt que mon appétit, je me jette sur un lit pour me délasser, et prends en patience le retard du cuisinier et du boulanger. Je me représente qu'il n'est rien de fâcheux pour qui le reçoit de bonne grâce, rien qui doive nous dépiter, si le dépit même ne nous l'exagère. Mon boulanger n'a-t-il point de pain? Mon fermier, mon concierge, mon portier en ont. — Mais il est détestable? — Attends, et il deviendra bon; la faim te le fera trouver tendre et de premier choix. Seulement n'y touche point qu'elle ne te commande. — J'attendrai donc, et ne mangerai que quand j'aurai de bon pain, ou que je cesserai d'avoir du dégoût pour le mauvais.

Necessarium est, parvo assuescere. Multæ difficultates locorum, multæ temporum, etiam locupletibus et instructis [a nobis optatum prohibentes] occurrent. Quidquid vult, habere nemo potest: illud potest, nolle, quod non habet; rebus oblatis hilaris uti. Magna pars libertatis est bene moratus venter et contumeliæ patiens. Æstimari non potest, quantam voluptatem capiam ex eo, quod lassitudo mea sibi ipsa acquiescit. Non unctiones, non balneum, non ullum aliud remedium, quam temporis, quæro. Nam, quod labor contraxit, quies tollit. Hæc qualiscumque cœna aditiali jucundior erit. Aliquod enim experimentum animi sumpsi subito: hoc enim est simplicius et verius. Nam ubi se præparavit, et indixit sibi patientiam; non æque apparet, quantum habeat veræ firmitatis : illa sunt certissima argumenta, quæ ex tempore dedit; si non tantum æquus molesta, sed placidus, aspexit; si non excanduit, non litigavit; si, quod dari deberet, ipse sibi, non desiderando, supplevit; et cogitavit, aliquid consuetudini suæ, sibi nihil deesse.

Multa, quam supervacua essent, non intelleximus, nisi quum deesse cœperunt. Utebamur enim illis, non quia debebamus, sed quia habebamus. Quam multa autem paramus, quia alii paraverunt, quia apud plerosque sunt! Inter causas malorum nostrorum est, quod vivi-

Il est nécessaire que l'homme s'habitue à vivre de peu. Mille obstacles de temps et de lieux empêchent les riches et ceux que les dieux ont comblés de biens de satisfaire à leurs souhaits. Nul ne peut avoir tout ce qu'il désire: Mais on peut ne pas désirer ce qu'on n'a point, et user gaîment de ce que le sort nous offre. C'est un grand point d'indépendance, qu'un estomac bien discipliné et qui sait souffrir les mécomptes. Vous ne sauriez imaginer quelle satisfaction j'éprouve à sentir ma lassitude se reposer sur elle-même. Je ne demande ni frictions, ni bain, ni aucun autre remède que le temps. Ce qui est venu par la fatigue s'en va par le repos; et ce souper, tel quel, me flattera plus qu'un banquet d'apparat. Voilà donc enfin mon courage mis à une épreuve inattendue, par conséquent plus franche et plus réelle. Car l'homme qui s'est préparé, qui s'est arrangé pour souffrir avec patience, ne découvre pas si bien quelle est sa vraie force. Les plus sûrs indices de la force naissent de l'imprévu, quand les contre-temps nous trouvent non-seulement courageux, mais calmes; quand loin d'éclater en transports, en invectives, nous suppléons à ce que nous avions droit d'attendre en supprimant notre désir; et réfléchissons que si nos habitudes en souffrent, nous-mêmes n'y perdons rien.

Que de choses dont on ne comprend toute l'inutilité que lorsqu'elles viennent à nous manquer! On en usait non par besoin, mais parce qu'on les avait! Que de choses l'on achète parce que d'autres les ont achetées, parce qu'elles se trouvent chez presque tout le monde! L'une des causes de nos misères, c'est que nous vivons

mus ad exempla; nec ratione componimur, sed consuetudine abducimur. Quod, si pauci facerent, nollemus imitari, quum plures facere cœperunt (quasi honestius sit, quia frequentius), sequimur; et recti apud nos locum tenet error, ubi publicus factus est.

Omnes jam sic peregrinantur, ut illos Numidarum præcurrat equitatus, ut agmen cursorum antecedat: turpe est, nullos esse, qui occurrentes via dejiciant, ut qui, honestum hominem venire, magno pulvere ostendant. Omnes jam mulos habent, qui crystallina et murrhina, et cælata magnorum artificum manu, portent: turpe est, videri eas te habere sarcinas totas, quæ tuto concuti possint. Omnium pædagogia oblita facie vehuntur, ne sol, neve frigus, teneram cutem lædat; turpe est, neminem esse in comitatu puerorum, cujus sana facies medicamentum desideret.

Horum omnium sermo vitandus est: hi sunt, qui vitia tradunt, et alio aliunde transferunt. Pessimum genus horum hominum videbatur, qui verba gestarent: sunt quidam, qui vitia gestant. Horum sermo multum nocet: nam, etiam si non statim officit, semina in animo relinquit; sequiturque nos, etiam quum ab illis discessimus, resurrecturum postea malum. Quemadmodum, qui audierunt symphoniam, ferunt secum in auribus modulationem illam ac dulcedinem cantuum, quæ cogi-

sur le modèle d'autrui, et qu'au lieu d'avoir la raison pour règle, le torrent de l'usage nous emporte. Ce qu'on n'aurait garde de faire, s'il y en avait peu d'exemples, quand ces exemples abondent (comme si la chose en était plus belle pour être plus générale) on l'adopte, et l'erreur prend sur nous les droits de la sagesse, dès qu'elle devient l'erreur publique.

On ne voyage plus maintenant que précédé d'un escadron de cavaliers numides et d'une légion de coureurs. Il est mesquin de n'avoir personne qui jette hors de la route ceux qui vont vous croiser, et qui annonce par des flots de poussière que voici venir un homme d'importance. Tout le monde a des mulets pour porter ses cristaux, ses vases murrhins, ses coupes ciselées par de grands artistes. Il est pitoyable de paraître avoir une vaisselle à l'épreuve des cahots. Chacun fait voiturer ses jeunes esclaves le visage enduit de pommades, de peur que le soleil, que le froid n'offense leur peau délicate; et l'on doit rougir lorsque, dans le cortège de ses mignons, on n'a pas de visage assez frais pour avoir besoin de cosmétique.

Évitons le commerce de tous ces gens-là. Propagateurs d'immoralité, la contagion circule avec eux. On a toujours cru que la pire espèce d'hommes étaient les colporteurs de médisances : mais il est aussi des colporteurs de vices. Leurs doctrines sont profondément pernicieuses, et quand elles n'empoisonneraient pas sur-le-champ, elles n'en laissent pas moins leurs germes dans le cœur, elles ne nous quittent plus même après que le corrupteur s'est éloigné, et développent plus tard leur venin. Comme au sortir d'une symphonie notre oreille emporte avec elle l'harmonie et la douceur des chants, qui enchaînant

tationes impedit, nec ad seria patitur intendi : sic adulatorum et prava laudantium sermo diutius hæret, quam auditur; nec facile est, animo dulcem sonum excutere : prosequitur, et durat, et ex intervallo recurrit. Ideo cludendæ sunt aures malis vocibus, et quidem primis : nam, quum initium fecerunt admissæque sunt, plus audent. Inde ad hæc pervenitur verba : « Virtus, et philosophia, et justitia, verborum inanium crepitus est : una felicitas est, bene vitæ facere, esse, bibere, libere frui patrimonio : hoc est vivere; hoc est, se mortalem esse meminisse. Fluunt dies, et irreparabilis vita decurrit : dubitamus ? Quid juvat sapere; et ætati, non semper voluptates recepturæ, interim, dum potest, dum poscit, ingerere frugalitatem ? ultro mortem præcurrere, et, quidquid illa ablatura est, jam sibi interdicere ? Non amicam habes, non puerum, qui amicæ moveat invidiam; quotidie sobrius prodis; sic cœnas, tanquam ephemeridem patri approbaturus. Non est istud vivere, sed alienæ vitæ interesse. Quanta dementia est, hæredis sui res procurare, et sibi negare omnia, ut tibi ex amico inimicum magna faciat hereditas ! plus enim gaudebit tua morte, quo plus acceperit. Istos tristes et superciliosos, alienæ vitæ censores, suæ hostes, publicos pædagogos, assis ne feceris ! nec dubitaveris, bonam vitam, quam opinionem bonam, malle ! »

l'action de la pensée ne lui permettent point d'application sérieuse; ainsi les paroles de l'adulation et l'apologie des désordres retentissent en nous plus de temps que l'on n'en met à les entendre, et difficilement l'on bannit de son âme ce concert enchanteur : il nous poursuit, il se prolonge, il revient par intervalles. Gardons-nous donc de ces discours pervers, et surtout des premières insinuations. Car si une fois nous les souffrons, s'ils trouvent accès près de nous, ils deviendront plus hardis, et bientôt nous entendrons ces lâches maximes : « La vertu ! la philosophie ! la justice ! termes sonores, mais vides de sens. Le seul bonheur, c'est de mener joyeuse vie, bien manger, bien boire, et jouir, sans contrainte, de son patrimoine : voilà vivre, voilà se rappeler qu'on doit mourir. Les jours s'écoulent, la vie t'échappe pour ne plus revenir : hésiterais-tu? que te sert d'être sage? Et puisque tu ne seras pas toujours habile aux plaisirs, à quoi bon imposer la frugalité à l'âge capable de les goûter et qui les demande? Pourquoi mourir dès cette vie, et te retrancher à présent même tout ce que la mort te doit ravir? Tu n'as point de maîtresse, point de mignon qui puisse rendre ta maîtresse jalouse; tu sors chaque matin le gosier sec; tes repas sont ceux d'un fils qui doit soumettre à son père son journal de dépense. Ce n'est pas là jouir, c'est assister aux jouissances des autres. Quelle folie de te faire le gérant de ton héritier, de tout te refuser, pour que ton ample succession te fasse un ennemi d'un ami ! car plus tu lui laisseras, plus ta mort lui causera de joie. Quant à ces esprits chagrins et sourcilleux, censeurs d'autrui, ennemis d'eux-mêmes, pédagogues du genre humain, n'en tenons nul compte, et préférons hardiment bonne vie à bonne renommée. »

Hæ voces non aliter fugiendæ sunt, quam illæ, quas Ulysses, nisi alligatus, prætervehi noluit. Idem possunt : abducunt a patria, a parentibus, ab amicis, a virtutibus, et in turpem vitam miseros turpius illidunt. Quanto satius est, rectum sequi limitem, et eo se perducere, ut ea demum sint tibi jucunda, quæ honesta ! quod assequi poterimus, si scierimus duo esse genera rerum, quæ nos aut invitent, aut fugent. Invitant divitiæ, voluptates, forma, ambitio, cetera blanda et arridentia : fugat labor, mors, dolor, ignominia, victus adstrictior. Debemus itaque exerceri, ne hæc timeamus, ne illa cupiamus. In contrarium pugnemus, et ab invitantibus recedamus, adversus petentia concitemur ! Non vides, quam diversus sit descendentium habitus et ascendentium? qui per pronum eunt, resupinant corpora ; qui in arduum, incumbunt. Nam, si descendas, pondus suum in priorem partem dare ; si ascendas, retro abducere ; cum vitio, Lucili, consentire est. In voluptates descenditur ; in aspera et dura subeundum est : hic impellamus corpora, illic refrenemus.

Hoc nunc me existimas dicere, eos tantum perniciosos esse auribus nostris, qui voluptatem laudant ; qui dolores, metus per se formidabiles res [qui doloris metum, per se formidabilis rei], incutiunt? Illos quoque nocere nobis existimo, qui nos sub specie stoicæ

Langage à fuir aussi loin que ces chants qu'Ulysse ne voulut entendre qu'après s'être fait attacher au mât de son vaisseau. Il a en effet le même pouvoir : il chasse de nos cœurs, patrie, famille, amitié, vertus, et nous jette dans le gouffre d'une vie de misère et de honte. Qu'il vaut bien mieux suivre le droit chemin et s'élever jusqu'à ce point désiré où l'honnête seul a droit de nous plaire! C'est à quoi nous pourrons atteindre si nous considérons qu'il est deux sortes d'objets qui nous attirent ou nous repoussent. Ce qui nous attire, ce sont les richesses, les plaisirs, la beauté, les honneurs, et tous les charmes, toutes les séductions d'ici-bas; ce qui nous repousse, c'est le travail, la mort, la douleur, l'ignominie, une vie en butte aux privations. Notre devoir est de nous habituer à ne pas craindre ceux-ci, à ne pas désirer ceux-là. Sachons combattre et résister, fuyons ce qui nous invite, et faisons tête à ce qui nous attaque. Ne voyez-vous pas combien l'homme qui monte diffère d'attitude avec celui qui descend? Si l'on descend, on porte le corps en arrière; si l'on gravit on se penche en avant : car peser, en descendant, sur la partie antérieure du corps, et, pour monter, le ramener en arrière, c'est vouloir se précipiter. Or on court aux voluptés par une descente rapide, et l'on monte vers la sagesse par un sentier difficile et raide; ici l'on doit pousser le corps en avant, et pour descendre il faut le retenir en arrière.

Ma pensée n'est point, comme vous pourriez le croire, que ceux-là seuls sont dangereux à écouter qui vantent le plaisir et nous impriment la crainte de la douleur, déjà effrayante par elle-même. J'en vois d'autres non moins nuisibles qui, sous le masque du stoïcisme, nous exhortent aux vices. Qu'annoncent-ils en effet? « Que le sage,

sectæ hortantur ad vitia. Hoc enim jactant : « Solum sapientem et doctum esse amatorem. Solus aptus ad hanc artem, æque combibendi et convivandi, sapiens est peritissimus. Quæramus, ad quam usque ætatem juvenes amandi sint. »

Hæc græcæ consuetudini data sint; nos ad illa potius aures dirigamus : « Nemo est casu bonus; discenda virtus est. Voluptas humilis res et pusilla est, et in nullo habenda pretio, communis cum mutis animalibus, ad quam minima et contemptissima advolant. Gloria vanum et volubile quiddam est, auraque mobilius. Paupertas nulli malum est, nisi repugnanti. Mors malum non est. Quid sit? quæris. Sola jus æquum generis humani. Superstitio error insanus est : amandos timet; quos colit, violat. Quid enim interest, utrum deos neges, an infames ? »

Hæc discenda, immo ediscenda sunt : non debet excusationes vitio philosophia suggerere. Nullam habet spem salutis æger, quem ad intemperantiam medicus hortatur.

le philosophe seul sait faire l'amour; seul apte au grand art de bien boire et d'être bon convive, le sage y est passé maître. Nous examinons aussi, disent-ils, jusqu'à quel âge on peut aimer les jeunes garçons? »

Mais laissons aux Grecs cette coutume; prêtons plutôt l'oreille à ceux qui nous disent : « Nul ne devient bon par hasard; la vertu veut un apprentissage. La volupté est une chose abjecte, ignoble, futile, digne de toute notre indifférence, qui nous est commune avec les animaux privés de la parole, et que les dernières, les plus viles d'entre les brutes poursuivent avec le plus d'ardeur. Qu'est-ce que la gloire? Un songe, une fumée, un je ne sais quoi plus fugitif que le vent. La pauvreté n'est un mal que pour qui se révolte contre elle. La mort n'est point un mal : et qu'est-ce donc? dites-vous. C'est la seule loi d'égalité chez les hommes. La superstition est une erreur qui tient du délire : elle craint quand elle devrait aimer, et son encens est un outrage. Quelle différence y a-t-il entre nier les dieux et leur rendre un culte dégradant? »

Voilà ce que la philosophie doit nous dire et redire sans cesse. Son devoir n'est point de fournir des excuses au vice. Plus d'espoir de salut pour le malade, si son médecin l'invite à l'intempérance.

BAILLARD.

CXXIV.

Utrum sensu, an intellectu, comprehendatur bonum.

Possum multa tibi veterum præcepta referre,
Ni refugis, tenuesque piget cognoscere curas.

Non refugis autem, nec ulla te subtilitas abigit: non est elegantiæ tuæ, tantum magna sectari. Sicut [hoc, sic et] illud probo, quod omnia ad aliquem profectum redigis, et tunc tantum offenderis, ubi summa subtilitate nihil agitur: quod ne nunc quidem fieri laborabo.

Quæritur, « Utrum sensu, an intellectu, comprehendatur bonum? » Huic adjunctum est, « in mutis animalibus et infantibus non esse. » Quicumque voluptatem in summo ponunt, *sensibile* judicant bonum: nos contra *intelligibile*, qui illud animo damus. Si de bono sensus judicarent, nullam voluptatem rejiceremus; nulla enim non invitat, nulla non delectat: et, e contrario, nullum dolorem volentes subiremus; nullus enim non offendit sensum. Præterea non essent digni reprehensione, quibus nimium voluptas placet, quibusque summus est doloris timor. Atqui improbamus gulæ ac libidini addictos; et contemnimus illos, qui nihil viriliter ausuri sunt doloris metu. Quid autem peccant, si sensibus, id est, judicibus boni ac mali, parent? his enim tradidistis

CXXIV.

Que le souverain bien réside dans l'entendement et non dans les sens.

« Je puis vous rapporter maints préceptes des anciens, si vous ne dédaignez pas de vous arrêter à ces simples leçons. »

Or vous ne le dédaignez pas, et les abstractions ne vous font jamais peur. Votre goût éclairé n'exclut pas tout ce qui n'est point sublime. Je vous approuve aussi de tout rapporter à l'utile, et de ne haïr que les subtilités qui lassent l'esprit sans le mener à rien : je vais tâcher que cela ne m'arrive pas.

On demande « Si le bien se perçoit par les sens ou par l'entendement ? » et l'on ajoute « que l'enfant et la brute ne le connaissent pas. » Tous ceux qui mettent la volupté par-dessus tout, pensent que le bien nous vient par les sens ; nous, au contraire, nous l'attribuons à l'entendement, et nous le plaçons dans l'âme. Si les sens étaient juges du bien, nous ne repousserions aucun plaisir, puisqu'il n'en est aucun qui n'ait son attrait, son charme particulier ; comme aussi jamais nous ne subirions volontairement la douleur : car toute douleur révolte les sens. De plus, on n'aurait droit de blâmer ni l'ami trop ardent du plaisir, ni celui que domine l'effroi de la douleur. Et cependant nous condamnons les gourmands et les libertins, et nous méprisons ceux qui, crainte de souffrir, n'osent point agir en hommes. En quoi pèchent-ils, s'ils obéissent aux sens, c'est-à-dire aux juges du bien et du mal, aux arbitres, selon vous,

appetitionis et fugæ arbitrium. Sed videlicet *ratio* isti rei præposita est, quemadmodum debeat de vita, quemadmodum de virtute, de honesto, sic et de bono maloque, constitui. Nam apud istos vilissimæ parti datur de meliore sententia ; ut de bono pronuntiet *sensus*, obtusa res et hebes, et in homine quam in aliis animalibus tardior. Quid ? si quis vellet, non oculis, sed tactu, minuta discernere ? Subtilior ad hoc nulla acies, quam oculorum, et intentior, daret bonum malumque dignoscere. Vides in quanta ignorantia veritatis versetur, et quam humi sublimia ac divina projecerit, apud quem de summo bono maloque judicat tactus.

« Quemadmodum, inquit, omnis scientia atque ars aliquid debet habere manifestum, sensuque comprehensum, ex quo oriatur et crescat ; sic beata vita fundamentum et initium a manifestis ducit, et ab eo quod sub sensum cadit. » — Nam [et] vos a manifestis beatam vitam initium sui capere dicitis. — Dicimus beata esse, quæ secundum naturam sunt : quid autem secundum naturam sit, palam et protinus apparet, sicut, quid sit integrum. Sed, quod secundum naturam est, quod contigit protinus nato, non dico bonum, sed initium boni. Tu summum bonum, voluptatem, infantiæ donas; ut inde incipiat nascens, quo consummatus homo pervenit. Cacumen radicis loco ponis. Si quis diceret, illum in

de nos appétits comme de nos répugnances? Mais évidemment, à la *raison*, qui commande à tout cela, appartient le droit de régler la conduite, de régler ce qui est vertu, honneur, et aussi ce qu'on doit appeler le bien ou le mal. Nos adversaires veulent que la partie la plus vile ait droit de décision sur la plus noble : ce qui est bien, les sens le détermineront, les sens, obtus et grossiers, moins prompts chez l'homme que chez les animaux. Et si quelqu'un s'avisait, pour discerner de menus objets, de s'en rapporter au tact plutôt qu'à la vue? La vue alors serait de tous les sens le plus subtil, le plus pénétrant dans la distinction du bien et du mal? Voyez dans quelle ignorance du vrai ils se débattent, et à quel point ils ravalent ce qui est sublime et divin, les hommes qui érigent le toucher en juge du souverain bien et du mal!

« Mais, nous dit-on, de même que toute science et tout art doivent avoir quelque chose de manifeste, de saisissable par les sens, et tirer de là leurs principes et leurs développemens; ainsi le bonheur a sa base et son point de départ dans des choses manifestes et qui tombent sous les sens. » — Car vous aussi, vous dites que le bonheur doit provenir d'objets palpables. — Nous disons que le bonheur est dans les biens conformes à la nature; or qui est conforme à la nature se manifeste clairement, sur-le-champ, comme tout ce qui n'a rien d'exceptionnel. Les choses conformes à la nature sont ce que reçoit l'homme dès sa naissance : je ne veux pas dire le bonheur, mais les germes du bonheur. Et vous, vous gratifiez l'enfance du suprême bonheur, de la volupté épicurienne : le nouveau-né arrive tout d'abord au but que peut seul atteindre l'homme fait. C'est mettre la cime de l'arbre où

materno utero latentem, sexus quoque incerti, tenerum, et imperfectum, et informem, jam in aliquo bono esse; aperte videretur errare. Atqui quantulum interest inter eum, qui quum maxime vitam accipit, et illum, qui maternorum viscerum latens onus est? Uterque, quantum ad intellectum boni ac mali, æque maturus est; et non magis infans adhuc boni capax est, quam arbor, aut mutum aliquod animal. Quare autem bonum in arbore animalique muto non est? quia nec ratio. Ob hoc in infante quoque non est; nam et huic deest. Tunc ab bonum perveniet, quum ad rationem pervenerit.

Est aliquod irrationale animal; est aliquod nondum rationale, est rationale; sed imperfectum. In nullo horum bonum : ratio illud secum affert. Quid ergo inter ista, quæ retuli, distat? In eo, quod irrationale est, nunquam erit bonum : in eo quod nondum rationale est, tunc esse bonum non potest : in eo, quod rationale est, sed imperfectum, jam potest esse bonum, sed non est. Ita dico, Lucili: Bonum non in quolibet corpore, non in qualibet ætate invenitur ; et tantum abest ab infantia, quantum a primo ultimum, quantum ab initio perfectum : ergo nec in tenero, modo coalescente, corpusculo est. Quidni non sit? non magis quam in semine. Hoc si dicas : « aliquod arboris ac sati bonum novimus: » hoc non est in prima fronde, quæ emissa quum

doivent être les racines. Celui qui dirait que le fœtus enseveli dans le sein maternel et dont le sexe même est indécis, que cette molle et informe ébauche jouit déjà de quelque bonheur, serait taxé d'erreur évidente; or bien faible est la différence de l'enfant qui ne fait que de naître à ce fardeau qui se cache dans les flancs de la mère. L'un n'est pas plus mûr que l'autre pour l'intelligence du bien et du mal; et l'enfant qui vagit est aussi peu capable de bonheur que l'arbre ou tout animal privé de la parole. Et pourquoi le bonheur n'est-il pas fait pour l'arbre ni pour l'animal? Parce qu'ils n'ont point la raison. Par le même motif il n'appartient pas non plus à l'enfant dépourvu de cette même raison, à laquelle il faut qu'il arrive pour arriver au bonheur.

Il y a l'animal irraisonnable, il y a celui qui n'est pas raisonnable encore, et celui qui l'est imparfaitement. Le bonheur n'est chez aucun d'eux : la raison seule apporte le bonheur avec soi. Entre les trois classes que je viens de citer quelles sont donc les différences? Jamais le bonheur ne sera dans l'être irraisonnable; celui qui n'est pas encore raisonnable ne peut jusque-là le posséder; celui qui l'est imparfaitement marche vers le bonheur, mais ne l'a pas atteint. Non, Lucilius, le bonheur n'est point le lot d'un individu ni d'un âge quelconque : du bonheur à l'enfance il y a le même intervalle que de premier à dernier, que d'apprenti à maître. A plus forte raison n'est-il pas dans un mol embryon, doué à peine de quelque consistance. Eh oui! certes : pas plus qu'il n'était dans la semence même. C'est comme qui dirait : je connais telle vertu à cet arbre, à cette plante; mais elle n'est pas dans le rejeton qui ne fait que de poindre et percer la terre. Le blé a son utilité propre, que n'a point encore le brin

maxime solum rumpit. Est aliquod bonum tritici : hoc nondum est in herba lactente, nec quum folliculo se exserit spica mollis; sed quum frumentum æstas et debita maturitas coxit. Quemadmodum omnis natura bonum suum, nisi consummata, non profert : ita hominis bonum non est in homine, nisi quum illi ratio perfecta est. Quod autem hoc bonum ? Dicam : liber animus et erectus, alia subjiciens sibi, se nulli. Hoc bonum adeo non recipit infantia, ut pueritia non speret, adolescentia improbe speret. Bene agitur cum senectute, si ad illud longo studio intentoque pervenit. Si hoc, et bonum *intelligibile* est.

« Dixisti, inquit, aliquod bonum esse arboris, aliquod herbæ : potest ergo aliquod esse et infantis. » — Verum bonum nec in arboribus, nec in mutis animalibus est : hoc, quod in illis bonum est, precario bonum dicitur. — Quod est ? inquis. — Hoc, quod secundum naturam cujusque est. Bonum quidem cadere in mutum animal nullo modo potest; felicioris meliorisque naturæ est. Nisi ubi rationi locus est, bonum non est. Quatuor hæ naturæ sunt, arboris, animalis, hominis, Dei. Hæc duo, quæ rationalia sunt, eamdem naturam habent; illo diversa sunt, quod alterum immortale, alterum mortale est. Ex his ergo, unius bonum natura perficit, Dei scilicet; alterius, cura hominis. Cetera tan-

d'herbe en lait, ni le tendre épi qui se dégage de son fourreau, mais bien ce froment que dore et mûrit le soleil dans la saison prescrite. Comme tout être n'a ses qualités développées que du jour où son accroissement est complet, ainsi l'homme ne possède le bonheur de son attribut, que quand la raison est consommée en lui. Et cet attribut quel est-il ? Une âme indépendante et droite, qui met tout à ses pieds et rien au dessus d'elle. Ce bonheur est si peu pour la première enfance, que l'adolescence ne l'espère même pas, et qu'il est la chimère de la jeunesse. Heureuse même la vieillesse que de longues et sérieuses études ont amenée à conquérir ce bien, vrai trésor de l'intelligence !

« Selon vous, dira-t-on, il existe un bien virtuel pour l'arbre, un bien pour la plante : l'enfant peut donc avoir aussi le sien. » — Le vrai bien ne se trouve ni dans l'arbre, ni dans la brute ; mais l'espèce de bien qui est en elle ne s'appelle ainsi que par un terme d'emprunt. — Où donc est le bien pour eux ? — Dans ce qui est conforme à leurs natures respectives. Mais, je le répète, le vrai bien n'est en aucune façon donné à la brute : c'est l'apanage d'une nature meilleure et plus heureuse. Où la raison n'a point place, le bien ne saurait habiter. Il y a quatre espèces de natures : celle de l'arbre, celle de la brute, celle de l'homme, et celle de Dieu. Les deux premières espèces sont irraisonnables : leur nature est la même ; les deux autres diffèrent : Dieu ne meurt pas, l'homme est mortel ; la nature de l'un constitue son bonheur, l'autre a besoin de le conquérir.

tum in sua natura perfecta sunt, non vere perfecta ; a quibus abest ratio. Hoc enim demum perfectum est, quod secundum universam naturam est perfectum ; universa autem natura rationalis est : cetera possunt in suo genere esse perfecta. In quo non potest beata vita esse, nec id potest quo beata vita efficitur : beata autem vita bonis efficitur ; in muto animali non est, quo beata vita efficitur : [ergo] in muto animali bonum non est.

Mutum animal sensu comprehendit praesentia ; praeteritorum reminiscitur, quum id incidit, quo sensus admonetur : tanquam equus reminiscitur viae, quum ad initium ejus admotus est ; in stabulo quidem nulla illi viae, quamvis saepe calcatae, memoria est. Tertium vero tempus, id est, futurum, ad muta non pertinet. Quomodo ergo potest eorum videri perfecta natura, quibus usus perfecti temporis non est? Tempus enim tribus partibus constat : praeterito, praesente, venturo. Animalibus tantum, quod brevissimum est in transcursu, datum, praesens ; praeteriti rara memoria est, nec unquam revocatur, nisi praesentium occursu. Non potest ergo perfectae naturae bonum in imperfecta esse natura : aut, si natura alia habet hoc, habent et sata. Nec illud nego, ad ea, quae videntur secundum naturam, magnos esse mutis animalibus impetus et concitatos, sed inordinatos ac turbidos. Nunquam autem aut inordinatum est bo-

Les deux autres natures sont parfaites dans leur genre, mais non pas vraiment parfaites; car elles ne sont pas douées de raison. Il n'y a de réellement parfait que ce qui l'est d'après les lois universelles de la nature : or cette nature est raisonnable; mais des créatures inférieures peuvent avoir une perfection relative. L'être en qui ne peut se trouver le bonheur ne saurait avoir ce qui le produit : le bonheur se compose d'un ensemble de biens; cet ensemble n'est point chez la brute, donc la brute n'a pas le vrai bien.

La brute percevra les sensations présentes, se rappellera les sensations passées, quand d'aventure ses organes en seront avertis : un cheval mis en face d'un chemin se ressouvient s'il l'a déjà pris; mais dans l'écurie, il n'a nulle mémoire de la route qu'il aura mille fois parcourue. Quant à l'idée de l'avenir, elle n'est pas faite pour lui. Comment donc peut-on voir une entière perfection chez des êtres qui n'ont qu'une perception du temps incomplète? Car des trois parties qui le composent, le passé, le présent, l'avenir, c'est la plus courte que l'animal saisit dans son cours rapide, le présent; le passé rarement revient à sa mémoire, et n'y revient qu'à l'occasion du présent. Ainsi le lieu qui appartient à une nature parfaite ne peut s'allier à une nature qui ne l'est point; ou, si cette dernière en possède un quelconque, c'est à la manière des plantes et des semences. Je ne nie pas que l'animal n'ait rien d'extérieurement conforme à notre nature, de vifs et impétueux élans, mais ces élans sont irréguliers et désordonnés. Or jamais le vrai bien n'est irrégulier ou désordonné. — « Mais, me direz-vous, sur quoi décidez-vous que les animaux n'ont ni ordre ni

num, aut turbidum. — « Quid ergo? inquis : muta animalia perturbate et indisposite moventur? » — Dicerem illa perturbate et indisposite moveri, si natura illorum ordinem caperet; nunc moventur secundum naturam suam. Perturbatum enim id est, quod esse aliquando et non perturbatum potest. Sollicitum est, quod potest esse securum. Nulli vitium est, nisi cui virtus potest esse. Mutis animalibus talis ex natura sua motus est. Sed, ne te diu teneam, erit aliquod bonum in muto animali, erit aliqua virtus, erit aliquid perfectum; sed nec bonum absolute, nec virtus, nec perfectum. Hæc enim rationabilibus solis contingunt, quibus datum est scire, quare, quatenus, quemadmodum. Ita bonum in nullo est, nisi in quo ratio.

« Quo nunc pertineat ista disputatio, quæris, et quid animo tuo profutura sit? » — Dico : et exercet illum, et acuit; et, utique aliquid acturum, occupatione honesta tenet. Prodest autem etiam quod moratur ad prava properantem. Sed [et] illud dico : nullo modo prodesse possum magis, quam si tibi bonum tuum ostendo, si te a mutis animalibus separo, si cum Deo pono. Quid, inquam, vires corporis alis et exerces? pecudibus istas majores ferisque natura concessit. Quid excolis formam? quum omnia feceris, a multis animalibus decore vinceris. Quid capillum ingenti diligentia comis? Quum il-

règle dans leurs mouvemens?» — Oui, voilà ce que je dirais si l'ordre était dans leur nature; mais, en réalité, ils ne se meuvent que selon leur nature désordonnée. Il n'y a proprement de déréglé que ce qui peut être parfois conforme à la règle; pour qu'il y ait inquiétude, il faut qu'il puisse y avoir sécurité; le vice n'est jamais qu'où pourrait être la vertu. C'est ainsi que les mouvemens des animaux correspondent à leur nature. Mais pour ne pas trop vous arrêter, j'accorde qu'il peut y avoir chez les bêtes quelque bien, quelque mérite, quelque perfection, mais un bien, un mérite, une perfection qui ne sont pas absolus. Tout cela n'appartient qu'à l'être raisonnable à qui il est donné d'en apprécier les causes, l'étendue, et l'application. Le bien ne se trouve donc que chez l'être doué de raison.

«A quoi tend aujourd'hui cette discussion, demandez-vous, et quel profit l'âme en peut-elle recueillir?»—Celui d'un exercice qui l'aiguise, d'une honnête occupation qui, faute de mieux, la tient en haleine. L'homme profite aussi de tout ce qui le distrait de ses tendances au mal. Mais je dis plus : je crois ne pouvoir mieux vous servir qu'en vous montrant où est votre vrai bien, qu'en vous séparant de la bête, qu'en vous associant à Dieu. Pourquoi en effet, ô homme! nourrir et cultiver sans cesse les forces de ton corps? La nature en a donné de plus grandes à certains animaux domestiques ou sauvages. Pourquoi es-tu si soigneux de ta parure? Tu auras beau faire : nombre d'entre eux te surpassent en beauté. Pourquoi tant d'apprêts dans l'arrangement de ta chevelure? quand

lum vel effuderis more Parthorum, vel Germanorum nodo vinxeris, vel, ut Scythæ solent, sparseris; in quolibet equo densior jactabitur juba, horrebit in leonum cervice formosior. Quum te ad velocitatem paraveris, par lepusculo non eris. Vis tu, relictis in quibus vinci te necesse est, dum in aliena niteris, ad bonum reverti tuum? Quod est hoc? animus scilicet emendatus ac purus, æmulator Dei, super humana se extollens, nihil extra se sui ponens. Rationale animal es! Quod ergo in te bonum est? perfecta ratio. Hanc tu ad suum finem evoca, in quantum potest plurimum crescere. Tunc beatum esse te judica, quum tibi ex te gaudium omne nascetur, quum in his, quæ homines eripiunt, optant, custodiunt, nihil inveneris, non dico, quod malis, sed quod velis. Brevem tibi formulam dabo, qua te metiaris, qua perfectum esse jam sentias. Bonum tunc habebis tuum, quum intelliges, infelicissimos esse felices.

tu l'auras fait flotter à la mode des Parthes, ou tressée en natte comme les Germains, ou éparpillée comme les Scythes, la crinière que fait bondir le cheval sera toujours plus épaisse que la tienne, celle du lion plus terrible et plus magnifique. Quand tu auras bien appris à courir, tu ne seras jamais l'égal du plus chétif lièvre. Ah! renonce à des avantages où tu as forcément le dessous : n'aspire plus à ce qui n'est pas pour toi, et reviens au bien qui t'est propre. Et où est-il ? Il est dans une âme épurée et chaste, émule de la divinité, dédaignant la terre, et ne plaçant hors d'elle-même rien de ce qui la fait ce qu'elle est. Ton bien, à toi, c'est une raison parfaite. Fais qu'elle arrive à son dernier terme, et s'élève aussi haut qu'elle peut prétendre. Tu pourras t'estimer heureux quand toutes tes félicités naîtront de toi-même, quand parmi ces objets que les mortels s'arrachent, qu'ils convoitent, qu'ils conservent péniblement, nul ne te semblera digne, je ne dis pas de tes préférences, mais du moindre désir. En somme voici la règle qui te donnera la mesure de tes progrès, ou la conscience de ta perfection : tu jouiras du vrai bien le jour où tu reconnaîtras que les heureux du monde sont les plus malheureux.

Baillard.

NOTES.[*]

LETTRE XCI. Page 3. *Notre ami Libéralis.* Le même à qui Sénèque a dédié le traité *des Bienfaits.* — *Voyez* notre tome IV, page 3.

Un horrible incendie a consumé entièrement la colonie de Lyon. Je ne répéterai pas ici ce que j'ai dit au sujet de Lyon, le *municipe de Plancus*, dans une note sur le ch. VI de l'*Apokolokyntose* (pages 311 et 340 de notre tome II). L'incendie de Lyon arriva l'an 811 de Rome (59 après J.-C.), sous l'empire de Néron, c'est-à-dire un siècle après la fondation de la colonie de Plancus. Ce désastre fut réparé par cet empereur ; mais, à la fin du dix-septième siècle, on en voyait encore des traces. (*Voyez* MÉNÉTRIER, *Histoire civile et consulaire de la ville de Lyon*, in-fol., 1696.) Depuis, Lyon a été plusieurs fois le théâtre de grands désastres ; mais, en 1793 et en 1834, la fureur des guerres civiles y a laissé des traces indélébiles.

Page 5. *Pendant la tranquillité dont jouit le monde entier.* En effet, le monde romain était en paix, et il n'y eut que l'année suivante (812) guerre contre les Parthes.

Comme ceux qui peuvent nous arriver. Ici, dans toutes les éditions, se trouve mêlé au texte un vers de Publius Syrus, que Sénèque cite expressément dans la *Consolation à Marcia*, ch. IX, et dans le traité *de la Tranquillité de l'âme*, ch. XI.

Lorsque la fortune le veut, il n'est point de bonheur qui lui résiste. Comparez encore ce passage avec les ch. X et XI *de la Tranquillité de l'âme*.

Page 9. *Pensons à l'exil, aux tortures, aux guerres, aux maladies, aux naufrages.* M. Bouillet (édition de Lemaire) a re-

---

[*] Ces notes, à l'exception de quelques-unes portant la signature de M. Baillard (B-D), sont de M. Ch. Du Rozoir, éditeur.

marqué que Molière a bien pu avoir imité ce passage dans les *Fourberies de Scapin*, acte II, scène 8 : « La vie est mêlée de traverses ; il est bon de s'y tenir sans cesse préparé ; et j'ai ouï dire, il y a long-temps, une parole d'un ancien que j'ai toujours retenue. — Quoi ? — Que pour peu qu'un père de famille ait été absent de chez lui, il doit promener son esprit sur tous les fâcheux accidens que son retour peut rencontrer ; se figurer sa maison brûlée, son argent dérobé, sa femme morte, son fils estropié, sa fille subornée ; et tout ce qu'il trouve qui ne lui est point arrivé, l'imputer à bonne fortune. » — *Voyez* aussi *la Tranquillité de l'âme*, chap. XI : « Morbus enim, captivitas, ruina, ignis, nihil horum repentinum est. »

Page 9. *Combien de villes d'Asie et d'Achaïe.* — *Voyez* les *Questions naturelles*, liv. VI, ch. I.

Page 13. *Timagène.* — *Consultez*, sur ce personnage, le traité de la *Colère*, liv. III, ch. 23.

Elle avait été fondée par Plancus. — *Voyez* la deuxième note sur cette XCI^e lettre.

Tu aurais raison de t'en indigner. « C'est une injustice, dit Montaigne (liv. III, ch. 13, *de l'Expérience*), de se douloir, qu'il soit advenu à quelqu'un ce qui peut advenir à chacun : *Indignare*, etc. »

Page 15. *Ardée.* Petite ville du Latium, où se retira Camille lors de son exil.

Le malheureux ! Sénèque emploie plus d'une fois cette épithète en parlant d'Alexandre. *Voyez* ci-après, p. 89, lettre XCIII.

Page 17. *Tu crains la mort ; mais quelle sensation peut produire ce mot ?* Pensée que Sénèque a plusieurs fois reproduite dans ses *Lettres*, entre autres les XXIVe, XXXe, XLIVe, LXXe, LXXVe, LXXXIIe, etc.

Demetrius. — *Voyez*, sur ce philosophe, les traités *de la Providence*, ch. III ; *de la Vie heureuse*, ch. XVIII ; puis la lettre XX, etc.

Nous savons à combien de personnes elle est utile, etc. — *Voyez* la *Consolation à Marcia*, ch. XX.

LETTRE XCII. Page 19. *Pour le service de la portion qui commande.* Ce passage rappelle les réflexions de Salluste sur l'âme au début de la *Guerre de Jugurtha* (ch. I et II). *Voyez* le tome II de notre *Salluste*.

Page 21. *Qu'est-ce que la vie heureuse ?* Comparez ce passage au chap. iv du traité *de la Vie heureuse* : « Quid enim prohibet beatam nos vitam dicere, liberum animum, et erectum, et interritum ac stabilem, extra metum, extra cupiditatem positum ; cui unum bonum honestas, unum malum turpitudo ? » et la suite.

En embrassant d'un coup d'œil la vérité. Sénèque a dit, dans sa lxxiv.ᵉ lettre : « Beatum sine scientia divinorum humanorumque non potest effici. »

La convenance. — *Decor.* Ce mot des Latins répond au τὸ καλὸν des Grecs. *Voyez* la lettre lxvi.

L'âme du sage est comme celle de Dieu. Sénèque dit, au chapitre viii *de la Constance du Sage* : « Sapiens autem vicinus proximusque diis consistit. »

Car si des objets qui ne sont point la vertu. — *Non honesta*, c'est-à-dire la vie, les richesses, la beauté, la noblesse. *Voyez* les lettres lxvi, lxvii, lxxiv.

Sans lesquelles il ne saurait exister. La Grange n'a pas entendu ce raisonnement, du reste assez subtil : « Si d'autres objets que la vertu, dit-il, contribuaient au bonheur, ils en seraient les élémens. » Sa phrase produit un *non sens*. Dans le traité *de la Vie heureuse*, dont cette lettre n'est pour ainsi dire que l'extrait, on trouve ce passage qui sert à expliquer celui qui fait l'objet de la présente note : « Quia pars honesti non potest esse nisi honestum : nec summum bonum habebit sinceritatem suam, si aliquid in se viderit dissimile meliori. » (Cap. xv.)

Antipater aussi. Sénèque, dans sa lettre lxxxvii, a déjà cité ce philosophe. *Voyez* page 407, et la note page 524 de notre tome vi.

Que les Grecs appellent ἀοχλησία. Dans presque tous les manuscrits ce mot était si étrangement défiguré, qu'Érasme avait lu παυσωλήν (repos), et Muret ἡσυχίαν, qui a le même sens ; mais dans deux manuscrits (*a* et *c*), selon Schweigauser, on lit assez distinctement ἀοχλησίαν.

Page 23. *En sorte qu'ils ont fait, pour la plus noble créature, un bonheur vil, ignoble, etc.* Cette objection faite par Sénèque aux épicuriens, est citée par Kant, dans son livre intitulé : *Critik der prakt. Vernunst;* pages 201 et suivantes, seconde édition. (Note de M. Bouillet.)

Page 23. *En parlant de Scylla.* — Virgile, *Én.*, liv. III, v. 426.

La partie supérieure de l'homme. Je me suis servi de cette expression, *supérieure*, pour rendre *prima*, afin de répondre au premier terme de la comparaison, *prima hominum facies*, etc.

Page 25. *Posidonius.* — Voyez, sur ce philosophe, la lettre LXXXVII (pages 407, 409, et la note p. 423 de notre tome VI).

Se termine par une conformation monstrueuse. Chalvet et La Grange ont traduit : *Cette vertu se termine par la volupté;* ce qui n'a pas de sens. *In lubricum* indique un corps qui se termine comme celui d'un poisson, d'un serpent, *lubricus anguis.* Ici se présente à la mémoire ce vers si connu de l'*Art poétique* d'Horace :

Desinit in piscem mulier formosa superne ;

et c'est là le meilleur commentaire du passage de Sénèque.

Quant à ce repos dont parlent les épicuriens. J'ai cru devoir pour la clarté, comme La Grange, ajouter cette paraphrase : *dont parlent les épicuriens.* Sénèque revient ici sur ce qu'il a rappelé précédemment (page 20) : *Necesse est aut quietem adjici velis.*

Eh quoi! dit-on. C'est encore un épicurien qui parle.

Non qu'ils soient bons en eux-mêmes, etc. — Voyez, sur cette appréciation du bien, la lettre LXVI (page 85 de notre tome VI).

Parce que je les accepte avec discernement. Ici Sénèque développe ce qu'il a dit dans *la Vie heureuse*, ch. V : « Beata ergo vita est, in recto certoque judicio stabilita, et immutabilis. »

L'homme est, de sa nature, une créature amie de la propreté. Montaigne (livre III, chap. 13, *de l'Expérience*) cite cet adage à propos du soin, de la recherche qu'il mettait à faire ses nécessités : « Toutesfois, dit-il, aux plus sales offices est-il pas aulcunement excusable de requérir plus de soing et de netteté. »

Page 27. *D'après la valeur du coffre qui les contient.* Voyez *de la Tranquillité de l'âme*, ch. I : *Nec ex arcula prolata vestis.* (Page 312 de notre tome I.)

Je prendrai de préférence la force et la santé. Sénèque, dans *la Vie heureuse*, ch. XXII, a déjà dit du sage : « Malam valetudinem tolerabit, bonam optabit. »

Page 27. « *Il est vrai, me dira cet autre.* » Ici Sénèque met en avant les objections des sectateurs de l'école péripatétique et académique, qui soutenaient que la vertu ne suffisait pas au bonheur, s'il ne s'y joignait des conditions extérieures, qu'ils appelaient *naturalia instrumenta* seu *bona*.

Page 29. *Il est des maux et des biens dans la vie.* Sénèque a déjà défini, dans sa lettre LXXIV, ce que les philosophes de sa secte entendaient par *commoda* et par *incommoda*. — *Voyez* page 195 de notre tome VI.

Je disais tout-à-l'heure qu'une petite flamme, etc. — *Voyez* ci-dessus, page 20.

Page 31. « *Nous connaissons, dit-on encore, etc.* » Suite des objections de l'école académique. *Voyez* la note ci-dessus, p. 483.

Page 33. *La vertu n'est point susceptible de degrés.* C'est ce que Sénèque a établi dans sa lettre LXXIV (tome VI, page 202) : « Summum enim bonum nec refringetur nec augetur, etc. » *Voyez* ci-après, la lettre XCIII, pages 43 et 45.

Et de ne point calculer le nombre de ses jours. — *Voyez* la même lettre (*ibid.*).

Page 35. *C'est ce que disait Épicure.* — *Voyez* la lettre LXVI, tome VI, page 93.

« *Les dieux immortels,* » *dit-on*. Sénèque continue de faire parler les péripatéticiens.

Quant à cet autre homme qui vient au second rang. Sénèque établit souvent une distinction entre l'homme parfait et l'homme à moitié corrigé, qui tend vers la vertu. *Voyez* lettres XVI, LVII, où notre philosophe dit de lui-même : « Multum a tolerabili, nedum a perfecto absum; » et la lettre XCIV; enfin dans *la Tranquillité de l'âme*, chap. VII : *Pro optimo est minime malus*.

Page 37. *Quelques actions dont il n'ait point à se repentir.* Tout ce passage, depuis *nam ille alter secundus est,* jusqu'à ces mots *non pœnitenda agitare,* est fort altéré, fort obscur.

Éloigne l'âme de la vertu. Cette phrase n'est guère plus claire que les deux précédentes; cependant je pense m'être plus approché du sens que La Grange, qui n'a pas traduit, mais deviné sur un texte moins judicieusement corrigé que le nôtre. *Voyez*, sur ce passage, la note de l'édition Lemaire, tome IV du *Sénèque*, pages 63 et 64.

Page 37. « *D'une constance inébranlable.* » — VIRGILE, *Énéide*, liv. v, v. 363.

La nature nous a donné une taille droite. Ce passage rappelle ces beaux vers d'Ovide :

> Os homini sublime dedit, cœlumque tueri
> Jussit, et erectos ad sidera tollere vultus.

C'est pour cette route qu'elle a pris naissance. Des éditeurs proposent mal-à-propos QUUM *hoc iter* NACtus *est ;* et La Grange, qui me semble avoir assez mal entendu toute cette lettre, a adopté cette version.

Page 39. *Très-dignes de ces ténèbres au sein desquelles ils gisaient.* Horace a dit (liv. III, *Ode* 3, v. 49) :

> Aurum irrepertum, et sic melius situm
> Quum terra celat, spernere fortior,
> Quam cogere humanos in usus,
> Omne sacrum rapiente dextra.

Voyez SÉNÈQUE, *de la Colère*, liv. III, chap. 33 : « Si totam mihi et omnibus metallis, etc. »

Non d'après ce brillant qui frappe les yeux du vulgaire. Il faut encore citer Horace, qui a dit (liv. II, *Ode* 2) :

> ... Regnum, et diadema tutum
> Deferens uni, propriamque laurum,
> Quisquis ingentes oculo irretorto
> Spectat acervos.

Elle ne se soumet pas à lui obéir. Ici Sénèque revient sur ce qu'il a dit au commencement de cette lettre. *Voyez* page 19.

Ne s'inquiète pas de ce que deviendra son enveloppe. Ce trait rappelle le mot du philosophe Théodore, que Sénèque rapporte au ch. IV *de la Tranquillité de l'âme* (page 379 de notre premier volume).

Soit que les oiseaux déchirent le cadavre jeté au hasard.

> Post insepulta membra different lupi,
> Et Esquilinæ alites.
> (HORAT., *Epod.* v, v. 99.)

Page 39. « *La proie des chiens de mer.* » Hémistiche de Virgile (*Énéide*, liv. ix, v. 485).

Page 41. *Je ne m'épouvante, dit-elle, ni du harpon, ni du croc des gémonies.* Sénèque fait allusion à cet usage dans le traité *de la Colère*, liv. iii, ch. 3, page 169 de notre premier volume.

La nature y a pourvu. Lucain a dit, au sujet des citoyens morts à Pharsale que César laissa sans sépulture :

> Nil agis hac ira : tabesne cadavera solvat,
> An rogus, haud refert : placido natura receptat
> Cuncta sinu. . . . .

Un homme d'une mâle énergie. Mot à mot, « nouant haut et serré sa ceinture. » Tenir sa ceinture lâche, était, chez les Romains, un signe de mollesse et d'abandon, comme nous dirions dans le langage le plus vulgaire : *Un homme débraillé.* — Des éditeurs proposent, au lieu de ces mots qui terminent la lettre xcii : « Nisi illud secum discinxisset, » cette version, appuyée sur un manuscrit : « Nisi illud secunda discinxissent. » — Sénèque, dans ses lettres ci et cxiv, cite encore des vers de Mécène.

LETTRE XCIII. Page 41. Sur la mort de Métronax. Cette lettre renferme des idées que Sénèque présente avec plus ou moins de développement dans les trois *Consolations à Helvie, à Marcia* et *à Polybe*, dans les traités *de la Tranquillité de l'âme, de la Vie heureuse*, etc. — Il a déjà été parlé de Métronax dans la lettre lxxvi, dont, malgré son âge avancé, Sénèque fréquentait l'école.

J'ai connu maintes gens, équitables envers les autres ; mais envers les dieux, personne. Diderot n'est pas de l'avis de Sénèque. « Je crois, dit-il, les uns et les autres fort rares, et les premiers peut-être encore plus que les seconds. » Cette boutade d'impiété de la part du philosophe français, n'empêche pas que la réflexion de Sénèque ne soit pleine de sens.

Page 43. *Le point essentiel n'est pas de vivre long-temps, mais assez.* — Voyez lettres xxii, lxx : « Non enim vivere bonum est sed bene vivere ; » et la lettre lxxvii, *passim*.

Mesurons son étendue par nos actions, et non par sa durée. Ce passage et d'autres qui précèdent ont été imités par Rousseau

(*Émile*, liv. 1) : « Vivre, ce n'est pas respirer, c'est agir, c'est faire usage de nos organes, de nos sens, de nos facultés, de toutes les parties de nous-mêmes qui nous donnent le sentiment de notre existence. L'homme qui a le plus vécu n'est pas celui qui a compté le plus d'années, mais celui qui a le plus senti la vie. Tel s'est fait enterrer à cent ans, qui mourut dès sa naissance. »

Page 45. *L'autre n'était plus, dès avant son décès.* — *Voyez* la citation qui précède. Sénèque a dit, dans le traité *de la Tranquillité de l'âme* : « Ultimum malorum est, ex vivorum numero exire antequam moriaris. » J'ai lu chez un de nos poètes :

L'un courbé sous cent ans est mort dès sa naissance.

Si l'on eût retranché quelque chose à sa durée. Sénèque revient sur ce qu'il a dit dans la lettre précédente, page 32 : « Quid in virtute præcipuum ? futuro non indigere, nec dies computare, etc. »

Page 47. *Il a rendu à la nature une vie meilleure qu'il ne l'avait reçue.* Voyez *de la Tranquillité de l'âme*, chap. xi, pages 364 et suiv. de notre tome 1.

Page 49. *Les annales de Tanusius.* Suétone, dans la *Vie de Jules César*, parle d'un Geminus Tanusius, que l'on croit généralement avoir été l'ennuyeux historien dont parle ici Sénèque.

Le spoliaire. C'était le lieu voisin de l'amphithéâtre, celui où les gladiateurs s'habillaient et se déshabillaient, et où l'on achevait ceux qui avaient été trop grièvement blessés pour servir désormais aux plaisirs cruels du peuple romain. *Voyez*, sur ce mot *spoliarium*, le traité *de la Providence*, ch. iii, page 373, et la note correspondante, page 407 de notre tome ii.

LETTRE XCIV. Page 51. *Le stoïcien Ariston.* — *Voyez*, sur ce philosophe, les lettres xxix, xxxvi, lxxxix et cxv.

Même pour cette philosophie de préceptes spéciaux, etc. Ce passage a été fort altéré par les éditeurs, et mal compris par les traducteurs. J'ai suivi la version adoptée et le sens indiqué dans les éditions de Ruhkopf et de Lemaire. Avant eux, le pronom *illum* avait embarrassé quelques copistes et tous les traducteurs, qui avaient cru voir qu'il était en opposition avec *hanc partem*, qui précède ; loin de là, il s'y rapporte. Voici, au surplus, le texte vulgaire : « *At* illam *non* habentem præcepta, plurimum ait proficere; ipsa*que* decreta philosophiæ, constitutionem *esse* summi boni; » ce qui fait sans doute une phrase complète, intelligible, mais qui n'a aucun rapport avec la suite du raisonnement.

Page 51. *Mais comment on se conduit bien.* Rousseau, en parlant de son élève, prouve qu'il avait bien lu ces préceptes d'Ariston cités par Sénèque : « En sortant de mes mains, dit-il, il ne sera ni magistrat, ni soldat, ni prêtre; il sera premièrement homme : tout ce qu'un homme doit être, il saura l'être au besoin, tout aussi bien que qui que ce soit; et la fortune aura beau le faire changer de place, il sera toujours à la sienne.... Appropriez l'éducation de l'homme à l'homme. Ne voyez-vous pas qu'en travaillant à le former exclusivement pour un état, vous le rendez inutile à tout autre ? » (*Émile*.)

Page 53. *Si quelque objet placé devant vos yeux.* Sénèque reviendra sur cette similitude ci-après, page 60 : *Si quid obstat oculo, etc.*

Chassez d'abord la faim de son estomac.

Hé, mon ami ! tire-moi du danger;
Tu feras, après, ta harangue;

a dit La Fontaine, qui n'aimait pas plus les pédans que ne les aimait Sénèque.

Si vous ne dissipez d'abord les préjugés. Ce passage et celui qui précède dans la même page 53, *nihil enim proficient præcepta*, ont été également imités par Rousseau. « Quand Émile ne saurait rien, dit-il, peu importe, pourvu qu'il ne se trompe pas. Je ne mets de vérités dans sa tête que pour l'affranchir de l'erreur.... Avant de s'instruire de nos sentimens, commencez par lui apprendre à les apprécier. Est-ce connaître une folie, que de la prendre pour la raison ? Pour être sage, il faut discerner ce qui ne l'est point.... C'est ainsi qu'il saura comparer l'opinion à la vérité : car on ne connaît point les préjugés, quand on les adopte. »

Page 55. *La fermeté de l'âme, qui rend plus léger tout ce qu'elle supporte avec énergie.* C'est ainsi qu'Horace a dit :

Durum, sed levius fit patientia
Quidquid corrigere est nefas.

Page 55. *Tout ce qu'ordonnent les lois immuables de l'univers.* Rousseau a dit encore dans son *Émile :* « Émile doit apprendre à supporter les coups du sort, à braver l'opulence et la misère.... Le temps ou la mort sont nos remèdes ; mais nous souffrons d'autant plus que nous savons moins souffrir. La première loi de la résignation nous vient de la nature. O homme ! resserre ton existence, reste à la place que la nature t'assigne : ne regimbe point contre la dure loi de la nécessité. Ce qui ne souffre point d'exception, c'est l'assujétissement de l'homme à la douleur, aux maux de son espèce, aux périls de la vie, enfin à la mort. Plus on le familiarisera avec ces idées, plus on le guérira de l'importune sensibilité qui ajoute au mal l'impatience de l'endurer. »

La vie heureuse n'est pas celle qui obéit à la volupté, mais à la nature. Sénèque a dit dans *la Vie heureuse,* ch. VIII : « Natura enim duce utendum est : hanc ratio observat, hanc consulit. Idem est ergo beate vivere, et secundum naturam. »

Servir de matière aux thèmes des enfans. Mot à mot dans les exemples qu'on donne à apprendre et à copier aux enfans : Sénèque va dire plus bas : « Pueri ad præscriptum discunt, digiti illorum tenentur. » *Voyez* ci-après, page 492.

Page 59. *Entre la folie publique.* Texte habituel des philosophes, même les moins moroses : témoin la satire d'Horace, liv. II, *Satire* 3, vers 31, jusqu'à la fin.

Page 61. *Nous réfuterons d'abord son argument tiré de la comparaison d'un objet qui, placé devant l'œil, etc.* Sénèque revient à la similitude qu'il a déjà présentée ci-dessus, page 52 : « Si quid oculis oppositum moratur. »

Page 63. « *L'erreur, dit Ariston, est la cause de nos fautes.* » C'est encore ici un retour sur cet argument d'Ariston, énoncé ci-dessus, page 52 : « Nihil enim proficient præcepta, etc. » On connaît ce vieux dicton français : « Tout vice est issu d'ânerie. »

Page 65. *Ce mot de Calvus plaidant contre Vatinius.* C'est ce même Vatinius dont Sénèque parle beaucoup dans le traité *de la Constance du sage,* chap. I et XVII. Il fait encore allusion à ce personnage dans la CVIII[e] lettre. Vatinius fut accusé de brigue par C. Licinius Calvus, et il eut pour défenseur ce même Cicéron qui, peu d'années auparavant, avait prononcé contre lui la plus sanglante invective.

Page 65. *Tandis que vous séduisez la femme d'autrui.* On trouve cette même idée présentée sous un autre aspect dans le traité *de la Colère*, liv. II, ch. 28.

Page 67. *Si vos préceptes sont douteux.* Sénèque revient encore ici sur le raisonnement d'Ariston, présenté page 54 : « Utrum deinde manifesta an dubia, etc. »

C'est ainsi que les réponses des jurisconsultes nous sont utiles. On sait que, chez les Romains, les réponses des jurisconsultes étaient de simples formules. Consultez à cet égard le plaidoyer de Cicéron *pour Muréna*.

Telles sont ces maximes de Caton. Citées par Érasme dans ses *Adages*. La Fontaine les a traduites ainsi :

> Aux grands maux l'oubli sert de remède.
> Soyez hardi, la fortune vous aide.
> Au paresseux tout fait de l'embarras.

L'oubli est le remède des injures. On ne sait de qui sont ces trois vers.

Page 73. « *Les lois, dit-on, ne nous font pas faire ce que nous devons.* » C'est toujours Ariston que Sénèque fait parler pour le réfuter.

« *Je n'approuve point les principes mis devant les lois de Platon.* » Voici un passage qui a été interprété bien diversement. Des commentateurs veulent que ce soit Sénèque, et non Posidonius, qui dise : « Non probo quod Platonis legibus adjecta principia sunt, etc. ; » mais alors tombe la suite de raisonnement, et tout le passage n'a plus de sens. J'ai suivi à cet égard l'opinion de Muret, de Schweigauser, de M. Bouillet ; et en conséquence, après les mots *a Posidonio, qui*, je sous-entend *ait*. En effet, il est bien évident, par ce qui suit, que Sénèque approuve les lois avec des considérans, avec des motifs. *Voyez*, pour les passages de Platon auxquels il fait allusion, le traité *des Lois*, liv. IV et V.

Diderot n'a pas mieux compris ce passage de Sénèque que La Grange et les commentateurs précités, lorsqu'il s'exprime ainsi : « Ce n'est pas sans une espèce d'indignation, que je l'entends avancer, dans la même lettre, qu'il ne trouve rien de plus froid, rien de plus déplacé à la tête d'un édit ou d'une loi, qu'un préambule qui les motive.... J'en demande pardon à Sénèque ; mais ce propos est celui d'un vil esclave, qui n'a besoin que d'un tyran. J'obéis plus volontiers quand la raison des ordres qu'on me donne m'est connue. »

Page 75. *Le silence même d'un grand homme n'est pas sans profit pour nous.* Ce passage rappelle des idées que Sénèque a déjà développées dans *la Tranquillité de l'âme,* ch. III, pages 336 à 343 de notre tome Ier.

La même chose vous arrivera dans le commerce des sages. Je ne sais où Diderot a vu que dans cette lettre Sénèque « compare le courtisan à ces insectes dont la piqûre imperceptible, accompagnée d'une démangeaison agréable, est suivie d'une enflure douloureuse. »

Page 77. *Pythagore dit* « *que l'âme se modifie quand on entre dans les temples.* » Cicéron, dans son traité *des Lois,* liv. II, ch. 2, cite la même parole de Pythagore : « Et illud bene dictum est a Pythagora, doctissimo viro, tum maxime et pietatem et religionem versari in animis, quum rebus divinis operam daremus. »

Rien de trop. Précepte de Chilon. La Fontaine en a fait le sujet d'une de ses fables.

L'avare d'aucun gain n'est jamais rassasié. On croit que cette sentence et la suivante sont de P. Syrus.

La vertu se partage en deux branches distinctes. — *Voyez* cette même division indiquée par Sénèque au traité *de la Vie heureuse,* ch. XXXI et XXXII.

Page 79. *M. Agrippa.... le seul qui eût pour lui l'opinion publique.* La Grange a fait ici un étrange contre-sens : « Fut seul, dit-il, heureux contre la république. » On n'a pas besoin d'ajouter qu'il s'agit ici de M. Vispanius Agrippa, gendre d'Auguste, dont, avec Mécène, il partagea la confiance.

La discorde renverse les plus grands.

Toute puissance est faible, à moins que d'être unie,

a dit La Fontaine.

Les préceptes, qui, semblables à des édits. Allusion à l'usage dans lequel étaient les empereurs de publier des édits pour avertir, corriger et contraindre le peuple dans sa conduite privée.

Page 79. « *La philosophie, dit-on, comprend deux choses.* » Ici Sénèque reprend encore une fois les paroles d'Ariston.

Page 81. *Une main étrangère tient leurs doigts.* Déjà Sénèque a fait allusion à l'éducation des enfans, dans cette même lettre, page 55. *Voyez* la note sur ces mots, *Servir de matière aux thèmes des enfans*, page 489 ci-dessus.

Page 83. *On demande ensuite, si elle suffit seule pour former le sage.* C'est ce qu'examinera Sénèque dans la lettre cxv. Au reste, ici il revient sur un point de discussion souvent traité par lui, surtout dans la lettre lxxxix.

Nous traiterons cette question un autre jour. C'est ce qu'il fera dans la lettre suivante, qui commence par ces mots : « Petis a me, ut id quod in diem suum dixeram debere referri repræsentem. »

Nous sommes détournés de la bonne route par nos parens. Cette assertion et ce qui précède rappellent ce passage de la lettre lx, où Sénèque dit : « Nous naissons au milieu des malédictions de nos parens. »

C'est se tromper, que de croire que les vices naissent avec nous. Cette maxime qu'affectionne Sénèque, et qu'il a déjà exposée dans plusieurs lettres, est devenue une des bases de la philosophie de J.-J. Rousseau.

Ayons donc un gardien. Souvent Sénèque présente cette idée. *Voyez* lettre vii, et surtout lettre xii, etc.

Page 85. *Elle nous a tourné la face vers le ciel.* Déjà Sénèque a exprimé cette idée au commencement de cette lettre. *Voyez* ci-dessus, pages 37 du texte et 485 des notes.

L'or et l'argent..... elle les a cachés. La même pensée se retrouve au liv. vii *des Bienfaits*, ch. x; et dans Pline, au commencement du liv. xxxiii de son *Histoire naturelle* : « Terra et hæc (juvantia) summa sui parte tribuit, ut minime parca facilisque in omnibus, quæ prosunt. Illa nos premunt, illa nos ad inferos agunt, quæ occultavit atque demersit. »

Voulez-vous savoir combien vos yeux sont déçus par un faux éclat. Horace a dit (liv. ii, *Ode* 2) :

> Nullus argento color est, avaris
> Abditæ terris inimice lamnæ.

Page 87. *Vous, qu'un licteur repousse du chemin.* Sénèque est encore ici l'imitateur d'Horace, liv. II, *Ode* 16 :

> Non enim gazæ, neque consularis
> Summovet lictor miseros tumultus
> Mentis. . . . .

Page 89. *Il cédait, le malheureux Alexandre,* etc. Comparez, à la lettre XCI, page 3 de ce volume. Il semble que Boileau se soit inspiré de Sénèque dans ces vers fameux où il assimile Alexandre à un fou : *Ce fougueux l'Angeli,* etc.

« Ce serait à tort, observe Diderot, que les philosophes modernes se glorifieraient du mépris qu'ils ont jeté sur ces fameux assassins (les conquérans). Il y a près de deux mille ans que Sénèque en avait fait justice. »

Et Athènes d'élever la voix. Tertullien appelle Athènes *linguatam civitatem.* Sidoine Apollinaire a dit, sous forme proverbiale : *Athenis loquacior.*

Déjà même des nations que Darius n'avait point comptées sous ses lois. Pourquoi n'avons-nous pas mis à la place du mot un peu faible *compté sous ses lois,* l'expression consacrée *rangées sous ses lois?* C'est qu'elle dit trop. — Darius Codoman ne fut point conquérant. Aussi La Grange a fait un contre-sens, en n'observant pas cette nuance; il a mis : « Ils avaient conservé leur liberté *contre* Darius. » *Sous Darius,* eût été plus exact.

Page 91. *Et Pompée lui-même, ce n'était ni le courage, ni la raison qui lui conseillaient les guerres étrangères ou civiles.* Un peu plus bas Sénèque jette le même blâme sur les guerres de Marius et de César. Après cela, comment Diderot a-t-il pu dire, à propos de ce passage : « Sénèque s'est laissé éblouir des victoires du peuple romain ; son indignation s'exhale contre les conquêtes d'Alexandre, et il ne s'aperçoit pas ou se dissimule que celles des Romains ont été plus longues, plus sanglantes, plus injustes. » A coup sûr, de cette observation de Diderot, et des deux autres que nous avons relevées sur cette XCIV[e] lettre, résulte la preuve qu'il lisait avec une légèreté bien singulière le philosophe qu'il commentait avec tant d'enthousiasme.

Tantôt acculer, traquer les pirates. Ces deux expressions ne m'ont pas paru trop fortes pour rendre l'énergie du mot *colligendos*, qui est parfaitement conforme à la vérité historique, et que Muret a mal-à-propos voulu remplacer par *cogendos*.

Page 91. *En Afrique.* Lorsque Sylla l'envoya contre le roi Iarbas et contre Domitius, partisans de Marius.

Au septentrion. En Colchide, en Ibérie.

Il ne pouvait supporter qu'un seul homme fût au dessus de lui. Déjà Sénèque a dit la même chose dans la *Consolation à Marcia*, ch. xiv. On connaît d'ailleurs ce trait de Lucain :

> Nec quemquam jam ferre potest Cæsarve priorem
> Pompeiusve parem. . . . .

Il extorqua les autres. Marius fut sept fois consul, bien que, pour ses six derniers consulats, il ait été presque toujours élu en son absence; et il le fut toujours au mépris des lois qui exigeaient un intervalle de dix ans entre chaque consulat.

Page 93. *Pour qu'elle nous sépare du peuple.* Dans une ode déjà citée, Horace s'exprime ainsi :

> Redditum Cyri solio Phraaten,
> Dissidens plebi, numero beatorum
> Eximit virtus; populumque falsis
> Dedocet uti
> Vocibus. . . . .
> (Lib. ii, Ode 2.)

Ce n'est pas que d'elle-même la solitude enseigne l'innocence. Déjà Sénèque a développé cette idée dans les lettres x et xxv.

Page 95. *Tremblans de peur et de surprise sur ce même pinacle.* — Voyez les mêmes idées dans le traité *de la Clémence*.

C'est alors qu'ils font l'éloge d'un doux et indépendant loisir. Ainsi, chez Racine, Agamemnon s'écrie :

> Heureux qui, satisfait de son humble fortune,
> Libre du joug superbe où je suis attaché,
> Vit dans l'état obscur où les dieux l'ont caché!

Philosopher par peur. Des éditions proposent *philosophantes metus*, au lieu de *metu*. C'est la version adoptée par La Grange, qui a traduit : « Vous verrez alors la crainte philosopher. »

LETTRE XCV, Page 95. *Vous me priez de traiter sans plus attendre.* C'est la question dont en la lettre précédente Sénèque avait remis la description à un autre jour : « Huic quæstioni suum diem dabimus (*voyez* ci-dessus, page 82). Comme dit Chalvet: « Ceste épistre n'est qu'une dépendance et une continuation des propos de la précédente. »

Ceux qui voudraient le voir devenir soudainement muet. Les lettres et les traités de morale de Sénèque offrent souvent de ces scènes de comédie, qui ajoutent à l'intérêt de ses divers écrits. *Voyez* HORACE, liv. I, *Épître* 19; et ce trait de BOILEAU, *Art poétique*, sur ces auteurs :

De leurs fades écrits lecteurs impitoyables.

Page 99. *Ils suffiront à la sagesse, qui est l'art de la vie.* — *Voyez* ci-dessus, lettre xc, page 482 de notre tome vi : *Ars est bonum fieri.*

Page 101. *Asclépiade.... Thémison.* Asclépiade et son disciple Thémison furent contemporains de Cicéron, et vécurent à Rome. *Voyez* PLINE, *Histoire naturelle*, liv. xxix, chap. 1, et CELSE, *Préface*, § 15.

Je vais vous développer le système du ciel. — LUCRÈCE, liv. I, v. 49 et suiv. La Fontaine a rendu ainsi ces vers :

J'examine d'abord les dieux, les élémens;
Combien grands sont les cieux, quels sont leurs mouvemens;
D'où la nature fait et nourrit toutes choses,
Leur fin, et leur retour, et leurs métamorphoses.

Page 103. *Celui qui n'a de préceptes que pour des cas particuliers.* Ici Sénèque revient sur ce qu'il a déjà dit dans la lettre précédente. *Voyez* page 56 ci-dessus.

Cette vertu simple et accessible à tous. Passage cité par Montaigne au chapitre *de la Physionomie* (liv. III, ch. 12), à propos de l'insuffisance de la science, à laquelle les *pauvres gens* suppléent tous les jours *par des effects de constance et de patience* que nature leur enseigne.

Page 107. *Qu'elles* (les femmes) *ne sont pas sujettes à la goutte.* Il n'est point question des femmes dans l'aphorisme d'Hippocrate, que Sénèque traduit ici, mais des eunuques : « Eunuchi non laborant podagra, neque calvi sunt. » A l'égard des femmes, ce grand médecin dit seulement qu'elles ne sont pas sujettes à la goutte, à moins qu'elles n'aient passé certaine époque : « Si non menses ipsi defecerint. »

Page 109. *Et rejettent, jusqu'à la dernière goutte, le vin qu'elles ont bu.* On retrouve cette même pensée exprimée dans les mêmes termes au ch. III du traité *de la Providence :* « Hi quidquid biberint, vomitu remetiuntur tristes. » *Voyez* page 376, et la note correspondante, page 409 de notre tome II. Martial a dit :

Nec cœnat prius, aut recumbit ante
Quam septem vomuit meros deunces.

Destinées par la nature à un rôle passif. Montaigne, dans son chapitre *des Vers de Virgile* (liv. III, ch. 5), fait ainsi allusion à ce passage de Sénèque : « De vray, selon la loy que la nature leur donne (aux femmes), ce n'est pas proprement à elles de vouloir et desirer : leur rosle est souffrir, obeyr, consentir : c'est pourquoy nature leur a donné une perpétuelle capacité, à nous rare et incertaine. Elles ont tousiours leur heure afin qu'elles soyent tousiours prestes à la nostre : *Pati natæ.* »

Qu'elles font l'homme avec les hommes ! Saint-Clément d'Alexandrie a dit : « Et fœminæ viri sunt contra naturam, et nubent, et item ducunt uxores. » Et Martial, passé maître en toutes ces infamies :

Pœdicat puero tribas Philænis.

Ni, par le secours du vin, ranimer le pouls éteint. Voyez *des Bienfaits,* liv. III, ch. 9. Ovide a dit :

Et jam deficiens sic ad tua verba revixi
Ut solet infuso vena redire mero.

Plus d'études littéraires. Voyez la lettre LXXVI, pages 218 à 221 de notre tome VI.

Page 111. *Réservés à de nouveaux outrages dans la chambre à coucher.* Voyez la lettre XLVII, page 288 de notre tome VI; et le ch. III du traité *de la Providence*, page 337 de notre tome II; enfin ci-après, lettre CXXII, page 447.

Page 111. *Ces troupes de mignons, rangés selon leur pays et leur couleur.* Voyez *de la Brièveté de la vie,* ch. xii.

Au signal donné. Voyez *de la Brièveté de la Vie,* ibid.: « Quanta celeritate, signo dato, glabri ad ministeria discurrant. »

Et cette neige, au cœur de l'été. — *Voyez* la lettre lxxxviii, page 267, et la note correspondante, page 512 de notre tome vi.

Cette sauce de la Compagnie. Horace, Pline, Ausone, Martial, Pétrone, enfin Apicius (*de Arte coquin.,* lib. vi et vii), parlent de cette sauce fameuse, si estimée des gourmands de Rome. On croit que c'était une *saumure de maquereau.* Elle était nommée *garum Sociorum,* à cause d'une société de chevaliers romains qui avaient établi exploitation de *garum* sur la côte d'Espagne, près de Carthagène. Les Romains disaient *garum Sociorum,* comme on disait, dans l'ancien régime : *tabac de la Ferme; café de la Compagnie.*

Page 115. *Des cruautés se commettent en vertu de sénatus-consultes et de plébiscites.* Encore un passage dont s'est emparé l'auteur des *Essais :* « Le sage Dandamys, dit Montaigne en son liv. i, ch. xxxix, *Considération sur Cicéron,* oyant reciter les vies de Socrates, Pythagoràs, Diogènes, les jugea grands personnages en toute autre chose, mais trop asservis à la révérence des loix : pour lesquelles autoriser et seconder, la vraye vertu a beaucoup à se desmettre de sa vigueur originelle; et non-seulement par leur permission, plusieurs actions vitieuses ont lieu, mais encore à leur suasion. *Ex senatusconsulto.... exercentur.* Je suy le langage commun, qui fait différence entre les choses utiles et les honnestes, etc. »

Les bêtes sauvages, privées de la parole, vivent entre elles en paix. Déjà Sénèque a développé ce lieu commun dans le traité *de la Colère,* liv. ii, ch. 8.

Une profonde habileté. Sénèque cite ici, en y changeant quelque chose, le 442e vers du liv. viii de l'*Énéide :*

Nunc manibus rapidis, omni nunc arte magistra.

Page 117. *Le seul spectacle qu'on attende de lui, c'est sa mort.* Ici notre philosophe proteste de nouveau, au nom de l'humanité, contre les combats de gladiateurs. *Voyez* les lettres vii et xc : « Homo hominem, non timens, nec iratus, tantum spectaturus occidit. »

Page 117. *Si nous joignons à ces principes, les préceptes, etc.* Le mot *dogmes* conviendrait peut-être ici; mais j'ai voulu me servir toujours du même mot pour rendre *decreta*, puisque Sénèque emploie constamment une seule expression.

Si nous voulons délier les hommes. C'est une locution familière à Sénèque; on doit traduire comme s'il y avait *si nolumus*.

Page 119. *Est la plus sensible offense qu'on puisse faire à une épouse.* — Voyez le traité *de la Colère*, liv. ii, chap. 28; la lettre ci-dessus, page 63, et la note page 490.

Page 121. *Un surmulet d'une grosseur énorme.* Juvénal raconte une anecdote semblable dans sa satire iv.

Page 123. *Ce poisson pesait, dit-on, quatre livres et demie.* Pline (*Hist. natur.*, liv. ix, ch. 17) atteste que les surmulets qu'on nourrissait avec soin dans les viviers, atteignaient rarement plus de deux livres.

Apicius. C'est celui dont Sénèque a déjà parlé dans la *Consolation à Helvie.* — On ne connaît pas autrement que par cette anecdote P. Octavius.

Cinq mille sesterces. Tous les manuscrits portent *quinque sestertiis*. Mais, avec tous nos devanciers, nous avons traduit comme s'il y avait *quinque millibus H.-S.* Cela fait à peu près quinze cents francs.

M. Brutus dans son traité du Devoir. — Les grammairiens Charisius et Priscien citent cet ouvrage de Brutus sous le titre de *Officiis*.

Page 125. *Le jour du sabbat.* Sénèque fait ici allusion à l'usage des Juifs, qui allumaient des lampes et des cierges dans le temple le jour du sabbat. Les Romains avaient adopté cette pratique.

Qu'on apporte à Jupiter du linge et des brosses, ni qu'on aille présenter un miroir à Junon. Ce passage s'explique par le fragment du traité *de la Superstition*, de Sénèque, lequel fragment nous a été conservé par saint Augustin (*voyez* tome i, page 443, fragment xxxvii). *Strigiles* veut dire indifféremment *brosses* ou *grattoirs de peau*, dont les Romains faisaient usage en sortant du bain, et dont les athlètes se servaient également.

Il est partout prêt, et pour tous. On a vivement attaqué Sénèque sur cette opinion, qui semble exclure toute espèce de culte. On la retrouve dans le fragment XXVII (tome 1, p. 439).

Page 127. *Voulez-vous vous rendre les dieux favorables ?* — *Voyez* le fragment cité dans la note qui précède.

De partager son pain avec celui qui a faim. — Esurienti panem frange tuum, est-il dit dans nos livres saints. Tout ce passage semblerait vraiment y avoir été puisé; il rappelle la morale non moins touchante que présente notre philosophe dans le traité *de la Colère,* liv. 1, ch. 14, page 141 de notre tome 1.

Page 127. *Nous sommes les membres d'un grand corps.* Idée souvent développée par Sénèque. *Voyez* le traité *de la Colère,* liv. 11, chap. 30, page 141, puis les notes correspondantes, page 292 de notre tome 1.

Rien de ce qui touche les hommes. — TÉRENCE, *Heautontimorumenos,* acte 1, scène 1.

Notre société ressemble à une voûte. Diderot interprète ce passage : « La société ressemble à une voûte; si la clef ou le premier voussoir pèse trop, l'édifice n'est tôt ou tard qu'un amas de ruines. »

Page 131. *Il faut déjà qu'elle vous inspire pour que vous puissiez l'apprendre.* Le texte porte *discendum de ipsa est, ut ipsa discatur;* ce qui, sauf un peu d'obscurité, présente un sens satisfaisant, et que je crois avoir exprimé. Les autres traducteurs et commentateurs, changeant le texte, ont entendu comme s'il y avait *ut in ipsa voluntas discatur,* ou bien *ut ipsa voluntas discatur.* Ainsi La Grange traduit : *Il faut étudier sa nature pour connaître la volonté;* ce qui, après tout, est encore plus obscur que le texte primitif.

Le plus incertain des guides, l'opinion. Voyez *de la Vie heureuse,* ch. 11, page 299 de notre tome III.

Page 133. *Ne valent pas un sesterce.* Petite monnaie romaine valant environ vingt centimes de notre monnaie. *Ne valent pas un Carolus,* dit Du Ryer dans sa traduction.

Page 135. *Posidonius.* Sénèque l'a cité pour le réfuter dans la lettre précédente, page 73.

Que nous oserons appeler l'ÆTIOLOGIE. Des éditions portent *etymologiam*, *ethologiam*. J'ai préféré *œtiologia*, qui signifie l'action de rendre raison de ce qu'on a avancé.

Page 137. *C'est ce qu'il appelle l'éthologie.* Quelques éditeurs ont répété ici le mot *œtiologie*; ce qui détruit entièrement le sens de la phrase.

L'étalon généreux. — VIRGILE, *Géorgiques*, liv. III, v. 75 et suiv. J'ai adopté la belle traduction de Delille.

Page 189. *Si j'avais à peindre Caton.* C'est pour notre auteur le héros, le sage par excellence. Il serait trop long de citer tous les endroits où il en est parlé. Cependant comparez ce passage à ce que dit Sénèque, lettre XIV, page 85 de notre tome V; *de la Constance du sage*, ch. I et suiv., et surtout lettre CIV ci-dessus, p. 245.

Il ne s'effraie pas de vaines rumeurs. Malheureusement, dans sa traduction, Delille a passé ce trait. La Fontaine, qui a traduit ce passage pour la version des *Épîtres* de Sénèque par Pintrel, a mis ce vers, qui s'adapterait bien ici :

> Il craint peu les dangers, et moins encor le bruit.

Page 141. *Les lits de bois de Tubéron.* C'était Q. Élius Tubéron, fils d'Élius Tubéron que Paul-Émile choisit pour gendre à cause de sa vertu, et qui, selon Plutarque, fut de tous les Romains celui qui se maintint dans la pauvreté avec le plus de magnanimité et de constance. Si l'on en croit Cicéron, Q. Tubéron outra les vertus de son père. Dans le plaidoyer *pour Murena*, cet orateur tourne en ridicule, avec beaucoup d'agrément, cette même simplicité dont Sénèque lui fait ici un mérite. « Ainsi, Caton, dit Cicéron, en s'adressant à ce même Caton qu'ici également Sénèque préconise, ne condamnez point avec tant d'amertume d'antiques usages qui portent leur justification en eux-mêmes et dans la durée de cet empire. On a vu, du temps de nos pères, un homme imbu du même rigorisme, distingué d'ailleurs par son savoir, sa vertu, sa naissance : c'était Q. Tubéron. Lorsque Q. Maximus, pour honorer la mémoire de Scipion l'Africain, son oncle paternel, donna un repas au peuple romain, il pria Tubéron, qui était fils d'une sœur de ce grand homme, de vouloir bien présider aux apprêts. Et en véritable érudit, en philosophe stoïcien, Tubéron fit étendre des peaux de boucs sur des lits à la carthaginoise, et servir en vaisselle de Samos, comme s'il eût eu à célébrer les obsèques de Diogène le Cynique, et non point celles d'un homme égalant les dieux... Cette sagesse malentendue de Tubéron... révolta le peuple romain. Aussi, malgré sa vertu et son dévoûment à la patrie, fut-il, grâce à cet étalage mesquin de peaux de boucs, exclu de la préture. » (*Pour Murena*, chap. 36, tome XI, pages 364 à 567 de notre *Cicéron*.) — Sénèque cite encore Tubéron dans sa XCVIII[e] lettre (*voyez* ci-dessus page 163).

LETTRE XCVI. Page 143. *Je n'obéis point à Dieu, je donne mon assentiment à ses décrets.* Cette idée, fondamentale pour la secte stoïcienne, se rencontre fréquemment dans *Sénèque*. — Voyez, dans le traité *de la Vie heureuse*, ch. XV, où il établit qu'*obéir à Dieu, c'est la vraie liberté*.

Vous avez craint pour votre existence. Il s'agit sans doute de ce procès qu'un ennemi acharné avait intenté à Lucilius, et dont il est question dans la lettre XXIV.

Page 145. *Que vous ne soyez jamais l'enfant gâté de la fortune.* C'est ainsi que Sénèque dit, dans le traité *de la Providence*, ch. I : « Deus bonum virum in deliciis non habet. » Il développe la même doctrine dans la lettre LI (tome V, pages 312 à 315 de notre édition). Même morale dans la lettre XIII (tome V, page 77).

La vie est un état de guerre. « Nobis quoque militandum est, » dit Sénèque, lettre LI. Cette comparaison entre l'état de guerre et la vie se retrouve encore dans la lettre LIX (pages 41 et 43 de notre tome VI). Montaigne (liv. III, ch. 13, *de l'Expérience*) cite ces mots : *Vivere, mi Lucili, militare est;* et ajoute : « Qui seroit faict à porter valeureusement les accidents de la vie commune, n'auroit point à grossir son courage pour se rendre gendarme. »

LETTRE CXVII. Page 145. *C'est une erreur.... de regarder comme un vice particulier à notre siècle.* Sur ce début de Sénèque, les commentateurs ont cité ce vers de l'*Art poétique* d'Horace.

Difficilis, querulus, laudator temporis acti.

Dans le jugement de ce procès où Clodius, etc. Consultez, sur cette scandaleuse affaire, les lettres de Cicéron *à Atticus* (liv. I, lettres 13, 14 et 16), et les discours de cet orateur depuis son retour, ainsi que nos annotations (tomes XII, XIII et XIV de notre *Cicéron*).

L'analyse que Diderot fait de cette lettre mérite d'être rapportée : « Lisez-la, dit-il, si vous voulez frémir de la dépravation romaine, même au temps de Caton. Un jeune libertin s'introduit, à la faveur d'un déguisement, dans le lieu de la célébration des mystères de la Bonne-Déesse, et déshonore la femme de César : il est appelé devant les tribunaux, et renvoyé absous. Mais quel fut le prix de la corruption des juges? de grandes sommes d'argent? C'eût été, comme aujourd'hui et dans tous les temps. Avec ces sommes d'argent, on stipula la prostitution de plusieurs femmes désignées à la jouissance de jeunes gens de la première distinction. Nous le cédons autant aux Romains dissolus qu'aux Romains vertueux. »

Page 145. *Ostensiblement.* — *In aperto.* J'ai préféré cette version à *in operto*, que donnent quelques éditeurs.

Page 147. *De ce sacrifice qui se célèbre, dit-on, pour le salut du peuple romain.* C'était le sacrifice que l'on faisait à la Bonne-Déesse, et qu'on appelait aussi les *Mystères*.

Je citerai les paroles mêmes de Cicéron. Ici Schweigauser, et après lui M. Bouillet, ont admis dans le texte ces mots qui m'ont paru une interpolation évidente : *Epistolarum ad Atticum libro* 1. (C'est de la xvie lettre qu'est tiré ce passage.)

« *Il fit venir ses juges.* » Ce ne fut pas Clodius, mais Crassus qui, au rapport de Cicéron, se chargea de corrompre les juges et de leur faire ces offres infâmes, qu'ils acceptèrent.

Ne veux-tu pas commettre d'adultère ? alors condamne-moi. J'ai préféré ici *nisi* à *ubi*, qu'admet La Grange sur l'autorité d'Érasme.

Avant les vingt-quatre heures. — *Comperendinatio*, terme de procédure signifiant un délai de vingt-quatre heures.

Page 149. *Qu'il ne lui était pas permis de réclamer cette partie des jeux Floraux, où des courtisanes paraissaient nues sur le théâtre.* Ici La Grange a commis un contre-sens en disant : « N'osa pas réclamer les jeux Floraux; » ce qui ferait supposer qu'ils ne furent pas célébrés. Au contraire, on était en train de les célébrer, et jusqu'alors rien d'obscène ne s'était passé sur le théâtre : Caton était parmi les spectateurs, et, voyant que sa présence empêchait la cérémonie d'être complète, il se retira. Consultez, sur les *jeux*

Floraux, Pline, *Histoire naturelle*, liv. xviii, ch. 29; Ovide, *Fastes*, liv. v, v. 295; Valère-Maxime, liv. ii, ch. 10, n° 8; Martial, liv. i, épigr. 1; Lactance, *de Falsa religione*, lib. i, c. 20.

Page 153. *Cette pensée.... est-elle opposée aux principes de notre secte?* Parce que les stoïciens prétendaient qu'il faut haïr le vice et aimer la vertu pour eux-mêmes.

Le plus grand châtiment du crime, est de l'avoir commis. Sénèque a déjà développé cette belle morale dans sa lettre lxxxvii (page 399 de notre tome vi): « Atqui maximum scelerum supplicium in ipsis est; » et dans la lettre lxxxi (page 301).

Page 155. *Sa conscience l'accuse et le dénonce à lui-même.* Juvénal a dit, dans sa satire xiii, v. 198 :

Nocte dieque suum gestare in pectore testem.

Dans ce passage, Sénèque s'éloigne un peu de ce qu'il a dit dans sa lettre iii : « Innocentem quisque se dicit respiciens testem, non conscientiam. » Cette pensée se retrouve dans les *Maximes* de La Rochefoucault : « Nous oublions aisément nos crimes lorsqu'ils ne sont sus que de nous. »

LETTRE XCVIII. Page 155. Qu'il ne faut pas se fier aux biens extérieurs. Comparez cette lettre avec les traités *de la Tranquillité de l'âme* et *de la Vie heureuse*, puis aux *Consolations à Helvie, à Polybe* et *à Marcia*.

Page 159. *Combien il est à plaindre, l'esprit inquiet de l'avenir!* Après avoir cité ces mots, Montaigne ajoute : *Calamitosus est animus futuri anxius.* « La crainte, le désir, l'espérance, nous eslancent vers l'advenir; et nous desrobent le sentiment et la considération de ce qui est, pour nous amuser à ce qui sera, voire quand nous ne serons plus. » (Liv. i, ch. 3, *Nos affections s'emportent audelà de nous.*)

Point de différence entre la perte d'un objet et la crainte de le perdre. Montaigne commente ainsi ce passage : « Nul bien nous peut apporter plaisir, si ce n'est celuy à la perte duquel nous sommes préparez: *In æquo amittendæ.* » (Liv. ii, ch. 15, *Que nostre désir s'accroist par la malaysance.*)

Quelle démence, que d'anticiper sur son malheur! Ici Sénèque répète à Lucilius les mêmes conseils qu'il lui a donnés dans la lettre XIII. — « Que te sert, dit Montaigne (liv. III, ch. 12, *de la Physionomie*), d'aller recueillant et prévenant ta male fortune, et de perdre le présent par la crainte du futur, et estre misérable parce que tu le dois estre avec le temps? Ce sont ces mots : *Quæ ista dementia, etc.* » Désignant ainsi Sénèque, qu'il appelle « un des maistres, non de quelque tendre secte, mais de la plus dure. »

Page 161. *C'est se désoler plus qu'il n'est besoin, que de se désoler avant qu'il en soit besoin.* Montaigne (*ibid.*), après avoir cité l'opinion de César, « que la moins préméditée mort était la plus heureuse et la plus deschargée, » il rapporte ce trait de Sénèque : *Plus dolet quam necesse est, etc.*

On ferme les yeux sur le tourbillon. Ici des éditeurs proposent *peccati* au lieu de *petauri*, d'autres proposent *fati*. Il est évident que *petaurum* est le mot qui convient. Voici, au surplus, la note de Ruhkopf: « Petaurum (πέταυρον dor. et æol. idem quod μετέωρον, ut adeo male a veteribus grammaticis deducta sit vox a πρὸς τὸν ἀερα πέτασθαι) machinatio quædam proprie funambulorum, cujus ope corpora in altum vibrantur : hinc πέταυρον τῆς τύχης, jactatio fortunæ, apud Plutarchum. »

Métrodore — Voyez, sur ce disciple d'Épicure, les lettres VI, XIV, XVIII, etc., etc. Le temps n'a pas respecté la lettre de Métrodore, que Sénèque cite ici et qu'il doit encore citer dans la lettre qui suit.

Page 163. *Général, Fabricius refusa les richesses, que, censeur, il nota d'infamie.* Déjà Sénèque a parlé, dans le traité *de la Providence*, ch. III (pages 373 et 407 de notre tome II), de la vertueuse pauvreté de Fabricius. Censeur, Fabricius nota d'infamie un des ancêtres de Sylla, parce qu'il possédait plus d'argenterie que ne le comportaient alors les règlemens somptuaires. *Voyez* encore, sur Fabricius, la lettre CXX ci-dessus.

Tubéron estima que sa pauvreté était digne de lui. Déjà Sénèque a fait l'éloge de Tubéron à la fin de sa lettre XCV. *Voyez* ci-dessus, pages 141 du texte et 500 des notes. — Sur l'emploi du mot *fictilibus*, consultez encore le beau trait qui termine la lettre XXXI.

Sextius le père. — Voyez, sur ce personnage, les lettres LIX et

LXIV, et les notes correspondantes, pages 41, 65, 491 et 493 du tome VI de notre *Sénèque*.

Page 163. *Le laticlave.* Ornement distinctif des sénateurs.

Page 165. « *Cherche ailleurs un ennemi que tu puisses vaincre.* » On trouve une apostrophe semblable à la Fortune dans le traité *de la Tranquillité de l'âme* (ch. VIII, page 353 de notre tome I).

C'est par ces discours... que notre ami, etc. Quel est cet ami ? quel est ce vertueux vieillard ? on l'ignore absolument. Plusieurs commentateurs n'hésitent pas à croire qu'il y a ici quelque lacune.

Mais pour ceux à qui elle peut être utile. « S'il te reste au fond du cœur quelque sentiment de vertu, dit J.-J. Rousseau, viens que je t'apprenne à aimer la vie. Chaque fois que tu seras tenté d'en sortir, dis en toi même : Que je fasse encore une bonne action avant de mourir. Puis va chercher quelque indigent à secourir, quelque infortuné à consoler, quelque malheureux à défendre... Si cette considération te retient aujourd'hui, elle te retiendra encore demain, après-demain, toute la vie : si elle ne te retient pas, meurs; tu n'es qu'un méchant. »

LETTRE XCIX. Page 167. *La lettre que j'ai écrite à Marulle.* On ne sait quel est ce personnage. Cette lettre présente de fréquens rapprochemens avec la précédente, et avec la lettre LXIII : IL NE FAUT PAS S'AFFLIGER SANS MESURE DE LA PERTE DE SES AMIS; avec les *Consolations à Helvia, à Polybe*, et surtout *à Marcia*; enfin, avec la lettre CI.

Vous attendez des consolations. Ce qui précède est le préambule adressé à Lucilius. Ici commence la lettre adressée à Marulle.

Page 169. *Que vous affliger de ce que vous avez perdu.* Comparez ce passage avec ce que Sénèque a dit dans la lettre précédente (page 161) : « Habere eripitur, habuisse nunquam, etc. »

Page 171. *Celui que tu tiens pour perdu, a seulement pris les devants.* Voyez *Consolation à Marcia*, ch. XIX, et la *Consolation à Polybe*, ch. XXVIII.

Page 173. *Il est peu de temps employé à vivre.* — Voyez le traité *de la Brièveté de la vie*, ch. II, où Sénèque cite ce vers :

> Exigua pars est vitæ, quam nos vivimus;

puis ce passage du chap. III du même traité : « Dic quantum ex isto tempore creditor, etc. » (Pages 202 et 206 de notre tome III.)

Page 175. *De ne pas attendre la fatigue pour achever sa route.* — *Voyez* la *Consolation à Marcia*, ch. XXII.

Regardez ces jeunes hommes des plus illustres maisons. — *Voyez*, sur cette dégradation des jeunes gens de nobles familles, le traité *de la Providence*, ch. II, page 364 : « Tantoque spectaculum est gratius, quantoque id honestior fecit; » puis la note correspondante, pages 404 et 405 de notre tome II.

Ce n'est pas là une blessure douloureuse, c'est une morsure légère. Sénèque emploie dans le même sens le mot *morsus*, en sa lettre LXIII (page 59 de notre tome VI).

Page 177. *Leur effusion (des larmes) soulage le cœur.* Sénèque le père a dit (liv. X, *Controv.* I) : « Plerumque omnis dolor per lacrimas effluit. »

L'ostentation de la douleur est plus exigeante que la douleur elle-même. — *Est aliqua et doloris ambitio*, a dit Sénèque dans la lettre précitée. *Voyez* aussi *de la Tranquillité de l'âme*, ch. XV, page 387, et les notes, page 411 de notre tome I. — La Fontaine a dit :

> De quelque désespoir qu'une âme soit atteinte,
> La douleur est toujours moins forte que la plainte:
> Toujours un peu de faste entre parmi les pleurs.
> (*La Matrone d'Éphèse.*)

On gémit plus haut quand on est entendu. Sénèque fait allusion à ce travers, et, dans la lettre précitée, comme aussi au chap. XV du traité *de la Tranquillité de l'âme*. — *Voyez* la note qui précède.

Page 179. *Et cette tristesse n'est pas sans quelque douceur.* Sénèque établit cette touchante morale dans sa lettre LXIII (p. 56-59 de notre tome V). Il y a dans le fragment *de l'Amitié* (page 488 de notre tome I) quelque chose d'analogue au sujet d'un ami absent. *Voyez* aussi le ch. I de la *Consolation à Marcia*. Ovide a dit :

> . . . . Est quædam flere voluptas
> Expletur lacrimis egeriturque dolor ;

NOTES.

et Legouvé :

> Voilà donc tes bienfaits, tendre mélancolie !
> ....
> Tu sais donner un prix aux larmes, aux soupirs,
> Et nos afflictions sont presque des plaisirs.

On voit, en lisant la suite dans *Sénèque*, que ce philosophe ne va pas si loin que le poète français, et qu'il blâme ceux qui cherchent du plaisir jusque dans la douleur; mais il est assez difficile de saisir la nuance où s'arrête Sénèque, et de ne pas le trouver ici un peu en contradiction avec ce qu'il va dire à la fin de cette lettre.

Page 181. *Ses propos et ses saillies enfantines.* Dans la *Consolation à Helvie*, Sénèque parle à peu près dans les mêmes termes de la gentillesse de son neveu Marcus (tome II, page 69 de notre *Sénèque*).

Page 183. *Métrodore.* Le même dont il est parlé dans la lettre précédente. *Voyez* ci-dessus, page 504.

Qu'y a-t-il en effet de plus honteux? On concilie difficilement la sévérité de ce blâme avec ce que l'auteur a dit précédemment : « Et inest quiddam dulce tristitiæ. »

J'en vois d'ici qui nous reprochent une sévérité excessive. Dans le traité *de la Constance du sage*, ch. III, Sénèque s'adresse des objections analogues.

LETTRE C. Page 187. *Les livres de Papirius Fabianus.* Il est déjà fait mention de Papirius Fabianus dans les lettres XI, XL, LII et LVIII. Le père de notre auteur en porte son jugement dans la préface du second livre de ses *Controverses*. Il l'accuse d'obscurité dans ses harangues, ainsi que dans ses esprits philosophiques; il se plaint de ses désinences précipitées. Cependant il dit que Fabianus s'animait d'une noble chaleur lorsqu'il attaquait les vices de son temps. Il serait curieux de comparer ce beau passage de Sénèque le Rhéteur avec cette lettre c de notre philosophe. Le jugement du père, qui s'accorde en général avec celui de son fils, est d'un homme de goût et d'un critique éclairé.

Sur les Devoirs civils. Ouvrage entièrement perdu. Le grammairien Charisius cite un livre du même Fabianus intitulé : *Causarum naturalium.*

Page 191. *Ces nombreux canaux.* Sénèque parle encore de cette recherche de luxe dans les traités *de la Tranquillité de l'âme*, ch. I, et *de la Providence*, ch. III.

La cellule du pauvre. C'était une chambre simple et sans tapisserie, dans laquelle les riches Romains allaient, par une recherche de sensualité, faire quelquefois un repas frugal, afin de varier leur ordinaire. Sénèque parle de cette *cellule* ou *cabane du pauvre*, dans sa lettre XVIII (page 111 de notre tome V), et dans la *Consolation à Helvie*, ch. XII : « Sumunt (*locupletes*), dit-il, quosdam dies, quum jam illos divitiarum tædium cœpit, etc. »

Asinius Pollion. Le même dont il est parlé dans le traité *de la Colère*, liv. III, chap. 23; dans le traité *de la Tranquillité de l'âme*, ch. XV, etc.

Page 193. *Citez encore Tite-Live.* Il ne nous reste rien des dialogues philosophiques de Tite-Live.

LETTRE CI. Page 197. *Chaque jour, chaque heure révèle à l'homme tout son néant.* On connait cette belle exclamation de Bossuet : « Ah! que nous ne sommes rien! » Pétrone a dit :

> Heu! heu! nos miseros quam totus homuncio nil est
> Quam fragilis tenero stamine vita cadit.

B-D.

Cornelius Sénécion. On ne connait ce personnage que par cet endroit de *Sénèque.*

Ce chevalier si honorable. On a très-bien observé que *splendidus* était une épithète d'honneur qui s'appliquait aux chevaliers romains, comme nous disons l'*honorable député.*

Et le laisse à peine vivre jusqu'au jour. Remarquons ici combien Sénèque excelle dans l'art de conter.

Page 199. *Greffe tes poiriers et aligne tes vignes.* —VIRGILE, *Églogue* I. Ici l'on sent que la citation forme une piquante ironie.

Nous qui ne sommes pas maîtres de demain! — *Voyez*, à la fin de la lettre XIII (tome V, pages 76 à 78) : « Quam fœda sit ho-

minum levitas quotidie nova vitæ fundamenta ponentium, etc. »
Voyez aussi la lettre XXIII, et les ch. IV et V du traité *de la Brièveté de la vie.*

Page 199. *De fonder dans l'avenir des espérances sans bornes.* Horace a dit :

> Vitæ summa brevis spem nos vetat inchoare longam.

Les tardives récompenses accordées aux services. Juvénal a dit :

> Ut locupletem Aquilam tibi sexagesimus annus.
> Afferat.
> (Sat. XIV, v. 197.)

Elle (la mort) *a beau multiplier à nos yeux ses instructives rigueurs.* — *Voyez* cette idée développée dans le traité *de la Tranquillité de l'âme*, ch. XI, pages 366 à 371 de notre tome I.

Page 201. *Réglons journellement nos comptes avec la vie.* Dans sa lettre XII, Sénèque donne le même conseil à Lucilius : « Itaque sic ordinandus dies omnis, tanquam cogat agmen et consumet atque expleat vitam. »

Si mon âme, ferme désormais, etc. Ce passage rappelle ces vers d'Horace (liv. III, *Ode* 29) :

> Prudens futuri temporis exitum
> Caliginosa nocte premit Deus :
> Ridetque si mortalis ultra
> Fas trepidat. Quod adest memento
> Componere æquus. . . . .

Et plus loin :

> . . . . Ille potens sui,
> . . Lætusque deget, cui licet in diem
> Dixisse : Vixi.

Page 203. *L'ignoble souhait de Mécène.* Sénèque parle toujours avec peu d'estime de cet illustre Romain. *Voyez* le traité *de la Providence*, liv. III (page 375 de notre tome II), et ci-dessus, lettre CXIV. M. Bouillet, à propos de ce personnage, renvoie le lecteur au livre de Meibom, intitulé *Mœcenas* (La Haye, 1765), et aux *Recherches sur la Vie de Mécène,* par Souchay.

Page 203. *Rendez mes mains débiles.* La Fontaine a imité ainsi ces vers dans sa fable de *la Mort et le Malheureux :*

> Mécénas fut un galant homme :
> Il a dit quel part : «Qu'on me rende impotent,
> Cul-de-jatte, goutteux, manchot, pourvu qu'en somme
> Je vive, c'est assez, je suis plus que content.»

Le même La Fontaine a encore imité ces vers de Mécène pour la traduction des *Épîtres* de Sénèque de son ami Pintrel, publiées en 1681, en deux vol. in-8°, par les soins de notre fabuliste :

> Qu'on me rende manchot, cul-de-jatte, impotent;
> Qu'on ne me laisse aucune dent,
> Je m'en consolerai : c'est assez que de vivre.

Sénèque relève avec beaucoup trop de dédain un sentiment si universel, et que lui-même semble professer dans sa lettre CVII, où il dit : «*O Mors !* » *id est mentiaris.* « Invoquer la mort, c'est mentir. » Déjà j'ai eu occasion de rappeler dans une note ces vers de Mécène, à propos de la lettre IX, où Sénèque dit, en parlant du sage : « Si quis oculum casu excusserit, reliquiæ illi suæ satisfacient, etc. » (Page 41, et la note page 557 de notre tome V.)

Montaigne (liv. II, chap. 37, *de la Ressemblance des enfans aux pères*) semble adopter l'avis de Mécène : « J'entre desjà, dit-il, en composition de ce vivre coliqueux; j'y trouve de quoy me consoler et de quoy espérer; tant les hommes sont accoquinés à leur estre misérable, qu'il n'est si rude condition qu'ils n'acceptent pour s'y conserver. Oyez Mécénas, etc. »

Sénèque, dans sa lettre LXX (page 135 de notre tome VI), cite un mot de Télesphore de Rhodes, analogue à ces vers de Mécèce. Et tout le passage est à comparer avec la lettre CI.

Est-ce un malheur si grand, que de cesser de vivre ? —VIRGILE, *Énéide,* liv. XII, v. 646. M. Baillard a adopté la traduction de ce vers par Racine dans *Phèdre.* Le sentiment qui s'y trouve exprimé est sans doute fort beau pour la tragédie, mais le commun des hommes acceptera cette moralité du bon La Fontaine :

> Le trépas vient tout guérir;
> Mais ne bougeons d'où nous sommes.

« Plutôt souffrir que mourir; »
C'est la devise des hommes.

Page 205. *Et répandre sa vie goutte à goutte.* Déjà Sénèque a employé cette même expression de *stillicidium*, dans sa lettre LXX (page 135 de notre tome VI) : « Nemo multum ex stillicidio potest perdere. »

LETTRE CII. Page 207. *Je me complaisais à sonder le problème de l'immortalité des âmes.* Ici Sénèque indique des idées qu'il a développées au chapitre XXV de la *Consolation à Marcia* (page 267, et les notes correspondantes pages 289 et 290 de notre tome II).

Promettre plus qu'elle ne prouve. Montaigne (livre II, ch. 12, *Sur l'apologie de Raymond de Sebonde*) s'exprime ainsi au sujet de ce passage de Sénèque : « Nul ne sçayt ce qu'Aristote a estably sur ce subject, non plus que tous les anciens en général, qui le manient d'une vacillante créance : *Rem gratissimam promittentium magis quam probantium.* Il s'est caché soubs le nuage des paroles et sens difficiles et non intelligibles, et a laissé à ses spectateurs autant à débattre sur son jugement que sur la matière. »

Vous dites que ma première lettre. Cette première lettre est perdue. — J'ai porté au texte *negas*, au lieu de *negat*, qui n'offre aucun sens.

Jamais il n'y a bien, où il y a..... solution de continuité. La Grange me paraît avoir mal entendu, en disant « un objet *distant* de nous ne peut nous rendre heureux. » *Séparé* serait plus voisin du sens; mais ici le mot *solution de continuité* implique toute la démonstration de Sénèque.

Page 213. *La vérité qui n'a..... qu'une face.* Montaigne a dit quelque part : « Si, comme la vérité, le mensonge n'avoit qu'un visage, nous serions en meilleur terme; mais le revers de la vérité a un champ indéfini : mille routes dévoyent du blanc, une y va. » Et Rousseau : « Par combien d'erreurs, mille fois plus dangereuses que la vérité n'est utile, ne faut-il point passer pour arriver à elle! Le désavantage est visible; car le faux est susceptible d'une infinité de combinaisons, mais la vérité n'a qu'une manière d'être. » (*Disc. sur les Sciences.*) Voyez aussi la lettre CXXII, vers la fin.   B-D.

Page 213. *Et le panégyrique.* Il est fâcheux qu'on ne puisse dire avec Chalvet, *le louangement*, mot qui n'est plus français.

Page 215. *Il est beau d'être loué par l'homme que chacun loue.* C'est un vers du poète Névius, qui, dans une de ses tragédies, faisait ainsi parler Hector :

> Lætus sum laudari abs te, pater, laudato viro.

Cicéron cite ce vers dans ses *Tusculanes* et dans ses *Lettres familières*. La Fontaine a dit :

> Mais de tous les plaisirs le plaisir le plus doux,
> C'est de se voir loué de ceux que chacun loue.

La louange est l'aliment des arts. Cicéron dit, liv. 1er, ch. 2 des *Tusculanes* : « Honos alit artes, omnesque incenduntur ad studia gloria. » Ainsi il aura emprunté cette pensée au vieux poëte que désigne Sénèque sans le nommer, et qui est resté inconnu.

Page 217. *Que celles qui lui sont communes avec Dieu même.* Sur cette communauté entre Dieu et le sage, voyez *de la Providence*, ch. 1; *de la Tranquillité de l'âme*, ch. viii, et la lettre liii.

Elle n'accepte point une étroite patrie. La même pensée se trouve développée dans le traité *du Repos du sage*, ch. xxxi, et à la note 9 correspondante.

Page 219. *Tous les temps accessibles à la pensée.* Lamotte a dit :

> C'est par l'étude que nous sommes
> Contemporains de tous les hommes
> Et citoyens de tous les lieux.

B-d.

Mais ma lourde chaîne m'attache à la terre. — Voyez ces pensées toutes chrétiennes développées dans la *Consolation à Helvie*, passim, dans la *Consolation à Marcia*, ch. xxv, et dans la lettre lxv.

Le temps.... nous mûrit pour une seconde naissance. Ce passage a été ainsi imité par saint Grégoire de Nysse : « Qu'est-ce que la mort a de si redoutable? Avant d'arriver à l'âge de maturité, il a fallu passer par les âges précédens, depuis l'enfance, depuis ce commencement d'existence où n'étant encore qu'un germe informe déposé dans le sein maternel, l'enfant attendait le moment d'éclore et de paraître à la lumière du jour. Ce moment arrivé, il est sorti de son obscure retraite en paraissant la regretter, puisqu'en prenant possession de la vie, il a semblé témoigner par ses pleurs le déplaisir du changement. Était-il plus malheureux de naître? l'était-il, en passant de l'enfance à la jeunesse? l'est-il davantage, en passant de cette vie misérable à la véritable vie où la mort va l'introduire? Ses premiers changemens n'avaient été que le développement progressif de la vie qui devait se terminer par la mort; le nouveau changement que la mort vient opérer n'est donc que le passage à un perfectionnement plus désirable. Se plaindre de la nécessité de mourir, c'est accuser la nature de ne nous avoir pas condamnés à une enfance perpétuelle. Le temps présent n'est que l'enfance de la vie : sa maturité, sa perfection est hors de ce monde. » B-D.

Page 219. *Tu n'emporteras pas plus que tu n'as apporté.* Saint Paul (1re *Épître à Timothée*, ch. vi, verset 7) a dit : « Nihil enim intulimus in hunc mundum : haud dubium quod nec auferri quid possumus. »

Page 221. *Ce jour.... doit t'enfanter à l'immortalité.* « La mort qui nous frappe nous enfante à l'immortalité. » (CYPRIEN, *Exhortat. au martyre.*)

 Et du tombeau qui s'ouvre à sa fragilité
 Part le premier rayon de l'immortalité.
   (DELILLE, *l'Imagination.*) B-D.

Page 223. *Alors tu confesseras avoir vécu dans les ténèbres.* Saint Paul a dit encore dans la 1re *Épître aux Corinthiens*, ch. xiii, verset 12 : « Videmus nunc per speculum in ænigmate : tunc autem facie ad faciem. Nunc cognosco ex parte, nunc autem cognoscam sicut et cognitus sum. »

Et qu'elle (l'âme) *ne s'en échappe que pour se dissoudre aussitôt.* Sénèque fait ici allusion au matérialisme d'Épicure.

Le héros, sa beauté, etc.—VIRGILE, *Énéide*, liv. iv, v. 3 et 4. Nous avons pris la traduction de Delille.

LETTRE CIII. Page 225. *Tels que l'incendie, l'écroulement d'une maison.* Ici l'on remarquera une disparate entre le texte et la traduction. M. Baillard, notre honorable traducteur, a maintenu le texte vulgaire, *incendium dico ac ruinam :* en cela il a pour lui

La Grange, Chalvet, Du Ryer, enfin Juste-Lipse; mais tout en respectant sa version, j'ai cru devoir adopter le texte de Lemaire, de Schweigauser, de Ruhkopf, conforme à plusieurs manuscrits.

Page 225. *Sous le visage d'hommes est le naturel des bêtes féroces.* Plaute, dans l'*Asinaire*, a dit : *Homo homini lupus.*

Page 227. *Qu'elle ne s'élève point hautement contre les usages reçus.* « Philosophiæ quidem præcepta noscenda, vivendun autem feliciter, » a dit Cicéron. Sénèque, au reste, professe souvent cette sage morale. *Voyez* lettres v, xiv, xviii, xix, lxviii, et les notes correspondantes, tomes v et vi de notre auteur.

La sagesse peut aller sans faste. « Qu'il se contente, dit Montaigne, de se corriger soy-même, et ne semble pas reprocher à aultrui tout ce qu'il refuse à faire; ny contraster aux mœurs publiques : *Licet sapere sine pompa, sine invidia.* Fuye ces images régenteuses du monde, et inciviles; et cette puérile ambition de vouloir paroistre plus fin, pour estre autre. » (Livre 1er, ch. 25, *de l'Institution des enfans.*)

LETTRE CIV. Page 227. *J'ai fui dans ma terre de Nomentanum.* Sénèque parle encore, dans sa lettre cx, de cette terre, qui était située à soixante-dix stades de Rome.

Malgré ma Pauline, qui voulait me retenir. Montaigne, dans le chap. xxxv de ses *Essais*, intitulé *de Trois bonnes femmes*, a traduit entièrement cette lettre de Sénèque. — On lit, dans le *Carpenteriana*, une satire fort inconvenante des rapports de Pauline et de Sénèque, qui paraît avoir été un excellent mari. *Voyez* notre Notice, tome 1.

Mon honoré frère Gallion. Remarquons cette expression de *domini*; déjà, à cette époque, les Romains honoraient du nom de *dominus* un supérieur, un père, un frère aîné : or, Gallion était le frère aîné de Sénèque. *Voyez*, au surplus, sur ce personnage, le traité *de la Colère*, qui lui est dédié, liv. 1, ch. 1, et la note correspondante.

Page 229. *Avec plus de soin.* Diderot traduit ainsi cette phrase : « Ne pouvant obtenir de Pauline d'en être aimé d'une manière courageuse, elle a obtenu de moi que je m'aimerais avec plus de faiblesse. »

Mais tant qu'il y est nécessaire. Dans le traité *des Bienfaits* (liv. ii, chap. 18), Sénèque explique, relativement au sage, *et quid juvat, et quid oportet*.

Page 229. *Est un homme blasé d'égoïsme*. Ici Sénèque, entraîné sans doute par l'attrait d'une sainte affection pour sa femme, paraît bien éloigné des farouches idées du suicide qu'ailleurs il a émises.

Exemple que plus d'un grand homme a donné. Sénèque nous apprend, au début de sa lettre lxxviii, que souvent, dans sa jeunesse, l'excès des souffrances physiques lui avait donné la tentation de briser son existence; mais que la vieillesse d'un père qui le chérissait l'avait retenu. *Voyez* pages 251 et 511 de notre tome vi.

Page 231. *Et cette odeur des cuisines*. Déjà Sénèque a parlé de la *fumée des cuisines*, au commencement de sa lettre lxiv.

Quand j'ai pu atteindre mes vignes. Le terroir de Nomentanum était fertile en vignobles, au dire de Columelle (liv. iii, chap. 3), qui parle des exploitations de son contemporain Sénèque. Au reste, Sénèque lui-même, dans les *Questions naturelles*, liv. iii, chap. 7, se donne pour un amateur zélé de la culture des vignes.

Mais l'homme qui va choisissant les contrées. Sénèque présente les mêmes idées dans le traité *de la Tranquillité de l'âme*, ch. 11, et dans la lettre xxvii. Horace a dit, dans son épître *à Bullatius* (liv. i, *Épître* 11):

Cœlum non animum mutant, qui trans mare currunt.

Comparez, au surplus, toute cette épître d'Horace à ce passage de Sénèque et à ce qui suit.

« *Vous voyagez avec vous*. » Montaigne (liv. i, chap. 38, *de la Solitude*) cite ce trait en le dénaturant un peu; puis il y ajoute une citation d'Horace qui vient bien ici. Voici le passage : « On disoit à Socrate que quelqu'un ne s'estoit nullement amendé en son voyage : Je crois bien, dict-il, il s'estoit emporté avecques soy. » — *Socratem quærente, etc.*

. . . . Quid terras alio calentes
Sole mutamus? patriæ quis exsul
Se quoque fugit?

(Hor., lib. ii, *Ode* 16.)

Page 231. *Pour fuir le mal qui t'obsède, il n'est pas besoin que tu sois ailleurs.*

>Malheureux! reconnais ton erreur :
>Cet ennui que tu fuis est au fond de ton cœur;
>Tu ne saurais le fuir qu'en te fuyant toi-même.
>Change de lieu, si tu veux, tous les jours;
>Cours la terre et la mer dans ton chagrin extrême :
>Ton ennui te suivra toujours.
>En vain, pour excuser ton bizarre caprice,
>Tu veux injustement en accuser les lieux;
>Ton pauvre esprit a la jaunisse,
>Et tout paraît jaune à tes yeux.
>Le repos que tu te proposes
>Ne s'acquiert point à force de courir.
>Apprends, apprends à te souffrir;
>On vient à bout par là de souffrir toutes choses.
>   (DESMARETS DE SAINT-SORLIN.)   B-D.

Page 233. *D'avoir fui à travers les ennemis.* — VIRGILE, *Énéide*, liv. III, v. 283.

Page 235. *Chaque jour, chaque heure fait de toi un autre homme.* Sénèque présente la même idée dans sa lettre LVIII (page 29 de notre tome VI).

Page 237. *Pour découvrir ce qui reste à apprendre.* — *Voyez* la lettre XLV.

Page 239. *Tant que tu hanteras des superbes.* On lit dans l'Ecclésiaste, chap. XIII, verset 1 : « Celui qui se joint au superbe en deviendra superbe. »

Vis avec les Catons. Ici *Catonibus* est au pluriel, et les autres noms au singulier, ce qui prouve que Sénèque entend les deux Catons.

L'un t'enseignera à mourir quand la nécessité l'exigera. Socrate.
L'autre à prévenir même la mort. Zénon.

Page 241. *Le travail et la mort.* — VIRGILE, *Énéide*, liv. IV, v. 277. Delille, dans *l'Imagination*, paraît avoir imité ce passage de Sénèque :

>La mort, la pauvreté, l'obscurité que j'aime,
>Pour les ambitieux pire que la mort même,

Ces maux, exagérés par une lâche erreur,
De leur masque effrayant vont perdre la terreur;
Le sage, qui de loin redoutait leur menace,
Apprend à les braver, s'il les regarde en face.   B-D.

Page 241. *Mais seulement* A VOIR. Même idée se trouve présentée dans la lettre CII.

Page 243. *Socrate, ce vieillard éprouvé par tous les malheurs.* Déjà Sénèque s'est servi de la même expression, à l'égard de Socrate (lettre LIII). Comparez aussi le traité *de la Colère*, liv. II, ch. 6.

L'abandon d'Athènes à la merci des trente tyrans. Voyez *de la Tranquillité de l'âme*, ch. III.

Page 245. *A tous deux redoutable.*—VIRGILE, *Én.*, liv. I, v. 458.

Page 247. *A travers les solitudes de l'Afrique.* Ce trait est attesté par Plutarque, *Vie de Caton d'Utique*, et par Lucain, *Pharsale*, liv. IX.

Il but toujours le dernier. Lucain, *Pharsale*, liv. IX, v. 591 :

> Ultimus haustor aquæ, quum tandem fonte reperto
> Indiga conatur laticis potare juventus,
> Stat dum lixa bibat. . . . .

On cite le même trait d'Alexandre.

Le jour même où on lui refuse la préture. — Voyez sur ce fait le traité *de la Constance du sage*, ch. I et suiv.; *Consolation à Helvie*, ch. XIII; lettre LXXI : *Quo die repulsus est, lusit.*

LETTRE CV. Page 249. *De tous ces motifs, le mépris est sans doute le moins grave.* C'est ainsi que Brutus en se faisant passer pour imbécile, et Sénèque pour cacochyme, durent la vie au mépris de Tarquin et de Caligula. (*Extr. de Ruhkopf.*)

Et jouir dans le secret de son cœur. Tibulle a dit :

> Qui sapit in tacito gaudeat ille sinu.

On a parfois encouru des haines, sans avoir personnellement d'ennemis. Témoin Aristide.

Page 251. *Qu'on peut vous blesser sans trop de péril.* La même morale se trouve développée dans les traités *de la Colère* et *de la Clémence*.

Le secret du matin deviendra la nouvelle du jour. — Voyez la fable de La Fontaine, intitulée *les Femmes et le Secret*.

Page 253. *Les alarmes suivent le délit.* Sénèque a présenté la même morale à la fin de la lettre xcvii, pages 152-155 ci-dessus. Voltaire a dit :

La crainte suit le crime, et c'est son châtiment.

Et on l'attend (la peine), *quand on la mérite.* Montaigne interprète ainsi ce passage : « Quiconque attend la peine, il la souffre ; et quiconque l'a méritée, l'attend. » (Liv. ii, ch. 5, *de la Conscience.*)

LETTRE CVI. Page 253. Si le bien est corps. « Il prétend, lettre cvi, que les vertus sont corporelles. Vaines disputes de mots, observe Diderot. » — *Voyez* déjà sur cette distinction entre le *corporel* et l'*incorporel*, distinction fondamentale dans les dogmes du Portique, la lettre lviii (page 23 de notre tome vi), puis la lxve.

Où vous savez que je veux embrasser toute la philosophie morale. Cet ouvrage est perdu ; mais on peut voir, à la fin du premier volume de notre *Sénèque*, les fragmens qu'en a tirés Lactance. Sénèque parle encore de cet ouvrage dans sa lettre cix.

Page 255. *Le bien agit, puisqu'il est utile.* Comparez ce passage avec le commencement de la lettre cxvii.

Page 257. « *Hormis les corps, rien n'a le don de toucher et d'être touché.* » — Lucrèce, liv. i, v. 305. On peut comparer à ce passage de Sénèque le chapitre des *Nuits Attiques* (liv. v, ch. 15), où Aulu-Gelle, citant ce même vers de Lucrèce, discute cette question subtile et ardue de la philosophie.

Nous jouons-là comme aux échecs. Ici nous traduisons le mot *latrunculis* par *échecs*, comme nous l'avons fait dans le traité *de la Tranquillité de l'âme*, ch. xiv. Voyez notre tome i, page 581.
— Sur ces subtilités futiles de la dialectique, consultez les lettres xlv, xlviii, lxxi, lxxxii, lxxxix, cxiii. Montaigne (liv. iii, ch. 12, *de la Physionomie*) : « Autour d'un bon argument, combien ils (les auteurs) en sèment d'autres légers, et, qu'on y regarde de près, incorporels. Ce ne sont qu'arguties verbales qui nous trompent. »

Page 259. *Ne font pas des hommes de bien, mais des hommes de science.* Montaigne a dit quelque part : « L'affinement des esprits n'en est pas l'assagissement. »

B-D.

Page 259. *Avec peu de science on y arrive.* Montaigne, s'élevant contre la science, emprunte les idées de Sénèque. « Toute cette nostre suffisance, dit-il, qui est autour de la naturelle, est à peu près vaine et superflue : c'est beaucoup si elle ne nous charge et trouble plus qu'elle ne nous sert : *Paucis opus.... mentem bonam.* Ce sont des excès fiévreux de notre esprit : instrument brouillon et inquiet. Recueillez-vous, vous trouverez en vous les argumens de la nature, contre la mort, vrays et les plus propres à vous servir à la nécessité. » (Liv. III, chap. 12, *de la Physionomie.*)

Nous portons... jusque dans la science, l'intempérance qui nous travaille. « L'homme, dit Montaigne, ne sçait s'arrester au poinct de son besoing.... Son avidité est incapable de modération. Je trouve qu'en curiosité de sçavoir il en est de mesme : il se taille de la besongne bien plus qu'il n'en peut faire, et bien plus qu'il n'en a affaire : estendant l'utilité du savoir : » *Ut* (ici Montaigne, qui citait de mémoire, substitue *ut* à *quemadmodum*) *omnium rerum, sic, etc.* — Et Coste, son commentateur, traduit heureusement le mot *intemperantia.* « Nous donnons dans l'excès, dit-il, par rapport aux lettres, comme à l'égard de tout autre chose. » (*Ibid.*)

Nous étudions, non pour la vie réelle, mais pour l'école. « Pleust à Dieu que pour le bien de nostre justice, ces compaignies-là (les parlemens) se trouvassent aussi bien fournies d'entendement et de conscience, comme elles le sont encore de science : *Non vitæ, sed scholæ discimus*; nous n'apprenons point à vivre mais à disputer. » (*Ibid.*, liv. I, chap. 24, *du Pédantisme.*)

LETTRE CVII. Page 259. *Prenez que c'était de faux amis.* Sénèque est toujours d'accord avec lui-même sur la manière douce et humaine dont il veut que l'on traite les esclaves.

Consentez à voir vos foyers purgés de leur présence. Le texte latin, tel que nous l'avons maintenu, est la vraie leçon des manuscrits. Il n'est pas besoin de dénaturer les mots pour en tirer, comme dans l'édition Lemaire : « *Quota pars abesset omnibus rebus tuis? desunt illi qui....* » B-D.

Ici Sénèque met en précepte ce qu'il a montré en action dans le traité *de la Tranquillité de l'âme,* à propos de Diogène abandonné par son esclave Manès.

Un maître aussi fâcheux que ses valets. Il y a au texte : *Et te aliis molestum esse credebant.* Cette leçon des manuscrits me semble incomplète pour le sens. Je lis, comme Juste-Lipse : *Et te aliis molestum et se reddebant.* B-D.

Page 261. *C'est-à-dire qu'il mente.* Nous avons déjà cité ce passage de Sénèque, dans une note sur la lettre CI. *Voyez* ci-dessus, page 510.

Un ami vouloir ma mort! — Mori me vult? Leçon généralement adoptée, et qui donne un sens assez beau. L'édition Lemaire porte, d'après un seul manuscrit, *mori vult?* dont je ne puis trop me rendre compte. B-D.

J'observerai que ni Chalvet, ni Malherbe, ni La Grange n'ont traduit ce *mori me vult* ou *mori vult*, qui me paraît présenter le seul sens satisfaisant. « Il veut mourir! et cependant il n'y est pas préparé : car il faut qu'il dispose son âme, etc. » Voilà la paraphrase adoptée par l'édition Lemaire, et elle est fort logique.

Et la triste Vieillesse. — VIRGILE, liv. VI, v. 274 et 275.

Nous devrons à une méditation continuelle de n'être neufs pour aucun. Passage cité par Montaigne.

Page 263. *Ou de l'homme plus féroce que les bêtes sauvages.* — *Voyez* ci-dessus la lettre CIII, au commencement.

Le jour remplace la nuit. Sénèque présente les mêmes pensées, à la fin de la lettre XXIV.

Page 265. *Guide-moi, mon père.* C'est la belle prière de Cléanthe, qui se trouve textuellement dans le *Manuel d'Épictète*, dont nous avons déjà cité une traduction en vers, faite par La Beaumelle, dans nos notes sur le traité *de la Providence*, page 411 de notre tome I. Ces vers de Sénèque ont été traduits ainsi par La Fontaine :

> Père de l'univers, dominateur des cieux,
> Mène-moi ; je te suis, à toute heure en tous lieux.
> Rien ne peut arrêter ta volonté fatale :
> Que l'on résiste ou non, ta puissance est égale ;
> Tu te fais obéir ou de force ou de gré ;
> Les âmes des humains te suivent enchaînées.
> Que sert-il de lutter contre les destinées ?
> Le sage en est conduit, le rebelle entraîné.

LETTRE CVIII. Page 267. *Attalus.* Sénèque parle souvent de ce philosophe dont il fut le disciple. *Voyez* les lettres ix, lxiii, lxvii, lxxxi, etc.

Lorsque j'assiégeais son école. En respectant ici la version de notre traducteur, qui a rendu par le singulier ces verbes, *obsideremus, primi veniremus et novissimi exiremus,* je me permettrai de proposer le pluriel : « Lorsque *nous assiégions* son école, et que *nous étions* des premiers à nous y rendre, des derniers à en sortir; lorsque durant ces promenades nous l'*attirions* dans une de ces discussions instructives. » En effet, chez les anciens, dans les cours bien fréquentés des philosophes, ce n'était pas seulement un disciple, c'était ordinairement un groupe de cinq à six jeunes gens d'élite qui formaient en quelque sorte la cour du maître. Aujourd'hui, ne voyons-nous pas la même chose se reproduire aux cours de la Sorbonne ou du collège de France? Bien avant la leçon, cinq ou six fidèles sont arrivés, attendant impatiemment le professeur; puis, quand il s'en va, ils lui font cortège, et comme a dit Sénèque, *ad aliquot disputationes eum evocant.*

Ou plus sage, ou plus près de l'être. Il y a quelque chose d'approchant dans la lettre vii. *Voyez* pages 30 et 31 de notre tome v.

Qui s'expose au soleil brunira son teint. Cicéron, dans le traité *de l'Orateur* (liv. ii, ch. 14), présente la même idée : « Quum in sole ambulem, etiamsi alia causa ambulem, fieri natura tamen ut colorer. » Il y a dans le traité *de la Vie heureuse,* ch. ix, une comparaison analogue : *Sicut in arvo,* etc.

Page 271. *Mais tout manque à l'avare.* Ces vers sont de Publius Syrus ou de Laberius. La Fontaine a développé cette morale :

L'usage seulement fait la possession;
Je demande à ces gens de qui la passion
Est d'entasser toujours, mettre somme sur somme,
Quel avantage ils ont que n'ait pas un autre homme?
Diogène là-bas est aussi riche qu'eux,
Et l'avare ici-haut comme lui vit en gueux.

Et qui ne prenne plaisir à la censure de ses propres vices.

L'avare des premiers, rit du tableau fidèle
D'un avare souvent tracé sur son modèle,

Et mille fois un fat finement exprimé
Méconnut le portrait sur lui-même formé.

(Boileau, *Art. poét.*)

Page 271. *Cléanthe.* Le même dont Sénèque a cité la fameuse prière dans la lettre précédente.

Par un plus large orifice. Des éditions portent ici, *patentiore novissime exitu.* Ce passage rappelle ces vers de La Faye :

> De la contrainte rigoureuse
> Où l'esprit semble resserré,
> Il reçoit cette force heureuse
> Qui l'élève au plus haut degré.
> Telle, dans des canaux pressée,
> Avec plus de force lancée,
> L'onde s'élève dans les airs;
> Et la règle qui semble austère,
> N'est qu'un art plus certain de plaire,
> Inséparable des beaux vers.   B-D.

Page 273. *Le mortel le moins indigent.* Vers de Publius Syrus.

Page 275. *J'ai peu conservé d'une réforme si bien commencée.* Ce fut sans doute lorsque Sénèque parvint à la questure, comme il le dit dans la *Consolation à Helvie*, ch. xvii. *Voyez* notre Notice sur Sénèque, tome I.

Cela passe facilement et se vomit de même. Sénèque ne néglige pas l'occasion de tonner contre cette dégoûtante coutume des Romains. *Voyez* lettre LXVIII.

La meilleure odeur... étant de n'en avoir aucune.—*Bene olet qui nihil olet,* a dit un poète. Sénèque a déjà parlé de l'abus des odeurs dans le traité *de la Vie heureuse,* ch. xi. *Voyez* également ce qu'il dit sur le bain et sur l'odeur que doit exhaler le corps, dans la lettre LXXXVI, pages 377 à 399 de notre tome VI.

Sotion. — *Voyez* sur ce précepteur de Sénèque la lettre XLIX.

Sextius. Sur ce philosophe dont Sénèque parle souvent, *voyez*, entre autres passages, les lettres LIX, LXIV et XCVIII.

Page 277. *Qu'habiterait un membre de leur famille.* Cette idée se trouve exprimée et dans Diogène-Laërce et dans Plutarque : *De esu carnis.* Rousseau (*Émile,* liv. II) l'a reproduite dans son admirable traduction des paroles de Plutarque.

Page 277. *Mais que tout change d'état.* — *Vita non tollitur sed mutatur*, est-il dit dans l'admirable prose de la Messe des morts. Dans sa lettre XXXVI, Sénèque avait dit : « Postea diligentius docebo, omnia quæ videntur perire mutari. » (Page 250 de notre tome VI.)

Eh bien, de grands hommes l'ont cru. Nos controversites se servent du même argument pour amener les incrédules à la foi.

Page 279. *De faire meilleure chère.* — *Voyez* notre Notice sur Sénèque, page 4 du premier volume. Montaigne relève ainsi tout ce passage : « Sénèque de sa jeunesse ayant mordu chaudement à l'exemple de Sextius, de ne manger chose qui eust prins mort, s'en passoit dans un an, avec plaisir, comme il dit. Et s'en déporta seulement, pour n'estre soupçonné d'emprunter cette reigle d'aulcunes religions nouvelles qui la semoyent : *Abstinere.... redii*. Il print quant et quant des préceptes d'Attalus de ne se coucher plus sur des loudiers qui enfondrent : et employa jusqu'à la vieillesse ceux qui ne cèdent point au corps : *Laudare... possit*. Ce que l'usage de son temps luy faict compter à rudesse, le nostre nous le fait tenir à mollesse. »

D'un matelas qui résiste. Ici il a plu à Montaigne (liv. I, ch. XLIX, *des Coutumes anciennes*) de prendre à contre-sens ce passage qu'il interprète ainsi : « Ils aimoyent à se coucher mollement, et allèguent pour preuve de patience de se coucher sur des matelats. » *Voyez* la note qui précède.

Page 281. *Le temps fuit sans retour.* — VIRGILE, *Géorgiques*, liv. III, v. 284.

L'impitoyable mort. — VIRGILE, *Géorgiques*, liv. III, v. 66. Déjà Sénèque a cité ces vers jusqu'à *prima fugit* dans le traité de la *Brièveté de la vie*, ch. IX.

Page 283. *Dans le même pré le bœuf cherche des herbages, le chien un lièvre, etc.* Plutarque présente des rapprochemens analogues dans son traité *Comment il faut lire les poètes.*

Chacun porte ses réflexions sur un point différent. « Or, il arrive que lorsque nous recevons par la lecture une sorte de pâture spirituelle, chaque esprit s'approprie ce qui convient plus particulièrement à ce que je pourrais appeler son tempérament intellectuel, et laisse échapper le reste. De là vient que nous ne lisons pas du tout les mêmes choses dans les mêmes livres; ce qui arrive surtout à l'autre sexe comparé au nôtre, car les femmes ne lisent point comme nous. » (DE MAISTRE, *Soirées de Saint-Pétersb.*, 7ᵉ.)

Page 285. *Fenestella.* Annaliste qui vivait du temps d'Auguste.

Étranger. Il y a dans le texte *hostis.* Or, on sait que chez les Romains *étranger* ou *ennemi* étaient synonymes.

L'aide et le secours qu'ils ont reçus de lui. — Voyez sur le mot *reddere* une autre dissertation de Sénèque dans sa lettre LXXXI, pages 290 et suivantes de notre tome VI.

Page 287. *La grande porte des cieux.* — VIRGILE, *Géorgiques*, liv. III, v. 260.

De peur que.... cette digression ne m'entraîne à faire le philologue et le grammairien. On le voit bien, Sénèque se complaisait à ces discussions futiles tout en paraissant les blâmer. Il en donne une autre preuve dans le traité *de la Brièveté de la vie* (ch. XIII et XIV), où, sous prétexte de critiquer les vaines recherches de l'érudition, il se plaît lui-même à en faire une ample moisson.

Page 289. *Il ne faut point ici des phrases, mais une bonne manœuvre.* Montaigne, à propos du *pédantisme,* cite ce passage au ch. 24 du liv. I de ses *Essais.*

C'était bien de chansons qu'alors il s'agissait,

dit La Fontaine dans le même sens.

Qu'ils fassent ce qu'ils enseignent. « Non confundant opera tua sermonem tuum : ne, quum in ecclesia loqueris, tacitus quilibet respondeat, cur ergo hæc quæ dicis, ipse non facis? Sacerdotis os, mens manusque concordent » (HIERON., lib. II, epist. 12 ad Nepotian.) B-D.

LETTRE CIX. Page 289. SI LE SAGE EST UTILE AU SAGE. Comparez cette lettre à la IXᵉ.

Page 297. *De vouloir ou de ne vouloir pas les mêmes choses.* Cette expression se trouve dans la fameuse harangue de Catilina à ses complices : « Nam idem velle et idem nolle ea demum vera amicitia est. »

Mon livre sur la philosophie morale. Sénèque a déjà parlé dans la lettre CVI de cet ouvrage entièrement perdu.

LETTRE CX. Page 299. *De ma maison de Nomentanum.* Il en

est question déjà dans la lettre CIV. *Voyez* ci-dessus, pages 514 et 515.

Page 299. *Qu'Ovide appelle le commun des dieux.* Dans les *Métamorphoses*, liv. I, v. 395.

A l'homme son génie. Sénèque a dit, dans la lettre XII : *Jurat per genium meum.*

Page 303. *Nous craignons en plein jour.* — LUCRÈCE, liv. II, v. 54. Comparez tout ce passage de Sénèque avec le début de sa lettre IV.

Mais de l'approfondir. Sénèque emploie la même métaphore dans sa lettre XXXVI : « Non illa quibus perfundi satis est, sed hæc quibus tingendus est animus. »

Page 305. *Le nuisible a été enfoui au plus profond des abîmes.* — *Voyez* le traité *de la Colère*, liv. III, ch. 23.

Ne vous admirez que le jour où vous mépriserez même le nécessaire. « Ou je me trompe fort, observe Diderot, ou mépriser le superflu est d'un sage, et mépriser le nécessaire d'un fou. »

Des sangliers du poids de mille livres. On trouve sur le luxe de la table, des détails analogues dans le traité *de la Providence*, ch. III, page 373 de notre tome II.

Page 307. *Que les bourgeons des arbres peuvent remplir aussi cet estomac.* Sénèque, dans le traité *de la Colère*, liv. III, ch. 20, raconte que les soldats de Cambyse furent heureux de trouver cette nourriture.

Attale. — *Voyez* lettre CVIII.

Voyez où ils aboutissent tous. La même idée se trouve exprimée avec la même énergie dans Pline, liv. XXVI, chap. 28, et par saint Jérôme, lettre III *à Fabiola* : « Venter universos hominum labores momentanea blandimenta stercoris fine condemnat, etc. »

« Que pensera Émile, dit J.-J. Rousseau, quand il trouvera que toutes les régions du monde ont été mises à contribution, que vingt millions de mains peut-être ont long-temps travaillé, et tout cela pour lui présenter en pompe à midi ce qu'il va déposer le soir dans sa garde-robe ? »

Page 309. *Sur deux lignes des légions de jeunes esclaves, etc.* — *Voyez* sur ce luxe des Romains en fait d'esclaves, la lettre XLVII de notre auteur.

Page 309. *Que j'aie du pain et de l'eau.* Paroles d'Épicure que Sénèque a déjà rapportées dans sa lettre xxv.

Page 311. *Tomber à la discrétion d'autrui.* « Je voudrais bien savoir où est la honte de ne pas vouloir mourir de soif ou de faim. On n'est pas heureux, pour avoir l'absolu nécessaire ; mais on est très-malheureux, de ne l'avoir pas. » (Diderot.)

La nature le commande à tous les hommes. Il y a deux avis sur le texte : les uns veulent *natura dixit*, les autres *natura edixit*.

LETTRE CXI. Page 311. *Ce que les Grecs nomment* sophismes. Encore une lettre contre les vaines subtilités de la dialectique. Comparez-la à la lettre xlv, sur le même sujet.

Le terme le plus juste.... est celui que Cicéron emploie; cavillationes. Déjà Sénèque s'est servi de ce mot dans la lettre lxxxii. Voyez ci-dessus, page 310 de notre tome vi.

LETTRE CXII. *Une comparaison tirée de mon métier d'agriculteur.* Déjà Sénèque a fait allusion à son goût pour les travaux champêtres, dans la lettre civ. Voyez ci-dessus, page 515.

LETTRE CXIII. Page 317. Si les vertus sont des animaux. Ici Sénèque revient sur une question qu'il a effleurée dans la lettre cvi. — « Lettre cxiii, observe Diderot, il se moque un peu de ses bons amis les stoïciens, qui disputaient entre eux, si les vertus étaient des animaux. En vérité, lorsque l'on voit des hommes tels qu'un Cléanthe, un Chrysippe, s'occuper de pareilles frivolités, on serait tenté d'attacher peu d'importance à la perte de leurs ouvrages, et de les ranger dans la classe des Albert-le-Grand, des Scot et autres péripatéticiens, dont la réputation s'est évanouie avec l'ignorance de leur siècle. »

Qu'à gens portant chaussure et manteau grecs. Sénèque emploie le mot *phæcasia* au traité *des Bienfaits*, liv. xvi, ch. 21.

Page 319. *Que chacun renferme en soi plusieurs animaux.* Le rabbin Moïse Maimonides avait une idée analogue; il soutenait que chacune de nos facultés était un ange. (Note de Sablier, qui a publié les *Pensées de Sénèque*.)

Page 327. *Si on leur donne, comme à Dieu, la forme ronde.* Les stoïciens, dans leurs rêveries, donnaient à Dieu cette forme. Voyez l'*Apokolokyntose*, chap. viii, et la note correspondante, pages 314, 315 et 341 du tome ii de notre *Sénèque*.

Page 331. *Cécilius.* Ancien poète comique que Cicéron cite assez souvent, et dont Aulu-Gelle fait mention dans ses *Nuits Attiques.*

« *O tristes inepties!* » Martial a dit :

> Turpe est difficiles habere nugas
> Et stultus labor est ineptiarum.

Alexandre portait chez les Perses.... la dévastation et la fuite. Ici, comme dans le traité *de la Colère* (liv. III, ch. 17, 22 et 23), Sénèque se déchaîne contre Alexandre.

Page 333. *Pour subjuguer l'univers, plutôt que ses passions.* Delille a dit, en parlant de l'ambitieux :

> Je dispose à mon gré du monde;
> Et ne puis disposer de moi.   B-D.

L'empire sur soi-même, le plus beau de tous les empires!

> Régnez sur vos propres désirs,
> C'est le plus beau des diadèmes.
> (LA FONTAINE, *Prologue de Daphné.*)

La justice, qui n'a en vue que le droit d'autrui. La justice, c'est le bien d'autrui. (ARISTOTE, *de la Morale.*)

Cette vertu, plus que tout autre, se dirige et se déploie exclusivement dans l'intérêt d'autrui. (CICÉRON, *de la République*, liv. III.)   B-D.

LETTRE CXIV. Page 335. QUE LA CORRUPTION DU LANGAGE VIENT DE CELLE DES MOEURS. Cette question a été traitée par Cicéron (*Brutus*, ch. XIII) et par Quintilien (liv. XII, ch. 10 et 16).

Telles mœurs, tel langage. « Le style est l'homme, » a dit Buffon; et cette pensée n'était pas même neuve du temps de Sénèque, car, avant lui, Platon avait dit : Οἷος ὁ λόγος τοιοῦτος ὁ τρόπος; et avant Platon, Solon : Τὸν λόγον; εἴδωλον εἶναι τῶν ἔργων. Enfin Boileau a dit :

> Le vers se sent toujours des bassesses du cœur.

L'expression de ses mœurs. Je ne sais quel auteur a dit le premier : « La littérature est l'expression de la société. » — On lit chez Duclos : « Ce serait la matière d'un examen assez philosophique, que d'observer dans le fait, et de montrer, par des exemples, combien le caractère, les mœurs et les intérêts d'un peuple influent sur sa langue. » J.-J. Rousseau, dans plusieurs de ses écrits, a traité cette question. Cʜ. D.

« Je crois, dit madame Staël, qu'il existe un accent dans les paroles, et par conséquent un caractère dans les formes du style, qui atteste les qualités de l'âme, avec plus de certitude que les actions mêmes. Cette sorte de style n'est point un art que l'on puisse acquérir avec de l'esprit, c'est soi, c'est l'empreinte de soi. » (*De la Littérature*, part. ɪɪ, ch. 7.) B-ᴅ.

Page 335. *L'esprit ne peut réfléchir une autre teinte que celle de l'âme.* La même idée se trouve présentée au commencement de la lettre cxv, Oratio vultus animi est. Quintilien appliquant, dans un sens différent, cet axiôme à Sénèque lui-même, s'exprime ainsi: « Velles eum (scil. Senecam) suo ingenio dixisse, alieno judicio. » Montaigne aussi fait directement, à notre philosophe, une application analogue : « A voir les efforts que Sénèque se donne pour se préparer contre la mort, dit-il (liv. ɪɪɪ, ch. 12, *de la Physionomie*), à le voir suer d'ahan; pour se roidir et pour s'aheurter, et se débattre si long-temps en cette perche, j'eusse esbranlé sa réputation, s'il ne l'eust en mourant très-vaillamment maintenue. Son agitation si ardente, si fréquente, monstre qu'il était chaud et impétueux luy-mesme : *Magnus animus remissius loquitur et securius**. — *Non est alius ingenio, alius animo color*. Il le faut convaincre à ses despens, et monstre aucunement qu'il estoit pressé de son adversaire. »

Page 337. *La manière d'être de Mécène.* Voyez de la Providence, ch. ɪɪɪ.

Ces lèvres qui se pigeonnent. Il y a dans le texte, *columbatur*. On lit dans Aulu-Gelle (liv. xx, ch. 9), *columbulatim labra conserens labris*.

Qu'on ne donne pas, à cette tête penchée, l'attitude d'un tyran. Le texte vulgaire que nous avons adopté est inintelligible. Notre traducteur a lu, avec Juste-Lipse et Ruhkopf : *cervice laxa feratur, nec more tyranni*.

Page 339. *Qui allait toujours par la ville, sa robe traînante.*

---

* Passage emprunté à la cxvᵉ épître. *Voyez* page 352, et la note ci-après page 531.

Déjà Sénèque a fait allusion à cette particularité dans sa lettre cxii (*voyez* page 40 de ce vol.).

Page 339. *Pour n'avoir qu'une même femme.* Terentia, qu'il répudia vingt fois pour la reprendre après. — Voyez *de la Providence*, chap. iii.

Il épargna le sang. Un poète élégiaque a dit de Mécène :

> Omnia quum posses tanto tam carus amico,
> Te sensit nemo posse nocere tamen.

Un caractère mou plutôt qu'indulgent. Je n'aime pas à entendre Sénèque calomnier Mécène : celui qui, étant ministre, fit pour Néron l'apologie du meurtre d'Agrippine, ne devait pas parler légèrement de celui qui, voyant Auguste son maître prononcer à la légère des condamnations, osa lui envoyer ces deux mots écrits sur des tablettes, *Surge carnifex!*

Page 341. *Ce qui terminait le repas en sera le début.* Martial a dit :

> Claudere quid cœnas lactuca solebat avorum,
> Dic mihi cur nostras inchoat illa dapes?

Comparez ce tableau éloquent de la corruption et du luxe de son temps, avec ce que dit Sénèque dans sa lettre lxxxix.

Toutes les fois que l'on vise au grand. Ici Sénèque, qui censure le mauvais goût de son siècle, semble vouloir s'excuser de n'en être pas exempt lui-même : excuse que légitimerait plus d'un exemple fameux de nos jours.　　　　　　　　　　　　B-D.

Page 343. *Gracchus, Crassus, Curion....... Appius et Coruncanius.* Cicéron parle de ces anciens orateurs dans son traité *de Claris oratoribus.* — *Voyez* en outre, pour Appius, le traité *de la Vieillesse*.

L'autre ne s'épile même pas les aisselles. Ici Sénèque donna, comme une recherche permise, cet usage que blâme Quintilien (livre i, chap. 6).

Page 345. *Arruntius, homme d'une frugalité rare.* Arruntius vivait sous Auguste, et paraît être le même que celui qui fut consul l'an 732 de Rome.　　　　　　　　　　　　Ch. D.

Sénèque fait contraster à dessein ce mérite d'Arruntius avec les vices de Salluste, pour prouver, comme il le dit plus bas, que l'imitation du style n'implique pas toujours l'imitation des mœurs. B-D.

Page 345. *Fugam nostris fecere.* C'est-à-dire, « ils déterminèrent la fuite des nôtres. »

Hiero rex Syracusanorum, bellum fecit. C'est-à-dire, « Hiéron, roi de Syracuse, fut l'instigateur de la guerre. »

Quæ audita Panormitanos dedere Romanis fecere. C'est-à-dire, « Ces nouvelles engagèrent les Panormitains à se rendre aux Romains. »

Page 347. *Aquis hiemantibus.* C'est-à-dire, « L'hiver suspendant la navigation. » B-D.

Repente hiemavit tempestas. « Tout à coup la tempête suspendit la navigation. » B-D.

Totus hiemavit annus. « Toute l'année fut hiver. » B-D.

Hiemante Aquilone misit. C'est-à-dire, « De là il envoya soixante vaisseaux de transport, légers par eux-mêmes, sauf la charge des soldats et des matelots nécessaires à la manœuvre, attendu que l'Aquilon interrompait la navigation. »

Inter arma civilia, æqui bonique famas petit. C'est-à-dire, « Au milieu de la guerre civile, n'avait cherché que le renom d'homme juste et de bon citoyen. » *Voyez*, pour ce fragment, notre *Salluste*, tome 1, page 361.

Ingentes esse famas de Regulo. « D'immenses renoms précédèrent Regulus. » B-D.

Page 349. *Il meurt : le pacte cesse.* — VIRGILE, *Géorgiques*, liv. IV. Sénèque a déjà cité ce vers dans le traité *de la Clémence*, liv. 1, ch. 4.

Page 351. *Témoin de débauches dont l'abus lui interdit l'usage.* Ce passage et ce qui suit rappellent le fameux tableau du *Miroir* qui se trouve dans les *Questions naturelles*, liv. 1, ch. 16.

Qu'ils n'ont enfin qu'un corps à ruiner. « Cet homme, qui a tant de charges, tant de titres, tant d'honneurs, tant de fois comte, tant de fois seigneur, possesseur de tant de richesses, maître de tant de personnes, ministre de tant de conseils, *ne se comptera jamais pour un seul homme ;* et il ne considère pas qu'il ne fait que de vains efforts, puisqu'enfin, quelque soin qu'il prenne de s'accroître et de se multiplier en tant de manières et par tant de titres superbes, il ne faut qu'une seule mort pour tout abattre, et un seul tombeau pour tout enfermer. » (BOSSUET, *sur la Nativité.*) B-D.

Page 351. *Qu'on ensemence la Sicile et l'Afrique.* — *Voyez* lettre LXXXIX, pages 448 et 449 de notre tome VI.

Mesurer la capacité de son corps. « Les riches ne sauraient dîner deux fois, » a dit Mirabeau père dans *l'Ami des hommes.* Et Rousseau dans *Émile* : « Le riche n'a pas l'estomac plus grand que le pauvre, et ne digère pas mieux que lui. »

Page 353. *Pensez à la mort.* Cette pensée toute chrétienne revient souvent dans Sénèque. Voyez *de la Brièveté de la vie,* ch. VII, et la note 24, pages 217 et 273 de notre tome III.

LETTRE CXV. Page 353. *Ne vous tourmentez pas trop du choix et de l'arrangement des mots.* Ici Sénèque présente à Lucilius comme un conseil à suivre, ce qu'il a loué dans Fabianus. *Voyez* ci-dessus lettre C.

Qui pense noblement s'exprime avec plus de simplicité. Dans les notes de la lettre précédente, nous avons rapporté un passage de Montaigne, où cette sentence de Sénèque se trouve citée. *Voyez* page 528 ci-dessus.

Dont toute la personne semble sortir d'une boîte à toilette. Voyez *de la Tranquillité de l'âme*, chap. I.

Le style est la physionomie de l'âme. — *Voyez* la lettre précédente, page 335, et la note page 527.

Et cache quelque langueur secrète. Ici notre traducteur a préféré pour le texte le mot *fracti*. Quant à nous, nous y avons laissé *ficti*, d'après l'édition Lemaire.

Ce ne sont point les ajustemens qui parent un homme. L'auteur de *l'Art d'aimer* a dit :

>   Forma viros neglecta decet. . . . . . .

De voir à découvert le cœur de l'homme de bien. Sénèque a fait un éloge analogue de la philosophie au début de sa lettre LXXXIX. — Ici comme ailleurs Sénèque ne fait que reproduire des idées développées par Cicéron (*Tuscul.*, liv. V, ch. 2), qui lui-même les avait puisées dans Platon (*Phedr.*, X). Consultez aussi le traité *des Devoirs*, liv. I, ch. 5.

Page 355. *Allégez le poids de nos travaux!* — Virgile, *Énéide*, liv. i, v. 357.

C'est la droiture et la pureté d'intention. Sénèque a déjà exprimé la même idée dans sa lettre xcv, page 127 ci-dessus. Remarquons dans ce passage l'expression *stipe*, que Sénèque emploie dans le traité *des Bienfaits*, liv. vii, ch. 4 : « Tamen et diis posuimus donum et stipem jecimus. » Semblablement Varron a dit : « Diis quum thesauris asses dant, stipem dicunt. » (*De Lingua latina*, lib. iv, cap. 36.)

Page 357. *Combien est méprisable ce que nous admirons!* Voyez *de la Constance du Sage*, ch. xii.

Ariston. — *Voyez*, sur ce philosophe, les lettres lxxxix et xciv. Dans cette dernière lettre, Ariston dit des choses à peu près semblables.

Nos folies coûtent plus cher. — *Voyez* le fragment xvi de Sénèque (page 437 de notre tome i); puis *de la Constance du sage*, ch. xii (tome iii de notre *Sénèque*).

Page 359. *Cet or recouvre un bois grossier.* « Leurs vertus, mon cher Aza, n'ont pas plus de réalité que leurs richesses. Les meubles, que je croyais d'or, n'en ont que la superficie; leur véritable substance est de bois : de même ce qu'ils appellent politesse a tous les dehors de la vertu, et cache légèrement leurs défauts; mais, avec un peu d'attention, on en découvre aussi aisément l'artifice que celui de leurs fausses richesses. » (Madame De Graffigny, *Lettres péruviennes*, xx.)   B-d.

Tous ces gens... n'ont que le vernis du bonheur.

J'ai vu mille peines cruelles
Sous un vain masque de bonheur.

(Gresset.)   B-d.

Montaigne cite cette expression *braccata felicitas* (liv. i, ch. 42, *de l'Inesgalité des conditions qui est entre nous*).

L'antique honneur a perdu tout crédit. « Ubi divitiæ claræ habentur, ibi omnia bona vilia sunt, fides, probitas, pudor, pudicitia. » (Sallust., *ad C. Cæsarem, de Republ.*, vii.)   B-d.

Nos parens nous élèvent dans l'admiration des richesses. M. Bouillel (édition Lemaire) cite sur ce passage ces vers de Boileau, dans lesquels un père avare endoctrine son fils :

> Prends-moi le bon parti, laisse là tous les livres.
> Cent francs au denier cinq, combien font-ils? — Vingt livres.
> — C'est bien dit; va, tu sais tout ce qu'il faut savoir.

Page 361. *Reluisait d'or scintillant.* — OVIDE, *Métam.*, liv. 11, v. 1, 12; puis, pour la citation qui suit, vers 107 et suivans.

Que l'on m'appelle scélérat. Les sept premiers vers de cette citation ne sont pas d'Euripide. Lipse et Valkenaër ont établi qu'ils étaient tirés de divers endroits, soit d'Euripide, soit de Sophocle.

D'où et comment lui vient sa fortune. Juvénal a dit :

> Unde habeas quærit nemo, sed oportet habere.

L'argent est pour les humains. Ces cinq derniers vers sont d'Euripide, ainsi que le dit Sénèque lui-même : « Hi novissimi versus in tragædia Euripidis. » Ils existent en grec dans les fragmens que nous avons de la tragédie de *Bellerophon*. On trouve une traduction très-piquante des douze vers dans les œuvres diverses de La Fontaine.

Mais Euripide, se précipitant sur la scène. — *Voyez* cette anecdote dans Valère-Maxime, liv. III, ch. 7.

Car jamais l'avarice n'évite son châtiment.

> L'avare rarement finit ses jours sans pleurs,

a dit La Fontaine, qui censure aussi souvent les avares que les pédans.

Page 263. *Il préfère toujours ce qu'il a quitté.* — *Voyez* la lettre XXXVI.

LETTRE CXVI. Page 365. *Nos stoïciens les proscrivent entièrement.* La Fontaine s'est élevé contre cette opinion absurde des stoïciens, dans sa fable du *Philosophe Scythe,* lequel, dit-il :

> . . . . Exprime bien
> Un indiscret stoïcien :
> Celui-ci retranche de l'âme
> Désirs et passions, le bon et le mauvais,
> Jusqu'aux plus innocens souhaits.
> Contre de telles gens, quant à moi, je réclame :
> Ils ôtent à nos cœurs le principal ressort;
> Ils font cesser de vivre avant que l'on soit mort.

Page 365. *Une maladie quelque modérée qu'elle soit.* — Voyez lettre LXXXV, et *de la Colère*, liv. I, ch. I.

Page 367. *La nature a mêlé le plaisir à tous nos besoins.*

Partout d'un dieu clément la bonté salutaire
Attache à vos besoins un plaisir tutélaire.
(VOLTAIRE, *Disc. sur la nat. du plaisir.*)

Panétius. — Voyez, sur ce philosophe, la lettre XXXIII.

« *Quant au sage,... nous verrons plus tard.* » Montaigne cite ce passage (liv. III, ch. 15, *des Vers de Virgile*) : « Un jeune homme demandoit au philosophe Panétius s'il siéroit bien au sage d'estre amoureux : « Laissons-là le sage, répondit-il ; mais toy et moy « qui ne le sommes pas, ne nous engageons en chose si esmeue « et si violente, qui nous rend esclaves à aultruy, et nous rend « comtemptibles à nous : » *Eleganter, etc.* » — Diderot n'a pas compris, ou plutôt a arrangé à sa guise cette anecdote : « Lettre CXVI, Un jeune fou demandait à Panétius si le sage pouvait être amoureux. Panetius lui répondit : *Oui, le sage.* »

Page 369. « *Trop hautes sont vos promesses.* » Sénèque se fait plus d'une fois de telles objections. On peut en trouver le développement dans le chap. XVII du traité *de la Vie heureuse.*

Nous ne pouvons pas, n'est qu'un prétexte. Pensée fréquemment mise en avant par Sénèque. Rousseau, dans le *Contrat social*, ch. XII, a dit : « Les bornes du possible, dans les choses morales, sont moins étroites que nous ne pensons : ce sont nos faiblesses, nos vices, nos préjugés qui les rétrécissent. Les âmes basses ne croient point aux grands hommes : de vils esclaves sourient d'un air moqueur à ce mot de *liberté*. Par ce qui s'est fait, considérons ce qui se peut faire. B-n.

LETTRE CXVII. Page 371. *Nos stoïciens veulent que ce qui est bien soit corps.* — Voyez la lettre CVI ci-dessus.

A la dire aussi corporelle. Pour être au fait de cette opinion, reportez-vous à la lettre CXIII.

Je me range d'un autre parti. Sénèque fait allusion ici à la forme des délibérations au sénat, ainsi qu'il l'a déjà fait dans le traité *de la Vie heureuse*, ch. II et III.

Page 373. *Ce nous est une preuve de vérité qu'un sentiment partagé par tous.* Cicéron, dans ses écrits philosophiques, avait déjà fait usage de cet argument, que n'ont pas dédaigné les philosophes chrétiens.

Page 373. *J'invoquerai de même ici une croyance universelle.* Montaigne fait allusion à ce passage (liv. II, ch. 7, *sur l'Apologie de Raymond de Sébonde*) : « Ce que, dit-il, le philosophe stoïcien dit tenir du fortuit consentement de la voix populaire, valait-il pas mieux qu'il le tinst de Dieu? » Locke, dans son *Essai sur l'entendement humain*, traite cette question au chapitre *de la Probabilité.*

Qui d'ordinaire font appel au peuple. Sénèque fait de fréquentes allusions aux combats de gladiateurs. *Voyez* le commencement de la lettre XXXVII.

Page 385. *Qui souhaite la mort ne veut pas mourir.*

> J'appelle en vain la mort; et mon erreur est grande,
> Si je me puis donner ce que je lui demande.
> Toutes sortes d'objets favorisent mes vœux ;
> Le fer, et le poison, et les eaux, et les feux.
> Oui, vous êtes partout, gouffres et précipices,
> Recours du désespoir, volontaires supplices,
> Et vous perdez pour moi le titre d'inhumains :
> Mon destin, mon remède est dans mes propres mains.
> Mes vœux sont exaucés, ma plainte est superflue.
> La mort est ici-bas la puissance absolue;
> La terre ni les cieux ne lui refusent rien.
> Qui ne la peut trouver ne la cherche pas bien.
>
> (GOMBAULD, *les Danaïdes*, trag., scène dernière.)

Voyez aussi *de Ira*, III, 15; et *de Provid.*, passim. B-D.
Sénèque a exprimé la même idée dans la lettre CVII : « *O mors!* » *id est mentiaris* (ci-dessus), et dans la lettre XII (t. V, p. 67 et 302).

Page 387. *Il te faut des armes tranchantes.* Sur cette expression, *decretoriis*, voyez le traité *de la Clémence*, liv. I, ch. 14, et la lettre CII, page 218 ci-dessus.

Page 389. *Laissons bien vite ces trop subtiles fadaises.* « Toutes les opinions du monde en sont là, dit Montaigne, que le plaisir est notre but, quoiqu'elles en prennent divers moyens : autrement on les chasseroit d'arriver. Car qui escouteroit celuy qui, pour sa fin, establiroit nostre peine et mesaise? Ne nous arrêtons pas à ces *subtiles fadaises*. Les dissensions des sectes philosophiques en ce cas, sont verbales : « *Transcurramus solertissimas nugas.* » (Liv. 1, ch. 19, *Que philosopher c'est apprendre à mourir.*)

Page 389. *Sur une table d'échecs.* — *Latrunculariam tabulam.* Sénèque fait souvent allusion à ce jeu. *Voyez*, entre autres endroits, *de la Tranquillité de l'âme*, ch. xiv ; *de la Brièveté de la vie*, ch. xiii, et la lettre cvi ci-dessus.

Page 391. *Vois combien il en échappe même aux plus diligens.* Sénèque a déjà présenté cette réflexion dans la lettre xlix, et dans son traité *de la Brièveté de la vie*, ch. x.   Ch. D.

Pline l'Ancien a imité ce passage, et notre La Fontaine, dans son poëme du *Quinquina*, ch. 1, a dit :

On n'a pas le loisir de goûter la lumière.
Misérables humains, combien possédez-vous ?
Un présent si cher et si doux !
Retranchez-en le temps dont Morphée est le maître,
Retranchez ces jours superflus
Où notre âme, ignorant son être,
Ne se sent pas encore, ou bien ne se sent plus ;
Otez le temps des soins, celui des maladies,
Intermède fatal qui partage nos vies.

B-D.

LETTRE CXVIII. Page 393. *Je vous livrerai donc mes avances.* Voyez *des Bienfaits*, liv. iv, ch. 32.

Cicéron, l'homme le plus disert. On voit, par ce passage qui présente un éloge si équivoque, ainsi que par bien d'autres endroits de Sénèque, qu'il n'aimait pas Cicéron.

Quel âpre usurier c'est que Cécilius. Ces expressions sont de Cicéron, à peu de choses près (*voyez* lettres *à Atticus*, liv. 1, lett. 12). Cécilius était l'oncle d'Atticus.

Page 395. *Ces comices de tous les pays.* — *Voyez* le traité *du Repos du sage*, ch. xxxi.

Tes exclusions sont pour les Catons. Voyez *de la Constance du sage*, ch. xvii.

Non que la prospérité soit... avide de jouissances. Sénèque emploie les mêmes expressions dans la lettre xix : « Et avida felicitas, et alienæ aviditati exposita. »

Page 397. *Presque toujours le lointain nous abuse.* Montaigne (liv. iii, ch. 2, *des Boiteux*) cite ce passage, ou plutôt y fait allusion, car il en altère un peu le sens. Après avoir parlé d'un charlatan en renommée, mais en qui, au fait et au prendre, « on trouva depuis tant de simplesse et si peu d'art.... qu'on le jugea indigne d'aulcun chastiment, » il ajoute : « Comme si feroit-on, de la plus part de telles choses qui les reconnaissent en leur giste : *Miramur ex intervallo fallentia*. Nostre veue représente ainsi souvent de loing des images estranges, qui s'évanouissent en s'approchant : *Nunquam ad liquidum fama perducitur*. (QUINT.-CURT.) »

Page 397. *Ainsi le bien se joint au vrai*. Sénèque a souvent traité cette question. Voyez lettres XX, LVI, LXIV, etc.

« *Le bien est ce qui attire vers soi le mouvement de l'âme*. » Comparez cette définition avec la suivante, qui se trouve dans Cicéron (*des Biens et des Maux*, liv. III, ch. 10) : « Ego (Cato) assentior Diogeni, qui bonum definierit, quod esset natura absolutum. » Il s'agit ici de Diogène de Babylone, le stoïcien.

Celui-là seul est digne d'être recherché. Cicéron dit encore par la bouche de Caton, à l'endroit cité dans la note précédente : « Quum ab iis rebus quæ sunt secundum naturam, ascendit animus collatione rationis, tum ad notionem boni pervenit. »

Page 399. *On a encore défini le bien*. Ici Sénèque se joue à travers cette variété de définitions, comme dans le traité *de la Vie heureuse*, il l'a fait au sujet de la définition du bonheur (ch. III et IV).

Page 401. *Il prend dès-lors le nom d'*INFINI. Fénelon, dans le traité *de l'Existence de Dieu* (IIe partie, chap. 2, 2e argum.), s'exprime ainsi : « Où l'ai-je prise, cette idée qui est si fort au dessus de moi, qui me surpasse infiniment, qui m'étonne, qui me fait disparaître à mes propres yeux, qui me rend l'infini présent? d'où vient-elle? où l'ai-je prise? Dans le néant! Rien de ce qui est fini ne peut me la donner; car le fini ne représente point l'infini : donc il est infiniment dissemblable, etc. » Dans une excellente note sur ce passage, M. Bouillet renvoie à Kant et à ses disciples, et ajoute que cette question de l'*infini* a été traitée à fond par Ancillon dans ses *Essais de philosophie*.

LETTRE CXIX. Page 403. *Partageons!* — *In commune*. Expression qui répond à notre locution *part à deux, j'en retiens part*. L'origine de ce proverbe est grecque : Ἑρμῆς κοινὸς, c'est-à-dire, *Mercure en retient sa part*, attendu que ce dieu présidait au gain et au commerce. Phèdre fait dire à l'un de ses personnages (l'homme chauve):

> Eia, inquit, in commune quodcumque est lucri.

Page 403. *Celui de Caton*. En effet, Caton a dit dans ses sentences: « Quod tibi deest, a te ipso : mutuare. » Dans le traité *des Bienfaits*, liv. v, chap. 7, Sénèque fait encore allusion à ce mot de Caton.

Des tourmens de moins. Régnard, dans cette scène du *Joueur* où il fait si plaisamment intervenir Sénèque, semble avoir imité cet endroit :

> . . . . . Que faut-il à la nature humaine?
> Moins on a de richesse, et moins on a de peine :
> C'est posséder les biens, que savoir s'en passer.   B-D.

Que mon pain soit grossier ou de premier choix. Sénèque dit à peu près la même chose vers le début de sa lettre cxxiii.

Que mon eau soit puisée dans le lac voisin. Properce a dit :

> Ipsa petita lacu nunc mihi dulcis aqua est.

Page 405. *Dans un vase* murrhin. On a beaucoup disserté pour savoir de quelle substance étaient composés ces vases. Naigeon, l'annotateur de La Grange, me semble avoir prouvé que c'était de la porcelaine. Je renvoie le lecteur à sa dissertation, citée textuellement dans le *Sénèque* de Lemaire, tome ii, p. 695. — Sénèque parle encore de ces vases au traité *des Bienfaits*, livre vii, ch. 9.

La faim n'est jamais dédaigneuse. Sénèque prêche sans cesse cette morale. *Voyez*, entre autres, lettres iii, *à la fin*; iv, *à la fin*; v, page 21; xvii, xviii, etc., de notre tome v.

Preuve qu'il n'a point encore assez. Martial a dit :

> Pauper enim non est cui rerum suppetit usus.

Page 407. *Alexandre est pauvre encore*. Sénèque attaque bien souvent Alexandre. *Voyez* lettre xci.

Les premières flottes qu'ait vues l'Océan. Allusion au voyage de Néarque.

Dont on accole les noms à celui des Crassus, des Licinius.

Le premier de ces personnages est assez connu : c'est le triumvir Crassus, surnommé *le Riche*; le second est Licinius ou Licinus, affranchi d'Auguste, dont l'opulence devint proverbiale comme celle de Crassus. Sénèque parle encore de ce Licinius, dans la lettre suivante. C'est sur cet affranchi qu'on a fait cette épigramme :

> Marmoreo Licinus tumulo jacet : at Cato parvo;
> Pompeius nullo : credimus esse deos.

Page 409. « *Les richesses le possèdent.* » L'Écriture a grande raison de dire : *Les hommes des richesses* (*viri divitiarum*, Ps. LXXV, 6), et non les richesses des hommes, pour montrer que l'avare n'est pas vraiment possesseur de ses richesses, mais qu'il est possédé par elles. (SAINT AMBROISE, *sur le livre de Naboth.*)

> Ce malheureux attendoit
> Pour jouir de son bien une seconde vie,
> Ne possédoit pas l'or, mais l'or le possédoit.
> (LA FONTAINE, *l'Avare qui a perdu son trésor.*)
>   B-D.

Ont la peau bien lisse. Il faut rendre à Sénèque cette justice, qu'il ne néglige aucune occasion d'attaquer le luxe monstrueux des Romains, à l'égard des esclaves. *Voyez*, entre autres, le traité de la *Brièveté de la vie*, chap. XII.

Excepté le paon et le turbot. — HORACE, liv. I, *Sat.* 2, v. 115 et suivans.

LETTRE CXX. Page 411. Comparez cette lettre à la CXVIII[e], et à certains passages de Cicéron, *des Biens et des Maux*, liv. III, ch. 10 et sqq.; *des Devoirs*, liv. I, ch. 5, etc.

Page 413. *Ce sont là deux choses diverses.*—*Voyez* la lettre CXVIII, ci-dessus pages 396-398.

Ce que j'ai dit mainte fois. Notamment lettre CXVIII.

Page 415. *Fabricius.* Voyez *de la Providence*, chap. III, et la lettre XCVIII.

Page 417. *Il est.... des vices qui avoisinent les vertus.* Voyez *de la Clémence*, liv. I, chap. 3.

La négligence ressemble à la facilité. — *Voyez* lettre XLV, et LABRUYÈRE, chap. *du Cœur :* « Toutes les passions sont menteuses.... ; » et MALLEBRANCHE, *Recherche de la vérité*, liv. 1.

B.-D.

Page 419. *Alors naquit l'idée de cette vie heureuse.* Lisez les chap. III, IV et suivans du traité de Sénèque qui porte ce titre. *Voyez* encore, sur le calme inaltérable qui constitue la vie heureuse, les lettres XLV, CXI et CXXIV.

Page 421. *Comme citoyen du monde, comme soldat de la providence.* Idées souvent présentées par Sénèque. — Voyez *du Repos du Sage*, chap. 31, et lettre CVII.

Et une hôtellerie d'un jour. « Non enim habemus hic manentem civitatem, sed futuram inquirimus. » (PAULUS *ab Hebr.*, cap. XIII, v. 14.)

Page 423. *A des êtres faits pour mourir ; disons mieux, à des mourans.* Ninon de l'Enclos eut, à vingt-deux ans, une maladie qui la mit au bord du tombeau. Ses amis déploraient sa destinée qui l'enlevait à la fleur de l'âge : « Ah ! dit-elle, je ne laisse au monde que des mourans. »

B-D.

Nous avance d'autant vers la destruction. — *Voyez* les lettres I et XXIV, et les notes correspondantes ; comparez aussi tout ce passage avec la quatrième déclamation de Quintilien ; puis le traité de Buffon sur la vieillesse et sur la mort : « Le corps meurt peu à peu et par parties... ; » enfin, parmi nos poètes, madame Deshoulières :

> Que l'homme connaît peu la mort qu'il appréhende.

et ces vers de Fontanes, poëme *sur la Nature* :

> Tu te plains, malheureux, dont la vie insensée
> Est depuis ta naissance une mort commencée.

Il ne fait que la révéler. « Pourquoi crains-tu ton dernier jour ? Il ne confère rien plus à ta mort que chascun des aultres ; le dernier pas ne faist pas la lassitude : il la déclare. Tous les jours vont à la mort : le dernier y arrive. Voilà les bons advertissemens de notre mère nature. » (MONTAIGNE, liv. I, ch. 19, *Que philosopher c'est apprendre à mourir.*)

Elle n'en use qu'à titre de prêt. Cette expression se trouve ci-dessus, dans les lettres, et *de la Tranquillité de l'âme*.

Page 425. *D'opulence avec Licinius.* — *Voyez* sur ce personnage la lettre précédente, page 407, et la note correspondante, page 539.

Tantôt il avait deux cents esclaves. — HORACE, livre I, *Sat.* 3, v. 11 et suivans.

Jamais égal ni semblable à lui-même. Boileau a dit :

> Il tourne au moindre vent, il tombe au moindre choc.

Et Andrieux :

> L'homme est dans ses écarts un étrange problème :
> Quel mortel en tout temps est semblable à soi-même?
> (*Le Meunier de Sans-Souci.*)
>
> B-D.

Page 427. *C'est une grande tâche,.... que de soutenir toujours le même rôle.* « Et se trouve, dit Montaigne, autant de différence de nous à nous-mesmes, que de nous à aultruy. *Magnam rem puta, unum hominem agere.* (Liv. II, chap. I, *L'inconstance de nos actions.*)

LETTRE CXXI. Page 427. *Posidonius.* Il a déjà été mentionné dans les lettres XCIV et XCVI. *Voyez* ci-dessus, pages 73 et 235; puis les notes correspondantes, pages 490 et 499 de ce volume.

Archidème ou Archidamus, philosophe stoïcien, contemporain de Carnéade, vivait l'an 600 de Rome.

Page 429. *S'y adapte bien facilement.* La syllabe IN : *infelicitas. Tous les animaux ont-ils le sentiment de leurs facultés constitutives?* Cette matière, souvent agitée par les philosophes, a été traitée d'une manière très-poétique par La Fontaine, dans la fable des *deux Rats et l'OEuf*, qui n'est proprement qu'une épître philosophique. Cette question se trouve approfondie dans le livre de Reimar intitulé : *Ueber die Kunstriebe der Thiere.*

Page 431. *Ils naissent tout élevés.* Cela n'est pas tout-à-fait exact. « Les animaux même acquièrent beaucoup, dit Rousseau, dans *Émile*, livre I. Ils ont des sens, il faut qu'ils apprennent à en faire usage; ils ont des besoins, il faut qu'ils apprennent à y pourvoir; il faut qu'ils apprennent à manger, à marcher, à voler. Les quadrupèdes qui se tiennent sur leurs pieds dès leur naissance, ne savent pas marcher pour cela : on voit à leurs premiers pas que ce sont des essais mal assurés. »

Page 431. *Les animaux, dira-t-on.* Remarquons une fois pour toutes, que le mot *inquit*, qui se trouve ici, et qui se retrouvera dans la suite de cette lettre, indique des objections faites par des sectateurs d'Épicure.

Page 435. *D'où vient-il ? je l'ignore.* La Fontaine a dit, dans la fable des *deux Rats et l'OEuf* :

> . . . . .Je parle, je chemine :
> Je sens en moi certain agent;
> Tout obéit dans ma machine
> A ce principe intelligent.
> Il est distinct du corps, se conçoit nettement,
> Se conçoit mieux que le corps même :
> De tous nos mouvemens c'est l'arbitre suprême.
> Mais comment le corps l'entend-il ?
> C'est là le point. Je vois l'outil
> Obéir à la main : mais la main, qui la guide?
> Eh ! qui guide les cieux et leur course rapide?
> Quelque ange est attaché peut-être à ces grands corps.
> Un esprit vit en nous, et meut tous nos ressorts;
> L'impression se fait : le moyen ? je l'ignore.

Page 439. *D'où vient que la poule.* « Pourquoi la poule, qui se promène avec sécurité à la tête de ses poussins autour des chevaux et des bœufs d'une métairie, qui, en marchant, écrasent assez souvent une partie de sa famille, rappelle-t-elle ses petits avec inquiétude à la vue d'un milan emplumé comme elle, qui ne paraît en l'air que comme un point noir, et que la plupart du temps elle n'a jamais vu ? Pourquoi un chien de basse-cour hurle-t-il la nuit à la simple odeur d'un loup qui lui ressemble? » (BERNARDIN DE SAINT-PIERRE, *Étude première.*) B-D.

Une connaissance innée, indépendante de l'expérience. « Comment tant d'animaux sont-ils entrés dans la vie avec des haines sans offense, des industries sans apprentissage, et des instincts plus sûrs que l'expérience ? » (BERNARDIN DE SAINT-PIERRE, *Étude deuxième.*) *Voyez* aussi sur le même sujet, DELILLE, *l'Imagination*, chant 1er. B-D.

NOTES.

Page 441. *De là vient qu'un animal n'est pas plus habile qu'un autre.* On trouve la même pensée dans une homélie de saint Chrysostome aux habitans d'Antiochie. B-D.

LETTRE CXXII. Page 443. *Pour eux l'astre du soir commence sa carrière.* — VIRGILE, *Géorgiques*, liv. 1, v. 250.

Suivant le mot de Caton. Cicéron (*des Biens et des Maux*, ch. VIII) cite ce mot sans nommer son auteur, qui est Caton l'Ancien.

Page 445. *Ce sont leurs repas de mort.* — *Voyez* la lettre XII, où Sénèque rapporte une scène analogue.

Sachons agrandir notre vie.

> Le temps est assez long pour quiconque en profite;
> Qui travaille et qui pense en étend la limite.
> On peut vivre beaucoup sans végéter long-temps.
> (VOLTAIRE, 6e *Discours en vers.*) B-D.

Ainsi encore ces sujets dévoués de la nuit. Ce second *ita istorum*, etc., se rapporte évidemment aux hommes; mais celui qui précède *ita sine ulla exercitatione*, me semble se rapporter aux volailles. La ponctuation du texte semble établir ce sens. Au surplus, sans attaquer la traduction de mon honorable collaborateur, je propose ici la mienne; le lecteur choisira: « Les volailles qu'on élève pour nos tables sont enfermées en un lieu obscur, afin que, privées de mouvement, elles s'engraissent plus vite. Comme elles ne prennent aucun exercice, et restent toujours couchées, l'obésité envahit leur corps inerte; et, dans l'ombre, le fardeau de leur graisse croît outre mesure. Ainsi tout l'extérieur de ces hommes qui se sont voués aux ténèbres devient difforme, etc. »e

Une chair cadavérique. « La vie élégante, énervant les organes et surexcitant les esprits, a fermé aux rayons du jour la demeure des riches; elle a rallumé les flambeaux pour éclairer leur réveil, et placé l'usage de la vie aux heures que la nature marquait pour son abdication. Comment résister à cette fébrile et mortelle gageure? comment courir dans cette carrière haletante, sans s'épuiser avant d'atteindre la moitié de son terme? Aussi me voilà vieille comme si j'avais mille ans. Ma beauté que l'on vante n'est plus qu'un masque trompeur sous lequel se cachent l'épuisement et l'agonie. » (G. SAND, *Lélia*, tome 1, ch. 29.)

Vois ces spectres dorés s'avancer à pas lents,
Traînant d'un corps usé les restes chancelans,
Et sur un front jauni, ridé par la mollesse,
Étaler à trente ans leur précoce vieillesse.
(Thomas.) B-n.

Et Gilbert, *le XVIIIe Siècle*, Sat. :

Suis les pas de nos grands. . . . .

Page 447. *Ceux qui boivent à jeun.* — *Voyez* sur cette coutume romaine la lettre LXXXVIII, pages 419 et 526 de notre tome VI.

Page 447. *Et des rasades multipliées.* Je proposerais encore la version suivante : « C'est pourtant le travers habituel de nos jeunes gens : sous prétexte d'entretenir leurs forces, ils boivent ou plutôt ils s'enivrent, à l'entrée même du bain, avec ceux qui sont déjà déshabillés ; ils veulent ainsi rapidement essorer la sueur qu'ils ont excitée par de fréquentes et brûlantes rasades. »

A ce que leur mignon garde la fraîcheur de l'adolescence, etc. — *Voyez* lettre XLVII : « Alius vini minister, in muliebrem modum ornatus, cum ætate luctatur, etc. » (Page 281 de notre tome V.)

Ceux qui demandent la rose aux hivers.—*Voyez* PLINE, liv. XXI, chap. 5.

Arrachent aux frimas le lis, cette fleur du printemps.

Va, rassemble ces fruits que méconnaît Pomone ;
Joins l'hiver à l'été, le printemps à l'automne ;
Transporte, pour languir dans l'uniformité,
La cité dans les champs, les champs dans la cité ;
Qu'enfin le jour en nuit, la nuit en jour se change :
De tous ces attentats la nature se venge,
Et ne laisse, en fuyant, que des sens émoussés,
Un cerveau vaporeux et des nerfs agacés.
(Delille, *ép. sur le Luxe.*)

Vois donc que de travail, que de soins, que d'apprêts
Dans ses pompeux besoins exige l'opulence !
A toute la nature elle fait violence ;
Le printemps sur l'hiver usurpe ses jardins,
Les glaces en été rafraîchissent ses vins.....
(Idem, *l'Imagination*, chant VI.) B-D.

Page 447. *Se balancer des bosquets.* Sénèque a déjà parlé de cette recherche du luxe, dans le traité *de la Colère*, liv. 1, ch. dernier. On lit dans Sénèque le Rhéteur : « Alunt in summis culminibus mentita nemora et navigabilium piscinarum freta. » *Voyez* enfin PLINE, liv. xv, ch. 14.

Au sein des mers les fondemens de ses bains. On voyait à Baïes de nombreuses constructions de ce genre.

Page 449. *Il fait jour ? c'est l'heure du sommeil.* Horace a dit de Tigellius (liv. 1, *Sat.* 3) :

. . . . Noctes vigilabat ad ipsum
Mane, diem totum stertebat. . . . . .

Tacite a dit la même chose de C. Pétrone : « Illi dies per somnum, nox officiis et oblectamentis vitæ transigebatur. » L'historien Lampride en dit autant d'Héliogabale : « Trajecit et dierum actus noctibus, et nocturnos diebus, æstimans hæc inter instrumenta luxuriæ; ita ut sero de somno surgeret, et salutari inciperet, mane autem dormire inceptaret. »

A la lueur des torches et des cierges. Allusion à l'usage d'enterrer aux flambeaux ceux qui mouraient avant l'âge de la puberté. Les Romains appelaient *funus acerbum*, une mort prématurée ; et voilà pourquoi Sénèque emploie ici cette expression. *Voyez*, au surplus, sa dernière phrase du traité *de la Brièveté de la vie*, et la note correspondante, pages 266 et 268 de notre tome III.

Montanus Julius. Sénèque le père, dans ses *Controverses*, juge plus favorablement Montanus qui, selon lui, *comis fuit, quique egregius poeta.* Sénèque le fils, dans l'*Apokolokyntose*, a parodié le *galimatias* de Montanus. (*Voyez* cette satire, ch. 11, pages 300 à 303, et les notes correspondantes, page 337 de notre tome II.) Il ne nous reste rien de Montanus, dont Ovide fait l'éloge dans ses *Pontiques*, livre IV, élég. 16, v. 11 et suiv.

Natta Pinarius. Tacite le cite parmi les cliens de Séjan.

Page 451. *L. Vinicius.* Ce L. Vinicius était allié à la famille impériale, son frère ayant épousé une nièce de Tibère. Sénèque le père en fait l'éloge dans ses *Controverses*.

Les gens de plaisir veulent qu'on s'entretienne..... de la vie qu'ils mènent. « Une orgie secrète n'a pour eux aucun attrait, » est-il dit dans *la Tranquillité de l'âme*, ch. vi, page 347 de notre tome I.

Page 451. *Pédon Albinovanus.* Poète élégiaque dont Sénèque le père nous a conservé une tirade de soixante-quatre vers.

Page 453. *Des coups de fouet, qui résonnent.* Sénèque, dans sa lettre xlvii, décrit ces cruautés des maîtres envers leurs esclaves : « Virga murmur omne compescitur, etc. »

Son gruau et son vin miellé. On est peu d'accord sur la signification du mot *alica*; on sait seulement que c'était une liqueur faite avec du grain le plus pur; ce qui a conduit un moderne à prétendre sans fondement que c'était de la bière. Tout prouve, au contraire, que cette liqueur n'était pas fermentée, et qu'elle était bouillie. Deux passages de Pline sur l'*alica* donnent une idée assez nette de cette boisson (*Hist. nat.*, liv. xviii, ch. 2, et liv. xxii, ch. 25). Martial joint, de même que Sénèque, *mulsum* et *alicam*, dans l'épigramme 3 du livre xiii :

> Nos alicam, mulsum poterit tibi mittere dives.

Qu'il n'épargne pas son huile. — Λυχνόβιον, mot grec qui veut dire *qui vit à la lueur de la lampe.* « Vous l'appellerez encore *lanternier*, » traduit naïvement Chalvet.

Le vice affecter tant de formes particulières. Sénèque termine par la même idée la lettre xlvii, déjà citée. *Levis est malitia, semper mutatur,* etc.

Page 455. *Qui rament contre le courant.* Ceci rappelle ces vers de Virgile (*Géorg.*, liv. I, v. 201) :

> Non aliter, quam qui adverso vix flumine lembum
> Remigiis subigit. . . . .

LETTRE CXXIII. Page 455. *Je suis arrivé à ma maison d'Albe.* Sénèque avait un grand nombre de maisons de plaisance. Dans sa lettre xii, il se met en scène dans une d'elles qu'il ne nomme point; *veneram in suburbanum meum;* et dans les lettres cx et civ, il a parlé de sa maison de Nomentanum.

Et de premier choix. — *Siligineum.* Sénèque a déjà employé cette expression dans sa lettre cxix, pages 403 et 538. — *Lisez,* sur la frugalité un tant soit peu sensuelle de notre philosophe, sa lettre xviii.

Page 457. *Mille obstacles de temps et de lieux.* Ici le texte latin est tellement tourmenté, que ni éditeurs ni manuscrits ne présentent aucune leçon satisfaisante. La conjecture de Schweigauser, adoptée dans l'édition Lemaire, me semble approcher davantage du vrai. Il propose : « A nobis optatum prohibentes occurrent; » cependant il retranche arbitrairement *instructis* et *a duobus* ou *diis*. J'ai traduit comme s'il y avait : « Et instructis a diis optantem prohibentes occurrunt. » Si cette leçon n'est pas la véritable, elle s'écarte fort peu des manuscrits. B-D.

En somme, ce passage est tellement altéré, qu'on peut bien l'imiter librement. Voici la version que je proposerais : « Les personnes même les plus riches et les mieux pourvues sont exposées à des déplacemens, à des contre-temps qui dérangent leurs habitudes les plus chères. »

C'est un grand point d'indépendance qu'un estomac bien discipliné. Montaigne (liv. III, chap. 13, *de l'Expérience*) cite ce passage en rapportant que son père l'avait, dès le berceau, « dressé à la plus basse et plus commune façon de vivre. »

Ma lassitude se reposer sur elle-même. — Sibi ipsa ACQUIESCIT. Expression délicate et ingénieuse mal-à-propos changée en *assuescit*, dans l'édition Lemaire. C'est ainsi qu'à la troisième ligne de cette lettre, l'auteur avait dit : *In lecto lassitudinem pono.* B-D.

Et ce souper tel quel, etc. Cette expression, *aditialis*, se trouve déjà dans la lettre XCV (*voyez* ci-dessus page 120).

Page 459. *L'erreur prend sur nous les droits de la sagesse.* Cicéron a dit : « Quod exemplo fit, id etiam fieri jure putant. »

D'un escadron de cavaliers numides. Déjà Sénèque s'est élevé sur le luxe des équipages, dans sa lettre LXXXVII. (*Voyez* pages 386 à 391 de notre tome VI, et les notes page 523.)

Chacun fait voiturer ses jeunes esclaves. Le texte porte *paedagogia*. On a déjà vu ce que c'était dans le traité *de la Brièveté de la vie*, ch. XVII, et dans *la Tranquillité de l'âme*, ch. I.

Page 461. « *La vertu! la philosophie! la justice! termes sonores, mais vides de sens.* » Cicéron, dans son invective *contre Pison*, qu'il représente comme un grossier épicurien, lui prête des sentimens analogues (*voyez* ch. XXVI et XXVIII): « Existimatio, dedecus, infamia, turpitudo, verba sunt atque ineptiæ. »

Page 461. *Les jours s'écoulent.* Horace a souvent exprimé cette philosophie sensuelle. Par exemple, dans son *Ode à Leuconoë* :

> . . . . . Sapias : vina liques; et spatio brevi
> Spem longam reseces. Dum loquimur fugerit invida
> Ætas. Carpe diem, quam minimum credula postero.

Imposer la frugalité à l'âge capable de les goûter. Horace a dit encore (liv. II, *Ode* 11, *à Hirpinus*) :

> . . . . Fugit retro
> Levis juventas, et decor, arida
> Pellente lascivos amores
> Canitie, facilemque somnum.
> Non semper idem floribus est honos
> Vernis. . . . .

Quelle folie de te faire le gérant de ton héritier !

> . . . . Et exstructis in altum
> Divitiis potietur heres;

a dit encore Horace dans son *Ode à Dellius* (liv. II, 5); et dans celle qu'il adresse *à Postume* :

> Absumet hæres Cæcuba digniore
> Servata centum clavibus, etc.

Page 463. *J'en vois d'autres... qui, sous le masque du stoïcisme, nous exhortent aux vices.* On voit, d'après cet aveu de Sénèque, que certains stoïciens étaient de singuliers jongleurs.

Page 465. *Jusqu'à quel âge on peut aimer les jeunes garçons ?* Montaigne cite ce passage et deux autres tout-à-fait analogues, pour montrer « combien la plus saine philosophie souffre de licences esloignées de l'usage commun et excessives. » (Livre II, chap. 12, *Apologie de Raymond de Sébonde*.)

Un culte dégradant ? Sénèque a dit, dans le traité *de la Clémence*, liv. II, ch. 5 : *Religio deos colit, superstitio violat.*

LETTRE CXXIV et dernière. Page 467. *A ces simples leçons.* — VIRGILE, *Géorg.*, liv. I, v. 176.

Et l'on ajoute « *que l'enfant et la brute ne le connaissent pas.* »

Ruhkopf pense que cette dernière réflexion, depuis ces mots : *huic adjunctum est, etc.*, a été ajoutée par quelque savant sur un manuscrit de Sénèque.

Page 469. *Nous disons que le bonheur est dans les biens conformes à la nature.* Sénèque explique ce qu'il entend par ces biens, dans sa lettre LXXIII (*voyez* page 180 de notre tome VI) : « Adjice nunc, quod magna et vera bona, etc. » — Les interprètes, en ponctuant mal ce passage, en ont interverti le sens.

Pages 471, 473. *Que n'a point encore le brin d'herbe en lait.* — *Herba lactente.* C'est l'expression de Virgile, *Géorg.* I, 315 : *Lactentia frumenta*. Ici Bernardin de Saint-Pierre sera le commentateur de Sénèque : « Le grain de blé renferme, à une de ses extrémités, un germe revêtu d'une petite gaîne qui, en se gonflant par la chaleur et l'humidité, entr'ouvre une ouverture ménagée au dessus d'elle, perce la terre, et devient une feuille séminale appelée cotylédon. Cette feuille séminale est son unique mamelle, qui s'alimente d'un côté de la farine du grain, et pousse de l'autre une radicule qui doit bientôt trouver des sucs plus abondans dans le sein de la terre. » (*Harmonies de la nature*, liv. 1.) B-D.

Page 473. *Une âme.... qui met tout à ses pieds, et rien au dessus d'elle.* — *Voyez*, sur l'âme heureuse, les traités *de la Constance du Sage* et *de la Vie Heureuse* (*passim*), puis la lettre LXXIV de Sénèque.

Heureuse même la vieillesse. Platon a dit : « Heureux qui, même dans sa vieillesse, a pu parvenir à la sagesse et à la vérité ! » (CICÉRON, *des Biens et des Maux*, V., 21.) Ce mot de Platon se trouve encore au traité *des Lois*, liv. II. B-D.

« *Selon vous, me dira-t-on, il existe un bien virtuel pour l'arbre, etc.* » C'est toujours avec l'épicurien que discute Sénèque.

Ne s'appelle ainsi que par un terme d'emprunt. Ici La Grange a fait un contre-sens très-grave : *Celui dont ils peuvent jouir n'est que précaire*, dit-il. — Sénèque a déjà dit dans sa lettre LXXIV, qu'il faut comparer à celle-ci : « Bona illa sunt vera quæ ratio dat.... cetera opinione bona sunt et nomen quidem habent commune cum veris, proprietas in illis boni non est. »

Page 475. *Quant à l'idée de l'avenir, elle n'est pas faite pour lui.* Un moderne viendra encore ici commenter Sénèque : c'est Charles

Bonnet : « Il n'est pour les animaux, dit-il, ni passé ni futur ; ils ne sentent que le présent ; les notions de passé et de futur tiennent à des comparaisons qui supposent évidemment l'usage des termes. Les animaux ont de la mémoire, mais cette mémoire diffère essentiellement de la nôtre. Leur cerveau retient comme le nôtre, et peut-être mieux que le nôtre, les impressions des objets. Les idées ou les sentimens attachés à ces impressions se réveillent les uns les autres par un enchaînement physique ; mais leur rappel n'est point accompagné de *réminiscence*. Ils affectent l'animal simplement comme actuels ; et c'est comme tels qu'ils déterminent ses mouvemens. » (*Principes de la nature*, v^e partie, chap. 5.) B-D.

Page 477. *Qu'en vous associant à Dieu.* Dogme fondamental de la philosophie de Sénèque. *Consultez*, entre vingt exemples, la lettre LXXIII : « Solebat Sextius dicere, Jovem plus non posse quam bonum virum, etc. » (*Voyez* pages 180-185 de notre tome VI.)

Nombre d'entre eux te surpassent en beauté. Passage cité par Montaigne, livre II, chap. 12, *Apologie de Raymond de Sébonde.* — Sénèque développe ces observations dans sa lettre LXXVI (page 255 de notre tome VI).

Page 479. *Que les heureux du monde sont les plus malheureux.* —*Heureux ceux qui pleurent*, dit l'écrivain sacré ; mais il n'a pas dit, plus que Sénèque, une chose neuve. Avant lui, Eschyle avait, dans son *Agamemnon*, exprimé cette grave moralité. Seulement dans l'Évangile elle se fonde sur le dogme d'une vie future, tandis qu'aux yeux de la philosophie ancienne cette vérité était sujette au doute et à la discussion.

SUR

LES PRÉTENDUES LETTRES DE SÉNÈQUE

A SAINT PAUL.

Ces quatorze lettres, dont huit sont censées être de Sénèque à saint Paul, et six de l'apôtre au philosophe, se trouvent dans toutes les anciennes éditions de Sénèque. On les regardait autrefois comme authentiques[1], mais il suffit d'y jeter un coup d'œil pour reconnaître qu'elles sont supposées, bien que saint Jérôme et saint Augustin les citent sans exprimer aucun doute sur leur authenticité[2]. En général, il s'est perpétué dans l'ancienne église une tradition d'après laquelle il a existé une liaison entre l'apôtre saint Paul et Sénèque; et l'auteur de la *Passion* apocryphe de saint Pierre et de saint Paul, sous le nom Saint-Lin, dit que l'amitié la plus intime régnait entre le précepteur de Néron et l'apôtre des Gentils.

Cette tradition, que Voltaire et son école ont attaquée avec une méprisante ironie, ne me semble pas devoir être reléguée parmi les fables. Plusieurs circonstances se réunissent pour lui donner quelque probabilité. Ainsi s'explique au moins la singulière ressemblance que les philologues ont remarquée entre certains passages des derniers écrits de Sénèque, et maints versets des *Actes des apôtres* et des *Épîtres* de saint Paul. Déjà nous avons dans nos notes relevé plusieurs de ces passages parallèles; d'autres vont trouver ici leur place :

Nec manibus humanis colitur indigens aliquo, quum ipse det omnibus	Deum colit qui novit... non quærit ministros deus; quidni? ipse humano

---

[1] *Voyez* notre Notice sur Sénèque, tome I, page 20.
[2] S. Hieronym., *de Scriptor. eccles.*, cap. xii; S. August., *de Civit. Dei*, lib. vi, cap. 10.

vitam, et inspirationem, et omnia. (*Act. Apost.*, cap. XVII, v. 25.)

generi ministrat; ubique et omnibus præsto est. (*Epist.* XCV.) *Voyez* ci-dessus, pages 125 et 499 de ce volume.

Non debemus æstimare auro aut argento, aut lapidi, sculpturæ artis, et cogitationis hominis divinum esse simile. (*Ibid.*, v. 29.) — — — — —

Et te quoque dignum finge deo! Finges autem non auro non argento, non potest ex hac materia imago dei exprimi similis. (*Epist.* XXXI, t. v, p. 211.)

Credere enim oportet accedentem ad Deum, quia est, et inquirentibus se remunerator fit. (*Epist. ad Hebr.*, cap. XI, v. 6.)

Estote ergo imitatores Dei... et ambulate in dilectione. (*Ad Eph.*, cap. V, v. 1.)

Sicut enim corpus unum est et membra habet multa, omnia autem membra corporis quum sint multa, unum tamen corpus sint : ita et Christus..... Nunc autem multa quidem membra, unum tamen corpus.... Vos autem estis corpus Christi et membra de membro. (*Epist.* 1, *ad Corinth.*, cap. XII, v. 12, 20, 27.)

Primus deorum cultus est deos credere, deinde scire illos esse.... qui humani generis curam gerunt, qui castigant quosdam et coercent. Satis illos coluit quisquis imitatus est. Homo sit mansuetus homini....... erranti viam monstret, cum esuriente panem dividat. Membra sumus magni corporis. (*Epist.*, XCV.) *Voyez* ci-dessus, p. 129 et 499 de ce volume.

Épître aux Romains, v. (*Tout le chapitre où l'apôtre expose le dogme de l'imputation et de la punition du péché.*)

Omnes reservamur ad mortem, in omnes constitutum est capitale supplicium, et quidem constitutione justissima. (*Quæst. nat.*, lib. II, cap. 59, tome VIII de notre *Sénèque*.)

Non est justus quisquam. Omnes enim peccaverunt, et egent gloria Dei. (*Epist. ad. Rom.*, cap. III, v. 11 et 25.)

Nemo invenitur qui se possit absolvere, et innocentem quisque se dicit, respiciens testem non conscientiam. (*De Ira*, lib. 1, cap. 14.)

Quem enim diligit dominus, castigat; flagellat autem omnem filium quem recipit. In disciplina perseverate. Tan-

Vir bonus vera progenies (Dei), quem parens ille magnificus, durius educat.... experitur, indurat, sibi il-

quam filiis vobis offert se Deus; quis enim filius, quem non corripit pater? (*Epist. ad Hebr.*, cap. XIII, v. 6 et 7.)

lum præparat. (*De Providentia*, cap. I, pag. 360, tom. VI de notre *Sénèque*.)

Patrium habet Deus adversus bonos viros animum, et illos fortiter amat; et « Operibus, inquit, doloribus et damnis exagitentur, ut verum colligant robur. » (*Ibid.*, cap. II, pag. 361.)

Hos itaque quos probat Deus, quos amat, eos indurat, recognoscit, exercet, etc. (*Ibid.*, cap. IV, pag. 381.)

En lisant Sénèque, on est à chaque instant frappé des sentimens chrétiens, et même des expressions bibliques qui y sont répandus. « Dira-t-on, demande M. Schœll [1], qu'il est naturel qu'un homme de bien qui médite sur la nature humaine et sur les rapports entre Dieu et l'homme, soit conduit aux mêmes vérités morales qui sont énoncées dans les Saintes-Écritures? Mais pourquoi ne trouve-t-on rien de semblable dans les traités de morale d'Aristote, dans les dialogues de Platon, dans les choses mémorables de Socrate par Xénophon, dans les ouvrages philosophiques de Cicéron? Pourquoi surtout, dans le *Manuel* d'Épictète, et dans le livre de Marc-Aurèle, qui tous les deux professaient les principes de la même école que Sénèque, les ressemblances avec les idées chrétiennes sont-elles si peu nombreuses? Le phénomène s'explique, si l'on admet que Sénèque a connu et fréquenté des chrétiens. »

Parmi les expressions bibliques qui se rencontrent dans Sénèque, on peut citer l'emploi du mot *caro* dans un sens qu'on ne remarque dans aucun écrivain païen [2]; celui du mot *angelus* comme il est pris dans la XXe lettre [3], qui rappelle l'ange de Satan dont se plaint saint Paul [4], et que les interprètes prennent pour

---

[1] *Histoire abrégée de la littérature romaine*, tome II, pages 448 et 449.

[2] « Omne illi cum hac carne gravi certamen est, ne abstrahatur. » (*Consol. ad Mart.*, cap. XXIV.) « Animus liber habitat, non quam me caro ista compellit ad metum. (*Epist.* LXXV.) Non est summa felicitatis nostræ in carne ponenda. » (*Epist.*, LXXIV.)

[3] *Nec ego Epicuri angelus, scio, etc.*

[4] *Epist.* II *ad Corinth.*, cap. XII.

un faux apôtre; puis encore l'expression de *progéniture de Dieu*, pour indiquer un homme de bien ; enfin la comparaison de la vie avec un état de guerre (lettres LI, XCVI). Toutes ces manières de parler sont exclusivement propres à Sénèque parmi tous les écrivains profanes.

Dans ce que nous savons de la vie de saint Paul, rien ne jette la moindre invraisemblance sur la tradition qui le met en rapport avec Sénèque. Ce fut au printemps de l'an 61 après Jésus-Christ que l'apôtre fut conduit à Rome et remis au préfet du prétoire, qui lui permit de demeurer dans une maison particulière sous la garde d'un soldat, et avec toute la liberté de voir ses amis. Or, ce préfet du prétoire était Burrhus, qui n'aura pas manqué de parler à Sénèque, son ami, de ce Juif éloquent et hardi, qui, persécuté en Palestine, en avait appelé au tribunal de l'empereur. Sénèque n'aura-t-il pas été curieux de le voir? Il est même probable, ainsi que nous l'avons dit dans le traité *de la Colère*, que le nom de saint Paul était connu à Sénèque par son frère Gallion, avant l'arrivée de l'apôtre à Rome.

On a objecté que si Sénèque avait connu saint Paul et la doctrine qu'il annonçait, on trouverait dans ses écrits quelques traces de prédilection pour les chrétiens; mais, comme l'a établi M. Schœll, le précepteur de Néron peut avoir goûté la partie de cette doctrine, qui se rapportait à l'unité de Dieu et à la manière dont il doit être adoré, sans admettre la venue du Christ. D'ailleurs Sénèque n'était pas homme à se déclarer pour une secte à la fois méprisée et regardée comme dangereuse, lui qui, dans sa jeunesse, avait renoncé au régime pythagoricien, afin de ne pas être exposé à être pris pour un Juif, à une époque où Tibère commençait à montrer du mécontentement contre le culte de Moïse. (Lettre CII.)

On peut consulter, sur cette question de critique, la curieuse dissertation de Fr.-Ch. Gelpke, intitulée : *Tractatiuncula de familiaritate quæ Paulo apostolo cum Seneca Philosopho intercessisse traditur, verisimillima*. Lips., 1813.

Je n'ai pas cru que les lettres dont on va lire le texte valussent la peine d'une traduction. Les six premières sont fort insignifiantes. On remarque dans la 1re l'expression de *frater*, adressée à saint Paul par Sénèque. Dans la VII*e*, notre philosophe accuse réception des épîtres de l'apôtre aux Galates, aux Achéens, aux Corinthiens. Il admire la sublimité du fond, *spiritus sanctus in te excelsior*; mais il regrette que la majesté du style n'y réponde point. Il lui confesse avoir communiqué ces écrits à l'empereur, sur lequel ils ont fait impression. Dans la VIII*e*, saint Paul reproche à Sénèque ces révélations à un prince qui ne voit dans la nouvelle religion qu'un culte comme celui des autres nations. Lettre IX et X : même sujet que dans les deux précédentes. Saint Paul, dans cette dernière, appelle Sénèque *devotissime magister*. Lettre XI : le philosophe entretient l'apôtre de l'incendie de Rome et des soupçons qui planent à cette occasion sur les Juifs et les chrétiens. Lettre XII : de Sénèque à saint Paul, toute dans la vue de relever celui-ci comme citoyen romain. Lettre XIII : Sénèque recommande à saint Paul de s'appliquer davantage à la langue latine. Lettre XIV : elle est de saint Paul, qui exhorte Sénèque à éviter les pratiques des païens et des Juifs, et à ne pas voiler sous les vains ornemens de la rhétoriques les grandes vérités prêchées par Jésus-Christ. Ch. D.

SENECÆ ET PAULI EPISTOLÆ.

I. SENECA PAULO SALUTEM.

Credo tibi, Paule, nuntiatum esse, quod heri cum Lucilio nostro de apocryphis et aliis rebus sermonem habuimus. Erant enim quidam disciplinarum tuarum comites nobiscum. Nam in hortos Sallustianos secesseramus, quo in loco occasione nostri alio tendentes, hi de quibus dixi, visis nobis adjuncti sunt. Certe tui præsentiam optavimus, et hoc scias volo, libello tuo lecto, id est, quum legissemus de plurimis aliquas epistolas, quas ad aliquam civitatem, seu caput provinciæ direxisti, mira exhortatione vitam mortalem continentes usque refecti sumus. Quos sensus non puto ex te dictos, sed per te, certe aliquando ex te et per te. Tanta enim majestas earum est rerum, tantaque generositate clarent, ut vix suffecturas putem ætates hominum, quibus institui perficique possint. Bene te valere, frater, cupio.

II. SENECÆ PAULUS SALUTEM.

Litteras tuas hilaris heri accepi, ad quas rescribere statim potui, si præsentiam juvenis, quem ad te missurus eram, habuissem. Scis enim quando, et per quem, et quo tempore, et cui quid dari committique debeat. Rogo ergo ne putes te neglectum, dum personæ qualitatem respicio, sed quod litteris meis vos bene acceptos alicubi scribis, felicem me arbitror tanti viri judicio. Neque enim hoc dicere censor, sophista, magister tanti principis, etiam omnium, nisi quia vere dicis. Opto te diu bene valere.

III. SENECA PAULO SALUTEM.

Quædam volumina ordinavi, et divisionibus suis statum eis dedi; ea quoque legere Cæsari sum destinatus, et si modo sors prospere annuerit, ut novas aures afferat, eris forsitan et tu præsens. Sin alias, reddam tibi diem, ut invicem hoc opus inspiciamus, et possim non ei prius edere hanc scripturam, nisi prius tecum conferam, si modo impune hoc fieri potuisset, ut scires et te non præteriri. Vale, Paule carissime.

IV. SENECÆ PAULUS SALUTEM.

Quotiescumque litteras tuas audio, præsentiam tuam cogito, nec aliud existimo, quam omni tempore te nobiscum esse. Quum primum itaque venire cœperis, invicem nos de proximo videbimus. Bene te valere opto.

V. SENECA PAULO SALUTEM.

Nimium tuo angimur secessu. Quid est, vel quæ res te remotum faciunt? Si indignatio domini, quod a ritu et secta veteri recesseris, et aliorsum conversus sis, erit postulandi locus, ut ratione factum, non levitate hoc existimetur. Vale.

VI. SENECÆ ET LUCILIO PAULUS SALUTEM.

De his quæ mihi scripsistis, non licet harundine et atramento eloqui, quarum altera res notat et designat aliquid, altera evidenter ostendit; præcipue quum sciam inter vos esse, id est, apud nos, et in vobis qui me intelligant: honor habendus est omnibus; tanto magis quanto indignandi occasionem captant: quibus si patientiam demus, omnimodo eos quaqua parte vincemus, si modo hi sunt, qui pœnitentiam sui gerant. Bene valete.

VII. SENECA PAULO ET THEOPHILO SALUTEM.

Profiteor bene me acceptum in lectione litterarum tuarum, quas Galatis, Corinthiis, et Achæis misisti. Et ita invicem vivamus, ut etiam cum honore divino eas exhibeamus. Spiritus enim sanctus in te excelsior, et sublimior, et super te excelsos et sublimiores satis venerabiles sensus exprimit. Vellem itaque, quum res eximias proferas, ut majestati earum cultus sermonis non desit. Et ne quid tibi, frater, surripiam, aut conscientiæ meæ debeam, confiteor Augustum sensibus tuis permotum, cui lecto virtutis in te exordio ista vox fuit, Mirari eum sic posse loqui, ut qui non legitime imbutus sit, taliter sentiat. Cui ego respondi, solere deos ore innocentium effari, aut eorum qui prævaricari doctrina quidem sua possunt, et dato ei exemplo Vaticani hominis rusticuli, cui quum duo viri apparuissent in agro reatino, qui postea Castor et Pollux sunt nominati, satis instructus videtur. Vale.

VIII. PAULUS SENECÆ SALUTEM.

Licet non ignorem Cæsarem nostrum rerum admirandarum si quando deficiet amatorem esse, permittes tamen te non lædi, sed admoneri. Puto enim te graviter fecisse, quod ei in notitiam perferre voluisti, quod ritui et disciplinæ ejus sit contrarium. Quum et ille enim gentium deos colat, quid tibi visum sit, ut hoc eum scire velles, non video, nisi nimio amore meo facere te hoc existimo. Rogo te de futuro, ne id agas. Cavendum est enim ne dum me diligis, offensam domini facias. Cujus quidem offensa, nec oberit, si perseveraverit, neque si non sit, proderit. Si est regina, non indignabitur; si mulier est, offendetur. Bene vale.

IX. SENECA PAULO SALUTEM.

Scio te non tam tui causa commotum litteris, quas ad te de editione epistolarum tuarum Cæsari feci, quam natura rerum, quæ ita mentes hominum ab omnibus artibus et moribus rectis revocat, ut non hodie admirer : quippe ut is, qui multis documentis hoc jam notissimum habeam. Igitur nove agamus; si quid facile in præteritum jam factum est, veniam irrogabis. Misi tibi librum de verborum copia. Vale, Paule carissime.

X. PAULUS SENECÆ SALUTEM.

Quoties tibi scribo, et nomen meum tibi subscribo, gravem et sectæ meæ incongruentem rem facio. Debeo enim, ut sæpe professus sum, cum omnibus omnia esse, et idem observare in tuam personam, quod lex romana honori senatus concessit, perlecta epistola, ultimum locum eligere, ne cum aporia et dedecore cupiam efficere, quod mei arbitrii fuerit. Vale, devotissime magister. Data v. cal. julii, Nerone iv et Messala consulibus.

XI. SENECA PAULO SALUTEM.

Ave, mi Paule carissime. Putas me haud contristari, et non luctuosum esse, quod de innocentia vestra subinde sumuntur supplicia. Dehinc quod tam duros, tamque obnoxios vos reatu omnis populus judicet, putans a vobis effici, quicquid in urbe contrarium fit. Sed feramus æquo animo, et utamur foro, quod sors concessit, donec invicta felicitas finem malis imponat. Tulit et priscorum ætas Macedonem Philippi filium, et post Darium, Dionysium; nostra quoque Caium Cæsarem. Quibus quicquid libuit, licuit. Incendium urbs romana manifeste sæpe unde patiatur, constat. Sed si effari humilitas humana potuisset, quid causæ sit, et impune in his tenebris loqui liceret, jam

omnes omnia viderent. Christiani et Judæi quasi machinatores incendii, supplicio affici solent. Grassator iste quisquis est, cui voluptas carnificina est, et mendacium velamentum, tempori suo destinatus est, et optimus quisque unum pro multis donatum est caput. Ita et hic devotus pro omnibus igni cremabitur. Centum triginta duæ domus, insulæ quatuor, sex diebus arsere; septimus pausam dedit. Bene te valere, frater, opto. Data v. calend. april. Apronio et Capitone coss.

XII. SENECA PAULO SALUTEM.

Ave, mi Paule carissime. Nisi mihi nominique meo vir tantus et ad id delectus omnibus modis, non dico fueris junctus, sed necessario mixtus, actum erit de Seneca tuo. Quum sis igitur vertex, et altissimorum omnium montium cacumen, noli latere; ita sim tibi proximus, ut alter similis tui deputer : haud itaque te indignum prima facie epistolarum nominandum censeas, ne tam tentare me, quam ludere videaris; quippe quum scias civem esse te romanum. Nam qui tuus est apud tuos locus, velim, ut apud meos sit meus. Vale, mi Paule carissime. Data x cal. april. Apronio et Capitone coss.

XIII. SENECA PAULO SALUTEM.

Ave, mi Paule carissime. Allegorice et ænigmatice multa a te usquequaque opera conduntur, et ideo rerum tanta vis et numeri tibi tributi, non ornamento verborum, sed cultu quodam decoranda est : nec vereare quod sæpius te dixisse retineo, multos qui talia affectent sensus corrumpere, rerum virtutes eviscerare. Ceterum mihi concedas velim, latinitati morem gerere, honestis vocibus speciem adhibere, ut generosi muneris concessio digne a te possit expediri. Bene vale. Data ii nonis jul. Catone et Sabino coss.

XIV. PAULUS SENECÆ SALUTEM.

Perpendenti tibi ea sunt revelata, quæ paucis divinitus concessit. Certis igitur ego in agro jam fertili semen fortissimum sero, non quidem materiam quæ corrumpi videtur, sed verbum stabile Dei derivamentum crescentis et manentis in æternum, quod prudentia tua assecuta est, indeficiens fore debebit, Ethnicorum Israhelitarumque observationes censere vitandas. Novum te auctorem feceris, Christi Jesu præconiis ostendendo rhetoricis irreprehensibilem sophiam, quam propemodum adeptus regi temporali, ejusque domesticis atque fidis amicis insinuabis, quibus aspera et incapabilis erit persuasio, quum plerique eorum minime flectantur insinuationibus tuis, quibus vitale commodum sermo Dei instillatus, novum hominem sine corruptela, perpetuam animam parit ad Deum isthinc properantem. Vale, Seneca carissime nobis. Data calendas august. Latone et Sabino coss.

FIN DU TOME SEPTIÈME.

TABLE

DES MATIÈRES DU TOME SEPTIÈME.

Lettres.   Pages.

XCI. Sur l'incendie de Lyon : réflexions sur l'instabilité des choses humaines et sur la mort.................... 3

XCII. Sénèque s'élève contre les épicuriens ; le souverain-bien ne consiste pas dans la volupté.................. 19

XCIII. Sur la mort de Métronax. La vie ne doit pas être mesurée par sa durée, mais par l'utile emploi qu'on en a fait. 41

XCIV. De l'utilité des préceptes. De l'ambition............. 49

XCV. La philosophie des préceptes ne suffit pas pour faire naître la vertu : il faut encore des principes généraux...... 95

XCVI. Il faut tout supporter avec résignation............... 141

XCVII. Il y a toujours eu des méchans. Du procès de Clodius. De la force de la conscience........................ 145

XCVIII. Qu'il ne faut pas se fier aux biens extérieurs.......... 155

XCIX. Lettre de consolation sur la mort d'un fils. Il ne faut pas s'abandonner à la douleur....................... 167

C. Jugement sur le philosophe Papirius Fabianus et sur ses écrits.. 187

CI. Sur la mort de Sénécion............................ 197

CII. Que l'illustration après la mort est un bien............ 205

CIII. Que l'homme doit surtout se mettre en garde contre son semblable..................................... 225

CIV. Une indisposition de Sénèque. Tendresse de sa femme pour lui. Inutilité des voyages pour guérir les maux de l'esprit. Qu'il faut vivre avec les grands hommes de l'antiquité.. 227

CV. Ce qui fait la sécurité de la vie..................... 249

CVI. Si le bien est corps............................... 253

CVII. Qu'il faut fortifier son âme contre les accidens fortuits et inévitables..................................... 259

CVIII. Comment il faut écouter les philosophes.............. 265

CIX. Si le sage est utile au sage, et comment.............. 289

CX. Vœux et craintes chimériques de l'homme : la philosophie seule peut l'en guérir......................... 299

TABLE DES MATIÈRES.

Lettres.		Pages.
CXI.	Combien le philosophe diffère du sophiste............	311
CXII.	Impossibilité d'une réforme, quand les mauvaises habitudes sont invétérées............................	315
CXIII.	Si les vertus sont des animaux : absurdité de ces sortes de questions.....................................	317
CXIV.	Que la corruption du langage vient de celle des mœurs...	335
CXV.	Beauté de la vertu ; ambition des richesses............	353
CXVI.	Qu'il faut bannir entièrement les passions............	365
CXVII.	Différence que les stoïciens mettaient entre la sagesse et être sage.......................................	371
CXVIII.	Qu'est-ce que le bien ?...........................	393
CXIX.	Qu'on est riche, quand on commande à ses désirs......	403
CXX.	Comment nous est venue la notion du bon et de l'honnête ?	411
CXXI.	Que tout animal a la conscience de sa constitution......	427
CXXII.	Contre ceux qui font de la nuit le jour..............	443
CXXIII.	Mœurs frugales de Sénèque. Qu'il faut fuir les apologistes de la volupté.............................	455
CXXIV.	Que le souverain bien réside dans l'entendement et non dans les sens...................................	467
	Notes..	480
	Sur les prétendues lettres de Sénèque à saint Paul....	551
	Texte de ces lettres.............................	555

ERRATA.

Page 37, lig. 29. C'est pour cette route; *lisez* : C'est pour prendre cette route.
Page 44, lig. 15. Quanto natus sim? *lisez* : Quando natus sim?
Page 199, lig. 19. Les lentes récompenses; *lisez* : Les tardives récompenses.
Page 316, lig. 8. Profuturis otium tenere; *lisez* : Profuturis otium terere.
Page 332, lig. 5. Veteribus adjugunt; *lisez* : Veteribus adjungunt.

www.ingramcontent.com/pod-product-compliance
Lightning Source LLC
Chambersburg PA
CBHW060757230426
43667CB00010B/1606